D1724548

PETER KREINBERG

# Trainingsbuch
# Westernreiten

**KOSMOS**

# Inhaltsverzeichnis

**GELEITWORT**

Peter Kreinberg ist hierzulande ein Westernreiter der ersten Stunde. Er steht in seinem Denken und Handeln in der Tradition der Vaqueros der amerikanischen Westküste, deren Ziel es immer war, die tägliche Arbeit auf dem Pferd mit Eleganz und Stolz auszuführen. Dazu gehört auch die Ausbildung der Jungpferde in der kalifornischen Hackamore. Peter ist einer der wenigen Reiter auf dieser Seite des Atlantiks, die die Kunst der Hackamore Reiterei beherrschen, denn sie erfordert vom Reiter sehr viel Können und Geduld.

Die Vaqueros bilden ihre Pferde schonend über viele Jahre aus, um am Ende ein sehr leichtrittiges und gehorsames Pferd zu bekommen, das einhändig in der Bridle mit minimalen Hilfen zu reiten ist. Die Kalifornische Reiterei ist ein Weg der verständnisvollen und an langfristigen Zielen orientierten Ausbildung.

Peter Kreinberg hat aus seiner jahrzehntelangen Erfahrung als Ausbilder ein schlüssiges System der Westernreiterei formuliert, das vom seinem tiefen Verständnis für das Pferd geprägt ist. Dabei hat er immer auch über den Tellerrand geschaut und sich mit anderen Reitweisen befasst, um deren Methoden kennen zu lernen.

Um pferdegerecht zu reiten, muss man aber vor Allem das Pferd als Wesen erfassen, sein Verhalten, Denken und Fühlen verstehen. Nur dann kann man angemessene Hilfen geben und eine harmonische Verständigung mit dem Pferd erreichen. Nur so wird das Pferd zum Partner und nicht zum Sklaven seines Reiters. Um diesem Ziel näher zu kommen müssen wir uns alle lebenslang fortbilden.

Reiten lernt man nur durch Reiten, aber wer nachdenkt und sich Informationen einholt, wie sie Peter Kreinberg in seinen Büchern anschaulich darstellt, der kann sich und seinem Pferd manchen Umweg ersparen. »Nur wenn man weiß, was man tut, kann man tun, was man will!« dieser Lehrsatz des Bewegungslehrers Moshe Feldenkrais trifft gerade auch auf die Reiterei zu. Gerade zu Beginn ist es wichtig eine Methode zu verfolgen, bei der die Stufen der Ausbildung schlüssig aufeinander aufbauen. Dabei beginnt im Westernreiten die Ausbildung des Pferdes schon an der Hand und am Boden, was eine große Hilfen für den Reiter und sein Pferd darstellt, da sie dort lernen eine funktionierende Kommunikation miteinander aufzubauen. Dann wird die Grundausbildung des Pferdes vermittelt. Erst wenn das erfolgt ist und der Reiter seinen Sitz und seine Einwirkung so gefestigt hat, dass er mit dem richtigen Timing und dem entsprechenden Gefühl einwirken kann, kann er zu den schwierigen Übungen der anspruchsvollen Turnierdisziplinen übergehen.

Alle Reiter eint das Ziel, sich in vollkommener Harmonie mit dem Pferd zu bewegen. Die wichtigsten Lehrer sind die Pferde und die zweitwichtigsten erfahrene Reiter, wie Peter Kreinberg, die uns das Pferd erklären können.

**Die Pferde würden ihren Reitern dieses Buch empfehlen!**

Petra Roth-Leckebusch

**VORWORT**

Als der Kosmos Verlag mir vorschlug, meine drei Trainingsbücher zum Thema Westernreiten in einer Neuauflage in einem Sammelband zusammenzufassen, musste ich nicht lange überlegen. In diesen drei Büchern habe ich meine Ausbildungsmethode für die Schulung von Pferden und Reitern in der Westernreitweise erläutert, so wie ich sie für über 25 Jahre auf dem Zucht- und Ausbildungsbetrieb Goting Cliff, den ich bis 2005 mit meiner Familie betrieb, praktiziert habe. Dabei habe ich mich an den alten, traditionellen Grundsätzen orientiert, wie sie seit Jahrhunderten überliefert wurden und wie ich sie bei meinen USA-Aufenthalten von renommierten Horsemen kennengelernt habe.

Zum Einen ist das die Philosophie des fairen Umgangs mit einem »vierbeinigen, mitdenkenden Partner Pferd«. In der Tradition der Arbeitsreiterei prägte das gegenseitige »Aufeinander-angewiesen-Sein« die Ethik des respektvollen Umgangs mit Mensch und Tier in der Rancharbeit. Western-freizeitreiten und der Westernreitsport sind zwar aus diesem Hintergrund nach und nach entstanden, haben jedoch ganz eigene Regeln, Umgangsformen und Trends geprägt. Mir war es stets wichtig, durch meine Arbeit auch hier in Deutschland das Verständnis für die traditionellen Werte und Ausbildungswege zu fördern. Darüber hinaus war es die klassisch-kalifornische Vaquero-Tradition mit der Zielsetzung absoluter Leichtigkeit, die mich stets fasziniert hat und natürlich auch meine Arbeit entsprechend besonders beeinflusste. Dass die kalifornische Vaquero/Buckeroo-Tradition mit ihren bewährten Ausbildungsmethoden und dementsprechenden Werteverständnis nun seit etwa einem Dutzend Jahren wieder eine Renaissance in den USA erfährt, erfreut mich deshalb besonders.

Leichtigkeit ist das entscheidende Qualitätsmerkmal jeglichen Reitens unabhängig von der Reitweise. Es geht Hand in Hand mit dem klassischen Prinzip der »Balancereiterei«, wie es auch in der klassisch-europäischen »Dressurreiterei« angestrebt wird. Die kalifornische Reitweise wie die europäische Dressur haben ihre Wurzeln in der altiberischen Reittradition. Deswegen gibt es viel Verbindendes, wobei die Vaquero-Reitweise der mentalen Schulung mehr Raum gibt, die Dressurreiterei sich mehr der körperlichen Gymnastizierung widmet. Beide gemeinsam streben gute Horsemanship und die Prinzipien feinen Reitens an und jedes Pferd profitiert davon, wenn sich sein Ausbilder oder Reiter daran orientiert. Einfache Standardausrüstung, systematische Methodik, Regelmäßigkeit, passende Rahmenbedingungen sowie Fleiß und Einfühlungsvermögen des Ausbilders oder Reiters sind die Mittel, mit denen der Weg zum Ausbildungsziel erreicht wird.

Ob sicheres Familien- und Geländepferd oder vielseitiger Turnier-Allrounder, soweit es in einem Buch überhaupt möglich ist, habe ich Schritt für Schritt den Weg für Reiter und Pferd aufgezeichnet. Dabei ist im ersten Teil die Jungpferdeausbildung im Round Pen als traditioneller »Kindergarten des Westernpferdes« in all ihren Schritten aufgezeigt.

Steht Ihnen jedoch kein Round Pen zur Verfügung oder haben Sie, liebe Leserin oder lieber Leser, keinerlei Erfahrung mit dieser Form der Jungpferdearbeit, so können Sie die meisten wichtigen Lern- und Erziehungsschritte auch mit entsprechender Bodenarbeit am Leitseil durchführen. Diese zweckmäßigen Techniken, die ich in der »The Gentle Touch-Methode« zusammengefasst habe, helfen Ihnen, ein Pferd ohne Round Pen für die weitere reiterliche Ausbildung vorzubereiten.

Und eine Tipp noch zum Schluss: Sollten Sie das Gefühl haben, allein mit Hilfe des Buches kommen Sie nicht weiter, dann scheuen Sie sich nicht, den Rat eines erfahrenen Trainers zu suchen, damit er Ihnen hilft, eine »Ausbildungsklippe zu umschiffen«.

Ich wünsche Ihnen viel Freude bei der Ausbildung Ihres Pferdes und beim Bestreben, Ihr Reiten zu verbessern und zu verfeinern.

Peter Kreinberg

Grundausbildung für Westernpferde

### ▶ Die Mensch-Pferd-Beziehung verbessern

Was veranlasst mich, zu der Vielzahl von Lehrfilmen und Büchern zum Thema Ausbildung für Western- und Freizeitpferde ein weiteres Projekt hinzuzufügen? Ist die Vielfalt an Ratgebern nicht groß und vor allem auch verwirrend genug? Gerade diese Unsicherheit und Verwirrung ist es, die mir in den letzten Jahren immer deutlicher auffiel, sei es als Leserreaktion bei meiner redaktionellen Tätigkeit oder ganz praktisch an der Basis in den Kursen und Seminaren.

»Welche Methode ist die richtige, mit welcher Technik komme ich schneller zum Ziel? Welche Reitweise ist die beste? Warum praktiziert Ausbilder A das Gegenteil von Ausbilder B?« Diese und ähnliche Fragen vermitteln mir das Gefühl, als habe die Informationsflut und die große Zahl der Experten und Ratgeber in der Welt des Freizeitreitens nicht wirklich dazu beigetragen, dem interessierten Pferdeliebhaber und Laien zu mehr Selbständigkeit zu verhelfen. Selbstsicherheit und Entscheidungsfähigkeit sind Grundvoraussetzung für die erfolgreiche Arbeit mit Pferden. Sie kann der Pferdeliebhaber zunächst nur durch Vertiefung des Hintergrundwissens erreichen. Standardwerke, welche die grundlegenden Zusammenhänge des Pferdeverhaltens und der Anatomie verständlich und übersichtlich erläutern, leisten ihm dabei die besten Dienste.

Als Anleitung für den Alltag sind diese Standardwerke oft aber nicht geeignet, sind sie dafür doch viel zu komplex und setzen in Bezug auf

▶ *Mit solchem Hintergrundwissen fällt es ihm dann sehr viel leichter, sinnvolle und sinnlose Methoden und Techniken unterscheiden zu lernen und den Einstieg in die Praxis effektiv zu gestalten.*

die praktische Anwendung der Theorien viel Erfahrung voraus. Mit meinem Buch- und Filmprojekten möchte ich einen etwas vereinfachten, praktikablen Weg für den Alltag des Freizeitreiters aufzeigen.

Mit Buch und DVDs möchte ich Sie zum Nachdenken anregen, Ihnen Zusammenhänge aufzeigen, die Sie in dieser Form bisher vielleicht noch nicht betrachtet haben. Vielleicht kann ich dazu beitragen, Missverständnisse im Umgang mit den Pferden zu vermindern und Ihre Arbeit mit ihnen um einige Aspekte erweitern und bereichern.

**AUSBILDUNG JUNGER PFERDE** ▸ Das diesem Buch und dem begleitenden Video zugrunde liegende System, mit jungen Pferden zu arbeiten, hat Tradition. In seiner in den folgenden Kapiteln dargelegten Form ist es aber auch das Produkt meiner bisherigen praktischen Erfahrungen. Die eigenen Erkenntnisse kamen im steten, lebenslangen, vielfältigen Kontakt mit Pferden unterschiedlichster Rassen zustande. Die praktische Arbeit mit ihnen, ob im Geschirr oder unter dem Reiter, erhielt den Realitätssinn. Der offene, freundschaftliche Kontakt mit vielen, großartigen Pferdekennern und Horsemen aus unterschiedlichsten Bereichen eröff-

nete mir neue Perspektiven und erweiterte den Horizont. Mit vielen Tausend Pferden und Menschen habe ich inzwischen gearbeitet, vornehmlich sind es junge Pferde und Reiter mit Basisproblemen gewesen. Von ihnen lernte ich, mich auf die Suche zu machen nach einfach umzusetzenden, effektiven Methoden. Simpel und leicht verständlich sollten sie sein und dennoch nicht die fundamentalen Prinzipien korrekter Pferdeausbildung oder harmonischen Reitens verletzen.

Das System, das sich dabei herauskristallisiert hat, hat sich bewährt. Es baut ausschließlich auf Verhaltensmustern auf, die in der Natur des Pferdes liegen, und spricht seine natürliche Lernfähigkeit an. Dennoch ist dieses System kein Dogma.

**DER WEG DER KLEINEN SCHRITTE** ▸ Das Zusammenspiel von Pferd und Mensch unter stets wechselnden Rahmenbedingungen ist vielschichtig. Zwar ist die regelmäßige Wiederholung korrekter Übungsabläufe eine Notwendigkeit im Rahmen sinnvoller Arbeit mit dem Pferd, doch stumpfsinniger Drill oder das stoische Ableisten einer öden Routine ersticken jede Lebensfreude. Intuition, Kreativität und ein gewisses Maß an Spontaneität gehören für mich ebenso zum Umgang mit dem Pferd wie Sachkenntnis, Selbstdisziplin, Regelmäßigkeit, Geduld, Freundlichkeit und ruhige Konsequenz.

Wenden Sie Ratschläge aus diesem Buch individuell auf Ihre Rahmenbedingungen abgestimmt an, so werden Sie sicherlich nützliche

Der Cutting-Trainer Ronnie Hodges mit einer jungen Stute beim Training am Rind.

Erfahrungen und ganz praktische Fortschritte im Umgang mit Ihren Pferden erzielen. Die Umsetzung der in diesem Buch beschriebenen Trainingsarbeit erfordert Zeit, Geduld, Engagement, Selbstdisziplin und Regelmäßigkeit. Sollte es Ihnen noch an der umfassenden praktischen Erfahrung fehlen, so können Sie dennoch befriedigende Resultate erzielen, wenn Sie den »Weg der kleine Schritte« wählen.

Und selbst bei aller Erfahrung, die der Praktiker sammelt; ich benötigte 40 Jahre, um mein größtes Handikap in der Arbeit mit Pferden zu erkennen!

Der amerikanische Cuttingpferdetrainer Ronnie Hodges half mir dabei. Er sagte mir: »Peter, du versuchst stets perfekt zu sein, keine Fehler zu machen. So behinderst und blockierst du dich nur selbst. Sei gelassener! Wer etwas erlernen will, der kann nicht perfekt sein. Lasse Fehler geschehen, erkenne sie, lache über sie, aber versuche, sie nacheinander zu minimieren. Es gibt stets eine neue Chance, ein nächstes Mal. Nobody is perfect!«

Ich dachte über diese Bemerkung nach, zog meine Schlüsse daraus und änderte meine Einstellung und mein Verhalten.

Ich bin dankbar dafür, dass jemand mir half, mein eigenes, gewohntes Verhalten kritisch zu überprüfen. Wir benötigen hin und wieder Denkanstöße, um unser Leben zu verändern, zu verbessern.

Mit dem in diesem Buch beschriebenen System werden Sie nicht in drei Monaten ein perfekt gehendes Pferd bekommen, das wie auf Knopfdruck funktioniert. Doch mit etwas Einfühlungsvermögen, Umsicht und gesundem Menschenverstand angewandt, kann es Ihre Mensch-Pferd-Beziehung bereichern und verbessern helfen, ebenso, wie das schon bei vielen Kurs- und Seminarteilneh-

Von Pferden kann beim Umgang mit ihnen ein Gefahrenpotential ausgehen. Nur eine solide Erziehung schafft Sicherheit.

mern und Gästen auf Goting Cliff der Fall gewesen ist.

### BEWUSSTER UMGANG MIT PFERDEN ▸

Ich erlebe in Kursen und Seminaren immer wieder Pferdebesitzer, die vollkommen unrealistische Vorstellung von der Arbeit mit Pferden haben. Kein Wunder, wenn es dann zu Enttäuschungen kommt. Leider bleibt es oft nicht bei einem enttäuschten Gesicht. Zu oft führt Enttäuschung zu Ungeduld und emotionalen Ausbrüchen, die wiederum in Grobheiten enden. Zum einen ist es dem Pferd gegenüber sicher nicht fair, das eigene Unvermögen so zu kompensieren, zum anderen reflektieren Pferde solches Verhalten oft mit Fluchtreaktionen oder, erst einmal in die Enge getrieben, auch mit Abwehrhandlungen und Aggressivität gegenüber dem Menschen. Zu solchem Verhalten durch menschliche Fehleinschätzung getrieben, geht von einem Pferd ein großes Gefahrenpotential aus. Dieses Gefahrenpotential wird nicht nur bei der Erziehung des Pferdes als Reitpferd, sondern im gesamten Haltungsbereich freigesetzt. Neueste statistische Auswertungen der Berufsgenossenschaften zeigen, dass weit mehr als die Hälfte aller gemeldeten Unfälle dem Bereich des allgemeinen Umgangs mit dem Pferd zugeordnet werden müssen, also keine typischen Reitunfälle sind.

Wenn man sich mit diesem Sachverhalt auseinandersetzt, so stellt sich zunächst die Frage: Wie kommt es zu diesen Fehleinschätzungen dem Pferd gegenüber?

Ist nicht gerade Deutschland ein Land mit langer Tradition in der Reiterei, in dem der Reitsport wie kaum irgendwo anders geregelt und reglementiert ist?

Schließlich gibt es mehr als 6000 Reitvereine mit entsprechend geschulten Ausbildern, eine Flut von Informationsquellen, ein breites Spektrum unterschiedlicher Reitweisen. Selbst die nicht im Vereinswesen eingebetteten Reitbetriebe werden inzwischen vermehrt von der Deutschen Reiterlichen Vereinigung (FN) betreut. Ich glaube, die Ursachen lie-

Mit gut geschulten Pferden ist der Umgang »kinderleicht«.

Für viele Menschen ist das Reiten in der Natur zum festen Bestandteil ihrer Freizeitgestaltung geworden.

gen in der Entwicklungsgeschichte der Pferdenutzung und des Reitsportes in Deutschland. Als Sport für breitere Schichten entwickelte sich das Reiten erst nach dem zweiten Weltkrieg. Vorher wurde Sport- oder Wettkampfreiten hauptsächlich von Militärreitern betrieben. Traditionell gab es vor dem Beginn des Breitensportreitens stets die Trennung zwischen den Bereichen, in denen Pferde als Gebrauchstiere vornehmlich in der Landwirtschaft und im Transportwesen eingesetzt waren, und dem Bereich der Reitpferdenutzung. Reitpferde gab es in dieser Zeit vor allem beim Militär und in geringerer Zahl auf Gutsbetrieben und als Luxusobjekte wohlhabender Städter. Eine Verwendung auf breiter Basis als Gebrauchs- und Arbeitsreittier, wie etwa in Südspanien oder im Westen der USA zur Betreuung der Viehherden fand nicht statt. Vergleichbar war allenfalls die »Kampagnereiterei« oder Geländereiterei beim Militär bis zum Ende des 19. Jahrhunderts oder längstens bis zum 1. Weltkrieg.

Sowohl beim Militär als auch bei der privaten Reitpferdenutzung gehobener Gesellschaftsschichten war der Bereich der Haltung und Betreuung abgekoppelt

Eine Gebrauchsreiterei wie z.B. die Rancharbeit mit Pferden hat in Nordeuropa keine Tradition. Sichere und gehorsame Pferde erleichtern die Arbeit mit den Rindern.

von der Reiterei. Während zum Thema Reitkunst sehr viel Gedankengut ausgetauscht wurde und sich entsprechend in der Fachliteratur manifestierte, fristete der Haltungsbereich als Thema lange Zeit ein Schattendasein im Bereich der »klassischen Reiterei« hierzulande.

Diese Trennung zwischen »Reitkunst« und der Pferdehaltung und Nutzung in anderen Bereichen hat sich seit Xenophon in den Köpfen der Hippologen festgesetzt. Xenophon gilt schlichtweg als der Begründer der Hippologie, hat er doch die älteste bekannte Anweisung über die Reitkunst im griechischen Altertum hinterlassen.

Er merkt zu seinen Schriften »Reitkunst« und »Der Reiteroberst« an, alles Wissenswerte über Pferdehaltung, über das Reiten und über die Pflichten eines Reiteranführers dargelegt zu haben. Ausdrücklich weist er aber darauf hin, dass seine »Reitkunst« in dem einem Punkte unvollständig bleiben müsse, als vom eigentlichen Zureiten junger Pferde nicht die Rede sei. Das ist nach Xenophons Meinung Aufgabe eigens dazu ausgebildeter Zureiter und daher unwesentlich für die dem Ritterstand angehörenden jungen Athener, die ja von Hause aus wohlhabend genug waren, um sich bereits zugerittene Pferde leisten zu können. Darüber hinaus empfahl er, bei der Auswahl eines Pferdes auf gute Manieren und Willig-

> ▶ *Xenophon: »... ein ungehorsames Pferd ist aber nicht nur unnütz, sondern stiftet oft auch so viel Unheil wie ein Verräter.«*

tung breiter Gesellschaftsschichten. Mit dieser Entwicklung hat sich eine Problematik ergeben, deren Auswirkungen man überall, wo mit Reitpferden umgegangen wird, sehen kann. Es gibt nicht

keit zu achten und Pferde mit schlechter Erziehung oder Unarten zu meiden.

Aus den Worten Xenophons kann man ableiten:

Schon vor fast zweieinhalb Jahrtausenden gab es Pferdeausbilder, die sich auf die Erziehung junger Pferde verstanden und sie zu gut funktionierenden Reitpferden mit geringem Gefahrenpotenzial schulten.

Für die Weiterschulung zum Kriegs- und Paradepferd war eine gute Basisschulung Voraussetzung, denn die Versäumnisse der Grundausbildung konnten auch durch die »Reitkunst« nicht mehr oder nur schwerlich kompensiert werden.

**AUSBILDERQUALITÄTEN** ▶ Seit Xenophon hat sich bezüglich der Verwendung der Pferde als Reittiere vieles verändert. Bis in das letzte Jahrhundert war das Reiten fest mit den kriegerischen Aktivitäten überall auf der Welt verknüpft. Kontinente wurden unter anderem auf dem Rücken von Pferden erobert oder erschlossen. Hirtenkulturen hatten ihre Existenz dem Reitpferd zu verdanken. Erst in den letzten 50 Jahren entwickelte sich eine Form der Verwendung als Reitpferd, die es so in den Jahrhunderten zuvor nicht gegeben hatte: das Reiten als Freizeitgestal-

## *Seit Xenophon ist bekannt:*

*Wer sich darauf beschränkt, das Pferd nur in seiner Funktion als Reittier zu betrachten, sich nur mit Reittechnik und physischer Konditionierung befasst, dem bleibt das wahre Wesen der Pferde in weiten Bereichen verborgen. Wem das Wesen des Pferdes fremd bleibt, dem unterlaufen Fehleinschätzungen und Verständigungsfehler, die zu Missverständnissen und Enttäuschungen führen.*

*Aus Missverständnissen und Enttäuschungen entstehen Situationen mit hohem Gefahrenpotential für alle Beteiligten.*

*Ich persönlich komme zu folgender Erkenntnis:*

*Wer einen sicheren und harmonischen Umgang mit dem Pferd anstrebt, der muss sich zunächst mit seinem Wesen vertraut machen!*

genügend gut erzogene und gut ausgebildete Pferde für die mit begrenzten Fähigkeiten ausgestatteten Freizeit- Hobby- und Sportreiter. Als Folge dieses Zustandes finden sich Reiter in der Rolle des Pferdeausbilders, die dafür eigentlich nicht über die notwendigen

Voraussetzungen verfügen. Wenn ich gefragt werde: »Wann kann man eigentlich reiten?« antworte ich mit folgendem Statement: Es gibt verschiedene Phasen in der Entwicklung eines Reiters: Zunächst muss er das passive Reiten erlernen. Er sollte auf einem Pferd, welches er nicht lenken oder bezüglich Tempo oder Haltung beeinflussen muss, unverkrampft und ausbalanciert in jeder Gangart sitzen können. Dabei soll er auch schon koordinierte Bewegungen mit Armen, Beinen und Rumpf ausführen, ohne die Balance zu verlieren. Als nächste Stufe sollte er das aktive Reiten auf einem geschulten und gehorsamen Pferd er-

lernen. Hier kann er die richtige Anwendung seiner Einwirkungen in Reflektion der Reaktionen des Pferdes üben und festigen. Erst jetzt hat er die Grundvoraussetzungen, für die nächste Ebene seiner reiterlichen Entwicklung, er kann sich der Ausbildung von Pferden zuwenden.

In dieser Phase lernt er, das formende und prägende Ausbilden, um einem jungen und unverdorbenen Pferd das Verständnis für die reiterlichen Einwirkungen zu vermitteln. Durch sinnvolle Wiederholungsübungen wird er es mental und körperlich für die Aufgaben vorbereiten, die es entsprechend seines Einsatzbereiches als Reit-

Viele Freizeitreiter bilden sich ihre Pferde selbst aus. Allerdings braucht es einige Erfahrung, um ein sicheres und gehorsames Freizeitpferd zu erziehen.

Ob im Gelände oder auf dem Turnier: Jeder Reiter wünscht sich ein williges, ruhiges und an feinen Hilfen gehendes Pferd.

pferd ausführen muss. Hat er in dieser Phase seine Erfahrungen gesammelt und verfügt über eine gewisse Routine, so kann er sich der letzen und schwierigsten Phase zuwenden, der Korrektur von verdorbenen oder verrittenen Pferden. Hier muss er die Fähigkeit entwickeln, ein Pferd von alten unerwünschten Verhaltensmustern zu entwöhnen, um es mit dann mit den gewünschten zu konditionieren. Meiner Meinung nach finden

sich mehrere hunderttausend Freizeit-, Hobby- und Sportreiter in der Situation wieder, sich mit ihren Pferden in dieser letzten und anspruchsvollsten Stufe der reiterlichen Entwicklung auseinandersetzen zu müssen. Jeder Ansatz, das Verständnis für die Pferde, ihr Wesen und ihre Belange zu verbessern, hilft diesen Reitern, Fortschritte hin zu einem harmonischen Umgang mit ihren Pferden zu erzielen.

# Das Wesen der Pferde

# Das Wesen der Pferde

▶ **Die Herde**

Pferde sind Herdentiere. Ihr Sozialverhalten ist deshalb von Verhaltensmustern geprägt, die für das Herdenleben wichtig sind.

Wenn wir mit ihnen umgehen wollen, so müssen wir selbst die Gesetze, nach denen Pferde zusammenleben, verstehen und akzeptieren lernen. Wesentliche Grundlage des reibungslosen Zusammenlebens in der Herde ist die Hierarchie. Wer lernen möchte, dieses System zu verstehen, der muss sich die Zeit nehmen und Pferde im Herdenverband in ihrem Verhalten beobachten. Auf diese Weise kann man als Mensch am besten ein Gespür dafür bekommen, wie Pferde sich verständigen, ihre Konflikte austragen oder sich Zuwendung und Hilfestellung gewähren.

Gerade in letzter Zeit ist sehr viel in Büchern und Zeitschriften über dieses Thema veröffentlicht worden. Leider bleiben die meisten Veröffentlichungen nur an der Oberfläche dieses Themas. Da ist viel vom Leittier und seiner Auto-

Pferde sind Herdentiere. Ihr Sozialverhalten ist deshalb von Verhaltensmustern geprägt, die für das Herdenleben wichtig sind.

In der Herde haben Neugeborene, Saugfohlen, Halbwüchsige, Maidenstuten, Junghengste, Althengste und Mutterstuten einen unterschiedlichen Status. Während die kleinen Rempeleien von Saugfohlen bei Herdenmitgliedern auf bedingtes Verständnis stoßen, werden schon unangemessene Annäherungen von Halbwüchsigen unnachsichtig geahndet.

Ein geordnetes Sozialgefüge in einer Herde bietet jedem Herdenmitglied Sicherheit und Geborgenheit. Jedes Pferd sucht diesen Zustand instinktiv.

rität die Rede. Treibt es oder führt es? Muss es stets die Distanz zu anderen Herdenmitgliedern wahren? Solche und ähnliche Fragen dokumentieren die Unsicherheiten, die aus oberflächlicher Beschäftigung mit dem Thema resultieren. Auch dieses Kapitel kann nur begrenzt Einblick in das Herdenverhalten geben. Ich möchte dennoch versuchen, Ihren Blick für die vielschichtigen Zusammenhänge des Herdenlebens zu schär-

fen, um Ihnen bei Ihren zukünftigen Beobachtungen behilflich zu sein. In der Herde haben Neugeborene, Saugfohlen, Halbwüchsige, Maidenstuten und Junghengste, Althengste und Mutterstuten einen unterschiedlichen Status. Während z. B. die kleinen Rempeleien von Saugfohlen bei Herdenmitgliedern auf bedingtes Verständnis stoßen, werden schon unangemessene Annäherungen von Halbwüchsigen unnachsichtig geahndet. Junghengste können sich stundenlang in Scheinkämpfen mit unterschiedlicher Rollenverteilung beschäftigen und haben ihre Freude daran, selbst wenn sie dabei tiefe Hautabschürfungen und blutige Schmarren davontragen. Eine ranghohe Stute erwartet, dass ein drohender Blick oder eine entsprechende Geste ausreicht, um ihren Anspruch auf einen bestimmten Bereich geltend zu machen. Findet dieses Ansinnen nicht augenblicklich Beachtung, so ist mit einer knallharten Keil-Attacke zu rechnen, die alle Missverständnisse sofort klärt. Doch nicht nur die Rituale der Auseinandersetzung gibt es zu beobachten. Das soziale Miteinander hat eben so viele Facetten. Da sieht man zum Beispiel die gegenseitige Fellpflege, oder an heißen Tagen stehen Gruppen von Pferden Kopf an Schweif, um sich

Junghengste können sich stundenlang in Scheinkämpfen mit unterschiedlicher Rollenverteilung
beschäftigen und haben ihre Freude daran, selbst
wenn sie dabei tiefe Hautabschürfungen und
blutige Schmarren davontragen.

Luft zuzufächeln und die Fliegen
zu vertreiben.

Ein Umstand wird selbst dem
nicht so geübten Beobachter sehr
bald auffallen: Das ranghöchste
Tier einer Gruppe hat das Recht, jederzeit beliebig jeden Platz im Auf-
enthaltsbereich der Herde einzunehmen. Mit diesem Recht ist aber
auch die Pflicht verbunden, für die
Herde wachsam zu sein, neues Territorium als erstes Tier zu betreten,
Gefahren rechtzeitig zu erkennen
und eventuell abzuwenden. Daraus
erwächst für die rangniederen Tiere
ein Gefühl der Geborgenheit und
Sicherheit. Sie respektieren die Ansprüche des ranghöheren Tieres
und profitieren von seiner Erfahrung und Sicherheit.

▸ *Eine klare Hierarchie und das daraus*
*resultierende Gefühl der Geborgenheit*
*sind wichtige Bedingungen, die jedes*
*Pferd braucht, um sich wohl zu füh-*
*len. Wir finden sie bei der Pferdeaus-*
*bildung in den Begriffen Respekt und*
*Vertrauen wieder.*

Das soziale Mitei-
nander hat viele
Facetten. Man
kann gegenseitige
Fellpflege beobach-
ten, oder an hei-
ßen Tagen stehen
Pferde in Gruppen
zusammen, um
sich Luft zuzufä-
cheln und die Flie-
gen zu vertreiben.

### ▶ Die Rangordnung

Im Rahmen des allgemeinen Sozialverhaltens ist die Hierarchie oder die Rangordnung einer der wichtigsten Eckpfeiler. Und somit hat dieser Bereich bei der Erziehung und Ausbildung von Pferden einen hohen Stellenwert. Gleichzeitig ist es wohl auch der Bereich, in dem es zu den folgenschwersten Fehleinschätzungen durch Ausbilder oder Pferdebesitzer kommt.

Um die Regeln der Hierarchie besser verständlich zu machen, möchte ich einige Beispiele aus dem Herdenleben der Pferde anführen.

Nicht immer wächst ein Pferd vom Fohlenalter an in den Herdenverband hinein. Kommt zum Beispiel ein erwachsenes Pferd neu zu einer Gruppe dazu, so wird es sich zunächst mit Imponiergehabe auf die Gruppe zu bewegen. Mit den ersten Tieren, die es erreicht, stellt es Nasenkontakt her. Das Leittier wird sich daraufhin zu dem Neuankömmling begeben, um ihn zu empfangen. Während ausgiebig beschnuppert wird, stampft man mit den Vorderhufen auf, keilt auch mal nach

hinten aus und wiehert röhrend und selbstbewusst. Nach diesem Begrüßungsakt beginnt die ganze Gruppe im Galopp das Areal zu umrunden, auf dem sie sich aufhält. Danach wiederholt der Neuankömmling mit einzelnen Pferden das anfängliche Begrüßungsritual, bis er in der Gruppe seinen Platz gefunden hat.

> ▶ *Das Tier, das agiert und beständig die Initiative ergreift, wird dabei die ranghöhere Position gewinnen.*

Sobald sein Gegenüber Boden preisgibt und wiederholt ausweicht, ist die Rangfrage zwischen diesen beiden geklärt. Ab jetzt wird es ohne Wenn und Aber ausweichen, wenn das ranghöhere Tier sich mit territorialem Anspruch nähert. Eine ranghöhere Position gegenüber einem anderen einzunehmen, das heißt aber nicht automatisch, die Leitfunktion inne zu haben. Nur wenige Pferde haben eine Führungspersönlichkeit.

Das Leittier einer Gruppe ist auch für die allgemeine Ordnung

*Kommt ein fremdes Pferd in eine Herde, so stellt es mit den ersten Tieren, die es erreicht, Nasenkontakt her. Das Leittier wird sich daraufhin zu dem Neuankömmling begeben, um ihn zu empfangen.*

> *Das Leittier entscheidet für die Herde und hat somit auch das Recht, Rangniedere zu treiben und zu dirigieren.*

zuständig. Stiftet ein Querulant ständig Unruhe oder Unordnung, so wird das Leittier ihn nach einiger Zeit gebührend maßregeln, bis er sich wieder fügt. Ist ein Herdenmitglied von einem ranghöheren Pferd von seinem Standort vertrieben worden oder wurde es vom Leittier gemaßregelt, so reagiert es seine Frustration häufig dadurch ab, dass es das nächstniedere Tier in der Hierarchie seinerseits kurz attackiert.

> *Erziehung findet in der Herde immer statt, allerdings geschieht das stets aus gegebenem Anlass in dem Augenblick, in dem Regeln verletzt werden.*

Auf diese Weise lebt jedes Pferd in einem gewachsenen Herdenverband in einem relativ ruhigen Umfeld. Durch die konsequente Disziplinierung von Störenfrieden akzeptiert jedes Herdenmitglied die bestehende Ordnung und empfindet diese auch als Garantie für Geborgenheit und Sicherheit.

Die anfänglich beschriebenen Rituale einem Neuankömmling gegenüber dienen also dazu, diesem möglichst bald die bestehende Rangordnung klar zu machen. So findet er relativ schnell seinen Platz, und im Herdenverband kehrt wieder Ruhe ein. Die Herde gibt dem individuellen Pferd das Gefühl der Sicherheit gegen Gefahr von außen. In der Herde ist es vor Angriffen relativ sicher. Es kann darauf hoffen, dass die Wachsamkeit der verantwortlichen Herdenmitglieder es vor Überraschungsangriffen schützt. Ein Pferd hat deshalb instinktiv das Bedürfnis, den Schutz und die Geborgenheit der Herde nicht zu verlieren. Wird es abgetrennt, gerät es in Panik und versucht, so schnell wie möglich und mit allen Mitteln zurück zur Herde zu finden.

> *Ein Pferd wird unsicher oder gerät in Panik, wenn es sich von den Artgenossen getrennt fühlt und den Schutz der Herde verliert.*

In Gruppen junger Hengste geht es stets lebhaft zu. Die Halbwüchsigen animieren sich zu Kampfspielen, Verfolgungsjagden und Wettrennen.

### ▶ Das Geschlechtsverhalten von Pferden

Ein weiterer, wichtiger Aspekt des sozialen Miteinanders ist das Geschlechtsverhalten der Pferde. Die Hormone spielen dabei eine wichtige Rolle. Naturgemäß äußert sich das Geschlechtsverhalten bei männlichen und weiblichen Tieren in recht unterschiedlichen Verhaltensmustern. So verändern viele Stuten ihr Verhalten während der Rosse recht deutlich. Sie quietschen bei Körperberührung durch andere und keilen mit den Hinterbeinen aus, solange sie nicht befruchtungsbereit sind. Dabei bewegen sie sich insgesamt etwas träge und behäbig.

Bei Hengsten fallen zwei wesentliche, geschlechtsspezifische Verhaltensmuster auf. In frei lebenden Herdenverbänden leben sie als Jungpferde in kleinen »Junggesellengruppen«. Leithengst und Leitstute halten solche »Junggesellen« auf Distanz. In diesen Gruppen geht es lebhaft zu, denn stets animieren sich die Halbwüchsigen zu Wettrennen, Verfolgungsjagden und Kampfspielen. Dabei geht es zwar sehr rau, aber niemals ernstlich aggressiv zu. In diesen Grup-

pen ist eine klare Rangordnung nicht so ausgeprägt, vielmehr leben diese Junghengste in einer lockeren Ordnung. Häufig kann man in solchen Gruppen spezielle Freundschaften zwischen zwei individuellen Pferden erkennen. Allerdings tut sich in diesen Junghengstverbänden oft ein »Rambo« hervor, der alle anderen deutlich dominiert und oft auch drangsaliert. Er übernimmt eine Art Leithengstfunktion, treibt einzelne Mitglieder der Gruppe und führt diese an. Mit zunehmendem Alter werden die zunächst spielerischen Auseinandersetzungen entschiedener ausgetragen. Auch versuchen starke Junghengste, älteren Hengsten eine Stute aus ihrem Harem abzujagen. Diese Kämpfe sind dann ernsterer Natur und entscheiden sich, wenn einer der beteiligten das Territorium fluchtartig verlässt.

Stuten gegenüber zeigen Hengste ein auffälliges Imponiergehabe, das legen sie aber auch vor Rangkämpfen an den Tag und zeigen es, wenn sich Außenseiter ihrem Territorium nähern.

▶ **Überlebensstrategie Flucht**

Pferde sind als Vegetarier Beutetiere für große Beutejäger. Die Natur hat den Pferden die Flucht als Überlebensstrategie gegeben, um die Art zu erhalten. Das Fluchtverhalten ist in Form von Reflexen fest im Instinkt der Pferde verankert. Das gilt auch für die Pferde, die nicht mehr in der Natur in Freiheit leben, sondern domestiziert seit vielen Generationen unter Haltungsbedingungen, die durch den Menschen bestimmt sind.

Das Fluchtverhalten von Pferden unterliegt bestimmten Gesetzmäßigkeiten, die sich deutlich vom Verhalten des Menschen bei Gefahr unterscheiden.

Beim geringsten Anzeichen, sei es ein Geräusch, eine Bewegung, ein Geruch oder nur die Veränderung eines Anblicks in gewohntem Territorium, wird der Fluchtreflex ausgelöst. Nur, wenn das Pferd eine Wahrnehmung sofort als aus Erfahrung absolut ungefährlich einstuft, bleibt es gelassen. Unter bestimmten Rahmenbedingungen steigert sich die Sensibilität gegenüber fremden Eindrücken. An windigen Tagen, in fremdem Terrain, in bewachsenem, unübersichtlichem Gelände, im Dunkeln oder auf unsicherem Boden, um nur einige typische Situationen zu nennen, liegen die Nerven eines Pferdes sozusagen »blank«. Rassespezifisch kann man ein unterschiedliches Fluchtverhalten feststellen. Hochblütige Pferde wie zum Beispiel Araber als ehemalige Wüsten- und Steppentiere haben ein anderes Fluchtverhalten als z. B. bodenständige, kaltblütige Nachfahren der nördlichen Wald- und Moorpferde.

Bei einer plötzlichen Sinneswahrnehmung, die ein Pferd nicht als ungefährlich einstufen kann, wird es kurz zusammenzucken, um dann mit einem Satz die Flucht anzutreten. Es wird daraufhin in schnellem Galopp davonlaufen und dem Leittier oder den anderen Herdenmitgliedern folgen.

Je nach Rahmenbedingungen wird es eine bestimmte Distanz zurücklegen, um dann in Schritt zu verfallen oder anzuhalten und in die Richtung des vermeintlichen Angriffs zu spähen. Sieht es sich an der Flucht gehindert, so wird es panikartig und mit allen Mitteln versuchen, ohne Rücksicht auf die eigene Unversehrtheit seine Flucht fortzusetzen.

*Während aber der Fluchtreflex stets erhalten bleibt, kann das Fluchtverhalten verändert, minimiert und umkonditioniert werden.*

Flucht als Überlebensstrategie des Beutetiers.

### ▶ Territoriales Verhalten

Unabhängig vom Element, in dem sie leben, ob Beutetier oder Beutejäger, die meisten auf diesem Planeten lebenden Tierarten haben ein artspezifisches Territorialverhalten. Auch Pferde verfügen darüber. Dieses territoriale Bewusstsein beeinflusst die bisher beschriebenen Verhaltensbereiche zum Teil wesentlich. Territoriales Bewusstsein betrifft sowohl das Leben im Herdenverband als auch den Aufenthalt und das Verhalten in wechselndem Terrain. In der Herde werden die besten Plätze von den ranghöheren Tieren entsprechend ihrer Stellung in der Hierarchie besetzt. Jedes Tier beansprucht für sich einen bestimmten, räumlichen Individualbereich. Die Fluchtdistanz ist je nach Geländebedingungen, in denen sich Pferde aufhalten, unterschiedlich groß. Das Sexualverhalten speziell von Hengsten ist auf »heimischem« Territorium anders als auf Fremdterritorium. Den angestammten Lebensbereich verteidigt ein Pferd auch schon mal, wenn es sich bedrängt, in die Enge getrieben oder angegriffen fühlt. Im angestammten Territorium bewegt ein Pferd sich ausgiebig. Fremdartige Aktivitäten oder Gegenstände in seinem Territorium machen es neugierig.

> *Das Territorialverhalten hat stets Auswirkungen auch auf Rangordnung, Geschlechtstrieb und Fluchtinstinkt.*
> *Das heißt, dass alle wichtigen Belange für das Pferd stets an eine Frage gekoppelt sind: »Wo halte ich mich auf und wo nicht?«*
> *Vier Komponenten bestimmen das Verhalten des Pferdes:*
> *Rangordnung, Geschlechtstrieb, Fluchtinstinkt und alles überlagernd das Territorialverhalten.*

In der Herde werden die besten Plätze von den ranghöheren Tieren entsprechend der Hierarchie besetzt.

Das territoriale Bewusstsein eines Pferdes hat also weitreichende, vielschichtige Auswirkungen auf sein Verhalten. Es beeinflusst sein ganzes Leben lang jeden Lebensbereich intensiv.

Die daraus resultierenden Verhaltensmuster bestimmen die Lernfähigkeit eines Pferdes generell. Alle Erziehungsmaßnahmen müssen sich im Rahmen dieser Lernfähigkeit bewegen und in logischen Schritten daraus abgeleitet sein. Ich nenne es das »Territoriale Lernen«.

Um die Zusammenhänge verständlicher zu machen, möchte ich eine Reihe von praxisnahen Beispielen verwenden.

**BEISPIEL 1 ▸** Eine Pferdegruppe verlässt vertrautes Terrain, in dem jeder Stein und jeder Strauch bekannt ist und begibt sich auf die Suche nach neuen Weidegründen. Nun werden zunächst hinter jedem Stein und jedem Strauch Gefahren angenommen. Entsprechend vorsichtig bewegt sie sich in dem fremden Gelände. Es ist die Aufgabe des Leittieres, dem Rest der Herde Sicherheit zu geben. Je erfahrener ein Leittier, desto souveräner wird es dieser Aufgabe gewachsen sein. Sein Selbstvertrauen gibt den anderen im Rang niederen Tieren Vertrauen.

▸ *Für alle Herdenmitglieder stellt sich prinzipiell die Frage: Wo kann ich mich gefahrlos bewegen und wo nicht? Das Leittier trifft die Entscheidung generell, jedes einzelne Herdenmitglied individuell.*

**BEISPIEL 2 ▸** Eine Stutengruppe hält sich in einem Paddock auf. Es weht ein ungemütlicher, kalter Wind. Ein Buschgruppe bietet etwas Windschutz. Dieser komfortable Platz wird besetzt vom ranghöchsten Tier. Alle rangniederen Tiere werden den Bereich meiden, solange er vom ranghöchsten beansprucht wird, eventuell duldet dieses seine engste Freundin neben sich.

▸ *Für alle stellt sich prinzipiell die Frage, wo ist der komfortabelste Platz? Das ranghöchste Tier wird ihn beanspruchen und besetzen, wann immer es möchte.*

**BEISPIEL 3 ▸** Ein Gruppe von Pferden grast auf einer Weidefläche. Jedes Pferd beansprucht für sich einen bestimmten Individualbereich. Je nach Rang ist der etwas größer oder kleiner bemessen. Nehmen wir an, Pferd A ist in der Rangordnung höher als Pferd B. Pferd A beansprucht einen Individualbereich von etwa fünf Metern im Radius. Pferd B hat einen etwas kleineren Individualbereich. Pferd A bewegt sich grasend über die Wiese, bis es in die Nähe von B kommt. Sind die beiden etwa auf zehn Meter zusammengekommen, wird B noch ruhig bleiben, seinerseits aber nicht die Distanz zu A verringern. A hingegen hat keine Probleme damit, B etwas dichter »auf den Leib zu rücken«. Verkleinert sich die Distanz auf etwa 5 Meter, so ist es für B höchste Zeit, den Standort zu verlassen, selbst wenn

Territoriales Bewusstsein betrifft sowohl das Leben im Herdenverband als auch den Aufenthalt und das Verhalten in wechselndem Terrain. Jedes Tier beansprucht für sich einen bestimmten räumlichen Individualbereich.

dort sehr wohl schmeckendes Gras steht. Sollte es unaufmerksam sein, so wird A drohen und nötigenfalls auch durch eine kurze Attacke gegen B seinen Indi- vidualbereich wieder klären. Nachdem A und B eine Fresspause eingelegt haben, stellt sich A einladend gegenüber B hin und fordert damit zur gegenseitigen Fellpflege auf. B darf jetzt unbehelligt den Individualbereich von A betreten.

> Für rangniedere Pferde einer Gruppe stellt sich stets die Frage: Wo ist die Grenze zu den Individualbereichen ranghoher Tiere? oder: Wo darf ich mich aufhalten und wo nicht?

**BEISPIEL 4 ▶** Eine Gruppe von Pferden ist auf dem Weg zur gewohnten Wasserstelle. Diesen Marsch muss sie jeden Tag absolvieren. Die Geländebedingungen haben sich in das Gedächtnis eines jeden Pferdes eingeprägt, jeder Strauch, Stein oder Baum mit seinem entsprechenden Schatten. Sollte es eine optische Veränderung geben, so wird das Leittier nicht mehr weiter gehen, sondern verharren und eventuell die Flucht einleiten. Sein Instinkt sagt ihm: »Die Steine und Bäume ändern nicht plötzlich ihr Erscheinungsbild. Ein zusammengekauertes Raubtier könnte aber die Ursache für die Veränderung sein, deshalb ist eine Flucht vielleicht angebracht.«

> *Für Pferde, die sich in gewohnter Umgebung bewegen, stellt sich die Frage: Wo gibt es Veränderungen, die Gefahr bedeuten können?*

Erst wenn bei einer kurzen Flucht kein Verfolger erkennbar wird, wird es sich vorsichtig und fluchtbereit nähern, um den verändert erscheinenden Bereich zu untersuchen.

Nur diese vier Beispiele machen vielleicht schon deutlich, wie wichtig im täglichen Leben eines Pferdes die Frage ist: »Wo halte ich mich auf und wo nicht?« Letztlich lässt sich jede Situation im natürlichen Umfeld eines Pferdes auf diese Frage reduzieren. Bei der Grundausbildung junger Pferde stelle ich deshalb bei allen Lernschritten zunächst diesen Bezug zum territorialen Bewusstsein eines Pferdes her, um ihnen eine möglichst natürliche Lernsituation anzubieten und die ihnen von der Natur gegebene Lernfähigkeit zu nutzen.

## *Territorialbewusstsein:*

*Wer als Ausbilder bei der Arbeit mit jungen Pferden oder bei der Korrektur von unerwünschten Verhaltensmustern diese Erkenntnis in sein Konzept mit einfließen lassen will, der muss umdenken. Lernt man doch hierzulande von Anfang an all zu häufig, ausschließlich darauf einzuwirken, wie ein Pferd laufen soll. Es soll am Zügel gehen, es soll Längsbiegung haben, es soll seitwärts gleichmäßig übertreten, es soll versammelt gehen, es soll taktmäßig gehen, es soll durchlässig sein usw. Man könnte die Palette der Begriffe, die so typisch für Gespräche unter Reitern sind, beliebig fortführen. Für all diese Begriffe und die damit vom Menschen verknüpften Verhaltensmuster hat das Pferd kein Bewusstsein und kein Verständnis. Wer damit beginnt, dem Pferd beibringen zu wollen, wie es laufen soll, bevor er mit ihm eine Verständigungsebene dafür geschaffen hat, wo es laufen soll, der überfordert es. Lernsituationen auf der Basis des Territorialen Lernens zu kreieren, bedeutet, die natürlichen Lernanlagen des Pferdes zu nutzen. Um dem Pferd solche leicht verständlichen Lernsituationen anbieten zu können, muss ein Ausbilder lernen, ein »Territorialbewusstsein« ähnlich dem des Pferdes zu entwickeln. Man benötigt einige Zeit, bis das eigene Verhalten in diesem Sinne entsprechend automatisiert ist.*

### ▶ Die Umwelt in den Augen des Pferdes

Die Welt, in der wir leben, ist für alle gleich. Und dennoch nimmt sie jeder individuell unterschiedlich war. Vielleicht haben Sie auch schon einmal die Erfahrung gemacht, mit einem Familienmitglied oder Freund eine Situation gemeinsam erlebt zu haben. In einem späteren Gespräch stellt sich heraus, dass jeder Beteiligte eine ganz unterschiedliche Schilderung des Erlebten abgibt, so als hätte es zwei verschiedene Begebenheiten gegeben. So etwas ist möglich, da wir eine Situation aus unterschiedlicher Perspektive und mit variierender Grundeinstellung betrachten können. Sie haben sicherlich schon einmal das Beispiel vom halb mit Wasser gefüllten Glas gehört. Während der eine Betrachter davon überzeugt ist, dass das Glas halb leer ist, behauptet ein anderer, es sei halb voll.

Pferden geht es ähnlich wie uns, aus diesem Grunde ist es sinnvoll, sich Gedanken darüber zu machen, wie Pferde ihre Umwelt wahrnehmen.

**DIE SINNE DER PFERDE** ▶ Pferde orientieren sich in ihrer Umwelt mit ihren Sinnen. Die Wertigkeit der Sinneswahrnehmungen ist nicht mit der des Menschen zu vergleichen. Berücksichtigt der Mensch im Umgang mit dem Pferd diesen bedeutenden Unterschied nicht genügend, so kommt es mit Sicherheit zu Missverständnissen. Der wichtigste Sinn des Menschen zur allgemeinen Orientierung und Situationsbewertung ist der Gesichtssinn, das Sehen oder Betrachten also.

Pferde sehen ihre Umwelt mit anderen Augen als Menschen. Ihr perspektivisches Sehen, der Blickwinkel, die dreidimensionale Sicht, das scharfe Sehen, die Farb- oder Kontrastwahrnehmung, in all diesen Bereichen sieht ein Pferd anders als der Mensch es kann.

Pferde haben zunächst ein anderes Gesichtsfeld als der Mensch.

Pferde orientieren sich in ihrer Umwelt mit ihren Sinnen. Die Sinneswahrnehmungen finden nicht wie beim Menschen primär über das Sehen statt. Gehör, Geruch und Körper- oder Tastsinn haben einen höheren Stellenwert als das Sehen.

Pferde sehen ihre Umwelt mit anderen Augen als Menschen. Dieses andere Wahrnehmungsvermögen bedingt speziell abgestimmte Verhaltensweisen.

Dieses andere Wahrnehmungsvermögen bedingt speziell darauf abgestimmte Verhaltensweisen. Die Augen eines Pferdes sind seitlich am Kopf angesetzt, seine Augäpfel kann es nicht in gleicher Weise in der Augenhöhle bewegen wie der Mensch. Will es den Blickwinkel verändern, muss es seinen Kopf heben, senken oder wenden.

Es verfügt nahezu über eine Rundumsicht mit einem toten Winkel nur direkt hinter seinem Körper. Bedingt durch die Anordnung der Augen hat ein Pferd links und rechts je ein großes monokulares Sehfeld. Nur direkt vor sich in einem schmalen Sehfeld kann es binokular sehen und ist nur in diesem Bereich in der Lage, Gegenstände scharf zu sehen und Abstände zu taxieren. Will es in die Ferne schauen, so muss es seinen Kopf hoch tragen, nimmt es ihn tief, so sieht es nur den Bereich direkt vor sich am Boden binokular und damit scharf. Direkt über und vor seinem Kopf, vor seiner Stirn und seiner Nase hat es einen toten Blickwinkel.

Ein Pferd ist in der Lage, den Bereich, den es betreten will, genau anzusehen, wenn es das für nötig hält. In schwierigem Gelände nimmt es seinen Kopf tief, um möglichst scharf den Bereich direkt vor seinen Hufen taxieren zu können, im schnellen Lauf nimmt es ihn hoch, um einige Pferdelängen vorauszuschauen, ebenso um den Absprungpunkt vor einem Hindernis zu taxieren.

Alle Wahrnehmungen im monokularen, seitlichen Gesichtsfeld sind eher unscharf und verschwommen.

Viele Verhaltensweisen und Reaktionen eines Pferdes erklären sich unter anderem aus den Besonderheiten seines Gesichtssinnes (Seh-vermögens), der im Vergleich mit dem Sehvermögen des Menschen als eingeschränkt gelten kann. Dieser Umstand ist mir besonders bei der Arbeit mit jungen, unausgebildeten Pferden stets bewusst und wird von mir berücksichtigt.

Für uns Menschen ist der Gesichtssinn unter allgemeinen Normalbedingungen der wichtigste Sinn. Gehör, Geruch, Geschmack und Tastsinn spielen eine deutlich untergeordnete Rolle und sind bei weitem nicht so fein ausgebildet wie bei Pferden. Für diese sind Geruch, Gehör und Tastsinn häufig wichtigere Informationsquellen als die optischen Wahrnehmungen.

Je nach Situation werden die Sinne von unterschiedlicher Bedeutung für ein Pferd sein. Wenn man sich fragt, welche Sinne ein Pferd zur Orientierung in seiner nächsten Umgebung einsetzt, so dürfte das in folgender Reihenfolge geschehen: Geruch, Haut und Muskelsinn (Tastsinn), Gesicht und Gehör. Nähert es sich einem Gegenstand oder einer Situation, so wird die Reihenfolge sich ändern: Gehör, Gesicht, Geruch, Tastsinn. Seine sichersten Führer sind vermutlich: Muskel- und Hautsinn und der Geruch. Gehör und das Gesicht werden ihm wohl die meisten Irrtümer bescheren.

In Bezug auf sein Körperempfinden, seinen Haut- und Muskelsinn kennt das Pferd zwei prinzipielle Verhaltensmuster! In der Regel wird es bei lästigen Einflüs-sen eine Komfortzone mit reduzierten Einflüssen suchen. Bei Fliegenstichen z. B. wird es aber zunächst versuchen, den Quälgeist abzuschütteln. Erst wenn das nicht gelingt, versucht es, auszuweichen oder davon zu laufen, um dem unangenehmen Einfluss zu entgehen. Bei festem großflächigem oder punktuellem Dauerdruck gegen seinen Körper reagiert es mit einer r e f l e x i v e n Gegendruckbewegung. Wenn mehrere Pferde sich durch einen Engpass zwängen, so drücken sie mit Kraft massiv gegeneinander. Ist der Durchlass immer noch zu eng, so werden sie auch massiven Druckkontakt mit dem begrenzenden Hindernis nicht scheuen. Im Kampfspiel miteinander drängen sie sich mit Körperkraft gegeneinander, um den Spielgefährten abzudrängen. Sollten sie sich irgendwo verfangen, zum Beispiel mit einem Bein, dem Kopf oder Hals, so versuchen sie, sich mit Gewalt loszureißen.

> *Nachgiebigkeit gegenüber direktem Körperdruck kennen Pferde in ihrem natürlichen Verhalten nicht.*

Wenn wir diese Erkenntnisse ausreichend berücksichtigen, so lässt sich zum einen das Verhalten der Pferde, mit denen wir uns beschäftigen, viel besser verstehen, zum anderen wird es uns leichter fallen, die Verhaltensweisen im Rahmen der Ausbildung effizienter in unserem Sinne zu verändern.

► **Haben Pferde Gefühle?**

Zu sehr vielen Bereichen, die das Pferd betreffen, gibt es wissenschaftlich belegbare Erkenntnisse. Befassen wir uns aber mit der Empfindungswelt des Pferdes, seinen Gefühlen und Gedanken, so sind wir auf Spekulationen angewiesen. Angst, Schmerz, Freude, Lust oder Unlust, Wut, Ärger, Frustration, Resignation, Zuneigung, Hass. All diese Worte sind uns geläufig, um damit Gefühlshaltungen zu beschreiben. Ich bin der festen Überzeugung, dass auch Pferde zu all diesen Empfindungen in der Lage sind, vielleicht in abgewandelter Form, doch prinzipiell kennen sie diese Gefühle. All diese Gefühle beeinflussen das aktuelle Verhalten eines Pferdes ebenso wie die Emotionen unsere Handlungen beeinflussen. Angst ist eine Emotion, die alle anderen überlagern kann, sie blockiert den Körper und schränkt die Wahrnehmungsfähigkeit ein. Ängste können durch einen positiven Erfahrungsprozess abgebaut werden oder durch Negativerlebnisse zu Phobien führen. Die Anwendung von Zwang verstärkt Angstgefühle in der Regel.

Für das Pferd als Flucht- und Beutetier ist das Angstgefühl und die daraus resultierende Skepsis allem Unbekannten, Neuen oder Plötzlichen gegenüber überlebenswichtig.

Andere negative Emotionen wie Ärger, Ungeduld, Wut oder Frustration beeinflussen das Verhalten, reduzieren sich aber häufig durch Bewegung oder Ablen-

Mutterstute mit Fohlen – rein instinktive Zuneigung?

kung oder werden auf diese Weise abgebaut.

Die Verknüpfung angenehmer Empfindungen mit bestimmten Situationen oder Verhaltensweisen hinterlässt einen positiven Eindruck im Gedächtnis eines Pferdes und animiert zur späteren Wiederholung.

Das Gefühl der Dankbarkeit, wie sie von Menschen definiert wird, kennen Pferde wohl nicht. Wer einem Pferd Wohltaten gewährt und Dankbarkeit erwartet, der muss deshalb immer wieder enttäuscht werden. Als Ausbilder sollte man sich dieser Tatsache immer bewusst sein.

► *Während der Ausbildung lege ich sehr viel Wert darauf, die von mir gewünschten Verhaltensweisen mit angenehmen Empfindungen zu verknüpfen. Die Erfahrungen, die ein Pferd macht, prägen seine Vorstellungswelt.*

▶ **Wie lernen Pferde?**

Was kann man einem Pferd im Rahmen der Freizeitpferdehaltung beibringen? Wo sind die Grenzen, wie muss man sich verhalten, welche Voraussetzungen sind notwendig, was ist, wenn man Fehler macht?

Wie lernen Pferde überhaupt? Lernen, so steht es im Lexikon, ist die Aufnahme und Umsetzung von Informationen entweder aus gewonnener Erfahrung oder durch Vermitteln von Wissen durch ein Lehrmedium.

S. von Madáy definiert in seinem Buch ‹Psychologie des Pferdes und der Dressur›: »Im umfassendsten Sinne bedeutet Lernen Ausbilden der Assoziationen von ... Empfindungen mit den Bewegungen. Es umfasst also zwei verschiedene Tätigkeiten: die erste Verknüpfung einer bestimmten Empfindung mit einer bestimmten Bewegung und die Einübung und Mechanisierung dieser Verknüpfung.«

Wenn wir Pferde in ihrem Verhalten beobachten, dann können wir viele Beispiele für dieses Verhaltensprinzip finden.

Schon ein neugeborenes Fohlen lernt nach diesem Prinzip. Auf der instinktiven Suche nach dem Euter der Mutter stapft es etwas unbeholfen herum. Bei erfahrenen Stuten kann man beobachten, wie sie dem Fohlen mit behutsamen Nasenstupfern den Weg zeigen. Einige Zeit später dann werden sie das Fohlen mit diesen Nasenstupfern dirigieren, wie der Eishockeyspieler den Puck mit dem Schläger führt, um ihm zu zeigen, wo es sich aufhalten soll und wo nicht.

In fortgeschrittenerem Alter werden die Fohlen von den Herdenmitgliedern durch freundliche, bestimmte Aktionen wie deutliches Drohen und leichte Tritte darauf hingewiesen, wo sie sich aufhalten dürfen und wo nicht.

Dieses System setzt sich durch das ganze Leben eines Pferdes fort. Ob es lernt, sich im Herdenverband einzufügen oder der Umwelt anzupassen: wo es unangenehme Erfahrungen macht, dort weicht es, wo es angenehme Erfahrungen macht, dort strebt es hin. Die Wahrnehmung von angenehm oder unangenehm findet haupt-

*Vereinfacht gesagt lernt ein Pferd prinzipiell nach einem simplen Schema:*

*Situationen, welche angenehme Empfindungen verursachen, strebt es zu, solche Situationen, die unangenehme Empfindungen verursachen, meidet es oder wehrt es ab, wenn es ihnen nicht ausweichen kann.*

*Die Schlussfolgerung liegt nahe: Pferde bewegen sich aus Diskomfort-Zonen in Komfort-Zonen.*

sächlich über den Haut- und Muskelsinn (Tastsinn) statt. Daraus läßt sich ableiten, dass ein Pferd im Wesentlichen über Erfahrungen lernt, die es im direkten Körperkontakt macht. Aus den Schlüssen, die es zieht, entwickeln sich Verhaltensmuster mit dem Ziel, unangenehme Empfindungen im Körperkontakt zu vermeiden. Die feinste Einwirkung in diesem Sinne kann man beobachten, wenn sich eine Fliege auf das Fell eines Pferdes setzt. Durch Hautzucken versucht es, der Fliege die Landung unmöglich zu machen. Bleibt die Fliege penetrant, so folgt deutliches Körperschütteln. Ist auch das erfolglos, dann fühlt sich das Pferd so sehr belästigt, dass es den Standort wechselt. Bei starker Belästigung durch Fliegen kann man beobachten, dass Pferde sogar davontraben oder -galoppieren. Das Prinzip von *Diskomfort* und *Komfort*, mentalem oder körperlichem Druck und der daraus resultierenden Nachgiebigkeit, mit dem wir uns später befassen werden, kommt hier deutlich zum Ausdruck.

Pferde lernen aber nicht nur durch eigene, körperliche Erfahrung, sondern auch dadurch, dass sie sich am Verhalten anderer Herdenmitglieder orientieren und deren Aktionen manchmal sogar blitzschnell nachahmen.

Man kann auch feststellen, dass Fohlen die Gewohnheiten und Eigenarten ihrer Mütter in ihre Verhaltensmuster übernehmen.

Das heißt, dass auch Wahrnehmungen über die anderen Sinne als Lerninformation für das Bewegungsverhalten dienen.

Jede Gewohnheit ist *angenehm*, und wir befolgen sie gerade deshalb; noch mehr aber, weil ein Abweichen von ihr *unangenehm* ist.

Ein Jungtier lernt seine Grenzen kennen.

## Die Bewegungen der Tiere (und Menschen) können vom psychologischen Standpunkt in vier Kategorien unterteilt werden:

▶ Die R e f l e x b e w e g u n g wird vom Reiz auf dem kürzesten Weg durch einen physiologischen, aber nicht psychischen Vorgang ausgelöst. Beispiel: Eine Fliege sticht das Pferd und es zieht das Bein zurück.

▶ Bei der i n s t i n k t i v e n Bewegung spielt die Seele bereits eine Rolle: zwischen Reiz und Reaktion wird eine Vorstellung eingeschoben; das Pferd sieht oder riecht das Futter. Es wird von dieser Wahrnehmung nicht unbewusst angezogen, wie es vom Fliegenstich in das Bein abgestoßen wird, sondern es muss die Wahrnehmung machen: »Das Heu ist etwas zum Essen« und diese Vorstellung löst in ihm die Bewegung oder Bewegungskette aus, mit welcher es zum Futter gelangt.

▶ Bei der w i l l k ü r l i c h e n Bewegung schieben sich zwischen Reiz und Reaktion bereits zwei oder mehrere Vorstellungen ein. Das Tier hat die Wahl zwischen diesen Vorstellungen, und demzufolge kann derselbe Reiz zu verschiedenen Reaktionen führen. Zum Beispiel steht das Pferd einer hohen Barriere gegenüber, die es ungern überspringt. Hinter dem Hindernis steht der Besitzer mit verlockendem Futter. Das Pferd zögert, wägt ab und wählt endlich eine der beiden Möglichkeiten. Es überspringt das Hindernis oder nicht.

▶ Die a u t o m a t i s c h e Bewegung entsteht aus der Willkürbewegung, wenn sie sich durch Wiederholung, d. h. durch Übung mechanisiert. Die zwischengeschobenen Vorstellungen fallen aus, und die anfänglich gewählte Reaktionsform erfolgt entweder mit Hilfe einer minimalen Mitwirkung des Geistes (also instinktiv) oder ganz unabhängig von diesem (also reflexartig); Beispiel: das Pferd überspringt das Hindernis, weil die wiederholte Ausführung dieser Bewegungskette zu einer wiederkehrenden Routine gehört, die häufig wiederholt wurde. Mit zunehmender Wiederholung fällt die Entscheidung leichter und wird zu einer Gewohnheit.

(Stefan v. Madáy, Psychologie des Pferdes und der Dressur, 1912)

Hier finden wir wieder das Prinzip von Komfortzone und Diskomfortzone wieder.

Der Begriff Gewohnheit bezeichnet eine Mechanisierung der Willensvorgänge, ein Reduzieren intelligenter Tätigkeit zu automatischer, unintelligenter Tätigkeit.

Man könnte auch sagen: ein Akt der Bequemlichkeit, der Ersparnis an geistiger Energie.

> ▶ *Durch die Kenntnis und die sinnvolle Berücksichtigung dieser Zusammenhänge ist es möglich, Verhaltensmuster der Pferde zu verändern, neue Verhaltensmuster im Rahmen ihrer physischen Möglichkeiten zu konditionieren und darüber hinaus auch ihr Bewusstsein und ihre innere Einstellung zu Situationen umzuformen.*

Ein Pferd wird die meisten Situationen in seinem gewohnten Umfeld zunächst komplex und intuitiv bewältigen, das heißt, es wird sich nicht sagen: »Um die unkomfortable Situation, allein zurückzubleiben, zu vermeiden, beginne ich mit dem rechten Vorderbein zu laufen, wähle die Gangart Galopp, wechsele vom Rechtsgalopp zum Linksgalopp, und erst wenn ich wieder im Herdenverband bin, gehe ich im Schritt wie die anderen Herdenmitglieder weiter.«

Vielmehr wird es intuitiv Richtung und Tempo wählen und Veränderungen im Bewegungsablauf vornehmen, wie die Rahmenbedingungen es notwendig machen. Dabei wird es in der Regel ökonomisch mit seinen Kräften umgehen und überflüssige Anstrengungen vermeiden. Furcht oder Angst

Auf der instinktiven Suche nach dem Euter der Mutter stapft das Fohlen etwas unbeholfen herum. Bei erfahrenen Stuten kann man beobachten, wie sie dem Fohlen mit behutsamen Nasenstupfern den Weg zeigen.

allerdings wird es veranlassen, nicht mehr rational, sondern reflexiv zu reagieren. Damit ist es für Umwelteinflüsse nur noch sehr begrenzt zugänglich.

### GEWOHNHEITSMÄSSIGE REAKTIONEN ▸

Mit zunehmender Lebenserfahrung und dem dadurch bedingten Lernprozess wird es auf bestimmte Situationen nicht mehr reflexiv reagieren, sondern gewohnheitsgemäß. Sein Gedächtnis hilft ihm darüber hinaus, angenehme oder unangenehme Situationen zu lokalisieren und rechtzeitig zu erkennen. Sein rationales oder willkürliches Handeln formt neue Verhaltensmuster, ihre Wiederholung konditioniert Gewohnheiten, die wieder zu Wohlbefinden führen und Selbstsicherheit und Selbstvertrauen bilden.

Situationen, die ursprünglich Angstreflexe und die entsprechenden Reaktionen auslösten, können umkonditioniert werden bis zu dem Punkt, da ein Pferd anstelle von Angst Sicherheit gegenüber einer Situation empfindet, vorausgesetzt, es hat das nötige »Problemmanagement« erlernt.

Es ist sich dabei seiner einzelnen Körperteile und -funktionen nicht bewusst.

### LERNVERHALTEN NUTZEN BEI DER GRUNDAUSBILDUNG ▸

Im Rahmen einer Reitpferdeausbildung hat der Ausbilder nun die Aufgabe, die vorhandene, natürliche Lernfähigkeit des Pferdes so zu nutzen, dass es ein neues, umfassenderes Körperbewusstsein erlernt.

Es muss lernen: »Dies ist mein linkes Vorderbein, dies ist mein rechtes Hinterbein, dies ist meine Hinterhand, dies ist mein Kopf, dies sind einzelne Muskelgruppen, die ich anspannen oder entspannen kann.«

Dies geschieht auf der Basis willkürlicher Bewegungsübungen, die dem Pferd zunächst ohne körperliche Anstrengung in Entspannungs- und Nachgiebigkeitsübungen ein umfassenderes, detailliertes Körpergefühl vermitteln.

Während es aber für ein Pferd sehr natürlich und somit einfach ist, zu assoziieren: »Druck, körperlich oder emotional, (Diskomfort) wirkt auf mich ein, also verlasse ich den unkomfortablen Bereich und suche die Komfortzone«, ist es ihm aus seinem natürlichen Erfahrungsfeld nicht gegeben, die Assoziation herzustellen: »Druck wirkt auf meine Zunge und meine Lippen (vom Gebiss zum Beispiel) ein, also entspanne ich die Halsmuskeln, gebe mit dem Unterkiefer nach, verlangsame mein Tempo und halte aus dem Lauf an.«

Im natürlichen Umfeld im Herdenverband im Rahmen der Rangordnung hat es stets Informationen bekommen wie etwa »Halte dich nicht hier auf, sondern suche dir einen anderen Ort« oder bei der Nahrungssuche z. B. »Dort ist die Komfortzone, ich strebe ihr zu«.

Mit dem Bereich, den ich das territoriale Lernen nenne, ist es also bestens vertraut. Kaum hat aber je ein Herdenmitglied oder die Natur die Information verschickt:

»Gehe in dieser Haltung, bewege dein linkes Vorderbein weiter nach links vorne, spanne deine Rückenmuskeln mehr an und belaste die Hinterbeine etwas länger.«

Um sich diesen speziellen Informationsbereich zu erschließen, kann die Ausbilderin oder der Ausbilder nicht auf die natürliche Lernfähigkeit des Pferdes zurückgreifen. Leicht können deshalb in diesem Bereich Missverständnisse entstehen. Die können zu Unsicherheiten, Blockaden, Widerständen und, wenn Zwang angewendet wird, zu Ängsten und Panikreaktionen führen.

▶ *Um dem Pferd zu helfen, diese Ebene des erweiterten Körperbewusstseins zu erlernen und die daraus resultierende Körperkoordination und Körperkontrolle ohne Irritationen und Widerstände zu erreichen, verknüpfe ich schrittweise das territoriale Lernen mit dem rationalen Körperbewusstsein.*

Ich möchte das am Beispiel einer simplen Lernkette verständlich machen:

1. Zunächst lernt das Pferd, dem Druck prinzipiell zu weichen. »Ich möchte dort stehen, wo du stehst, **weiche irgendwohin aus.**«
2. Danach kommt eine gewisse Ordnung in das System Druck und Nachgiebigkeit. Dazu versende ich die Information »Wenn ich rechts Druck gebe, so **weiche** irgendeine Distanz irgendwie **nach links.**«
3. Die Ordnung wird nun präzisiert: »Würdest Du mit der Hinterhand **nach links weichen** und die **Vorhand dabei stehen lassen?**«
4. Es findet eine weitere Präzisierung statt, wenn wiederholte Übungen der ersten Lernschritte zu Verständnis und Gewöhnung geführt haben. Nächste Information: »Mit der Hinterhand nur **einen Schritt nach links weichen.**«
5. Das Pferd kann sich jetzt schon bewusst auf seine Hinterhand und die Bewegungsmöglichkeiten damit konzentrieren. Nächste Information: »Kannst du mir bitte **das linke Hinterbein einen Tritt** (Hufbreit) **nach links** setzen?«
6. Das Pferd hat bisher gelernt, ein **bestimmtes Bein für eine bestimmte Bewegungssequenz** auf Reitersignal hin zu bewegen. Ein von hinten nach vorn streifender Kontakt-Druck-Impuls vom Reiterschenkel während der Schrittbewegung in einer bestimmten **Bewegungsphase** ist die nächste Lerninformation. In dem Moment, da sich das linke Hinterbein in der Schwebephase befindet, gibt der Reiter einen Druckimpuls. Das Pferd lernt auf diese Weise, die Bewegungsaktivität in einzelnen Phasen **auf eine bestimmte Art** zu verändern und tritt in diesem Falle mit dem linken Hinterbein weiter unter den Körper vor.

Diese Lernkette zeigt in sehr vereinfachter Form auf, wie das Prinzip von Druck (Diskomfort) und Nachgiebigkeit (Komfort) in der Ausbildung genutzt werden kann.

Grundlagen der Pferdeausbildung

# Grundlagen der Pferdeausbildung

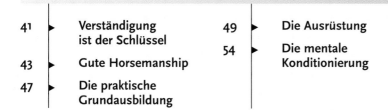

▶ **Verständigung
ist der Schlüssel**

Für das Pferd nachvollziehbar wächst das Verständnis für die Forderungen seines Ausbilders Lernschritt für Lernschritt. Körperkontakt (über die Hilfen) in Form von Impulsen (Druck und Nachgiebigkeit) wird zum Verständigungsmittel. Durch Wiederholung wird dieses System zur Gewohnheit. Das Vertrauen des Pferdes in die Regelmäßigkeit dieses Verständigungssystems schafft Sicherheit und Wohlbefinden.

Daraus erwächst die Motivation, sich willig führen und formen zu lassen. Mit der Zeit können auf dieser Basis die Anforderungen erhöht werden. Die Kraftanstrengung kann gesteigert werden. Der Gehorsam in Ausnahmesituationen mit erhöhtem Stressfaktor kann gefordert werden. Vertrauen und Selbstvertrauen des Pferdes wachsen auch in diesem Bereich. Die Anforderungen auf gehobener Leistungsebene werden selbstverständlich und zur Gewohnheit.

Sollten sich Missverständnisse abzeichnen, so gibt es nur ein sinnvolles Mittel: Zurück auf die Ebene der Verständigung im Bereich der Lernkette, auf der das Pferd sich wieder komfortabel fühlt, entspannen kann und die Verständigung zwischen Ausbilder und Pferd reibungslos funktioniert. Von dort beginnt man, wieder schrittweise weiterzuarbeiten.

▶ *Der Ausbilder sollte sich stets bewusst sein, wie schwierig dieser Lernprozess für ein Pferd als intellektuelle Leistung trotz aller Logik (aus unserer Sicht) doch ist. Er sollte sich stets vor Augen führen, dass das Verständnis des Pferdes und damit dessen Reaktionen direkt von seiner Klarheit, Regelmäßigkeit und angemessenen Handlungsweise abhängen.*

Man sollte auch nicht außer acht lassen, wie schwierig es für uns Menschen ist, die wir doch die höchste Stufe intelligenten, kontrollierten Handelns erreicht haben, den Schritt vom Begreifen einfacher Sachzusammenhänge zum kontrollierten, koordinierten sicheren Handeln zu tun.

In meinen Kursen und Workshops werde ich an diesen Umstand immer wieder erinnert, wenn ich sehe, wie schwer es den Teilnehmern fällt, ihre Körperhaltung im Sinne einer funktionalen

> *Das Wort »begreifen« birgt die Problematik in sich: man muss zunächst erleben, erfahren, körperlich erfühlen (ertasten), um eine Situation zu verstehen und Bewegungen (Handlungen) zu verinnerlichen und zu automatisieren.*

Das Fohlen lernt bereits von der Mutter wichtige Grundlagen der Verständigung.

und sinnvollen (für das Pferd verständlichen) Hilfengebung zu verändern. Ich selbst kann mich übrigens auch sehr gut daran erinnern, welche Probleme es mir machte, vom **Verstehen** zu neuen, ungewohnten Bewegungsabläufen, also zum **Handeln** zu finden und das zu automatisieren.

▶ **Gute Horsemanship**

Mit der schrittweisen Konditionierung von Verhaltensmustern kann ein systematisch und konsequent arbeitender Ausbilder über einen entsprechend langen Zeitraum eine sehr gute Verständigungsbasis mit einem Pferd erzielen und auch ein hohes Maß an Körperkontrolle erreichen. Dieses Ausbildungsprinzip findet man in allen kultivierten Reitweisen wieder.

▶ *Grundsätzlich ist es also gar nicht von so großer Bedeutung, ob ein Pferd nun Lektionen der iberischen Reitweise, der Barockreiterei, der Westernreitweise, der Springreiterei oder der europäischen Dressurreiterei erlernen soll, die Basiserziehung und -ausbildung eines Reitpferdes kann und sollte sogar trotz unterschiedlicher Ausrüstung und Rahmenbedingungen auf den gleichen, fundamentalen Prinzipien aufbauen.*

Schließlich »funktionieren« ein Warmblutpferd, ein Vollblüter, ein Araber, ein Quarter Horse, ein Haflinger, ein Friese, ein Lusitano und all die anderen Pferde unterschiedlichster Rassen nach den gleichen Verhaltensmustern ihrer Art. Natürlich gibt es individuelle Unterschiede, im Körperbau und der daraus resultierenden Funktionalität, im Temperament und im individuellen Persönlichkeitsbild und Charakter.

Um die willige Mitarbeit, das Vertrauen und den Gehorsam eines Pferdes zu gewinnen, muss ein Ausbilder die entsprechende Grundeinstellung haben. Er sollte als oberstes Interesse die Belange des Pferdes berücksichtigen.

Kürzlich sah ich eine ganzseitige Werbeanzeige für Streifgamaschen. Abgebildet war ein Reiningsportpferd, dem der Trainer eben diese Gamaschen anlegte. In großen Lettern war zu lesen: »Es gibt Trainer, die wollen nur das Beste für ihr Pferd.« Mir kam spontan ein Wortspiel in den Sinn, ohne es mit dem abgebildeten Trainer in Verbindung bringen zu wollen: »Es gibt Reiter, die wollen immer nur das Beste von ihrem Pferd!«

Ich glaube, jeder Reiter pendelt zwischen diesen beiden Extremen und muss seinen ganz persönlichen Weg finden. Diese Entscheidung kann einem niemand abnehmen.

Ich hatte das Glück, sehr früh mit dieser Entscheidungsfrage konfrontiert zu werden. Ich möchte einige Seiten dieses Buches diesem Thema widmen, bevor wir an die praktische Umsetzung der Grundausbildung von Western- und Freizeitpferden herangehen wollen.

Inspiriert von den Erzählungen und Reitvorführungen Jean-Claude Dyslis über die Kalifornische Reitweise und fasziniert von der Leichtigkeit und Präzision, mit der solchermaßen ausgebildete Pferde gehen sollten, reiste ich 1981 mit meiner damaligen Frau Edith nach Kalifornien, um ihn zu besuchen, und von dort weiter nach Reno, Nevada, zur Snaffle Bit Futurity der California Reined Cowhorse Association. Wir waren mit Freunden unterwegs und hielten uns dort mehrere Tage bis zum Finale auf.

Es waren weit über 300 dreieinhalbjährige Pferde am Start. Hohe

Sensibilität fürs Pferd macht sich auch in der Zügelführung bemerkbar.

Preisgelder lockten. Das Futurity System boomte. Für mich war das, was ich sah, eine große Enttäuschung. Fast ausnahmslos sah ich junge Pferde, die – in der Wassertrense geritten – mit harter Hand durch die Rundowns, Stops, Turnarounds und Galoppzirkel getrieben wurden. Eingeklemmte Schweife, geöffnete Mäuler, weggedrückte Rücken und steife Vorderbeine in den Stops. Diese Bilder, die ich dort sah, deckten sich so gar nicht mit meiner Erwartungshaltung an die Kalifornische Reitweise.

Da die Bilder in der Arena und auf dem Abreiteplatz nicht sehr erbaulich waren, hielt ich mich häufig in der Lobby auf. Dort stellten viele Händler die ganze Palette guten Westernequipments aus. Unter anderem stand dort ein alter Mann

neben einem Buchständer, in dem er ein Buch mit dem Titel »Vaqueros und Buckaroos« anbot, dessen Autor er war. Ich kaufte das Buch und erfuhr, dass der alte Mann Arnold »Chief« Rojas war, ein alter Vaquero, der noch auf den großen kalifornischen Ranches vor der Weltwirtschaftskrise gearbeitet hatte. Hin und wieder kamen Buckaroos vorbei, unterhielten sich eine Weile mit ihm, und gingen dann weiter ihrer Wege. Er hatte eine überaus freundliche Ausstrahlung, und nachdem ich meine anfänglichen Hemmungen überwunden hatte, kamen wir ins Gespräch. Er war erfreut, mit einem Deutschen reden zu können, teilte er mir mit. Einer seiner besten Freunde über viel Jahre sei ein deutscher Zeitungsmann gewesen. In seiner Jugend habe er als Vaquero unter anderem auf der Miller & Lux Ranch (dem größten Ranchimperium seiner Zeit bis in die 20-er Jahre) gearbeitet, sie gehörte Henry Miller, einem gebürtigen Deutschen mit dem Namen Heinrich Müller. Außerdem sei er bei seiner Überseereise nicht nur in Spanien, sondern auch in Deutschland gewesen, unter anderem im Hengstdepot in Celle; Niedersachsen. Schnell entstand eine sehr freundschaftliche Atmosphäre, und ich besuchte in mehrmals täglich an seinem Stand. An einem der folgenden Tage fasste ich mir ein Herz und fragte den alten Mann, was er über diese Veranstaltung denke. Ich sei schockiert über die Art und Weise, wie man mit den jungen Pferden umgehe.

Er überlegte eine Moment, schaute mich dabei lange an und sagte, die Veranstaltung sei gastfreundlich, gebe ihm Gelegenheit, seine Bücher anzubieten und man habe ihm im vergangenen Jahr die Ehre erwiesen und ihn zum »Vaquero des Jahres« nominiert. Danach machte er eine kleine Pause und fuhr dann fort, er kenne eine ganze Reihe von Leuten, die gute Horsemen seien. Einige davon könne man unter den Futurity-Reitern finden. Wieder machte er eine Pause, zögerte einen Moment und fuhr dann fort, für einen jungen Mann sei es gut, viel zu sehen und sich sein eigenes Urteil zu bilden. Man könne auf die meisten Fragen selbst eine Antwort finden, manchmal liege sie direkt vor den eigenen Augen. Schließlich müsse jeder seinen eigenen Weg fin-

den und sei für sein Handeln selbst verantwortlich. Bei dem letzten Satz lächelte er freundlich und verständnisvoll und dennoch war gleichzeitig klar, dass das Thema damit beendet war.

In den folgenden Tagen sah ich nicht mehr so sehr auf die unschönen und negativen Dinge, sondern hielt Ausschau nach den wenigen, guten Horsemen. Er hatte recht, es gab sie wirklich, und es war eine Freude, ihnen zuzuschauen.

Es gibt Augenblicke im Leben eines Menschen, die sind richtungsweisend. Dieses Gespräch mit »Chief« Rojas gehörte für mich dazu.

> *Vaqueros waren raue Gesellen und lebten unter rauen Bedingungen. Ihre Pferde mussten hart arbeiten und wurden sicherlich nicht zart behandelt. Doch die bedeutendste Qualität eines Vaqueros war der Respekt, den er dem Pferd zollte.*

Während meiner Aufenthalte in den USA versäumte ich es in den folgenden Jahren nie, einen Abstecher nach Südkalifornien zu machen, um für einige Tage den »Chief« zu besuchen. Er freute sich, wenn jemand ehrliches Interesse an den alten, längst vergangenen Vaquero-Traditionen zeigte. Er war ein exzellenter Historiker dieser Epoche und dieser einzigartigen Hirtenkultur.

Einem Vaquero kam es nicht nur darauf an, dass eine Arbeit gemacht wurde, vielmehr war die Art und Weise wichtig, in der sie ausgeführt wurde. Sein erklärtes Ziel war es, ein Pferd so auszubilden, dass es an feinen Hilfen arbeitete und diese Leichtigkeit erhalten blieb.

»Chief« Rojas zitiert einen seiner Lehrmeister, Don Baldomero Irurigoitea, mit folgenden Worten:

»Horsemanship ist eine Tradition der Edelleute, der Gentlemen, es ist eine Notwendigkeit, in der Beziehung zu den Pferden diese Einstellung der Gentlemen beizubehalten. Nur der Mann mit genügend Einfühlungsvermögen (man with the gentle touch) kann ein Pferd erziehen, denn er muss die Gefühle und Empfindungen der Pferde respektieren. Grobheit und Furcht gehen Hand in Hand, die Misshandlung von Tieren ist ein Zeichen von Gemeinheit.

Es ist gut, Selbstvertrauen zu besitzen, aber es ist auch gut, behutsam zu sein und jedes Pferd zu studieren. Damit ist gemeint: denke wie ein Pferd. Um ein Vaquero zu werden, musst du lernen, dich mit einem Pferd zu verständigen. Alle schönen, silberbeschlagenen Gebisse dieser Erde machen noch keine Reinsman. Um ein Reinsman (Horseman mit leichter Hilfengebung) zu sein, muss man eine feine Hand haben. Das Gebiss dient dazu, jemandes Gedanken auf das Pferd zu übertragen, es ist ein Mittel der Verständigung. In diesem Sinne ist ein Gebiss so gut wie das andere.

Mutige Reiter, mutige Pferde, so einfach ist das. Wenn ein Pferd seinem Reiter vertraut, dann kann es angeleitet werden, alles zu unternehmen.

Die Manieren des Pferdes, seine Einstellung und seine Aktionen werden beeinflusst durch die Hand des Reiters. Der Sitz des Reiters bestimmt, wie leicht oder grob die Hände eines Reiters sind. Ein Reiter mit einem schlechten Sitz kann keine guten Hände haben. Durch Balance kann der Reiter in Übereinstimmung mit dem Schwerpunkt des Pferdes bleiben. Ohne Balance kann der Reiter keine «leichten Hände» haben. Es sind die feinen Einwirkungen aus leichten Händen, denen die Pferde willig gehorchen. Die Zügel dienen der Verständigung zwischen Reiter und Pferd. Sie sind dazu da, das Pferd zu leiten, nicht um ihm Schmerzen zuzufügen oder es zu bestrafen.

Kein Reiter kann ein Reinsman werden, ohne sich anzustrengen. Ein großer Teil des Erfolges liegt nicht im Kopf des Reiters, sondern in seinen Händen und in seinem Sitz. Es muss alles mit einer leichten Hand getan werden und vor allem mit Geduld. Eines Tages wirst du herausfinden, dass du nicht ziehen und zerren, schlagen und spornieren musst. Du wirst eine leichte Hand (bridle hand) und eine Seelenverwandschaft mit deinem Pferd entwickeln. Du wirst ein Reinsman sein. Reinsmanship, um das Wort zu prägen, bedeutet unendliche Geduld und Nachsicht.«

Ich habe diese Worte aus einem anderen Jahrhundert hier niedergeschrieben, weil sie nichts an Gültigkeit verloren haben. Mir haben sie geholfen, meinen Weg zu finden. Vielleicht leisten sie Ihnen ähnliche Dienste.

## ► Die praktische Grundausbildung

Die praktische Grundausbildung eines Pferdes unterteile ich in zwei Bereiche: die **Mentale Konditionierung** und **Physische Konditionierung.** Die beiden Bereiche sind während der praktischen Trainingsarbeit nicht strikt voneinander zu trennen. Jede mentale Konditionierungsübung bezieht Bewegung und damit Muskelaktivitäten mit ein.

Grundsätzlich muss die Bereitschaft des Pferdes zur Mitarbeit und die damit einhergehende Entspanntheit vorhanden sein, um die Übungen zur körperlichen Gymnastizierung korrekt und sinnvoll durchführen zu können. Sein Verständnis für die Forderungen, die Reaktionsfähigkeit auf die Einwirkungen (Hilfen) und seine komplette Entspannungsfähigkeit sind dafür die Voraussetzungen.

Während der Ausbildung folge ich stets dem Prinzip: Zuerst die Verständigung, dann Verständnis und dann die körperliche Funktionsübung.

Oft wird mir von Reitern die Frage gestellt: »Warum soll ich mein Pferd denn überhaupt gymnastizieren? Reicht es nicht aus, wenn es sich lenken und anhalten lässt und einige andere Manöver prompt ausführt?«

Die mentale Konditionierung und die physische Konditionierung sind während der praktischen Trainingsarbeit nicht strikt voneinander getrennt. Jede mentale Konditionierungsübung bezieht Bewegung und Muskelaktivitäten mit ein.

Kontrolle über ein Pferd und seine Bewegungen zu erlangen, das ist ein wichtiges Ziel der Ausbildung. Balance, Ausdauer, Tragkräfte und Elastizität seines Pferdes zu verbessern, das sollte jeder verantwortungsvolle Pferdefreund und Reiter außerdem anstreben, gleich, ob er Ambitionen im Turniersport hat oder nur zum Vergnügen durch die Natur reiten möchte. Nur wenn er diese Notwendigkeit berücksichtigt, wird sein Pferd dauerhaft gesund bleiben, freudig arbeiten und angenehm zu reiten sein.

Um dieses Ziel erreichen zu können, sollte man mit einem Pferd über einen angemessenen Zeitraum regelmäßig und methodisch arbeiten.

In Form einer vereinfachten Übersicht sind hier die einzelnen Stationen meines Jungpferde-Programms aufgelistet:

## Mentale Konditionierungsübungen:

1. *Der Ausbilder macht sich ein Bild von dem individuellen Pferd, das er ausbilden möchte. Seine körperlichen und mentalen Voraussetzungen bestimmen, wie die Ausbildung im einzelnen aufgebaut werden muss.*

2. *Die Ausbilder-Schüler-Beziehung wird geschaffen.*
   *Vertrauen und Respekt werden dem Pferd individuell vermittelt.*

3. **Die Verständigungsgrundlage über territoriales Agieren und Körpersprache** *wird geschaffen.*

4. *Toleranz und Anpassung werden in simplen Übungen gefestigt.*

5. *Die Respektfrage wird weiterentwickelt zum gezielten Dirigieren.*

6. *Verständigungsgrundlage und Kontrolle über Richtung und Tempo werden erarbeitet.*

7. *Die Akzeptanz, einen Reiter auf dem Rücken zu dulden, wird geschaffen.*

8. *Verständigungsgrundlage über* **reiterliche Hilfengebung** *wird geschaffen.*

9. *Die Verhaltensänderungen werden gefestigt.*

10. *Fehlentwicklungen werden korrigiert.*

## Physische Konditionierungsübungen:

1. zwanglose Selbsthaltung und Zäumungsakzeptanz in allen Gangarten
2. zwanglose Längsbiegung, Schenkel und Zügelkontakt
3. Weichen und Nachgeben in Kopf, Hals, Schulter, Rumpf, Hinterhand
4. die Wechselwirkung der Hilfen, gegenläufige Einwirkungen
5. Übergänge Schritt – Trab – Galopp – Trab – Schritt
6. der horizontale Spannungsbogen (Schiffschaukel), rückwärts

▶ **Die Ausrüstung**

Bei der Arbeit mit jungen Pferden ist ein Round Pen eine große Hilfe. In einem solchen Trainingsplatz kann sich ein Pferd dem Einfluss des Ausbilders nicht entziehen.

Über Idealmaße und Beschaffenheit des Round Pens gibt es verschiedene Ansichten. Ich bin der Meinung, er sollte nicht weniger als 15 m Durchmesser haben, wenn man in allen Gangarten darin arbeiten möchte. Maximal 18 m halte ich für angemessen, um ein darin im Kreis laufendes Pferd noch mit dem Rope (Lasso) oder

Für die Westernpferdeausbildung gibt es eine unübersehbar große Vielfalt an Ausbildungszäumungen und -gegenständen. In der Regel reichen die seit Generationen verwendeten Standardgegenstände aus.
Für den Erfolg der Ausbildung ist ohnehin seine korrekte Anwendung und nicht der Ausrüstungsgegenstand selbst maßgeblich.

der Longierpeitsche erreichen zu können. Der Boden sollte aus Sand bestehen. Er sollte rutschfest sein, nicht hart, aber auch nicht so tief, dass ein Pferd bis über die Fesselgelenke darin versinkt. Die Einzäunung sollte massiv sein, mindestens 160 cm hoch, ideal allerdings ist eine Höhe von 2 Metern. Kann ein Pferd über einen Zaun schauen, so wandern seine Gedanken regelmäßig ab und es besteht die Möglichkeit, dass es versucht über ihn hinauszuspringen. Bis zu einem Meter Höhe sollte die Einzäunung so dicht sein, dass ein Pferd nicht einen Huf oder ein Bein seitlich hindurchstecken kann. Ideal ist die Einzäunung, wenn sie bis oben hin solide und ohne Lücken ist. Der Round Pen ist wie ein Klassenzimmer. Das Pferd wird nicht so leicht durch Außeneinflüsse abgelenkt und schenkt dem Ausbilder somit seine volle Aufmerksamkeit. Die Gefahr, dass sich ein Pferd Verletzungen zufügt, wenn es einmal panikartig reagieren sollte, ist deutlich reduziert. Es kann nicht so schnell laufen, wie das der Fall wäre, wenn es auf einer Geraden davonstürmen würde.

Um auf Distanz mit dem Pferd zu arbeiten, verwende ich ein reguläres Rope, das ist ein Lasso (für die Arbeit mit Pferden aus weicherem Nylon und ca. 20 m lang), wie es von Cowboys für die Rinderarbeit benutzt wird. Man kann aber auch ein beliebiges Nylonseil verwenden. Eine Longierpeitsche mit einer ausreichend langen Schnur ist als »verlängerter Arm« auch geeignet.

**ARBEIT IM ROUND PEN** ▸ Für die Arbeit im Round Pen verwende ich ein stabiles, flaches Halfter, das sowohl im Nacken- wie im Nasenteil für eine optimale Passform zu verstellen ist. Eine Führkette verwende ich im Bedarfsfall mit dem Halfter. Außerdem habe ich eine stabiles Anbindeseil mit Bullsnap und ein 7 bis 10 m langes Führ- und Leitseil zur Hand.

Bei der Arbeit im Round Pen oder später auf dem Reitplatz ist es immer dann sinnvoll, dem Pferd Streifgamaschen anzulegen, wenn es noch zu unkoordinierten Beinbewegungen neigt. Es kann sich dann am Röhrbein oder an den Fesselgelenken anschlagen. Besonders, wenn es beschlagen ist, könnte es sich so selbst Verletzungen zufügen. Ich habe also stets für Vorder- und Hinterbeine ein Paar Gamaschen greifbar. Im Zuge der Ausbildung werde ich zwei Longen (Doppellongenarbeit) benötigen. Ich verwende gebräuchliche Nylonlongen. Selbstverständlich habe ich einen passenden Sattel mit der entsprechenden Unterlage für das Pferd. Für die Westernpferdeausbildung gibt es eine unübersehbar große Vielfalt an Ausbildungszäumungen. Nichts, was nicht schon mal verwendet worden wäre, und täglich kommen neue Erfindungen hinzu, die das Training effektiver machen sollen. Im besonderen Einzelfall mag es sein, dass mit einer speziellen Ausrüstung ein Verhaltensproblem (Verständigungsproblem!) leichter, schneller oder effektiver zu lösen ist. In der Regel reichen die seit Generatio-

> *Es ist niemals ein Ausrüstungsgegen-*
> *stand, welcher die Verständigung schafft*
> *oder Probleme löst, sondern nur seine*
> *sinnvolle Anwendung. Manche Ausrüs-*
> *tungsgegenstände oder ihre unsinnige*
> *Anwendung haben aber schon aus gu-*
> *ten Pferden in kurzer Zeit verdorbene*
> *gemacht.*

nen verwendeten Standardgegenstände aus.

Für die ersten Maßnahmen verwende ich nur das passend ver-
schnallte Halfter, bei unsensiblen
Pferden lege ich die Führkette um
das Nasenteil, um die Sensibilität
wieder zu verbessern. Ich schnalle
Zügel oder Leitseil je nach Übung
in einen Seitenring oder den Mit-
telring unter dem Kinn des Pferdes. Es kann auch sein, dass ich
in der Art eines Kappzaumes auf
der Mitte des Nasenteiles einen
Ring befestige, um z. B. eine Longe
dort einzuhaken. Ich wirke stets
so ein, dass das Pferd differenzierte Drucksituationen unterscheiden
kann, z. B. Druck auf dem Nasenrücken oder an einer Kopfseite. Ich
vermeide es stets, diffusen »Rund-
um-Druck« zu platzieren. Je un-
sensibler ein Pferd reagiert, desto
punktueller müssen die Druckimpulse übertragen werden.

**DIE RICHTIGE ZÄUMUNG ▶** Die
klassischen Ausbildungszäumungen für Jungpferde sind die Wassertrense (Snaffle Bit) oder die

Die kalifornische
Hackamore ist eine
gebisslose Zäu-
mung. Bei richtiger
Anwendung lernt ein
Pferd leicht, die Sig-
nale des Nasenban-
des zu verstehen.

Bosal-Hackamore. Um mit diesen Ausrüstungsgegenständen sinnvoll einzuwirken, muss man mit ihrer Wirkungsweise bestens vertraut sein. Das Bosal wirkt von außen am Kopf des Pferdes. Mit Einwirkungen auf den Körper von außen ist ein Pferd von Natur aus vertraut. Es kann sehr schnell lernen, damit komfortabel umzugehen. Das Bosal wirkt auf den Nasenrücken, an den weichen Backenseiten des Pferdekopfes und an den äußeren Unterkieferknochen.

Die Wassertrense hingegen wirkt im Maul des Pferdes. Das metallene Mundstück wird vom Pferd zunächst als Fremdkörper empfunden, selbst wenn kein Druck oder Zug übertragen wird. Manche Pferde brauchen eine lange Gewöhnungszeit, um sich an das Gebiss im Maul zu gewöhnen. Form und Metalllegierung können sich unterschiedlich auf die Akzeptanz auswirken. Hat ein Pferd **in einer Zäumung** gelernt, die Druckimpulse als Verständigungsgrundlage zu akzeptieren, so muss es dennoch zunächst bei einem Zäumungswechsel mit der **veränderten Situation** vertraut gemacht werden, bevor man erwarten kann, dass es alle (Kontakt- und Druck-)Signale versteht. Das gilt ganz besonders, wenn man von einer gebisslosen Nasen-Kommunikation zu einer Maul-Kommunikation mit Gebisseinwirkung übergeht. Natürlich sollte man später auch bei einer Umstellung von der Wassertrense auf ein Gebiss mit Hebelwirkung daran denken.

**SPOREN ▶** Über einen weiteren Ausrüstungsgegenstand möchte ich im Zusammenhang mit der Jungpferdeausbildung noch einige Worte verlieren: die Sporen. Bei der Bodenarbeit sind sie nur im Wege, wenn man die ersten Male auf einem jungen Pferd reitet, sollte man sie vorher ablegen. Ein unbeabsichtigter, plötzlicher Sporenkontakt hat schon manches entspannt und vertrauensvoll gehende Pferd so erschreckt, dass es sich zu einigen Bocksprüngen veranlasst sah. Nach einiger Zeit sollte ein Reiter, der Sporen einfühlsam und sinnvoll einsetzen kann, sein Pferd damit vertraut machen, dass sie ebenso ein Mittel zur Verständigung und Signalgebung sind wie die Zäumung und der Schenkelkontakt. Die Form von Rad und Schenkel der Sporen bestimmt ihre Wirkungsweise mit, so sollte man sich diesbezüglich seine Gedanken rechtzeitig machen, um eine zweckmäßige Wahl zu treffen.

Alle Ausrüstungsgegenstände sollte man sauber und funktional halten. Bevor man Kompromisse macht und defekte Ausrüstung zusammenflickt, ist manchmal eine Neuinvestition sinnvoll. Gerade bei der Arbeit mit jungen Pferden sollte es keine unangenehmen Überraschungen geben, weil ein Ausrüstungsgegenstand nicht in Ordnung ist. Die eigene Sicherheit und die des Pferdes sollten Vorrang haben. Und selbst, wenn ein Unfall glimpflich abgeht, so kann er doch im Verhalten des Pferdes bleibenden, negativen Eindruck hinterlassen.

Man benötigt nicht sehr viel Ausrüstung, doch das Wenige sollte in einem guten Zustand sein.

Zum Abschluss des Themas Ausrüstung möchte ich nun noch einige Gedanken formulieren, die sich aus den praktischen Erfahrungen der letzten fünfundzwanzig Jahre ergeben haben. Immer wieder konnte ich sowohl bei Amateurreitern wie bei gewerblich arbeitenden Pferdetrainern folgende Tendenz feststellen: gab es eine Problematik während der Ausbildung, so wurde zur Problemlösung nach einem »Hilfsmittel« gesucht und nicht mit der Standardausrüstung weiter gearbeitet. Öffnet ein Pferd das Maul, so wird das zugebunden, reagiert es unnachgiebig auf eine Wassertrense normaler Bauart, so wird eine scharfe Variante wie z. B. ein gedrehtes oder dünneres Gebiss verwendet. Ein Pferd zeigt durch sein Verhalten, ob der Ausbilder seine Belange berücksichtigt hat oder nicht. Abwehr, Widerstände oder Blockaden sind nicht böse Absicht, sondern immer auf Ausbildungsfehler zurückzuführen. Umgekehrt erlebte ich auch häufig, dass es versäumt wird, ein Pferd mit den notwendigen Lernschritten dafür vorzubereiten, auch unbequeme Situationen akzeptieren zu lernen. »Mein Pferd mag kein Gebiss, deshalb reite ich »gebisslos.« ist ein oft gehörtes Argument. Auch diese Einstellung mündet in einer Sackgasse, denn wer nicht bereit ist, einem Pferd Unbequemlichkeiten (in angemessener Form) zuzumuten, der wird es weder mental noch physisch formen können.

Wer die Zeichen für Ausbildungsdefizite unterdrückt oder verdrängt, beseitigt nicht ihre Ursachen.

> *Alle Ausrüstungsgegenstände sollten zur Kommunikation und Motivation und nicht zur Einschüchterung eingesetzt werden.*

> **Die mentale Konditionierung**

Vielleicht kennen Sie aus Ihrem persönlichen Umfeld oder dem Berufsleben eine ähnliche Situation wie ich sie im folgenden Beispiel schildere? Da hat man einen untergebenen Kollegen, mit dem man beruflich schon über einen längeren Zeitraum zu tun hat. Der gegenseitige Umgang beschränkt sich auf die wesentlichen, dienstlichen Dinge, man bleibt auf Distanz. Man bildet sich eine Meinung über diesen Kollegen aus dem Verhalten, das man von ihm im betrieblichen Umfeld kennt und aus dem, was andere über ihn sagen. Leicht entstehen da Vorurteile und negative Einschätzungen. Entsprechend ist die eigene Ausstrahlung natürlich auch etwas kühl. Eine vertrauensvolle, kollegiale Zusammenarbeit wird durch solche Rahmenbedingungen nicht gefördert.

Durch einen Zufall ergibt sich eins Tages ein persönliches Gespräch. Sie stellen fest, dass Ihr Kollege ein Mensch ist, der eigentlich sehr humorvoll, freundlich

Für ein harmonisches Miteinander muss eine Beziehung aufgebaut werden. Da das Pferd intellektuell das schwächere Glied in dieser Beziehungskonstellation ist, sollte der Mensch die Initiative ergreifen.

und offen ist. Sie haben Gelegenheit gehabt, den individuellen Menschen hinter der Fassade des Kollegen kennenzulernen und Sie zeigen, dass Sie auch ein umgänglicher Mensch sind. Von diesem Tag an wird die Zusammenarbeit wesentlich harmonischer und freundlicher ablaufen und selbst Schwierigkeiten werden jetzt leichter und ohne Konfrontationen bewältigt. Das Engagement des untergebenen Kollegen wird deutlich besser und alle haben ein besseres Gefühl.

Wenn wir mit Pferden umgehen und arbeiten, so können wir die geschilderte Situation durchaus zum Vergleich heranziehen.

Für eine harmonisches Miteinander muss eine Beziehung aufgebaut werden. Da das Pferd das schwächere Glied in dieser Beziehungskonstellation ist, sollte der Mensch die Initiative ergreifen. Jetzt werden Sie protestieren und mit Recht einwenden, dass ein Pferd ohne Zweifel um ein Vielfaches stärker ist als ein Mensch.

Das Pferd ist aber **intellektuell** schwächer als der Mensch, es kann sich nicht auf den Menschen einstellen, sich gedanklich in seine Welt versetzen, das primäre Verständigungsmittel des gesprochenen Wortes erlernen, komplexe Zusammenhänge begreifen.

> *Wenn wir nicht wollen, dass es regelmäßig zu Missverständnissen kommt und daraus körperlich ausgetragene Meinungsverschiedenheiten entstehen, dann müssen wir uns bemühen, wie Pferde zu fühlen, zu denken und zu handeln.*

Ideal ist es, wenn man mit einem Pferd vom Fohlenalter an in diesem Sinne umgeht.Doch auch wenn ein Pferd heranwuchs, ohne dass diese Grundsätze bisher berücksichtigt wurden, ist es nicht zu spät.

Wenn man mit dem Zeitpunkt des Anreitens beginnt, dieses Prinzip konsequent umzuset-

zen, so ist es in der Regel auch noch früh genug für einen entsprechenden Lernprozess. Der Round Pen ist der ideale Ort dafür.

Ich arbeite im Round Pen in der Regel etwa 20 bis 30 Minuten pro Trainingssequenz, nur in Ausnahmefällen länger. Arbeite ich an einer bestimmten Lektion und erreiche in dieser Zeitspanne das gesteckte Ziel nicht, so gehe ich zu einer schon gut funktionierenden Übung über. So kann ich das Training mit einem positiven Aspekt für das Pferd beenden, das unvollendete Thema nehme ich in der darauffolgenden Trainingseinheit wieder auf.

Während der Ausbildung soll das Pferd lernen, neue Regeln zu akzeptieren.

Ich arbeite mit einem Pferd regelmäßig jeden Tag. Es kann vorkommen, dass ich auch zwei oder drei Mal täglich für eine kürzere Zeitspanne mit ihm an einem bestimmten Thema arbeite.

Außer der Trainingsarbeit im Round Pen haben die jungen Pferde während der Grundausbildung täglich Auslauf für mehrere Stunden in Einzelpaddocks mit Sichtkontakt zu anderen Pferden und sie gehen in einer Freiführanlage täglich im Schritt je nach Trainingsstand zwischen 30 und 60 Minuten.

Auch stehen sie angebunden und gesattelt zwischen 30 Minuten und drei Stunden an unterschiedlichen Anbindeplätzen, z. B. an der Reitbahn, allerdings stets unter Aufsicht. Dieses Tagesprogramm lässt keine Langeweile aufkommen und das Pferd kann sich durch die tägliche Routine an all die Dinge langsam gewöhnen, die ihm zunächst ja noch ungewohnt sind. Es hat sich gezeigt, dass dieser Tagesablauf dazu führt, dass die jungen Pferde bald sehr ausgeglichen sind und ganz selbstverständlich die gewünschten »guten Manieren« erwerben, die ein harmonisches Miteinander erleichtern.

Ich bin der Meinung, dass es den Pferden leichter fällt, den Schritt von der Selbstbestimmung hin zur Fremdbestimmung durch den Menschen zu machen, wenn sie sich in einer Art »Internatssituation« befinden. Regelmäßigkeit, ausgewogener Wechsel von mentaler und körperlicher Anspannung und Entspannung, zunächst wenig

Ablenkung während der Lernphasen und eine ruhige Atmosphäre sollten ihr Umfeld prägen.

> ▶ *Sie sollen lernen, neue Regeln zu akzeptieren.*
> *Eine wichtige lautet: Im Dienst (d. h. gesattelt) gelten andere Verhaltensregeln als auf der Wiese oder im Paddock.*
> *Eine andere lautet: Im »Klassenzimmer« ist alle Aufmerksamkeit auf den Lehrer (Trainer) zu richten!*

Von der Selbstbestimmung zu Fremdbestimmung, in diesen beiden Worten liegt ein großer Teil der Problematik, mit der wir uns während der Grundausbildung junger Pferde auseinandersetzen müssen. Allzu selbstverständlich neigen viele Pferdebesitzer dazu, einfach zu unterstellen, dass ein Pferd sich ihrem Willen zu fügen hat. Dem ist nicht so. Ein Pferd bewertet jedes Herdenmitglied (Sozialpartner) individuell. Ob es sich unterordnet oder andere dominiert, das entscheidet es deshalb auch individuell. Um mit einem Pferd eine Verständigungsebene zu erlangen, muss der Mensch sich als sein Sozialparner in einer (kleinen) Herdengemeinschaft verhalten. Will er das Verhalten des Pferdes bestimmen, so muss er Führung **übernehmen**. Das heißt, er muss dem Pferd gleichbleibende Verhaltensmuster, die es auch erkennen kann, anbieten. Er muss Initiative ergreifen, **agieren** und nicht reagieren. Er muss willensstark sein und furchtlos, dabei aber nicht unbesonnen oder leichtsinnig.

Erst wenn ein Pferd regelmäßig diese Verhaltensmuster in seinem **tatsächlichen Verhalten erkennt,** wird es sich anpassen, unterordnen oder leiten lassen. Von jungen Pferden bis zu etwa drei Jahren werden die Führungsansprüche eines anderen Sozialpartners relativ leicht akzeptiert, wenn sie in einem natürlichen sozialen Umfeld einer intakten Herdengemeinschaft aufgewachsen sind. Bei Pferden, die in Menschengesellschaft groß wurden, können sich ganz andere Verhaltensmuster gefestigt haben. Solche Tiere und ältere Pferde werden ihre Selbstbestimmung nicht so leicht aufgeben. Doch ganz gleich, wie alt ein Pferd ist oder wie es aufwuchs: soll es ein Reitpferd werden, so bedeutet das automatisch, dass es lernen muss, sich an den Willensäußerungen des oder der menschlichen Sozialpartner zu orientieren. Versäumen es die Menschen im Umfeld oder der Lebensgemeinschaft mit einem Pferd, verständliches, klar führendes Verhalten zu praktizieren, so versucht ein Pferd, die Rangordnung festzustellen oder festzulegen. Das führt dazu, dass es zwischen manchen Menschen und ihren Pferden regelmäßig zu sehr viel Stress, Unruhe, Reibereien, Misstrauen und Ablehnung kommt. Stets ist das dann auf eine mangelhafte, grundsätzliche Klärung der Führungsfrage durch eindeutige Verhaltensweisen in der Beziehung zurückzuführen.

> ▶ *Für ein harmonisches Miteinander innerhalb eines sozialen Gefüges ist es wichtig, dass alle Mitglieder der Gemeinschaft das Verhalten praktizieren, das der einmal gewählten Rollenverteilung entspricht.*

Wer als Besitzer oder Ausbilder einen harmonischen Umgang mit einem Pferd anstrebt, der sollte frühzeitig Klarheit in diese Beziehung bringen.

Fremdbestimmung wird von den meisten Pferden nicht als etwas Unangenehmes, sondern viel mehr als sehr angenehm empfunden. Die Voraussetzung dafür ist aber ein klares, eindeutiges, angemessenes und umsichtiges Verhalten des dominierenden Sozialpartners. Auch Unbequemlichkeiten werden vom Rangniederen widerstandslos akzeptiert, wenn sie angemessen zugemutet und nur langsam gesteigert werden.

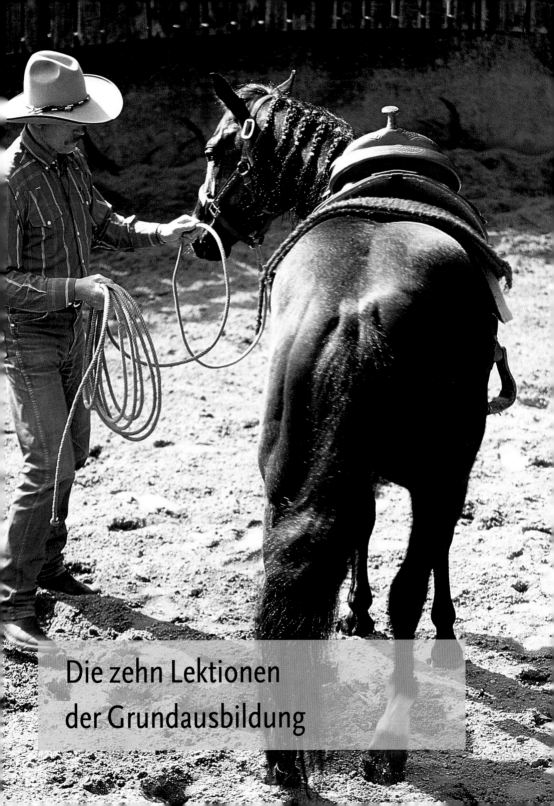

# Die zehn Lektionen
# der Grundausbildung

# Die zehn Lektionen der Grundausbildung

▶ Lektion 1:    **Respekt und Vertrauen**

## Was soll das Pferd lernen?

*Es soll lernen,*
- *wie die Rollenverteilung zwischen ihm und mir aussieht,*
- *dass ich territoriale Ansprüche erheben kann,*
- *dass es mir weichen soll, wenn die Situation es ergibt,*
- *mir Aufmerksamkeit, Respekt und Vertrauen zu geben,*
- *dass ich mit meinem Körper nach seinen Regeln in seiner »Sprache« spreche,*
- *dass es sich nicht meinem Einfluss entziehen kann,*
- *dass Davonlaufen nicht alle Probleme löst,*
- *dass eigenständiges Loslaufen in »mehr Arbeit« umgesetzt wird,*
- *dass Anhalten und ruhig Stehenbleiben Entspannung bedeutet,*
- *dass ich ihm freundliche Zuwendung gebe, wenn es sich mir zuwendet,*
- *dass ich es antreibe, wenn es sich abwendet.*

**WIE LERNT ES DAS?** ▶ Ich führe das junge Pferd in den Round Pen und hake es vom Führseil los. Ich lasse es eine Minute im Round Pen herumwandern und das Terrain untersuchen, es darf sich bewegen, wie es möchte. Sollte es zu mir kommen wollen, so treibe ich es aus dem Mittelbereich heraus. Sobald es den Mittelbereich verlassen hat, verhalte ich mich passiv.

Nun beginne ich, es anzutreiben. Ich verwende ein langes Seil oder Rope, welches ich schwinge, wenn ich es antreiben möchte. Man kann auch eine Longierpeitsche verwenden. Ich ziele niemals direkt auf die Mitte des Pferdekörpers. Um anzutreiben, ziele ich immer bewusst knapp hinter das Pferd oder auf seine Kruppe und berühre es eventuell dort mit dem Rope. **Eine Berührung sollte nie ein gegen das Pferd gerichteter Schlag sein,** sondern einem Wurf ähneln, der »auf das Pferd herabfällt« und es streift. Ich treibe es so an, dass es entweder einen flotten Trab läuft oder in einen ruhigen Galopp fällt. Sollte es von sich aus im Galopp herumlaufen oder gar in schnellstem Tempo rennen, so verhalte ich mich im Zentrum des Round Pens absolut passiv, schaue es nicht intensiv und direkt an und warte, bis es ruhiger wird.

Wenn ich es animiere, im Round Pen herumzulaufen, habe ich mir eine Richtung vorgenommen und werde mich so verhalten, dass das Pferd nur in die gewünschte Richtung läuft. Sollte es selbstständig diese Richtung wechseln, so blockiere ich es durch Positionsveränderung und veranlasse es auf diese Weise, zu wenden.

Erst wenn das Pferd in geregeltem Tempo in eine Richtung läuft, baue ich »mentalen Druck« dadurch auf, dass ich mein Rope intensiver schwinge. Als Resultat sollte das Pferd etwas beschleunigen. Dann reduziere ich den »mentalen Druck« durch ruhigeres Schwingen, bzw. stelle es komplett ein. Als Resultat sollte das Pferd ruhiger laufen und verlangsamen. Diese Prozedur wiederhole ich einige Male, bis das Pferd sofort deutlich langsamer wird, sobald ich Druck abbaue. Nach einer solchen Reaktion gehe ich aus der Mitte rückwärts zum dem Pferd gegenüberliegenden Bereich des Round Pens und verharre dort an der Einzäunung. Läuft das Pferd dennoch weiter, so gehe ich wieder zur Mitte und wiederhole die bisherige Routine.

Sollte das Pferd aber langsamer werden, anhalten oder zur Mitte

hinkommen, mich ansehen und dort stehenbleiben, so ist das die gewünschte Reaktion. In diesem Falle verhalte ich mich eine halbe Minute bis zu einer Minute passiv. Sollte das Pferd seine Aufmerksamkeit von mir nehmen, in der Gegend herumschauen oder von mir weg loslaufen, so gehe ich wieder in die Mitte, baue sofort wieder in gewohnter Manier Druck auf, allerdings dirigiere ich es nun in die andere Richtung. Diese Routine wiederhole ich ohne Hektik ruhig, bis das Pferd anhält und sich mir zuwendet, sobald ich Druck abbaue. Nun gehe ich hin und wieder zum Pferd, um es an Hals, Brust und Kopf sanft zu reiben. **Ich lasse es aber nur zur Mitte kommen, wenn ich diesen Bereich zuvor durch Rückwärtsgehen »freigegeben« habe.**

Ist das Pferd zum wiederholten Mal zum Halt gekommen, gehe ich mit einigen Metern Abstand auf einem Halbkreis vor dem Pferd hin und her. Folgt es mir mit dem Blick, der Kopf wendet sich mit, so habe ich seine volle Aufmerksamkeit. Wendet es sich sogar, um mir mit dem Blick folgen zu können, so ist das um so besser. Sollte es sich abwenden oder sich fortbewegen, so treibe ich es sogleich wieder an.

Ich bestimme, wo es sich **nicht** aufhalten soll. Es wird systematisch mit dem Prinzip von Druck und Nachgiebigkeit, Diskomfort-Zone und Komfort-Zone als Grundlage unserer Beziehung vertraut gemacht.

Pro Trainingssequenz beschränke

Im Round Pen lege ich die Regeln für die Beziehung zwischen mir und dem Pferd fest. Ich erhebe territorialen Anspruch auf die gesamte Innenfläche und überlasse dem Pferd nur die Zone am Rand.
Mein Ziel ist es, durch Positionierung und Körperhaltung Richtung und Tempo des Pferdes zu beeinflussen und zu bestimmen.

Sollte das Pferd die Außenzone im Round Pen verlassen, die Richtung ändern oder sich nach außen über den Zaun orientieren, so steigere ich den »mentalen Druck« durch meine Aktionen. Um anzutreiben, ziele ich immer bewusst knapp hinter das Pferd oder auf seine Kruppe und berühre es eventuell dort mit dem Rope. **Eine Berührung sollte nie ein gegen das Pferd gerichteter Wurf oder Schlag sein,** sondern einem Wurf ähneln, der »auf das Pferd herabfällt« und es streift.

ich mich auf 20–30 Minuten. Je
nach individueller Veranlagung der
Pferde genügen in der Regel einige
wenige Trainingseinheiten, bis ein
Pferd prompt die gewünschten
Verhaltensweisen zeigt. Sobald das
der Fall ist, gehe ich zur nächsten
Lektion über. Ich kehre zu dieser
Übung in der folgenden Zeit nur
zurück, wenn ein Pferd sich mir
gegenüber **deutlich** unaufmerksam
oder respektlos verhalten sollte.

▶ *Man sollte diese Prozedur nicht so
forcieren, bis ein Pferd atemlos und
erschöpft wird. Das Ziel ist nicht die
körperliche Ermüdung.*
*Vielmehr zeige ich ihm auf der Basis
seiner Verhaltensmuster, dass ich derje-
nige bin, der agiert und das Territorium
beansprucht. So gewinne ich seine Aufmerksamkeit und seinen Respekt.*
*Gleichzeitig wächst das Vertrauen des
Pferdes in mich, denn es kann mein
Verhalten einordnen und »versteht«
mich.*
*Die Grundlagen der Verständigung sind
geschaffen.*

Sobald mir das Pferd seine Aufmerksamkeit schenkt und langsamer wird,
anhält und zur Mitte hinkommt, mich ansieht und dort stehenbleibt, so sind
das gewünschte Reaktionen. In diesen Fällen verhalte ich mich eine halbe
Minute bis zu einer Minute passiv. Sollte das Pferd seine Aufmerksamkeit
von mir nehmen, in der Gegend herumschauen oder von mir weg loslaufen,
so gehe ich wieder in die Mitte, baue sofort wieder in gewohnter Manier
Druck auf, allerdings dirigiere ich es nun in die andere Richtung.

▶ Lektion 2:    Von der Selbstbestimmung zur Fremdbestimmung

## Was soll das Pferd lernen?

*Es soll lernen,*

▸ *dass ich bestimme, wo es sich aufhält.*

▸ *systematisch nach einer bestimmten Komfortzone zu suchen,*

▸ *sich von mir an einen bestimmten Ort (Ziel) leiten oder dirigieren zu lassen,*

▸ *dass ich bestimme, wohin es gehen soll und wann das der Fall ist,*

▸ *Situationen zu akzeptieren, die es zunächst ablehnt,*

▸ *in Situationen, die ihm eigentlich fremd sind, zu entspannen.*

**WIE LERNT ES DAS?** ▶ Ich wende grundsätzlich das gleiche System an wie bei der ersten Lektion. Ich lege auf den Hufschlag an einer Stelle im Round Pen ein größeres Stück Plastikfolie (ca. zwei Quadratmeter), die aber durchtrittfest sein soll. Ich stelle mir vor, dass der Round Pen in vier Viertel eingeteilt ist. In einem Viertel liegt die Plastikfolie. Ich treibe das Pferd an, im Kreis herumzulaufen.

Für das Pferd ist der Bereich (Viertel), in dem der unbekannte Gegenstand auf dem Hufschlag liegt, zunächst die Diskomfort-Zone, da ihm die Folie fremd ist und ihm Angst macht. Die anderen drei Viertel der Runde sind in Relation dazu komfortabler. Es wird jedesmal einen Bogen nach innen beschreiben, wenn es die Stelle mit der Folie passiert, um nicht darauf treten zu müssen. Vielleicht macht es auch einen großen Satz über die Folie. Auch wird es in der Nähe der Folie sein Tempo deutlich beschleunigen.

Ich möchte im Zuge dieser Lektion seine Ablehnung der Folie gegenüber in Akzeptanz umwandeln. Zunächst vermittele ich ihm deshalb, dass drei Viertel der Arena zur Diskomfort-Zone gehören und das Viertel mit der Folie zur Komfort-Zone wird. Ich schwinge dazu das Rope mit größerer Intensität, solange das Pferd sich in den drei Vierteln bewegt, in denen kein Plastik liegt.

Ich vermindere die Intensität plötzlich und deutlich, sobald es das Viertel mit der Folie betritt.

Ich zeige ihm damit, dass ich es dazu bringen kann, zu beschleunigen und zu verlangsamen. Nach einigen Runden sollte es langsamer werden, sobald es in das Folien-Viertel kommt. Ich unterstütze dieses Verhalten durch deutliche Veränderung in der Intensität der Rope-Bewegungen. Sollte es zum ersten Mal in dem »Folien-Viertel« anhalten, stelle ich alle Aktivitäten sofort ein. Ich verhalte mich passiv,

Immer wenn das Pferd in die Nähe der Plastikfolie kommt, reduziere ich den mentalen Druck, der durch die Art, wie ich das Rope schwinge, entsteht. Nach einigen Runden sollte es langsamer werden, sobald es in die Nähe der Folie kommt.

Sobald es zum ersten Mal in der unmittelbaren Nähe der Folie stehen bleibt, stelle ich alle Aktivitäten sofort ein und verhalte mich passiv, bis sich wieder in Bewegung setzt oder sich abwendet. Dann treibe ich es sofort wieder an.

Als Resultat dieser Prozedur kommt es früher oder später zu der Erkenntnis, dass es angenehmer ist, die Nähe der Folie zu akzeptieren und dort zu verharren, als getrieben zu werden. Es beginnt dann, der Folie zustreben, sobald ich ihm Gelegenheit dazu gebe.

Sehr bald wird sich seine ursprüngliche Skepsis und Ablehnung, der Folie gegenüber ins Gegenteil kehren. Es wird nun Interesse für die fremde Situation zeigen. Neugierig aber vorsichtig will es herausfinden, was es von dem fremden Gegenstand zu halten hat.

bis es sich abwendet oder wieder losläuft. Dann treibe ich es umgehend wieder an. Dieser Ablauf wiederholt sich etliche Male. Als Resultat dieser Prozedur kommt es früher oder später zu der Erkenntnis, dass es angenehmer ist, die Nähe der Folie zu akzeptieren und dort zu verharren, als getrieben zu werden. Es beginnt dann, der Folie zustreben, sobald ich ihm Gelegenheit dazu gebe.

Damit habe ich ein wichtiges Etappenziel im Rahmen dieser Lektion erreicht. Die ursprüngliche Skepsis und Ablehnung, die jedes Pferd instinktiv zunächst unbekannten Situationen gegenüber zeigt, kehre ich durch geschicktes agieren ins Gegenteil um. Auf dieses Ritual kann ich auch im späteren Ausbildungsgang auch dann

zurückgreifen, wenn ich einmal überraschend und unvorbereitet in Situationen gerate, die dem Pferd fremd sind oder die es ablehnt. In unserem Übungsablauf haben wir mit seiner Verhaltensänderung den Punkt erreicht, wo es gezieltes Interesse für die fremde Situation zeigt. Neugierig aber vorsichtig will es herausfinden, was es von dem fremden Gegenstand zu halten hat. Ich reduziere den Druck entsprechend, sobald es sich schnuppernd mit tiefer Nase der Folie nähert. Es wird die Folie mit der Nase berühren, vielleicht sogar vorsichtig mit einer Hufspitze an der Folie scharren. Die wird sich bewegen und die meisten Pferde wenden mit einem Satz ab und laufen davon. Ich aktiviere den Druck sofort, um es wieder zu motivieren, sich sofort mit der Folie zu befassen.

Ziel meiner Aktivitäten ist es, so zu agieren, dass es sich entscheidet, zumindest einen Fuß auf die Folie zu setzen. Geschieht das, so beende ich die Lektion für dieses Mal. Ich wiederhole diese Übung in weiteren Sequenzen, bis ich in der Lage bin, das Pferd umgehend zu Folie zu dirigieren und es sich bereitwillig darauf stellt und auch entspannt darauf verharrt.

Ich kann die Folie mit der Zeit an wechselnde Plätze im Round Pen legen, durch andere Materialien ersetzen und darauf hin wirken, dass es sich sofort dorthin begibt und sich darauf stellt, wenn ich es dazu anleite.

Mit dieser Lektion hat das Pferd gelernt, sich von mir zu einem ge- dachten Ziel dirigieren zu lassen, seine Furcht davor zu überwinden und sich bewusst damit auseinander zu setzen. Es macht die Erfahrung, dass es nicht nachteilig oder gefährlich ist, sich von mir auch in unbekannte Situation hinein oder hindurch dirigieren zu lassen. Es wird zukünftig nicht mehr nur von seinem Fluchtinstinkt gesteuert reagieren, sondern sich an mir orientieren. Es lernt, dass es mir Vertrauen kann und sein Selbstvertrauen verbessert sich wesentlich.

> *Sein grundsätzliches Verständnis und seine Akzeptanz dafür, sich später lenken und leiten zu lassen und das Tempo zu variieren, sind mit dieser Lektion geschaffen.*

Bald wird es seine Furcht überwinden, und auch auf die Folie treten. Es macht die Erfahrung, dass es nicht nachteilig oder gefährlich ist, sich von mir auch in unbekannte Situation hinein oder hindurch dirigieren zu lassen.

▶ Lektion 3:    Nachgiebigkeit und Entspannung

## *Was soll das Pferd lernen?*

*In dieser Lektion soll das Pferd lernen, den direkten Kontaktdruck am Körper zu akzeptieren, mit einzelnen Körperteilen nachzugeben und zu entspannen. Ich möchte seinen vorhandenen Gegenreflex auf Körperdruck umwandeln in selbstverständliche, gewohnheitsmäßige Nachgiebigkeit.*

*Es soll lernen:*

▶ *den direkten Kontakt am Körper zu akzeptieren, ohne sich zu entziehen, ihn abzuschütteln oder dagegen zu drücken oder zu ziehen,*

▶ *dass körperliche Nachgiebigkeit mit Muskelentspannung einher geht,*

▶ *mir zu vertrauen und zu entspannen,*

▶ *mit bestimmten Körperbereichen oder -teilen nachzugeben,*

▶ *Nachgiebigkeit auch in Beinbewegung umzusetzen.*

**WIE LERNT ES DAS?** ▶ Während ich an Lektion 1 und 2 arbeite, nutze ich die Ruhepausen, während das Pferd still steht und verharrt, gehe zu ihm hin, liebkose es mit kräftig reibender Handfläche oder den Fingerkuppen. Ich beschränke mich dabei zunächst auf Kopf, Hals und Brust. Mit der Zeit dehne ich diese Liebkosungen auf den ganzen Körper aus. Sollte sich das Pferd aber an mir reiben wollen, so schiebe ich es konsequent und bestimmt in seine Ausgangssituation zurück. Dieses Vorgehen führt dazu, dass es sich bei Berührungen entspannt und seine Muskeln lockerer werden. Ich lege auch eine Hand hinter den Ohren auf das Genick des Pferdes oder drücke dort behutsam, aber bestimmt mit Daumen und Zeigefinger, bis es sich in der Halsmuskulatur entspannt und den Kopf senkt. Beim leichtesten Ansatz von Entspannung und Nachgiebigkeit reduziere ich den Druck oder nehme die Hand komplett fort.

Danach stelle ich mich in Sichtrichtung neben das Pferd, lege meinen Arm über seinen Hals, lege meine flache Hand an die Seite seines Kopfes und drücke mit der Handfläche, bis es mit dem Kopf vom Druck weg nachgibt. Hier lasse ich bei der geringsten Nachgiebigkeit sofort nach, um dann erneut wieder etwas Druck aufzubauen und bei entsprechender Nachgiebigkeit wieder nachzulassen. Das Pferd wird so seinen Hals um meinen Körper biegen. Ich achte darauf, keinen Dauerdruck aufzubauen. Ich halte aber sofort dagegen, sollte es versuchen, in die

Ich lege eine Hand hinter den Ohren auf das Genick des Pferdes oder drücke dort behutsam, aber bestimmt mit Daumen und Zeigefinger, bis es sich in der Halsmuskulatur entspannt und den Kopf senkt.

Beim leichtesten Ansatz von Entspannung und Nachgiebigkeit reduziere ich den Druck. Ich wiederhole diese Übung, bis das Pferd sich komplett unter meiner Hand entspannt und den Kopf fast bis zum Boden absenkt.

Danach stelle ich mich in Sichtrichtung neben das Pferd, lege meinen Arm über seinen Hals, lege meine flache Hand an die Seite seines Kopfes und drücke mit der Handfläche, bis es mit dem Kopf vom Druck weg seitlich nachgibt.

Mit Impuls-Druck der flachen Hand an der Kopfseite motiviere ich das Pferd, seine Halsmuskeln immer mehr zu entspannen und zu dehnen. Es lernt so, vertrauensvoll und entspannt von meiner Hand geführt, seinen Kopf komplett herum zu nehmen, ohne Muskelwiderstand zu leisten.

Für die folgende Übung lege ich dem Pferd die Schlinge meines Ropes um den Hals und gehe auf eine Distanz von mindestens fünf Metern. Ich spanne das Seil vorsichtig und warte die Reaktion ab. Dabei achte ich sorgfältig darauf, dass die Atmung des Pferdes nicht durch die Seilschlinge beeinträchtigt wird.

Gibt es zum ersten Mal mit dem Körper durch Gewichtsverlagerung nach oder setzt gar ein Vorderbein in meine Richtung, so ist das der Moment, in dem ich sofort komplett mit dem Rope nachgebe und es locker lasse.

Ausgangsposition zurückzukommen. Ich kann das zwar nicht verhindern, werde aber so lange mit Impulsdruck einwirken, bis es den Hals wieder biegt und in dieser Biegung entspannt, erst dann nehme ich die Hand weg und erlaube ihm, sich gerade zu richten. Es lernt, in einzelnen Körperbereichen dem Druck nachzugeben, sich zu entspannen und erst wieder die Ausgangsposition einzunehmen, wenn begrenzender Druck nicht mehr vorhanden ist.

Für die Folgeübung lege ich ihm die Schlinge meines Ropes um den Hals und gehe auf eine Distanz von mindestens fünf Metern. Ich stelle mich nicht genau gerade vor ihm auf, sondern in einem Winkel von vielleicht 15 Grad seitlich versetzt. Ich spanne das Seil bis es am Hals auf die Schlinge so viel Druck überträgt, dass das Pferd ihn deutlich spürt, und halte diesen Druck konstant, ohne weiter zu ziehen. Die Schlinge darf sich nicht so sehr zuziehen, dass die Atmung des Pferdes beeinträchtigt wird. Es ist eine normale Reaktion, wenn das Pferd bei diesem Seilkontakt gegenhält oder gar rückwärts zieht. Ich lasse dann nicht etwa los oder ziehe meinerseits, sondern versuche, den

Wiederhole ich diese Vorgehensweise, so wird sich der anfängliche »Verspannungsreflex« in Nachgiebigkeit wandeln. Nach einer Weile sollte es mir möglich sein, das Pferd durch leichte Druckimpulse zu veranlassen, Schritt für Schritt nachgiebig zu reagieren und in meine Richtung zu kommen.

Auch bei Berührung mit dem Seil am Kopf sollte es weich und sensibel nachgeben. Es lernt so, dem Druck der später von der Zäumung übertragen wird, automatisch nachzugeben.

Druck exakt konstant zu halten, bis es zum ersten Mal mit dem Körper durch Gewichtsverlagerung nachgibt oder gar ein Vorderbein in meine Richtung setzt. In diesem Moment gebe ich sofort komplett nach. Wiederhole ich diese Vorgehensweise, so wird sich der anfängliche »Verspannungsreflex« in Nachgiebigkeit wandeln. Nach einer Weile sollte es mir möglich sein, das Pferd durch leichte Druckimpulse zu veranlassen, Schritt für Schritt zu reagieren.

Verändere ich den Winkel, mit dem der Druck durch das Rope auf den Pferdehals übertragen wird, so sollte es entweder das linke oder das rechte Vorderbein bewegen.

Es hat jetzt gelernt, dem Druck nachzugeben und in Beinbewegung umzusetzen.

▶ Lektion 4:    Verständigung durch Druckimpulse

## Was soll das Pferd lernen?

Es soll lernen,

▶ dass Druck und vor allem Druckimpulse der Verständigung dienen.

▶ dass vermittels Druck oder Druckimpulsen Grenzen aufgezeigt und diverse
Bewegungsreaktionen gefordert werden.

▶ dem Druckimpuls generell mit dem Körper auszuweichen.

▶ dass vermittels Druckimpulsen die Forderung für vorwärts, rückwärts und
seitwärts Ausweichen übermittelt wird.

Das Pferd lernt in dieser Lektion, auf Druckimpulse an verschiedenen Körperbereichen durch Nachgiebigkeit
oder Weichen zu reagieren.
Mit der Seilverbindung zur Halsschlinge halte ich Kontakt, während ich mit dem aufgerollten Teil des Rope
gegen die Kruppe oder Hinterhand des Pferdes tippe. Ich steigere die Intensität dieser Impulse, bis das
Pferd mit der Hinterhand ausweicht. Sobald diese Reaktion eintritt, werde ich passiv, lasse einige Zeit verstreichen und wiederhole den Vorgang.

**WIE LERNT ES DAS?** ▶ Ich lege ihm wieder die Schlinge meines Seiles locker um den Hals, halte eine kurze Verbindung mit dem Seil und bewege mich an der Pferdeseite in Richtung seiner Kruppe, wobei ich ihm zugewandt bin. Mit den Windungen vom aufgerollten Rest des Seiles in der anderen Hand tippe ich mit ansteigender Intensität gegen seine Kruppe, bis es seitlich ausweicht. Das Pferd dreht sich dabei langsam um seine Mittelachse. Ich praktiziere diese Übung ohne Hektik auf beiden Seiten, bis es für das Pferd selbstverständlich ist, bei Druckimpulsen im hinteren Bereich mit seiner Hinterhand zu weichen. Danach stelle ich mich seitlich vor dem Pferd auf und tip-pe ihm mit dem aufgerollten Rope gegen die Brust, bis es einen Schritt rückwärts weicht. Sofort kommt dann das Komfort-Angebot: Ich gebe keine Impulse mehr und lasse es verharren. Nach einer kleinen Pause wiederhole ich die Prozedur, bis es mir möglich ist, es durch leichtes Antippen gegen die Brust dazu zu veranlassen, Schritte für Schritt rückwärts zu gehen. Sollte es mehrere Schritte machen, so sage ich ihm das Kommando »Whoa« und baue kurz Druck auf die Halsschlinge auf. Damit begrenze ich die Rückwärtsbewegung. Es hat nun gelernt, dass mittels Druckimpulsen Bewegungen abgefordert werden und Grenzen aufgezeigt werden können.

Ich möchte dem Pferd vermitteln, auf Impulsdruck hin rückwärts zu weichen. Dafür stelle ich mich seitlich vor dem Pferd auf und tippe es mit ansteigender Intensität mit dem aufgerollten Rope gegen die Brust, bis es einen oder mehrere Schritte rückwärts weicht. Sobald es sich wie gewünscht bewegt, werde ich passiv. In der Wiederholung tippe ich es an der Brust so dosiert an, dass es mir möglichst nur einen Schritt rückwärts weicht. Sollte es mehrere Schritte tun wollen, so baue ich beim ersten Druck auf die Halsschlinge auf und stoppe damit die Rückwärtsbewegung.

▶ Lektion 5:     Fencing – Verständigung durch Druckimpulse am Kopf

## Was soll das Pferd lernen?

*Es soll lernen,*
- ▸ *dass Druck und vor allem Druckimpulse am Kopf der Verständigung dienen.*
- ▸ *dass vermittels Druck oder Druckimpulsen Grenzen aufgezeigt und diverse Bewegungsreaktionen gefordert werden. Es lernt die Kommandos »Whoa« und »Turn«.*
- ▸ *dem Druckimpuls mit dem Kopf nachzugeben,*
- ▸ *dass vermittels Druckimpulsen auf das Halfter die Bewegungsabläufe beeinflusst werden,*
- ▸ *dass der Bewegungsradius eingegrenzt wird,*
- ▸ *dass das Kommando »Whoa« Anhalten bedeutet,*
- ▸ *dass das Kommando »Turn« eine Wendung um die Hinterhand bedeutet,*
- ▸ *dass es auch außerhalb des Round Pen Direktiven von mir annehmen muss.*

Ich stelle mich mit dem Rücken zur Umzäunung auf. Das Pferd soll in einem Halbkreis vor mir von Zaun zu Zaun laufen.

Jedes Mal wenn das Pferd zur Umzäunung kommt, sage ich kurz vorher »Whoa«. Der Zaun versperrt ihm den Weg nach vorne.

**WIE LERNT ES DAS?** ▸ Ich arbeite mit dem Pferd zunächst im Round Pen. Ich habe es mit Halfter und langem Führseil oder einem Rope am Halfter und Streifgamaschen an den Vorderbeinen ausgerüstet. Bei unsensiblen oder ignoranten Pferden habe ich das Nasenteil des Halfters etwas verstärkt, um die Wirkung des Halfters zu verdeutlichen. Ich stelle mich mit dem Rücken zur Umzäunung des Round Pens auf und lasse das Pferd im Halbkreis vor mir laufen. Mein Führseil ist etwa sieben bis acht Meter lang. Jedesmal, wenn das Pferd zur Umzäunung kommt, sage ich kurz vorher »Whoa«. Der Zaun versperrt ihm den Weg nach vorn, will es von mir weg seitlich ausweichen, so kann ich das durch Druckkontakt auf das Halfter mittels Zugimpulsen verhindern, will es zu mir hin ausweichen, so versperre ich ihm den Weg durch meine Positionierung und baue zusätzlich mentalen Druck durch energisches Schwingen mit dem Seilende auf. Manchmal kann es zunächst nötig sein, auch massiver zu werden, um den eigenen territorialen Anspruch zu bekräftigen. In einem solchen Fall werfe ich das aufgerollte Ende des Rope oder Leitseils in Richtung Schulter oder klatsche es mit dem Seilende an die Schulter. Ich zeige damit deutlich die Grenze zwischen ihm und mir auf.

Nachdem es weder vorwärts noch seitwärts von mir fort und zu mir hin kann, bleibt ihm nichts anderes übrig, als zu verharren und abzuwarten.

Als nächstes möchte ich, dass es eine 180 Grad Wendung um die

Sollte es zu mir hindrängen oder wenden wollen, so hindere ich es durch Schwingen mit dem Seilende in Richtung seiner Schulter daran. Sollte es sehr stürmisch und unaufmerksam sein, so agiere ich zu Anfang sehr energisch. In diesem Fall werfe ich das aufgerollte Rope in seine Richtung, um mir Respekt zu verschaffen.

Will es von mir weg seitlich ausweichen, so kann ich das durch Druckkontakt auf das Halfter verhindern.

Achtung:
Wählen Sie eine Begrenzung, die hoch genug ist und nicht übersprungen wird.

Nachdem es weder vorwärts noch seitwärts von mir fort und zu mir hin kann, bleibt ihm nichts anderes übrig, als zu verharren und abzuwarten. Ich warte, bis es entspannt ist und seine Aufmerksamkeit auf mich richtet, bevor ich die Wendung einleite.

Für die Durchführung der Wendung ist meine exakte Körperpositionierung sehr wichtig. Wenn das Pferd nach links zum Zaun läuft, nehme ich das Seil in die linke und das Seilende in die rechte Hand. So kann ich mit dem Seilende zum Rumpf schwingend auf die Distanz einwirken. Nachdem das Pferd angehalten hat und ruhig am Zaun steht, nehme ich das Seil in die andere Hand. Das Pferd soll nun eine 180 Grad Wendung um die Hinterhand in meine Richtung ausführen. Danach soll es auf dem Halbkreis wieder in die andere Richtung laufen. Mit dem Kommando »Turn« kündige ich die Wendung an, dirigiere das Pferd zu mir, um es mit dem schwingenden Seilende wieder auf den Halbkreis zu treiben.

Hinterhand in meine Richtung ausführt und vollendet, sodass es auf dem Halbkreis wieder in die andere Richtung läuft. Dazu sage ich »Turn« als Ankündigungskommando, stelle mich dicht an den Zaun und dirigiere es mit Zupfern am Halfter zu mir hin. Wenn es etwa 90 Grad der Wendung durchgeführt hat, schwinge ich das Seilende mit dem zum Zaun gewandten Arm, sodass zwischen Pferd und Zaun Schwingungsdruck aufbaut wird. Meine exakte Körperpositionierung ist dabei sehr wichtig. Läuft das Pferd nach links und

kommt zum Zaun, so halte ich in Vorbereitung der Wendung das Seil in der rechten Hand und das Seilende in der linken, läuft das Pferd nach rechts, so ist es umgekehrt.

Zu Beginn der Übung kann es besonders bei stürmischen Pferden notwendig sein, sie energisch daran zu hindern, selbständig am Zaun zu wenden oder seitlich auszubrechen. Nach einiger Zeit, wenn das Pferd das System, das dieser Übung zugrunde liegt, erkannt hat, sollte es deutlich ruhiger und überlegter reagieren. Es

Es kann nötig sein, einen Schritt in Richtung der Schulter des Pferdes zu machen, um den Druck noch zu steigern und es zu einer engen und flüssigen Wendung zu animieren.

Sobald das Pferd den Ablauf der Übung begriffen hat, sollte es ruhiger und entspannter reagieren. Ich strebe an, dass es bald im lockeren Trab arbeitet, sich entspannt und seine Beintechnik während des Anhaltens und des Wendens stetig verbessert.

wird sich dann jeweils für das Anhalten und Wenden vorbereiten, seine Balance und seine Körperkoordination sollten sich stetig verbessern. Wenn diese Übung im Round Pen gut funktioniert, wiederhole ich sie in den folgenden Trainingssequenzen auch auf einem normal eingezäunten Reitplatz. Mit zunehmender Routine kann ich ganz vom Zaun fortbleiben und das Pferd lässt sich auf der freien Fläche in Achterfiguren oder auf Kreisen am langen Seil dirigieren, ohne am Leitseil zu zerren oder den Abstand zu mir zu verringern. Es hält an, sobald es »Whoa« hört und wendet bei »Turn«.

Diese Übung schafft auch die Grundlagen eines geregelten, harmonischen Umgangs mit dem Pferd, wenn wir es am Halfter führen oder longieren wollen.

▶ *Meine jeweiligen, rechtzeitig gegebenen verbalen Kommandos haben den Charakter einer »Ankündigung«, nicht den eines Befehls. Mit der Zeit lernt das Pferd, reflexiv auf diese Ankündigungskommandos zu reagieren.*

► **Lektion 6:    Desensibilisierung und Druckakzeptanz**

## Was soll das Pferd lernen?

*Es soll lernen, dass es Druckeinwirkungen nicht nur nachgeben muss, sondern unter Umständen auch ohne Widerstand erdulden und akzeptieren muss.*
*Es lernt,*

- ► *Berührungen oder Kontakt mit unbekannten Gegenständen zu akzeptieren (Satteldecke),*
- ► *einengende Körpereinflüsse zu tolerieren und zu akzeptieren (einengende Seilschlinge um den Rumpf, später Sattelgurt und Sattel),*
- ► *Einschränkung der Bewegungsfreiheit an den Beinen zu dulden.*

**WIE LERNT ES DAS?** ► Für diese Lektion lege ich dem Pferd ein Halfter an und verwende ein langes Führseil.

Mit einer Hand halte ich locker (nie mit festem Zug) das Führseil, mit der anderen halte ich eine Satteldecke. Zunächst lasse ich das Pferd an der Decke riechen, dann reibe ich es behutsam damit am Kopf, bis es keine Zeichen von Ablehnung oder Skepsis zeigt. Vom Kopf arbeite ich mich über Hals, Rumpf und Kruppe bis zu den Sprunggelenken weiter vor. Das Führseil bleibt locker. Sollte das Pferd seinen Standort verlassen, so reibe ich weiter, bis es wieder stillsteht, und höre erst dann kurz auf. Ich führe diese Maßnahme auf beiden Seiten durch, bis das Pferd ruhig und entspannt stehenbleibt. Mit ruhigen Bewegungen schwinge ich dann die

Zunächst reibe ich den Pferdekopf behutsam an allen Bereichen von der Nase über die Stirn bis zu den Ohren mit einer Satteldecke oder ähnlichem ab. Es ist wichtig, dabei behutsam vorzugehen, um nicht Widerstände oder Ablehnung zu verursachen.

Satteldecke unter den Bauch und über den Rücken. Sollte das Pferd ausweichen, so schwinge ich die Decke weiter, stoppe es eventuell mit einem kurzen Ruck am Halfter und höre erst auf, wenn es ruhig steht.

Als nächste Maßnahme lege ich dem Pferd eine Seilschlinge um den Brustkasten, dort wo später Sattel und Gurt Druck verursachen werden. Ich baue langsam Druck auf die Schlinge auf und lasse wieder nach. **Achtung! Die Durchführung dieser Lektion erfordert Erfahrung und ist für Laien nicht zur Nachahmung empfohlen.**

Ich lasse das Pferd nun im Kreis am langen Führseil um mich herumlaufen. Langsam baue ich etwas Druck auf das Körperseil auf, sodass die Schlinge sich zuzieht. Sollte das Pferd sich verspannen oder gar einen Bocksprung ma-

chen, so halte ich dosiert den Druck aufrecht, bis es sich wieder ruhig bewegt, und lasse dann nach. Ich wiederhole diese Übung, bis auch plötzlicher Druck der Schlinge im Schritt oder Trab keine Abwehrreaktionen mehr auslöst. Durch die Laufbewegung

Vom Kopf arbeite ich mich über den ganzen Körper bis zu den Hinterbeinen mit ruhigen, reibenden Bewegungen vor.

Mit ruhigen Bewegungen schwinge ich dann die Satteldecke unter den Bauch und über den Rücken.

In dieser Übung lernt das Pferd den Druckkontakt am Körper zu dulden und nicht davor wegzulaufen oder dagegen anzukämpfen. Mit einem Seil oder einer Rope-Schlinge baue ich durch Annehmen und Nachgeben Druck im Bereich des Brustkastens auf, dort wo später Sattel und Sattelgurt liegen. Diese Einwirkungen kann man am stehenden Pferd praktizieren. **Achtung! Die Durchführung dieser Lektion erfordert Erfahrung und ist für Laien nicht zur Nachahmung empfohlen.**
Dazu lasse ich das Pferd dann im Kreis am Führseil laufen und habe ihm mit dem Rope eine Schlinge um den Rumpf in Höhe von Gurt- und Sattellage gelegt. Langsam baue ich etwas Druck auf das Körperseil auf, sodass die Schlinge sich zuzieht. Sollte das Pferd sich verspannen oder gar einen Bocksprung machen, so halte ich dosiert den Druck aufrecht, bis es sich wieder ruhig bewegt und lasse dann nach. Ich kann so das Pferd in der Bewegung und in allen Gangarten mit den Empfindungen vertraut machen, die es später beim Satteln auch erfährt. Allerdings kann ich die Drucksituation am Körper mit dem Seil regulieren.

Nach ersten Abwehrreaktionen sollte das Pferd dem sehr deutlichen Zug bzw. Druck des Seiles keine Abwehr mehr entgegensetzen, sondern sogar nachgeben.
Dies ist eine wichtige Lernübung zur Vorbereitung des Sattelns.

Achtung:
Sie sollte aber nicht von Ungeübten durchgeführt werden.

Um ein Pferd für die Arbeit an der Doppellonge vorzubereiten, hänge ich ein dickes, geflochtenes Baumwollseil von einigen Metern Länge an den Sattel, so dass auf beiden Seiten die Enden hinterherschleifen. Damit lasse ich es im Kreis gehen.

kann die Schlinge bis zu den Flanken zurückrutschen, in diesem Fall lasse ich das Pferd halten und platziere sie wieder weiter vorn. Mit der Zeit sollte das Pferd dem sehr deutlichen Zug bzw. Druck des Seiles keine Abwehr mehr entgegensetzen, sondern sogar nachgeben, d. h. den Standort in meine Richtung um einen Schritt verändern. Es hat nun gelernt, gegenüber plötzlichem Körperdruck am Rumpf tolerant zu werden, ihn zu akzeptieren und ihm nachzugeben.

Mit dem nächsten Lernschritt beziehe ich die Beine des Pferdes mit ein. Wieder habe ich das Pferd am Halfter mit langem Führseil.

Ich lege eine Schlinge um die Fessel eines Beines, nehmen wir an, es ist das rechte Vorderbein. Langsam steigere ich den Druck auf das Seil. Dabei achte ich sorgfältig darauf, dass der Druck nur in die natürliche Bewegungsrichtung des jeweiligen Beines aufgebaut wird. Sobald das Pferd auch nur den Huf hebt, gebe ich nach. Graduell soll

Um das Pferd für Berührungen an den Beinen vorzubereiten und die Nachgiebigkeit zu schulen, lege ich eine Schlinge um die Fessel eines Beines. Vorsichtig steigere ich den Druck auf das Seil. Dabei darf ich nur in Richtung der natürlichen Bewegungsrichtung des jeweiligen Beines einwirken. Zeigt das Pferd gegen die Berührung Abwehrreaktionen, so halte ich eine beständige Verbindung zum Bein aufrecht. Gibt das Pferd in meine Richtung nach, so mildere ich den Druck. Versucht es sein Bein von mir weg zu ziehen, so halte ich federnd dagegen. Ich ziehe aber niemals aktiv das Bein vor.

Achtung:
Keine Übung für Anfänger oder Ungeübte.

Sobald das Pferd sein Bein auch nur kurzfristig entspannt, gebe ich nach und lasse es den Huf absetzen. Ich praktiziere diese Übung mit allen vier Beinen, bis das Pferd mit selbstverständlicher Gelassenheit und entspannter Nachgiebigkeit reagiert.

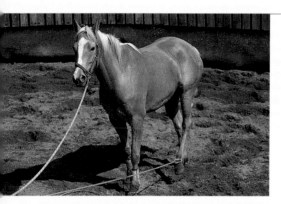

Graduell sollte es mir während der Wiederholung dieses Kontaktdruckes den Huf etwas in Zugrichtung bewegen und dann absetzen.

Nach einigen Wiederholungsübungen sollte das Pferd bei Zugkontakt seinen Hinterhuf heben, vorsetzen und sich mit dem ganzen Körper vorbewegen, bevor es ihn absetzt und entspannt.

Zum ersten Satteln stelle ich das Pferd mit Halfter und langem Führseil in der Mitte des Round Pen auf; dort habe ich schon Sattel und Satteldecke deponiert. Ich lege die Satteldecke auf seinen Rücken und anschließend auch den Sattel. Durch die Vorübungen vorbereitet, sollte es dabei ruhig und entspannt bleiben.

Nachdem ich sehr vorsichtig gegurtet habe, treibe ich das Pferd zum Schritt im Kreis an und halte Kontakt mit dem Führseil. Damit wirke ich auf eine kontinuierliche Kreisbewegung ein. Geht das Pferd auf einer gebogenen Linie, so fällt es ihm leichter, sich zu entspannen oder Muskelblockaden zu lösen. Nachdem es im Schritt relativ frei und unverkrampft geht, lasse ich es antraben.

es mir während der Wiederholung dieses Kontaktdruckes den Huf etwas in Zugrichtung bewegen und dann absetzen. Ich praktiziere diese Übung mit allen vier Beinen, bis das Pferd mit selbstverständlicher Gelassenheit und Nachgiebigkeit reagiert und entsprechend den Druckimpulsen, die es vom Seil fühlt, sein Bein vorsetzt.

Nun stelle ich das Pferd mit Halfter und langem Führseil in der Mitte des Round Pen auf, dort habe ich schon Sattel und Satteldecke deponiert.

Ich lege die Satteldecke auf seinen Rücken und anschließend auch den Sattel. Durch die Vorübungen vorbereitet, sollte es dabei ruhig und entspannt bleiben. Ich spanne den Sattelgurt sehr langsam und vorsichtig. Bevor ich das Pferd antreibe, sich zu bewegen, stelle ich sicher, dass

Nach meiner Erfahrung kann es trotz der Vorübungen beim Übergang vom Trab zum Galopp zu einigen Bocksprüngen kommen. Ich reagiere darauf gar nicht, sondern warte ab, bis sie vorüber sind.

Erst wenn ein Pferd in allen Gangarten und auch bei Richtungsänderungen locker und gelassen ohne Verspannungen oder Bocksprünge reagiert, ist es für die nächste Übung bereit.

Es ist wichtig, dass ein Pferd lernt, fremdartige Gegenstände und Berührungen am Körper zu erdulden. Dazu gehört auch, es mit ungewöhnlichen Situationen rechtzeitig vertraut zu machen. Die Berührung oder der Kontakt mit Plastik ist für viele Pferde sehr problematisch. Geruch, Geräusch und Gefühl dieses unnatürlichen Materials ist dem Pferd fremd, da es in seiner natürlichen Umgebung nicht vorkommt.

Nach dem das Pferd die Berührung mit Plastik aus meiner Hand akzeptiert, hänge ich eine Decke, ein Stück Plastik oder ähnliches an den Sattel. Bei sensiblen Pferden kann das einige Zeit, eventuell mehrere Trainingssequenzen dauern, bis die entspannte Akzeptanz erreicht wird. **Ich vermeide unter allen Umständen, dass das Pferd in Angst oder Panik versetzt wird und wild davon stürmt, wenn es diese Fremdkörper am Sattel hat.**

Sollte es davon stürmen wollen, so bringe ich es mit einigen Rucken zum Halt, bevor es in wildem Tempo rennen kann. Ich nehme den Femdkörper vom Sattel ab und bleibe noch etwas länger in den Vorübungen, bevor ich es wieder versuche.

der Gurt fest genug ist. Der Sattel darf nicht verrutschen oder gar unter den Bauch des Pferdes rutschen, wenn es eventuell einige Bocksprünge machen sollte.

Ich treibe das Pferd zum Schritt im Kreis an und halte Kontakt mit dem Führseil. Damit wirke ich auf eine kontinuierliche Kreisbewegung ein. Geht das Pferd auf einer gebogenen Linie, fällt es ihm leichter, sich zu lösen. Auf einer Geraden ist die Wahrscheinlichkeit, dass es sich verspannt und losbockt, sehr viel größer.

Nachdem es im Schritt relativ frei geht, lasse ich es antraben. Erst beim Übergang vom Trab zum Galopp kommt es in der Regel zu einigen Bocksprüngen. Solange es bei einigen Bucklern bleibt, reagiere ich gar nicht, sondern warte, bis die vorbei sind, und treibe es dann zum flotten Galopp an. Sollte ein Pferd intensiver bokken wollen, so versuche ich, es durch zwei bis drei Rucke am

Halfter zu einem langsamen Tempo ohne Bocksprünge zu bringen, oder halte es an.

Ignoriert es diese Einwirkungen, so verhalte ich mich passiv, bis es aufhört zu bocken. Die Erfahrung hat gelehrt, dass von zehn Pferden eines auch nach dem ersten Satteln noch längere Zeit die Tendenz zeigt, zu bocken. Der Rest ist nach den ersten Minuten unverkrampft und bleibt auch so. Hat das Pferd den Sattel akzeptiert, so hänge ich ein dickes, geflochtenes Baumwollseil von einigen Metern Länge an den Sattel, sodass auf beiden Seiten die Enden hinterherschleifen, und lasse es damit im Kreis gehen. Es sollte als Folge der Vorübungen akzeptieren, dass das Seil es an den Beinen berührt. Keilt es aber danach aus oder läuft schnel-ler, so lasse ich es gewähren und treibe es an. Es ist nur eine Frage der Zeit, bis es diese Situation auch akzeptiert. Als letzte Übung dieser Lektion hänge ich eine Decke, ein Stück Plastik oder ähnliches an den Sattel. Zuvor reibe ich das Pferd wieder beim Kopf beginnend mit diesem Fremdkörper auf beiden Seiten ab, bis es ruhig und gelassen steht. Bei sensiblen Pferden kann das einige Zeit, eventuell mehrere Trainingssequenzen dauern. Ich vermeide unter allen Umständen, dass das Pferd in Angst oder Panik versetzt wird und wild davonstürmt, wenn es diese Fremdkörper am Sattel hat. Ich wähle unterschiedliche Materialien, befestige sie am Sattel links, rechts und obendrauf, bis das Pferd mit großer Gelassenheit reagiert.

## Selbstvertrauen durch Positiverfahrungen fördern

*Die einzelnen Maßnahmen dieser Lektion sind ein wichtiger Bestandteil der Grundausbildung. Im Sprachgebrauch der Westernpferdeausbildung wird diese Phase das »Aussacken« genannt. In den zurückliegenden Jahren musste ich leider immer wieder erleben, wie dieser Ausbildungsbereich falsch interpretiert und auch falsch praktiziert wurde. Ich möchte an dieser Stelle deshalb noch einige Gedanken dazu ergänzen.*

*Alle Maßnahmen und Ausbildungsschritte, die hier aufgezeigt werden, dienen stets dazu, dem Pferd dabei zu helfen, Ängste abzubauen und das Selbstvertrauen durch Positiverfahrungen zu fördern. Wer nicht mit dieser Grundeinstellung und mit entsprechendem Fingerspitzengefühl vorgeht, der kann genau das Gegenteil der beabsichtigten Ergebnisse bewirken. Sollten Sie Zweifel haben, ob Sie allen Reaktionen gewachsen sind, mit denen Ihr Pferd Sie konfrontieren könnte, so gehen Sie lieber in sehr kleinen Schritten vor oder unterlassen diese Phase der Ausbildung.*

▶ Lektion 7:    **Immobilisieren und Geduld**

## *Was soll das Pferd lernen?*

*Es soll akzeptieren lernen,*

▶ *dass es zeitweilig nicht nur kurzfristig in seiner Bewegungsfähigkeit eingeschränkt ist, sondern auch für längere Zeiträume,*

▶ *dass die Bewegungsfreiheit der Vorderbeine eingeschränkt wird,*

▶ *dass es komfortabler ist, still zu stehen, anstatt gegen solche Einschränkungen zu agieren,*

▶ *angebunden zu stehen und geduldig zu entspannen.*

**WIE LERNT ES DAS?** ▶ Man hobelt das Pferd zu diesem Zweck an den Vorderbeinen. Die Vorübungen aus Lektion 5 haben die Akzeptanz für Bewegungseinschränkung an den Beinen geschaffen.

Man stellt das Pferd mit Halfter und Führseil in der Mitte des Round Pen auf. Seine Vorderbeine sind mit Gamaschen geschützt. Man verbindet nun beide Vorderbeine mit einem breiten, geflochtenen Baumwollseil und verwendet Knoten, die sich mit einem Ruck sofort öffnen lassen.

Der Abstand zwischen beiden Vorderbeinen ist etwa 20 cm. Man begibt sich nun seitlich auf eine Distanz von etwa 5–7 Metern zum Pferd, das Führseil in der Hand haltend. Man achtet darauf, das Pferd nicht zu motivieren, sich zu bewegen. Sollte es ungeduldig werden, vorwärts gehen wollen, so kann es seine Vorderbeine nicht wie gewohnt setzen. Es wird straucheln. Entweder wird es einen oder mehrere, unsichere

▶ *Achtung, Hobbeln ist nicht zwingend nötig für die Ausbildung eines Pferdes. Es erfordert viel Erfahrung, will man keine Risiken für das Pferd eingehen. Niemand sollte ein Pferd hobbeln, wenn nicht alle Voraussetzungen für risikofreies Arbeiten gegeben sind! Man sollte ein Pferd immer erst durch entsprechende Übungen vorbereiten, bevor man ihm Hobbles anlegt. Ein Pferd, das richtig gehobbelt wurde und gelernt hat, mit dieser Situation stressfrei umzugehen, ist in seinem zukünftigen Leben weniger gefährdet. Es wird nicht mehr panikartig reagieren, wenn es einmal zufällig in eine Situation kommt, in der seine Bewegungsfähigkeit eingeschränkt wird.*

Sprünge vorwärts machen oder beim ersten Versuch lieber am Ort bleiben. Es kann auch vorkommen, dass ein Pferd mit den Vorderbeinen einknickt und sich auf die Karpalgelenke niederlässt. Sie sollten deswegen geschützt werden, oder zumindest sollte

Um ein Pferd an das Hobbling zu gewöhnen, stellt man es mit Halfter und Führseil in der Mitte des Round Pen auf. Seine Vorderbeine sind mit Gamaschen geschützt. Man verbindet nun beide Vorderbeine mit einem breiten, geflochtenen Baumwollseil. Man verwendet Knoten, die sich mit einem Ruck sofort öffnen lassen. Man stellt sicher, dass ein Verletzungsrisiko bei dieser Übung so weit als möglich reduziert wird.

man ein Pferd an die Hobbles nur in tiefem, weichem Boden gewöhnen, um ein Verletzungsrisiko so weit wie möglich zu reduzieren. Pferde können zunächst unterschiedlich auf diese Situation reagieren, von gelassen und ruhig bis panikartig reicht da das Spektrum. Da man das Pferd und seine Reaktionen aus den vorhergehenden Lektionen nun schon gut kennt, kann man es recht gut einschätzen. Sollte es sich in Sprüngen vorwärts bewegen, so leitet man es durch den Kontakt zum Halfter in einem Kreis um sich herum. Man berücksichtigt dabei, dass es sich nur schwer ausbalancieren kann und gibt ihm genügend Spielraum. Man lässt es nicht auf einer geraden Linie vorwärts. Immer, wenn es still steht, geht

man von der Seite her zu ihm, spricht ruhig mit ihm und liebkost es. Danach begibt man sich wieder auf Distanz. Jedes Pferd wird nach einigen Versuchen herausfinden, dass es sich der Hobbles nicht entledigen kann. Es wird dann vorziehen, stehen zu bleiben und sich in die Situation zu fügen. Man entfernt die Hobbles, hebt die Vorderbeine abwechselnd hoch, um ihm zu zeigen, dass es sich wieder frei bewegen kann. Diese Lektion muss nun regelmäßig wiederholt werden, bis es für das Pferd selbstverständlich ist, ruhig zu stehen, wenn es die Hobbles angelegt bekommt.

Eine weitere Übung, die die Bewegungsfähigkeit einschränkt, ist das Anbinden. Die meisten Pferde sind zum Zeitpunkt des

Ein gut erzogenes Pferd soll sich überall anbinden lassen und geduldig warten. Ich habe deshalb an verschiedenen, geeigneten Stellen Anbindplätze geschaffen, an denen ein Pferd gesattelt zwischen einer halben Stunde und drei Stunden verbringt. Für die ersten Anbindeerfahrungen hat sich dieser Pfosten bewährt. Die Anbindevorrichtung dreht sich mit und ein alter Autoschlauch dient als elastische Federung. Die Autoreifen verhindern Verletzungen.

> *Achtung:*
> *Auch nachdem ein Pferd gelernt hat, die Hobbles zu akzeptieren, sollte man es niemals hobbeln und dann unbeaufsichtigt stehen lassen.*

Anreitens schon angebunden gewesen. Doch viele haben diese Situation noch nicht akzeptiert. Sie sind unruhig, scharren mit den Vorderhufen, ziehen rückwärts am Anbindeseil. Manche Pferde kauen darauf herum oder versuchen, den Knoten mit den Zähnen zu lösen. Ich habe deshalb an verschiedenen, geeigneten Stellen Anbindeplätze geschaffen, an de-

nen ein Pferd gesattelt zwischen einer halben Stunde und drei Stunden verbringt. Zu Anfang reagieren die meisten Pferde ungeduldig, mit der Zeit akzeptieren sie die Situation, entspannen sich und verhalten sich ruhig.

Diese Übung ist sehr wichtig, um die Geduld des Pferdes zu entwickeln und es damit vertraut zu machen, dass es auch mal von seinen gewohnten Lebensbereichen, die ihm Geborgenheit vermitteln, abgetrennt wird. Die Maßnahme fördert sein Selbstvertrauen und seine innere Gelassenheit, wenn es mit der Zeit die Erfahrung macht, dass ihm keine Nachteile erwachsen, wenn es separat angebunden

wird. Da alle intuitiven Versuche, sich aus der Situation zu befreien, fruchtlos waren, wird es diese Aktionen mit der Zeit unterlassen. Als Ausbilder muss man die Geduld haben, die ersten »unruhigen Tage« einfach passieren zu lassen.

Ich rate in jedem Fall davon ab, das Pferd durch irgendwelche Aktivitäten korrigieren oder bestrafen zu wollen. Ignorieren Sie das unerwünschte Verhalten und das Pferd selbst und die Zeit sind hier die beste Medizin.

Nach einigen Tagen ist es auch für junge Pferde Normalität, ruhig und entspannt angebunden zu stehen. Sie betrachten es als eine willkommen Ruhepause zwischen Übungssequenzen auf der Reitbahn.

▶ *Achtung:*
*Die Einschränkung der Bewegungsfreiheit (Kopf, Beine, Körper) kann ungeübte Pferde verunsichern, Stress, Widerstände oder Panik auslösen. Ein systematisches Lernprogramm hilft vorbeugend, Pferde auf solche Situationen vorzubereiten, um später Unfälle zu vermeiden.*
*(siehe auch S.85, Kasten)*

▶ **Lektion 8:** ## Zäumungsakzeptanz und Zäumungsverständnis

In dieser Lektion soll das junge Pferd mit der Zäumung und ihrer Wirkungsweise vertraut werden, sie akzeptieren und verstehen lernen. Ich arbeite zunächst mit gebisslosen Zäumungsvarianten.

Erst wenn es damit vertraut ist, lernt es, im Trensengebiss die gleichen Übungen auszuführen.

Diese Phase ist von besonderer Bedeutung, wird doch die zukünftige Grundeinstellung des Pferdes der Zäumungseinwirkung gegenüber jetzt geprägt. Alle Maßnahmen dieser Lektion müssen immer unter dem Aspekt praktiziert werden, das Vertrauen in die Zäumungseinwirkungen zu entwickeln und nicht etwa zu erschüttern. Besonders große Sorgfalt bei der praktischen Durchführung ist deshalb in den ersten Trainingssequenzen notwendig.

## *Was soll das Pferd lernen?*

*Es soll lernen,*

▶ *dass durch die Drucksignale, die von der Zäumung ausgehen, Haltung und Bewegungsrichtung beeinflusst werden,*

▶ *sich zu entspannen, obwohl es eine ungewohnte Haltung einnimmt und Muskelgruppen in ungewohnter Weise im Körper an- und abspannt,*

▶ *seine Beinbewegungen anders zu koordinieren, als es das gewohnt ist,*

▶ *kontinuierlich und flüssig vorwärts zu gehen und sich dabei von den Druckimpulsen der Zäumung leiten und begrenzen zu lassen,*

▶ *Druckimpulse, die durch die Zäumung auf den Kopf übertragen werden, als* **Verständigungssignale** *für Richtungsänderung, Tempoveränderung, Anhalten und Rückwärtsgehen zu verstehen,*

▶ *sich durch solche Signale kontrollieren zu lassen.*

Für die einseitige Ausbindeübung verwende ich stets einen Gummiring zwischen Zäumung und Ausbindeseil. Sollte ein Pferd sich zu Anfang versteifen und gegen den seitlichen Ausbinder angehen, so kann es nicht zu schmerzhaften Einwirkungen der Zäumung kommen. Geht es gegen den Druck an, so erhöht es ihn dadurch graduell, gibt es nach, so lindert sich der Druck. Das dem Pferd bekannte Prinzip bleibt erhalten.

Bei dieser Ausbinde-übung lernt das Pferd, dem Druck der Zäumung nachzugeben und in einer leichten Längsbiegung zu entspannen. Wird es aus der Distanz behutsam angetrieben, lernt es in dieser Haltung, mit den Vorderbeinen locker und korrekt zu überkreuzen und mit dem jeweilig inneren Hinterbein unter den Körper zu treten, während es auf gleichmäßigen kleinen Kreisen locker geht.

**WIE LERNT ES DAS?** ▶ Der erste Lernschritt dieser Lektion ist das seitliche Ausbinden.

Ich bringe das Pferd mit Halfter und Führseil wie in Lektion 5 beschrieben und gesattelt in den Round Pen. Die Steigbügel des Sattels sind unter dem Pferdebauch mit einer Verbindungsschnur so zusammengebunden, dass sie noch pendeln können, jedoch in ihrer seitlichen Bewegungsfreiheit eingeschränkt sind. Das Verbindungsseil führe ich durch einen D-Ring in der Mitte des Bauchgurtes, sodass es nicht zu weit herunterhängt. So verhindere ich, dass das Pferd eventuell mit dem Hinterhuf über das Seil unter dem Bauch treten könnte. Am hinteren Bereich des Sattels habe ich einen Ring befestigt. Ich nehme das Führseil vom Kinnring des Halfters und hake es in einen festen Gummiring, der durch den Seitenring des Halfters gezogen wird. Ich verwende Rohrdichtungsringe für Abwasserrohre, man kann sie in jedem Baumarkt kaufen. Dieser Gummiring garantiert eine gewisse Flexibilität und Nachgiebigkeit, sollte das Pferd energisch versuchen, sich gegen das Ausbinden zu wehren. Ich führe nun das Ausbindeseil (Führseil) durch den Steigbügel von vorne nach hinten und verbinde es mit dem Sattel. Ich verknote es entweder mit einem Sicherheitsknoten (mit einem Ruck zu öffnen) mit dem Schweif direkt oder mit dem in den Schweif geflochtenen Ring. Die Länge sollte so bemessen sein, dass Druck (Zug) auf das Halfter entsteht, wenn das Pferd sich geraderichtet. Druckentlastung soll sich einstellen, sobald das Pferd eine leichte Längsbiegung einnimmt. Es lernt durch eigene Aktionen und Reaktionen, dass es den Druck an einer Seite seines

Kopfes oder auf dem Nasenrücken verstärkt und steigert, sobald es mit Muskelkraft gegen die Einschränkung seiner Bewegungsfreiheit ankämpft. Zu Anfang wird es das versuchen und sich im ganzen Körper versteifen, dabei um die Mittelachse drehen oder rückwärts gehen. Gibt es dem Druck allerdings nach, so kann es sich in einer leichten Längsbiegung entspannen.

Hat es diesen Zusammenhang erst einmal herausgefunden, so lernt jedes Pferd sehr schnell, dass es viel angenehmer ist, sich der »Zäumungseinwirkung« anzupassen als dagegen anzukämpfen. Nachdem sich diese nachgiebige Akzeptanz eingestellt hat, treibe ich das Pferd aus der Distanz durch Schwingen eines Seiles etc. an und motiviere es, in der Richtung seiner Längsbiegung einen kleinen Kreis zu gehen.

Nach jedem vollendeten Kreis gebe ich ihm für einige Augenblicke Gelegenheit, sich zu entspannen, eventuell kurz stehen zu bleiben, seine Balance zurückzugewinnen, seine »Beine zu sortieren« und nachzudenken. Pro Seite binde ich es maximal 5 bis 10 Minuten aus und lasse es danach jeweils für ein paar Minuten komplett entspannen. Nach einiger Wiederholung sollte es die Technik entwickelt haben, die es ihm ermöglicht, entspannt und koordiniert kleine Kreise zu laufen. Es muss dafür vor allem die Muskeln seiner »äußeren Körperseite«, (die dem Ausbinder gegenüberliegende Pferdeseite) lockern und dehnen. Es tritt dann mit den Vorderbeinen gleichmäßig und kreuzt über. Das Pferd dreht sich nicht mehr um die Mittelachse, sondern setzt das innere (zur Bewegungsrichtung) Hinterbein in den Kreismittelpunkt unter den Körper und übernimmt damit die Körperlast vermehrt.

> *Bei dieser Übung lernt es, dem Druck dort, wo er auf den Körper wirkt, nachzugeben. Das Prinzip, dem Druck (Diskomfort) nachzugeben, beschert Druckentlastung (Komfort).*

Muskelverspannungen oder Widerstände sind gleich Diskomfort, Muskelentspannung ist gleich Komfort. Gleichzeitig lernt es, sich vom Druckkontakt weg zu bewegen. Der Druckimpuls wird somit zum richtungweisenden Signal. (z. B. Zug vom Ausbinder an der rechten Zäumungsseite, dadurch entsteht Druck an der linken Kopfseite. Gibt es von links nach rechts nach oder geht von links nach rechts, so mindert es den Druck auf der rechten Seite und beschert sich selbst mehr Komfort.)

Es hat nun alle Lernschritte gemacht, die Voraussetzung dafür sind, ohne Verwirrung in der Doppellonge gearbeitet zu werden. Es wird sich nicht mehr erschrecken, wenn es mit den Leinen an den Beinen berührt wird, und es wird wissen, wie es reagieren kann, wenn es durch Zugeinwirkung mit den Longen Drucksignale von der Zäumung auf der Nase bekommt.

### EINSCHNALLEN DER DOPPEL-LONGE ▶ Ich hake die beiden Longen links und rechts in den Seitenring des Halfters ein, habe sie aber

Die Steigbügel des Sattels werden unter dem Pferdebauch mit einer Verbindungsschnur zusammengebunden. Sie können noch pendeln, sind jedoch in ihrer seitlichen Bewegungsfreiheit eingeschränkt.

vorher von hinten nach vorn durch die Steigbügel geführt, die immer noch mit einer Leine unter dem Bauch des Pferdes verbunden sind.

Ich stelle mich seitlich hinter dem Pferd mit genügend großem Sicherheitsabstand auf und treibe es auf einer großen Kreislinie an. Ich achte während der ersten Doppellongen-Lektionen sorgfältig darauf, mich nie im toten Winkel seines Gesichtsfeldes hinter ihm zu bewegen, sondern befinde mich immer etwas links oder rechts versetzt. Es kann sein, dass es versucht, sich umzudrehen. Das versucht es, weil es sich zu mir wenden will, um mich anzusehen. Bisher hatte es mich immer im Sichtfeld, und ich befand mich nie hinter ihm. Sollte es also versuchen, sich umzuwenden, so gebe ich jeweils mit der Longenleine Druckimpulse auf die Zäumung, die es daran hindern. Bald sollte es verstanden haben,

dass es sich nicht umdrehen soll, und dann vorwärts gehen. Es wird nicht gleich geradeaus laufen, sondern wohl mehr auf einem Zick-Zack-Kurs vor mir hergehen. Dabei achte ich darauf, dass ich es nicht in der Vorwärtsbewegung durch ungewollten Zug an den Longenleinen behindere, ganz gleich, wie schnell es läuft.

Meine Longenleinen sollten so lang sein, dass ich problemlos in der Mitte des Round Pen stehen kann, während das Pferd auf dem Hufschlag um mich herumläuft. Ich strebe an, dass es sehr bald einen ruhigen und gleichmäßigen Schritt geht. Sollte es allerdings zu Anfang traben oder gar galoppieren, so wirke ich nicht »bremsend« mit der Zäumung ein, sondern lasse es laufen, bis es sich beruhigt und den Schritt anbietet.

Bleibt es hektisch und schnell, so muss ich es in den vorbereiten-

Obwohl die vorbereitenden Übungen das Pferd mit Berührungen am Körper und an den Beinen vertraut gemacht haben, kommt es in Einzelfällen vor, dass ein Pferd zu Beginn der Doppellongenarbeit schnell im Kreis läuft. Ich achte in einem solchen Ausnahmefall darauf, dass ich es nicht in der Vorwärtsbewegung durch ungewollten Zug an den Longenleinen behindere, ganz gleich wie schnell es läuft. Da es von den Vorübungen her gelernt hat, mit den Berührungen der Leinen umzugehen, wird es nicht lange hektisch bleiben, selbst wenn die neue Situation ungewohnt ist.

Ich möchte, dass es bald in ruhigem und gleichmäßigem Schritt vor mir hergeht. Sollte es versuchen zu wenden, gebe ich jeweils mit der Longenleine Druckimpulse auf die Zäumung, die es daran hindern. Bald sollte es verstanden haben, dass es sich nicht umdrehen, sondern vorwärts gehen soll und dann vorwärts gehen.

den Lektionen noch weiter arbeiten, um die nötige Ruhe und Gelassenheit zu erreichen, die für die Doppellongen-Arbeit Voraussetzung sind.

> *Wenn das Pferd im Genick und mit dem Hals ein wenig seitlich nachgibt, bevor es seine Richtung entsprechend verändert, dann ist das schon die gewünschte Reaktion.*

### LENKEN MIT DER DOPPELLONGE

▶ In der Folge verfahre ich immer nach dem gleichen Prinzip: Möchte ich einen Signalimpuls geben, so stelle ich zuvor mit der Longe auf der Seite, auf der das Signal gegeben werden soll, eine weiche Verbindung über das Halfter zum Kopf her. Erst wenn ich durch die Longe Gefühl für den Kopf habe, wirke ich wie mit Zügeln auf die Longe mit Impulsen ein. Sollte es jedoch fest in der Halsmuskulatur bleiben, so wirke ich dennoch so lange mit Impulsen ein, bis es seine Richtung, wenn auch steif, verändert. Zu Anfang dirigiere ich es auf eine Linie mit etwa einer Pferdelänge seitlichem Abstand zur Bande. Bewegt es sich dort, so gebe ich ein Reihe von Impulsen, um es zu ver-

Ich dirigiere das Pferd auf eine parallele Linie mit etwa einer Pferdelänge seitlichem Abstand zur Bande. Bewegt es sich dort, so gebe ich eine Reihe von Impulsen, um es zu veranlassen, eine Kehrtwendung zur Bande hin auszuführen. Die Bande begrenzt diese Wendung, so dass sie recht eng und flüssig wird.

Ich beachte, dass das Pferd nur über die richtungweisende Longe Druck-Signale bekommt, ich muss also während der Wendung sehr viel Longenleine auf der passiven Seite geben und durch die entsprechende Hand gleiten lassen, um nicht versehentlich doch einen unerwünschten Kontakt zum Kopf herzustellen. Auch muss ich mich immer mit fleißigen Schritten bewegen, um in der jeweils richtigen Position zum Pferd zu bleiben, um es nicht zu behindern.

anlassen, eine Kehrtwendung zur Bande hin auszuführen. Die Bande begrenzt diese Wendung, sodass sie recht eng und flüssig wird. Ich beachte, dass das Pferd nur über die richtungweisende Longe Druck-Signale bekommt, ich muss also während der Wendung sehr viel Longenleine auf der passiven Seite geben und durch die entsprechende Hand gleiten lassen, um nicht versehentlich doch einen unerwünschten Kontakt zum Kopf herzustellen. Das würde das Pferd in dieser Situation sehr irritieren. Für ein klares Verständnis dieser Übung darf jeweils nur auf der Sei-

*Das Prinzip: Zugeinwirkung z. B. auf der linken Seite an der Longe führt zu einem Druckkontakt mit der Zäumung (Halfter) auf die rechte Kopfseite.*
*Reaktion: Das Pferd gibt dem Druckkontakt auf die rechte Kopfseite nach links hin nach, zunächst mit Kopf und Hals, dann durch seitliche Schrittveränderung mit dem ganzen Körper. Der Zug an der Longe muss nun <u>sofort</u> nachlassen. Dadurch schwindet der Druck am Kopf des Pferdes.*
*Druck = Diskomfort, Nachgiebigkeit = Komfort*

te Zug an der Zäumung entstehen, zu der es wenden soll. Dadurch ist gewährleistet, dass es nur Druckkontakt auf der Kopfseite bekommt, die der Bewegungsrichtung gegenüber ist.

Ein Reihe von Achterfiguren und Wendungen zur Bande hin machen es sehr aufmerksam gegenüber den Signalen, die von der Zäumung ausgehen. Die ersten Sequenzen in der Doppellonge beende ich nach ca. 10–15 Min. Zum Abschluss len-

*Von Anfang an möchte ich durch meine Longenführung dem Pferd vermitteln, in einer leichten gleichmäßigen Längsbiegung zu gehen.*

ke ich das Pferd in Richtung Zaun und sage »Whoa«, sobald es kurz davor ist. Sollte es nicht anhalten, sondern links oder rechts abbiegen wollen, so kann ich es mit entsprechenden seitlichen Impulsen daran hindern. Ich warte, bis es ruhig steht und entspannt, dann sage ich das Ankündigungskommando für Rückwärts, das ich schon in den Vorübungen an der Hand immer in Verbindung mit dem Rückwärtsgehen verwendet habe. Ich verwende die Worte »Back Up«.

Dazu gebe ich abwechselnd links und rechts leichte Impulse auf die Zäumung, bis es den ersten Tritt rückwärts macht, dann lasse ich sofort nach und lobe es. Anschließend gehe ich zu ihm, nehme die Longen ab und führe es aus dem Round Pen. Ich erlaube ihm in der Doppellonge nicht, sich zu mir umzudrehen oder gar zu mir zu kommen.

In den folgenden Trainingssequenzen arbeite ich hauptsächlich im Schritt und im Trab. Ich gebe meine Drucksignale stets nur auf einer Zäumungsseite oder zum Verlangsamen und zum Rückwärts wechselseitig. Ich nehme mit weicher Verbindung durch die Longe stets zuerst Kontakt auf, bevor ich einen aktiven Zugimpuls mit der Longe gebe und damit einen Druckimpuls auf die Zäumung übertrage. Ich versuche, meine Einwirkungen so zu dosieren, dass das Pferd sehr bald locker und entspannt geht und jedesmal ein wenig mit Kopf und Hals nachgibt, wenn ich Kontakt herstelle.

Wenn ich diese Einwirkungen wiederhole, so gibt es mir jedes-

> *Ich wirke so ein, dass die aktiven Impulse stets dann am Kopf des Pferdes wirken, wenn sich das gegenüberliegende Vorderbein des Pferdes gerade in der Schwebephase befindet und vorgreift (z.B. Zug an linker Longe = Druckimpuls auf rechte Kopfseite, wenn linkes Vorderbein in der Schwebephase). Das Pferd sollte dieses Bein als Reaktion auf den entsprechenden Impuls ein wenig in die Richtung des Impulses setzen. Nach einiger Zeit perfektioniere ich dieses Zusammenspiel, bis folgende Reaktionskette zur Routine wird: Kontaktaufnahme zur Zäumung, das Pferd geht entspannt und ohne Verzögerung oder Richtungsänderung weiter. Es gibt aber ein wenig mit dem Kopf nach, und zwar im Genick und mit etwas seitlicher Biegung im Hals. Ich gebe den aktiven Zug-Impuls in dem Moment, da das entsprechende Vorderbein (in Bewegungsrichtung) vorgreift. Das Pferd schwingt es nicht geradeaus weiter, sondern etwas mehr seitwärts in die Richtung des Impulses. Es ergibt sich folgende Reaktionskette: Kopf – Hals – Vorderbein.*

Wenn das Pferd im Genick und mit dem Hals ein wenig seitlich nachgibt, bevor es seine Richtung entsprechend verändert, so zeigt es die von mir gewünschte Reaktion. Das Signal für eine Richtungsänderung mit der richtungweisenden Longenleine gebe ich immer, wenn sich das richtungweisende Vorderbein in der Schwebephase befindet.

mal, wenn ich es tue, einen Schritt vorwärts-seitwärts. Soll es also einen Bogen gehen, so wiederhole ich die Impulskette so lange, bis es wieder geradeaus weitergehen soll. Dann bleibe ich passiv mit den Longen. Nur, wenn es die gerade Linie verlässt, gebe ich einen entsprechenden Impuls, um die Richtung zu korrigieren. Das Pferd lernt auf diese Weise, sich auf geraden Linien, in Kreisen und Wendungen immer besser auszubalancieren. Es entwickelt die Beintechnik und Körperhaltung, die für eine flüssige Ausführung solcher

Manöver Voraussetzung sind. Es lernt, sich vermittels Druckimpulsen als Verständigungssignale lenken und leiten zu lassen, und bezieht seine Anleitung hauptsächlich über die Signale der Zäumung.

**ARBEIT MIT ZÄUMUNG** ▶ Bisher habe ich das Pferd im Trainingshalfter gearbeitet, nun ist der Zeitpunkt gekommen, es mit der Zäumung vertraut zu machen, in der es während der Grundausbildung weiter geschult werden soll. Zukünftig verwende ich dafür entweder die Wassertrense oder die Bosal-Hackamore. Bevor ich es in einer dieser Zäumungen im Round

Pen in der Doppellonge arbeite, soll es sich daran gewöhnen, sie akzeptieren lernen und ihre etwas andere Wirkungsweise kennen lernen. Der Übergang zum Bosal ist nicht sehr schwierig, ich binde das Pferd mit dieser Zäumung seitlich aus und arbeite es wie zu Beginn der Lektion. Die Gewöhnung an die Wassertrense erfordert etwas mehr Vorarbeit. Zunächst lege ich dem Pferd, das mit der Wassertrense noch nicht vertraut ist, diese Zäumung ohne Zügel an und überlasse es damit in der Boxe oder im Paddock sich selbst. Ich vergewissere mich jedoch, dass das Pferd sich nirgendwo mit der Zäumung festhaken kann. An seiner Reaktion kann ich erkennen, ob es eine längere Gewöhnungszeit benötigt oder problemlos mit dem metallenen Fremdkörper in seinem Maul zurechtkommt. Kaut es auch nach einiger Zeit noch unruhig auf dem Gebiss und versucht, es herauszustoßen, so versuche ich ein Gebiss mit anderer Metalllegierung oder Form. Erst wenn das Gebiss nicht mehr abgelehnt wird, binde ich das Pferd seitlich damit aus. Dabei ist es besonders wichtig, einen Gummiring als elastisches Sicherheitsglied zu verwenden. Auf keinen Fall darf man ein Pferd, das die nachgiebige Reaktion noch nicht reflexiv verinnerlicht hat, seitlich fest ausbinden. Es könnte sich ernsthaft im Maul verletzen.

Jede Zäumung hat ihre eigene, differenzierte Signalwirkung am Kopf oder im Maul des Pferdes (siehe Seite 266, Zäumungen und

> *Ich habe seinen Respekt, sein Vertrauen und sein Verständnis, die drei wichtigsten Voraussetzungen, um es stets kontrollieren zu können. Kontrolle über das Pferd gewinne ich, wenn ich seine Gedanken kontrollieren kann, an Muskelkraft wird es mir immer überlegen sein.*

ihre Wirkungsweise). Es lernt, mittels dieser Signale sich leiten und begrenzen zu lassen, anzuhalten, ruhig stehen zu bleiben und rückwärts zu gehen. Es lernt, dass ich es in jeder Gangart mittels dieser Signaleinwirkung kontrollieren kann.

Seine Versuche, sich der Kontrolle zu entziehen, bringen nicht den gewünschten Erfolg. Es entwickelt durch die Wiederholung dieser Übungen Routine, es wird für das Pferd immer komfortabler, sich von mir lenken und leiten zu lassen.

Es ist nun an der Zeit, den Round Pen zu verlassen und die Doppellongenarbeit, das Fahren vom Boden, außerhalb fortzusetzen. Dafür begebe ich mich zunächst auf einen eingezäunten Reitplatz und lenke mein Pferd in die Nähe des Zaunes: Sollte es sich erschrecken, so kann ich es jederzeit zum Zaun hin lenken und dort stoppen. Ich absolviere mit ihm die vertrauten Übungen, bis ich es überall auf dem Platz kontrollieren kann. In Anlehnung an Lektion 2 lege ich auf dem Reitplatz eine Plastikfolie aus, um das Pferd darüber zu lenken. Zu Anfang wird es versuchen, sich daran vorbeizudrücken. Es ist deshalb sinnvoll, zuvor die Übungen aus

Lektion 2 im Round Pen zu wiederholen. Mit etwas Geschick, Geduld und Konsequenz sollte es danach möglich sein, das Pferd über die Folie zu lenken oder darauf Pause machen zu lassen. Auch kann ich es um Fässer und andere Gegenstände herumlenken. So lernt es mit der Zeit, alle möglichen Hindernisse zu überwinden und sich dabei von mir lenken und leiten zu lassen.

Die Verständigungs- und Kontrollgrundlagen sind geschaffen, um es zukünftig ohne Missverständnisse reiten zu können. Die Phase der Schulung unter dem Reiter kann beginnen. Dafür muss es nur noch lernen, mich auf seinem Rücken zu akzeptieren und mit der dadurch entstehenden, veränderten Gleichgewichtssituation vertraut zu werden.

Sobald die Verständigung und Kotrolle in der Doppellonge im Round Pen optimiert wurden, ist es sinnvoll diesen zu verlassen und sich mit dem Pferd auf einen großen Reitplatz oder einem Trailplatz zu begeben. Durch abwechslungsreiche Arbeit auf unterschiedlichem Terrain lernt das Pferd mit der Zeit, alle möglichen Hindernisse zu überwinden und sich dabei von mir mit immer leichteren Signalen lenken und leiten zu lassen.

► Lektion 9:    Erstes Aufsitzen und Tragenlassen

## Was soll das Pferd lernen?

*Es soll verstehen lernen,*
- *dass der Mensch auf seinem Rücken nichts Bedrohliches darstellt.*

*Es lernt,*
- *die Druckverhältnisse am Körper beim Aufsitzen zu akzeptieren, dabei ruhig stehen zu bleiben,*
- *unter dem Reitergewicht in ruhigem Schritt zu gehen und sein Gleichgewicht wiederzufinden,*
- *sich unter dem Reiter wie in der Doppellonge lenken und leiten zu lassen,*
- *Tempoveränderungen und Gangartwechsel trotz Reitergewicht und Gleichgewichtsveränderung entspannt auszuführen.*

**WIE LERNT ES DAS?** ► Während der Arbeit in der Doppellonge nutze ich die kurzen Ruhe- und Entspannungspausen während der Lektion, gehe zum Pferd, reibe und kraule es freundlich an den Stellen, an denen es ihm besonders gut gefällt.

Ich hantiere am Sattel herum, setze den Fuß mit den Zehenspitzen in den Steigbügel, fasse Sattelhorn oder Cantle an und wirke so auf den Sattel ein, wie das beim Aufsitzen auch der Fall ist. Sollte das Pferd sich vom Standort fortbewegen, so richte ich es wieder zurück an seinen Ausgangspunkt und mache dann ruhig weiter. Ich wende alle Maßnahmen der Aufsitzübungen von beiden Seiten an. Wenn ich wiederholt den Fuß in den Bügel setzen und am Sattel ziehen kann, ohne dass es den Standort verlässt, dann belaste ich erstmalig den Bügel mit meinem Gewicht. Ich ziehe mich vorsichtig am Sattel hoch und stütze das ganze Gewicht in den Bügel. Ich lehne mich dabei etwas über den Sattel, ohne jedoch das andere Bein über den Rücken zu schwingen. Ich verharre mit Gewicht in einem Bügel für etwa 10 bis 15 Sekunden, lasse mich dann wieder auf den Boden nieder und wiederhole die Übung auf der anderen Seite. Während dieser Übungen habe ich die Doppellongen natürlich abgenommen und durch Zügel oder ein Leitseil ersetzt, welches mit der Zäumung verbunden ist. Mit diesem halte ich keine straffe Verbindung zur Zäumung, sondern nur einen sehr leichten Kontakt am leicht durchhängenden Zügel. Dabei möchte ich, dass das Pferd seinen Hals ein wenig in die Richtung biegt, von der ich in den Bügel steige. Sollte es vorwärts gehen, nachdem ich im Bügel stehe, so wird es in einem Kreis um mich als Mittelpunkt herumgehen. Ich werde so nicht aus dem Gleichgewicht gebracht und das Pferd kann sich meinem Einfluss nicht entziehen.

**DAS ERSTE AUFSITZEN** ▸ Zum eigentlichen Aufsitzen entferne ich auch das Verbindungsseil, das die Bügel für die Arbeit mit der Doppellonge verbindet. Ich positioniere das Pferd in der Nähe des Ausgangs mit Kopf in Richtung Zaun und Ausgang. Sollte es sich bei der folgenden Übung erschrecken, so wird es zum Ausgang springen und dort leichter zum Anhalten zu bringen sein, als im Mittelbereich des Round Pen. Ich steige nun wieder in den Bügel und lege mich mit dem Oberkörper über den Sattel. Dabei habe ich wiederum den gleichseitigen Zügel verkürzt, diesmal so, dass das Pferd den Hals etwas mehr zur Seite biegen muss. Nehmen wir an, ich bin von der linken Seite in den Bügel gestiegen, mit der linken Hand habe ich ein Büschel Mähnenhaare gegriffen und halte den linken Zügel verkürzt, während der rechte lang und locker ist. Ich habe mich mit dem Oberkörper über den Sattel gebeugt und klopfe nun mit der rechten Hand behutsam und dann immer deutlicher gegen Schulter, Bauch und Hüfte des Pferdes auf der rechten Seite. Auch das rechte Steigbügelleder beklopfe ich und schwinge es vor und zurück, sodass es das Pferd überall dort berührt, wo das während des Reitens später auch der Fall sein kann. Sollte das Pferd sich erschrecken und einen Satz machen wollen, so lasse ich mich sofort wieder zu Boden gleiten, stoppe es und richte es zurück an den Ausgangspunkt. Dann wiederhole ich die Prozedur, bis es ruhig und gelassen dabei bleibt. Dies geschieht natürlich auch wieder auf beiden Seiten. Es kann sein, dass es mehrere Tage dauert, bis ein Pferd komplett entspannt und ruhig bleibt, bei anderen dauert es nur Minuten. Hier gilt es, sich auf das individuelle Pferd einzustellen. Ist die ruhige Akzeptanz des Pferdes vorhanden, so schwinge ich mein freies Bein langsam über den Rücken des Pferdes, trete in den zweiten Steigbügel und belaste Sattelsitz und zweiten Bügel behutsam mit Gewicht. Sollte sich das Pferd im Rücken verspannen, so steige ich sofort behutsam wieder ab, führe es eine Runde, bis wir wieder am Ausgangspunkt sind, und wiederhole den Vorgang. Nun, während ich auf seinem Rücken sitze, reibe ich es behutsam am Hals mit der freien Hand, während meine Zügelhand immer noch den Zügel etwas kürzer hält und damit die Biegung im Hals des Pferdes erhält, auch halte ich die Mähnenhaare fest und stütze die Zügelhand am Hals ab. Bleibt es ruhig, so lasse ich den noch verkürzten Zügel langsam durch die Hand gleiten und erlaube dem Pferd so, den Hals fast gerade zu richten.

**WECHSEL DER HALSBIEGUNG** ▸ Nun kommt ein heikler Teil der Übung. Ich beabsichtige, das Pferd zu motivieren, den Hals dem Zäumungsdruck folgend zur anderen Seite zu biegen. Was sich sehr simpel anhört, birgt doch ein gewisses Risiko.

Bedingt durch alle Vorübungen hat das Pferd gelernt, neue Erfahrungen und Eindrücke gelassener zu akzeptieren und natürlich auch Vertrauen in meine Person entwickelt. Das erste Aufsitzen selbst ist deshalb in der Regel kein Problem.

Wendet das Pferd den Hals von links nach rechts, so geschehen einige Dinge, die uns bewusst sein sollten.

1. Es kommt in eine total gerade Position. In dieser Haltung kann es sich leicht verspannen und aus dieser Verspannung heraus vorspringen oder zu bocken beginnen.

2. Während es mich aus der leichten Biegung heraus stets mit einem Auge im Blickfeld hat, werde ich plötzlich im toten Blickwinkel verschwinden, sobald es gerade ist.

3. Biegt es sich in die andere Richtung, so tauche ich plötzlich in dem Gesichtsfeld des anderen Auges auf, diese Wahrnehmung hat es so bisher im Training noch nie machen können.

Um das Risiko des Erschreckens zu minimieren, versuche ich deshalb, das Umstellen der Biegung von einer Seite zur anderen recht weich, aber dennoch flüssig und prompt durchzuführen. Sollte das Pferd vorwärtsgehen, sobald es in der neuen Richtung gebogen ist, so halte ich den entsprechenden Zügel verkürzt und lasse es im kleinen Kreis gehen, bis es wieder ruhig steht. Aus dieser Position kann es nicht losbocken. Nur ein Pferd, das geradegerichtet ist, kann bocken. Ich wiederhole das Wechseln der Halsbiegung, bis das Pferd komplett gelassen und in der Halsmuskulatur locker und ohne Widerstand bleibt.

**DIE ERSTEN SCHRITTE ►** Nun ist der Zeitpunkt gekommen, es aufzufordern, die ersten Schritte unter dem Reiter zu tun. Es wird dieser Forderung gegenüber sehr unsicher reagieren, weil sein Gleichgewichtsgefühl durch das Reitergewicht gestört wird. Ich halte es wiederum zu einer Richtung, in der Regel links herum, ein wenig gebogen. Nun animiere ich es mit Stimme (z. B. das gewohnte Schnalzen, welches es von der Doppellongenarbeit her kennt). Außerdem kann ich es mit leicht pendelnden Schenkelimpulsen auf der »inneren« hohlen Seite und eventuell mit leichten, aufmunternden Berührungen mit dem Zügelende auf der Außenseite im Bereich der Kruppe ein wenig motivieren, sich vorwärts zu bewegen. Sobald ich fühle, dass es den Versuch macht, bin ich sofort passiv entspannt. Beginnt es sich zu bewegen, so gebe ich mit dem inneren Zügel die gleichen Signale, die es von der Doppellongenarbeit her kennt, und lasse es so auf einer gebogenen Linie gehen. Wenn ich das erste Mal von der Linksrichtung das Pferd umstelle, um auf die Rechtsrichtung zu kommen, dann gilt es wieder, vorsichtig zu sein. Sollte das Pferd sich hier verspannen, so halte ich es in der neuen Richtung gebogen, bis es sich wieder entspannt. Auf keinen Fall gebe ich die Kontrolle auf und lasse es gerade werden. Ich lasse es seinen Weg selbst suchen und versuche noch nicht, es zu lenken, wie ich das in der Doppellonge schon getan habe. Erst wenn ich das Gefühl habe, dass es wirklich entspannt und gelassen bleibt und auch in flüssiger Schrittfolge vorwärts geht, lenke ich es in einige Achterfiguren und in Wendungen zum Zaun hin.

**ANHALTEN ►** Am Ende jeder Reitsequenz, die etwa 10 bis 15 Minuten dauert, lasse ich es vor dem Zaun mit dem Ankündigungskommando »Whoa« zum Halt kommen. Bald lasse ich es auch an komplett losen Zügeln und gerade gehen. Mit der Zeit motiviere ich es, anzutraben. Dabei bleibe ich zunächst auf dem Hufschlag des Round Pen und lasse die Zügel locker hängen. Es soll selbst sein Tempo bestimmen, um sich besser auszubalancieren. Ich achte sorgfältig darauf, es nicht durch unregelmäßige Körpereinwirkungen zu irritieren. Trabt es locker, so ist es an der Zeit, es zu animieren, anzugaloppieren. Hier kann es noch mal zu einer Verspannung kommen. Sollte ich das fühlen, so lasse ich es zum Trab zurückkommen, und wiederhole das Angaloppieren, bis es keine Probleme mehr macht. Mit der Zeit beginne ich auch, es im Trab mittels Impulsen durch Achterfiguren, Volten und Kehrtvolten zu leiten. Ich achte dabei darauf, dass ich meine Hände tief genug halte, um sicher zu stellen, dass nur seitliche Impulse an den Kopf kommen und keine aufwärts gerichteten. Das Ankündigungskommando »Whoa« kündigt jedesmal das Anhalten an. Ist es zum Stillstand gekommen, so folgen das Ankündigungskommando »Back Up« und wechselseitige Impulse auf die Zäumung, um es zu animieren, einen Schritt rückwärts zu tun. Sobald es diesen einen Schritt rückwärts anbietet, folgt eine kurze Entspannungs- und Verschnaufpause. So wird das Anhalten für das Pferd zum komfortablen Erlebnis, zur Komfortzone. Während dieser ersten Lektionen unter dem Reiter vermeide ich jede Konfrontation mit dem Pferd, ich versuche nicht, ihm vorzuschreiben, wie es laufen soll oder wo. Nur davonstürmen darf es nicht. Sollte es das jemals versuchen, so würde ich es mittels einseitiger, deutlicher Zügeleinwirkungen sofort zum Zaun lenken, »Whoa« sagen und es

dort für eine Weile stehen lassen. Sollte wiederholt diesen Versuch unternehmen, so würde ich es noch einige Zeit vornehmlich in der Doppellonge arbeiten, um ihm zu zeigen, dass es erstens keinen Grund und zweitens keine Möglichkeit gibt, sich durch schnelles Laufen Neuem oder Unbequemem zu entziehen. Im Trab oder Galopp lasse ich das Pferd immer nur einige wenige Runden im Round Pen laufen, um dann wieder eine Entspannungs- und Ruhephase anzubieten. Ich arbeite mit dem Pferd im Round Pen an dieser Lektion nur so lange, bis es vertrauens-

Ich belaste den Bügel mit Gewicht und ziehe mich vorsichtig am Sattel hoch und stütze das ganze Gewicht in den Bügel. Ich lehne mich dabei etwas über den Sattel. Ich verharre mit Gewicht in einem Bügel für etwa 10 bis 15 Sekunden, lasse mich dann wieder auf den Boden nieder und wiederhole die Übung von der anderen Seite.

Während dieser Übungen halte ich mit dem Leitseil einen sehr leichten Kontakt zum Kopf des Pferdes. Dabei möchte ich, dass das Pferd seinen Hals ein wenig in die Richtung biegt, von der ich in den Bügel steige. Sollte es vorwärts gehen, nachdem ich im Bügel stehe, so wird es in einem Kreis um mich als Mittelpunkt herumgehen.

voll und ohne Verspannung läuft. Das ist in der Regel nach fünf bis zehn Trainingssequenzen der Fall. Sollte es jedoch später beim Reiten außerhalb des Round Pen Anzeichen dafür geben, dass das Pferd sich der Kontrolle entziehen könnte (Versteifen, Stürmen, Bocken etc.), so würde ich für einige Zeit wieder zu den optimalen Bedingungen dieses Trainingsplatzes zurückkehren, um dort die Basislektionen zu wiederholen. Sind Aufmerksamkeit, Verständnis, Vertrauen und Respekt zurückgewonnen, so wird auch auf einem großen Reitplatz oder im Außengelände die Kontrolle über das Verhalten des Pferdes wieder möglich sein.

Die Erfahrung über viele Jahre hat gezeigt, dass die meisten Pferde nicht bocken oder davonstürmen, wenn man in der beschriebenen Weise mit ihnen arbeitet. Doch es gibt Pferde, die ersparen dem Reiter diese Eskapaden nicht, sei es, dass sie eine entsprechende Grundveranlagung haben oder dass jemand mit ihnen gearbeitet hat und ihnen das Vertrauen genommen hat. In einem solchen Fall sollte man die Fähigkeit besitzen, angstfrei und locker mit derlei Verhalten umzugehen. Auch

Ich steige nun wieder in den Bügel und lehne mich mit dem Oberkörper über den Sattel. Dabei habe ich wiederum den gleichseitigen Zügel verkürzt, diesmal so, dass das Pferd den Hals etwas mehr zur Seite biegen muss. Bleibt das Pferd entspannt und gelassen, so schwinge ich mein freies Bein langsam über den Rücken des Pferdes, trete in den zweiten Steigbügel und belaste Sattelsitz und zweiten Bügel behutsam mit Gewicht.

Um es zu den ersten Schritten zu bewegen, halte ich es wiederum zu einer Richtung, in der Regel links herum, ein wenig gebogen. Nun animiere ich es mit Stimme und mit leicht pendelnden Schenkelimpulsen auf der »inneren« hohlen Seite, sich vorwärts zu bewegen. Beginnt es sich zu bewegen, so gebe ich mit dem inneren Zügel die gleichen Signale, die es von der Doppellongenarbeit her kennt und lasse es so auf einer gebogenen Linie gehen.

Wer sich nicht zutraut, ein Pferd im Alleingang anzureiten, der ist gut beraten, es mit einem Helfer zu versuchen. Das Pferd muss sich als Voraussetzung dafür problemlos am Leitseil kontrollieren lassen. Es hat die zuvor beschriebenen, vorbereitenden Aufsitzübungen alle absolviert und bleibt dabei gelassen.

Sitzt der Helfer auf dem Rücken des Pferdes, so wird das Pferd angeführt, zunächst im Kreis in einer Richtung, dann auf Achterfiguren. Der Helfer sollte ruhig und entspannt sitzen und das Pferd mit einer Hand am Hals und auf der Kruppe kraulen, während er sich mit der anderen am Sattelknauf festhält.

diese Pferde werden mit der Zeit entspannter, wenn sie die Erfahrung machen, dass sie mit ihren Aktionen nur ihre Kraft vergeuden.

### ANREITEN AN DER HAND ▸

Nicht immer steht ein Round Pen zur Verfügung, um darin ein junges Pferd an den Reiter zu gewöhnen. Auch kann es sein, dass jemand sich nicht zutraut, ein Pferd ganz allein an den Reiter zu gewöhnen. In diesem Fall ist es sinnvoll, das Pferd an einem langen Führseil in Kreisen und Achterfiguren an der Hand zu arbeiten (Lektion 5).

Wenn es präzise, entspannt und selbstverständlich arbeitet, kann ein Helfer die Funktion des Reiters übernehmen. Dieser Helfer sollte nicht ängstlich sein und locker und ausbalanciert auf dem Pferd sitzen können. Die Aufsitzübungen können in gleicher Weise durchgeführt wer-

Hat das Pferd sich im Schritt neben dem Führer an den Reiter gewöhnt, so lässt der das Führseil etwas länger werden.

Nach einigen Sequenzen sollte es dann auch ohne Hilfestellung vom Boden aus zu reiten sein, ohne dass es sich erschreckt. Auch hier nutze ich zunächst noch die Tonne als Bezugspunkt für das Pferd. Bevor ich den Round Pen verlasse, kommt diese Tonne als Hilfsmittel wieder mit in die Übungen.

den, wie zuvor beschrieben, das Pferd wird nur am Führseil angeleitet, ruhig zu stehen. Sitzt der Helfer auf dem Rücken des Pferdes, so wird das Pferd angeführt, zunächst im Kreis in einer Richtung, dann auf Achterfiguren. Der Helfer sollte ruhig und entspannt sitzen und das Pferd mit einer Hand am Hals und auf der Kruppe kraulen, während er sich mit der anderen am Sattelknauf festhält. Nach einer Weile lässt man das Pferd auf gewohnte Weise am länger werdenden Führseil herumgehen, zunächst im Schritt, später im Trab. Sollte es sich erschrecken oder verspannen, so kann man es mit dem Wort »Whoa« und Einwirkungen über das Führseil kontrollieren und anhalten. Nach einigen Sequenzen sollte es dann auch ohne Hilfestellung vom Boden aus zu reiten sein.

▶ Lektion 10:  **Lenken und Leiten – Körperkontrolle unter dem Reiter**

## Was soll das Pferd lernen?

*Es soll lernen,*

▶ *unter dem Reiter die Zäumungssignale weich und willig zu akzeptieren und seine Haltung entsprechend zu verändern oder in die gewünschten Richtungs-änderungen und Tempoveränderungen umzusetzen, wie es das schon in der Doppellonge gelernt hat,*

▶ *Schenkelkontakt als Verständigungsmittel verstehen zu lernen,*

▶ *zwischen begrenzenden Druckimpulsen die Ideallinie zu finden,*

▶ *Gewichtsverlagerungen des Reiters richtig zu interpretieren.*

**WIE LERNT ES DAS?** ▶ Für die Übungen dieser Lektion gehe ich auf einen Reitplatz, später dann auf einen Trailplatz mit Hindernissen und in das Gelände. Das Pferd ist mit der Wassertrense oder mit dem Bosal-Hackamore gezäumt.

Die Erfahrung zeigt, dass dem Pferd die Geborgenheit und Vertrautheit des Round Pen in den ersten Tagen außerhalb fehlen kann. Es verhält sich dann unsicher, verspannt sich und ist abgelenkt und schreckhaft. Sollte das der Fall sein, so fahre ich es im Außenbereich für einige Tage im Schritt in der Doppellonge, bis es ruhig und gelassen ist.

**BEZUGSPUNKT SETZEN** ▶ Um ihm den Übergang in eine große Reitbahn von Anfang an so einfach wie möglich zu machen, schaffe ich im Round Pen einen Bezugspunkt für das Pferd, den ich ihm auch auf einem großen Reitplatz anbieten kann. Ich stelle zwei Plastikfässer im Round Pen auf, um die ich meine Kreise und Achterfiguren reite. Meine Halteübungen und Entspannungspausen mache ich stets in der direkten Nähe eines solchen Fasses. Als Resultat dieser Übung wird das Pferd sehr bald die Idee übernehmen, sich an den Fässern zu orientieren und in ihrer Nähe anhalten wollen. Die Fässer werden zum Orientierungspunkt und zur Komfortzone. Ich stelle diese Fässer in der Mitte des Reitplatzes mit Abstand von 10 bis 15 Metern zueinander auf und reite nun im Schritt um sie herum. Das Pferd kennt diese Übung aus dem Round Pen und wird sich mit wenigen Zügelsignalen leiten lassen. Ich habe die Erfahrung gemacht, dass es den jungen Pferden anfänglich auf einer großen freien Fläche ohne Orientierungspunkt sehr schwer fällt, auf regelmäßigen Linien zu gehen und das Tempo gleichmäßig zu halten. Häufige Zäumungseinwirkungen zur Kontrolle werden dann nötig. Ich möchte jedoch so wenig wie möglich körperlich mechanisch auf das Pferd einwirken und vor allem stets nur so leicht wie möglich, um es sensibel zu halten und seine Mitarbeitsbereitschaft nicht zu verlieren. Besonders, wenn man dann auf einem großen Zirkel traben oder gar galoppieren möchte, wird ein junges Pferd zunächst an der »offenen Seite« des Zirkels, also dort, wo ihm kein Zaun Begrenzung bietet, vom Zirkel drängen. Hier ist die Gefahr sehr groß, dass es lernt, die Zügelsignale zu ignorieren. Manch ein Reiter versucht dann noch, durch Ziehen am Zügel das Problem zu lösen. Das Pferd wird nun erst recht erkennen, dass es stärker ist und zukünftig seine Körperkraft gegen die Zügel- und Schenkeleinwirkungen einsetzen.

> *Der Reiter behält aber nur so lange Kontrolle über das Pferd und sein Verhalten, wie es seine Verständigungssignale akzeptiert und respektiert. Es darf deshalb nie Gelegenheit bekommen, herauszufinden, dass es sich mit Kraft dagegen durchsetzen kann. Das gesamte bisherige Training basierte auf diesem Grundsatz, und auch die weitere Ausbildung baut darauf auf.*

Die Fässer helfen mir, dieses Problem gar nicht erst entstehen zu lassen. Zudem geben sie mir als Reiter gleich einen Bezugspunkt. Es fällt mir leicht, auf gleichmäßigen Linien zu reiten und den Abstand zum Fass als Orientierungshilfe zu nutzen. Das Fass als großes Hindernis motiviert das Pferd,

sich im ganzen Körper zu biegen, wenn es herumgelenkt wird. Sobald es den Abstand zum Fass vergrößert, gebe ich mit Zäumung und Schenkel an seiner Außenseite Druckimpulse, die es motivieren, wieder in Richtung Fass auf die ursprüngliche Linie zurückzukehren. Umgekehrt gebe ich auf der Innenseite begrenzende Impulse, sobald es den Abstand zum Fass hin verkleinert. Es lernt auf diese Weise sehr leicht, die Linie zu halten und sich mit leichten Signalen im Bedarfsfall (bei Abweichungen von der Ideallinie) korrigieren zu lassen. Nach einigen Trainingssequenzen an den Fässern lenke ich es auf einen großen Zirkel. Auch hier korrigiere ich es jedesmal mit seitlich begrenzenden Impulsen von Zäumung und Schenkeln, wenn es die gedachte Ideallinie verlässt. Solange es auf der Linie bleibt, bin ich passiv mit Beinen und Händen.

> *Es lernt so, die Druckimpulse als begrenzende Signale zu verstehen und zu respektieren.*

**REAKTION VERBESSERN ▶** Bisher fühlt es sich in Trab oder Galopp häufig noch fest und unnachgiebig an, wenn mit Zäumung und Schenkel Druckimpulse auf den Körper übertragen werden. Es reagiert durch Richtungs- und Positionsveränderung zwar verständig und gehorsam, jedoch noch nicht so weich und entspannt, wie ich das gern hätte. Ich möchte deshalb das Vertrau-

Jungen Pferden fällt es anfänglich auf einer großen freien Fläche ohne Orientierungspunkt sehr schwer, auf regelmäßigen Linien zu gehen und das Tempo gleichmäßig zu halten. Häufige Zäumungseinwirkungen zur Kontrolle sind dann notwendig. Oft haben die Pferde die Tendenz, am Zaun »kleben« zu bleiben oder zur »offenen« Seite der Reitbahn zu driften, obwohl der Reiter die Zügelsignale korrekt gibt.

Der Übergang vom Round Pen in eine große Reitbahn wird dem Pferd von Anfang an leichter gemacht, wenn ich ihm einen Bezugspunkt innerhalb der Bahn anbiete. Ich stelle deshalb Fässer auf, wie es die aus der Round-Pen-Arbeit kennt. Damit kann ich der Tendenz des »Klebens« oder »Abdriftens« gleich von Anfang an entgegenzuwirken.
Meine Halteübungen und Entspannungspausen mache ich stets in der direkten Nähe eines solchen Fasses. Als Resultat dieser Übung wird das Pferd sehr bald die Idee übernehmen, sich an den Fässern zu orientieren und in ihre Nähe anhalten wollen. Die Fässer werden zum Orientierungspunkt und zur Komfortzone.

en und die weiche Reaktion den Einwirkungen gegenüber mit folgender Übung verbessern. Ich reite dafür an der Bande oder am Zaun des Reitplatzes im Schritt entlang. Mit einer Hand halte ich die Zügel mittig über dem Mähnenkamm des Pferdes. Mit der freien äußeren Hand gleite ich an der Halsseite am Zügel herunter, umfasse den Zügel mit der ganzen Hand und nehme ihn vorsichtig an. Dabei bleibt die Hand dicht am Hals und bewegt sich in Richtung Wi-

derrist des Pferdes, bis ein Kontakt über Zügel und Zäumung zur Nase (Bosal) oder zum entsprechenden Mundwinkel des Pferdes (Trense) hergestellt ist. Sollte das Pferd jetzt seinerseits durch Druck gegen die Zäumung reagieren und sich auf diese Weise vom Kontakt befreien wollen, so bleibt die Hand unnachgiebig, selbst wenn es das mit aller Kraft versuchen würde. Ich halte die Hand statisch, lege sie eventuell gegen den Hals des Pferdes, um sie zu stabilisieren.

Weiterhin reite ich im Schritt um diese Tonnen herum. Jeweils am Schnittpunkt der so entstehenden Achterfigur zwischen den Tonnen stelle ich den Zügel- und Schenkelkontakt um. So lernt das Pferd gleich von Anfang an auf der Reitbahn, jeweils in korrekter Biegung eine neue Richtung einzuschlagen. Das unter Western- und Freizeitreitern so verbreitete Problem, »mein Pferd schiebt über die Schulter oder lässt die Schulter fallen...« kommt so gar nicht erst auf. Nur steife Pferde, die eine Richtungsänderung ohne vorherige richtige Biegung vornehmen, verlieren die Balance und kommen »auf die Schulter«.

Ich warte, bis mir das Pferd eine von zwei möglichen Reaktionen gibt oder gar beide:

1. Es entspannt seine Halsmuskeln und biegt den Hals ein wenig **seitlich** nach außen, um den Druck der Zäumung zu mildern.
2. Es entspannt die Nackenmuskeln und gibt im Genick **gerade rückwärts** nach, um den Druck der Zäumung zu mildern.

Gibt es mir eine der beiden Reaktionen oder gar beide, so gebe ich sofort nach und lasse den Zügel durch die Hand gleiten. Das Pferd wird sich dann nach vorn abwärts strecken.

> ▶ *Dieser Kontakt darf nie zum Zug am Zügel werden, sondern muss stets von der Hand her eine passiv fest gestellte Verbindung sein.*

Weil es den Zäumungskontakt auf der Zaunseite hat, kann es ihn nicht falsch interpretieren und eine Richtungsänderung vornehmen. Der Zaun hindert es daran. Das Prinzip kennt es von der Arbeit in der Doppellonge:

Kontaktaufnahme = Entspannung und Nachgiebigkeit, dann erst Richtungsänderung durch Beinbewegung.

Zeigt das Pferd auf beiden Körperseiten (in beiden Richtungen) eine willige Reaktion, so nehme ich Kontakt mit dem inneren Zügel auf. Hier haben wir nicht den Zaun, der es daran hindert, die Linie (Hufschlag) zu verlassen. Aus diesem Grund lege ich gleichzeitig die Wade des inneren Beines an den Pferdekörper an.

Ich halte den Kontakt mit Zäumung und Unterschenkel so lange aufrecht, bis ich die nachgiebige Reaktion im Hals des Pferdes und im Rippenbereich unter dem Unterschenkel spüre, dann allerdings gebe ich sofort mit Hand und Bein nach und werde passiv.

> *Der Erfolg dieser Übung hängt von der Fähigkeit des Reiters ab, stets im richtigen Moment, also schon bei dem geringsten Anzeichen von Entspannung, nachzugeben. Niemals sollte er ziehen oder drücken oder nachgeben, wenn das Pferd noch Widerstand leistet. Ich nenne diese Fähigkeit des Reiters die Kunst des Loslassens!*
>
> *Hat das Pferd erst einmal gelernt, sich überall und jederzeit an die Zäumung und den Unterschenkel anzuschmiegen und zu entspannen, so haben wir die optimale Voraussetzung, um die Zäumungs-, Zügel- und Schenkeleinwirkungen als Verständigungsmittel ohne Zwang einsetzen zu können und ein hohes Maß an Kontrolle zu erreichen.*

Von nun an werde ich jede Trainingslektion mit dieser Übung beginnen. Sie fördert das Vertrauen des Pferdes in die Zäumungseinwirkungen und konditioniert eine weiche Nachgiebigkeit, erhält somit seine Sensibilität gegenüber den Einwirkungen. Es weiß, dass es niemals überraschend oder grob mit der Zäumung angefasst wird. Es entwickelt keine Verkrampfungsreflexe, sondern Entspannungsreflexe. Es kann nie lernen, Muskelkraft gegen die Zäumungseinwirkung einzusetzen, um sich der Forderung des Reiters zu entziehen. Um die gleiche, selbstverständliche Nachgiebigkeit dem Schenkeldruck gegenüber zu konditionieren, mache ich die folgende Übung mit ihm.

Zweck dieser Übung ist es, dem Pferd zu vermitteln, dass es dem Schenkelimpuls, der im hinteren Körperbereich platziert wird, durch seitliches Ausweichen mit der Hinterhand nachgeben kann. Es soll nicht schneller werden oder vermehrt über die Schulter diagonal vorwärts-seitwärts ausweichen. Ich habe auf der Reitbahn in einem Quadrat oder Rechteck vier Tonnen oder Pylonen aufgestellt. Der Abstand zwischen den Eckmarkern ist etwa 15–20 Meter. Ich reite nun im Schritt außen in einem Viereck um die vier Tonnen. Jedesmal, wenn ich zu einer Tonne komme, nehme ich mit dem inneren Zügel in der zuvor beschriebenen Weise Kontakt auf. Nun lege ich meinen Un-

Mit folgender Übung möchte ich das Vertrauen und die weiche Reaktion den Einwirkungen der Zäumung gegenüber verbessern. Ich reite dafür an der Bande oder am Zaun des Reitplatzes im Schritt entlang. Mit einer Hand halte ich die Zügel mittig über dem Mähnenkamm des Pferdes. Mit der freien äußeren Hand gleite ich an der Halsseite am Zügel herunter, umfasse den Zügel mit der ganzen Hand und nehme ihn vorsichtig an. Dabei bleibt die Hand dicht am Hals und bewegt sich in Richtung Widerrist des Pferdes, bis ein Kontakt über Zügel und Zäumung zur Nase (Bosal) oder zum entsprechenden Mundwinkel des Pferdes (Trense) hergestellt ist.

Der Zügelkontakt darf nie zum Zug werden, sondern muss stets von der Hand her eine passive Verbindung sein. Das Pferd hat zwei Möglichkeiten zu reagieren:
1. Es entspannt seine Halsmuskeln und biegt den Hals ein wenig **seitlich** nach außen, um den Druck der Zäumung zu mildern.
2. Es entspannt die Nackenmuskeln und gibt im Genick **gerade rückwärts** nach, um den Druck der Zäumung zu mildern. Darauf hin gebe ich sofort nach und lasse den Zügel durch die Hand gleiten.

terschenkel in einer deutlich nach hinten verlagerten Position an die Pferdeseite an und gebe Impulsdruck. Drei Reaktionen können sich einstellen:

1. Das Pferd weicht prompt mit der Hinterhand vom Schenkeldruck weg seitwärts. Sofort lasse ich den Schenkeldruck nach, lobe es und reite in einem Bogen um die Tonne weiter, bis ich auf der nächsten gerade Linie bin. Dafür gebe ich wiederholt entsprechende Zügelsignale mit dem richtungweisenden Zügel. An der nächsten Tonne wiederhole ich die Signale wie schon zuvor, weicht es mit der Hinterhand, so stelle ich den Schenkelimpuls kurz ab und wiederhole ihn ein zweites Mal. Gibt es mir auch jetzt wieder nach, so gebe ich den Schenkeldruck sofort auf, lobe es, führe es mit Zügelsignalen weiter um die Tonne, bis es wieder auf der Geraden geht. Mit der Zeit wird es mir möglich sein, so einzuwirken, dass es mit den Vorderbeinen einen kleineren Kreis um die Tonne geht als mit den Hinterbeinen. Diese Reaktion festige ich durch Wiederholung.

2. Es wird schneller. In diesem Fall nehme ich mit dem zweiten Zügel Kontakt zur Zäumung, baue mit beiden wechselseitig etwas mehr Druck auf, gebe die Schenkelimpulse aber behutsam weiter. Bei richtiger Dosierung wird das Pferd wieder langsamer, erst jetzt gebe ich Schenkelimpulse und Zügelkontakt auf. Es hat den Schenkelkontakt falsch interpretiert und glaubte, es solle schneller werden. Es muss erst lernen, dass Druckentlastung nicht eintritt, wenn es schneller

Diese Übung vermittelt dem Pferd, dass es dem Schenkelimpuls, der im hinteren Körperbereich innen platziert wird, durch seitliches Ausweichen mit der Hinterhand nachgeben kann. Es soll nicht schneller werden oder vermehrt über die Schulter diagonal vorwärts-seitwärts ausweichen, sondern mit dem inneren Hinterbein deutlicher untertreten.

Hier sieht man sehr gut, wie das Pferd mit dem inneren Hinterbein vermehrt seitlich untertritt, um die Kruppe etwas nach außen verschieben zu können. Bei einer solch deutlichen Reaktion begnüge ich mich anfänglich mit einem Schritt und reite dann in einem normalen Bogen mittels Zügelimpulsen weiter um die Tonne oder wie hier um den Marker.

wird, sondern wenn es seitlich weicht. Um ihm das zu erleichtern, halte ich an, nehme wechselseitig Kontakt mit beiden Zügeln und begrenze es nach vorn. Nun gebe ich ihm Schenkelimpulse mit einem Schenkel, bis es einen Schritt seitwärts macht. Dabei ist es mir zunächst nicht wichtig, ob es schon mit der Hinterhand weicht oder nicht. Wichtig ist, dass es begreift, nicht schneller zu werden, wenn es den Schenkeldruck fühlt. Dann lasse ich es kurz nachdenken und wiederhole die Übung.

3. Es weicht seitlich, jedoch mehr vorwärts-seitwärts und nicht mit der Hinterhand. Ich stelle den Schenkelimpuls nach ein oder zwei Seitwärtsschritten ein und gebe mit dem Zügel auch nach. Bei der nächsten Ecke (Tonne) achte ich darauf, meinen Unterschenkel noch weiter nach hinten zu legen. Bekomme ich die gleiche Reaktion wie zuvor, so hat es immer noch nicht verstanden, was ich von ihm möchte. Ich halte es an, nehme wieder wechselseitig Kontakt mit beiden Zügeln und begrenze es nach vorn. Dann lege ich den Schenkel weit hinten an und gebe Impulse, bis es mit der Hinterhand einen Schritt weicht. Es hat das Grundverständnis für diese Signale bereits erworben (Lektion 3).

Bald fällt es dem Pferd immer leichter, am Eckmarker die Hinterhand vom Schenkelimpuls des inneren Schenkels weichen zu lassen und mit den Hinterbeinen einen größeren Bogen zu gehen als mit den Vorderbeinen.

Ich gewöhne junge Pferde sehr früh daran, dass sich der Reiter im Sattel auch ganz »unkonventionell« bewegt. Zunächst mache ich solche Übungen im Schritt, später in den anderen Gangarten auch. So lernt es, dass sich ein Reiter auch mal im Sattel bewegt, seine Haltung verändert und die Arme bewegt, ohne dass das als Signal gemeint ist. Auch soll es solche Bewegungen akzeptieren, ohne sich zu erschrecken oder gleich mit Richtungs- oder Tempoveränderungen zu reagieren.

Bei richtiger Dosierung und Platzierung der Druckimpulse sollte es die gewünschte Reaktion mit der Hinterhand nun zeigen. Ich reite weiter auf meiner Grundlinie und bei der nächsten Tonne versuche ich es noch einmal. Sollte es mich wieder missverstehen, so halte ich es an und wiederhole die letzte Übung, bis die gewünschte Reaktion eintritt.

> *Bei dieser Übung ist man als Reiter versucht, eine Fehlinterpretation des Pferdes durch massiven Einsatz von Zügel- und Schenkeldruck zu korrigieren und es zur gewünschten Reaktion zu zwingen. Dieser Versuchung muss man unbedingt widerstehen. Sinn der Übung ist es, die Sensibilität des Pferdes zu erhöhen und seine Bereitschaft zu fördern, auf feinste Einwirkungen nachgiebig zu reagieren.*

**DAS GLEICHGEWICHT DES PFERDES SCHULEN ▸** Bisher war mein Bestreben im Sattel, möglichst ausbalanciert, zentriert und locker zu sitzen. Jede Störung oder Behinderung des Pferdes durch Oberkörperverlagerungen oder Schwankungen habe ich vermieden, um das junge Pferd nicht zu verunsichern. Nun soll es lernen, dass der Reiter sich durchaus im Sattel bewegt, seine Haltung verändert und die Arme bewegt. Es soll diese Be-

Um dem Pferd ein weiches, ausbalanciertes Anhalten zu vermitteln, unterteile ich meine Hilfen in »Ankündigungssignale« und »Ausführungssignale«: Zunächst gebe ich das Ankündigungskommando »Whoa«, dann nehme ich den Oberkörper etwas zurück und lasse mich in den Sattel sinken. Natürlich bewege ich mich sehr weich und nicht etwa abrupt. Nach dem »Whoa« und während der Gewichtsverlagerung lasse ich etwas Zeit verstreichen, dann erst nehme ich Kontakt mit der Zäumung auf und baue eventuell Druck auf, bis das Pferd verlangsamt und anhält.

wegungen akzeptieren lernen, ohne sich zu erschrecken oder gleich mit Richtungs- oder Tempoveränderungen zu reagieren. Ich reite es im Schritt, habe nicht vor, einer präzisen Linie zu folgen und bin entweder auf einem Zirkel oder auf der Außenbahn unterwegs. Ich beginne damit, dass ich mich etwas vorbeuge und es am Hals streichele, dann lehne ich mich zurück und streichele es auf der Kruppe. Ich drehe den Rumpf und schau mich links und rechts um. Ich stehe auf und setze mich hin. Mal ge-

be ich etwas mehr Gewicht in den einen, dann in den anderen Bügel. Das alles geschieht natürlich langsam und behutsam. Wenn ich mich zwanglos auf dem Pferd hin- und herbewegen kann, ohne dass das Pferd sein Tempo oder seine Richtung verändert, ist es in seinem Gleichgewicht gefestigt genug. Diese Übungen wiederhole ich mit der Zeit auch im Trab und später im Galopp auf dem Zirkel. Erst jetzt möchte ich ihm zwei Gewichtssignale nahe bringen, die vor der Ausführung von Manövern als Ankündigung vorgeschaltet werden. Jedesmal, wenn ich anhalten möchte, sage ich das Ankündigungskommando »Whoa«, lasse mich etwas in den Sattel sinken und »lehne« mich ein **wenig** zurück. Diese Bewegung entsteht, wenn ich in der Magengegend etwas einknicke, so als hätte mir jemand einen Boxhieb dorthin versetzt. Natürlich bewege ich mich sehr weich und nicht etwa abrupt. Nach dem »Whoa« und während der Gewichtsverlagerung zähle ich im Geiste: »Eins, Zwei«, dann erst nehme ich Kontakt mit der Zäumung auf und gebe Druck-Impulse, bis das Pferd still steht. Diese Kombination gibt dem Pferd die Zeit, die es benötigt, um ausbalanciert anzuhalten und dabei die richtige Beintechnik zu entwickeln.

Diese Kombination von Ankündigungs- und Ausführungssignalen gibt dem Pferd die Zeit, die es benötigt, um ausbalanciert anzuhalten, Last mit den Hinterbeinen aufzunehmen und dabei die richtige Beintechnik zu entwickeln.

> *Stimme und Gewichtsverlagerung sollen das Manöver ankündigen. Das Pferd hat danach zwei Sekunden Reaktionszeit. Dann erst wird der Kontakt über die Zäumung hergestellt und eventuell Druck aufgebaut.*

Auch zum Anreiten gebe ich dem jungen Pferd ein Ankündigungssignal mit dem Oberkörper. Dazu »kippe« ich minimal nach vorn vor, zuvor habe ich in gewohnter Manier geschnalzt. Wieder lasse ich eine oder zwei Sekunden verstreichen, bevor ich dann mit einem von hinten nach vorn streifenden, einseitigen Schenkelimpuls das Pferd motiviere, entsprechend die Beine vorwärts zu setzen und im Schritt loszugehen.

**ANREITEN ▶** Auch zum Anreiten gebe ich dem jungen Pferd ein Ankündigungssignal mit dem Oberkörper. Dazu »kippe« ich **minimal** nach vorn vor, zuvor habe ich in gewohnter Manier geschnalzt. Wieder lasse ich eine oder zwei Sekunden verstreichen, bevor ich dann mit einem von hinten nach vorn streifenden, einseitigen Schenkelimpuls das Pferd motiviere, entsprechend die Beine vorwärts zu setzen und im Schritt loszugehen.

**TRABEN ▶** Nachdem es mit diesen beiden Übungen keine Probleme mehr hat, begebe ich mich auf einen großen Zirkel und motiviere das Pferd, anzutraben. Zunächst beginne ich, im Rhythmus seiner Beinbewegungen immer, wenn es das zum Zirkelmittelpunkt gelegene, »innere« Hinterbein vorschwingt, mit dem inneren Unterschenkel von hinten nach vorn streifende Impulse zu geben. Fühle ich, dass es die Schrittlänge ver-größert, so lobe ich es, setze kurz aus, aktiviere es aber dann sofort wieder in gleicher Weise. Nach einigen Wiederholungen hat es eine gute Idee, was ich nun von ihm erwarte. Nun schnalze ich rhythmisch und verlagere meinen Oberkörper ein wenig nach vorn, während ich weiter die Impulse mit dem inneren Schenkel gebe. Eventuell steigere ich etwas die Intensität der Schenkelimpulse. Bei richtiger Dosierung und richtigem Timing sollte es nun antraben. Sobald es antrabt, beginne ich, leicht zu traben und erhalte so einen flüssigen Rhythmus in dieser Gangart. Dabei habe ich die Zügel weich etwas nachgegeben und locker, ohne sie komplett aus der Hand gleiten zu lassen. Mit einer leichten Bewegung der Hände muss es mir möglich sein, den Kontakt zur Zäumung und damit zum Kopf des Pferdes ohne Irritationen wieder herstellen zu können. Nach etwa einem Zirkel setze ich mich dann in den

Zur Vorbereitung auf einen weichen und ausbalancierten Übergang zwischen Trab und Schritt praktiziere ich das Leichttraben. Dabei möchte ich erreichen, dass das Pferd locker und gleichmäßig vorwärts geht.

Um den Übergang einzuleiten, setze ich mich mit lockerem Sitz in den Sattel und nehme leichten Kontakt mit dem inneren und dann mit dem äußeren Zügel auf. Ich sage als Ankündigung für die Aufforderung zum Verlangsamen leise »Easy«. Danach werde ich passiv und »schwer« im Sattel und gebe über einen Zügel leichte Impulse, bis das Pferd sein Tempo deutlich zurücknimmt.

Sattel nieder, schwinge mit lockerem Sitz mit und nehme leichten Kontakt zunächst mit dem inneren, dann mit dem äußeren Zügel zur Zäumung. Ich sage als Ankündigung für die Aufforderung zum Verlangsamen leise »Easy«. Danach werde ich passiv und »schwer« im Sattel und gebe über einen Zügel, in der Regel den inneren, leichte Impulse, bis das Pferd sein Tempo deutlich zurücknimmt und zum Schritt wechselt. Nun gebe ich mit dem äußeren, dann mit dem inneren Zügel nach und lasse es entspannt im Schritt gehen.

**ÜBERGÄNGE ▸** Diese Übungen, das Antraben und danach den Übergang vom Trab zum Schritt wiederhole ich wie beim ersten Mal. Das Pferd begreift die Zusammenhänge dieser Übung schnell und beginnt von sich aus auf die ersten Signale hin schon, sich für die ruhige Gangartänderung vorzubereiten. Nachdem diese Übung leicht und locker klappt, versuche ich, es mit etwas anderer Dosierung der gleichen Einwirkungen vom schnellen Trab zum langsamen Trab zu bringen und dann erst zum Schritt. Bald kann es zwischen diesen drei

Dabei soll es im Genick nachgeben ohne die Vorhand mehr zu belasten. Mit leichten Schenkelimpulsen motiviere ich es, die Hinterhand aktiv zu halten und unter den Körper zu treten. Für einen Augenblick hat es in seinem Körper vermehrt Spannung, bevor es in den Schritt übergeht.

Hat es vom Trab zum Schritt gewechselt, so gebe ich zunächst mit dem äußeren, dann mit dem inneren Zügel nach und lasse es entspannt im Schritt gehen. Auf diese Weise streckt es zunächst die Muskulatur seine äußeren und dann erst seine inneren Körperhälfte. Als Effekt dieser Bewegungskette bleibt es besser im Gleichgewicht und lernt erst gar nicht, sich an der Zäumung »abzustützen« oder dagegen zu gehen.

Möglichkeiten auf leichteste Signale hin seine Bewegungen variieren. Natürlich wird seine Veranlagung bestimmen, ob die Bewegungen schon sehr weich und ruhig oder etwas rauer und holpriger sind.

Doch zu diesem Zeitpunkt kommt es mir nur darauf an, seine Mitarbeitsbereitschaft, sein Verständnis und seine Eigenkoordination an feinsten Signalen zu verbessern. Später werde ich im Galopp in gleicher Weise einwirken, um ihm die Tempoveränderung während dieser Gangart und den Übergang zwischen Trab und Galopp bzw. Galopp und Trab zu vermitteln. Ich variiere dann zwischen leichtem Sitz und Aussitzen der Bewegungen.

> ▶ *Das Pferd wird durch die Wiederholung dieser Übungen leicht und vertrauensvoll auf feine Signale reagieren, seine eigene Balance und Körperkoordination unter dem Reiter ohne Irritationen und Störungen durch ihn stetig verbessern. Sein Selbstvertrauen in seine eigenen Fähigkeiten sowie das Vertrauen in die Regelmäßigkeit des Verständigungssystemes zwischen Reiter und Pferd werden sich mehr und mehr entwickeln.*

# Weiterführende Arbeit

# Weiterführende Arbeit

### ▶ Trailplatz und Gelände

Bisher habe ich mit meinem Pferd eine gute Verständigungsbasis aufgebaut. Es vertraut in dieses Verständigungssystem und lässt sich in gewohnter und vertrauter Umgebung lenken, leiten und in Tempo und Gangart kontrollieren. Es liegt aber im Wesen des Pferdes, dass sein Sicherheitsgefühl in fremder Umgebung sofort wieder erschüttert wird. Deshalb gilt es, in der nächsten Zeit systematisch daran zu arbeiten, das Selbstvertrauen des Pferdes in seine Fähigkeit zu stärken, mit »Problemsituationen« fertig zu werden. Aber vor allem soll seine Bereitschaft, sich auch in fremden, ungewohnten, ja Furcht einflößenden Situationen von mir kontrolliert lenken und leiten zu lassen, entwickelt werden. Ich begebe mich mit ihm deshalb gezielt in Übungen und Übungsbereiche mit erhöhtem Stress-Potential. Dabei steigere ich die Stressfaktoren graduell und richte mich dabei individuell nach der Persönlichkeitsstruktur jedes einzelnen Pferdes. Die Grundlagen für diese Übungen wurden in den Lektionen 2 und 8 gelegt.

Ich begebe mich auf den Trailplatz und werde mit dem Pferd die verschiedenen Hindernisse durcharbeiten. Zu Anfang kommt es mir nicht so sehr darauf an, jedes Hindernis perfekt zu durcharbeiten. Wichtiger ist es, dem Pferd das Vertrauen zu geben, sich auch in »schwierigen« Situationen von mir leiten zu lassen. Ich reite es über Brücken und Bodenstangen, Walk Overs, Cavalettis, Plastik etc. Das Pferd soll lernen, Schritt für Schritt ohne Hektik zu arbeiten, deshalb lasse ich es nach jedem Schritt in einem Hindernis verharren. Auf gar keinen Fall darf es selbstständig entscheiden, in welchem Tempo oder auf welcher Linie ein Hindernis überwunden wird, diese Vorgaben kommen stets von mir.

Nach einigen Übungsstunden auf dem Trailplatz gehe ich dann zu ruhigen Schrittausritten in das Gelände. Auch hier wähle ich meine Route so, dass Sicherheitsaspekte berücksichtigt werden. Auch während dieser Geländeritte

> ▶ *Ich achte immer darauf, den Sicherheitsaspekt nicht aus den Augen zu lassen, und plane meine Aktivitäten so, dass es keine Missverständnisse oder Auseinandersetzungen gibt, in denen sich das Pferd meiner Kontrolle entziehen könnte.*

Der Trailplatz bietet gute Gelegenheit, mit dem Pferd verschiedene Hindernisse zu durcharbeiten. Zu Anfang kommt es dabei nicht so sehr darauf an, jedes Hindernis perfekt zu durchreiten. Wichtiger ist es, dem Pferd das Vertrauen zu geben, sich auch in »schwierigen« Situationen vom Reiter leiten zu lassen.

Gibt es Akzeptanz- oder Verständigungsprobleme, so gehe ich wieder zurück in Reitbahn oder Round Pen und arbeite dort an den Grundlagen, indem ich die entsprechenden Lektionen wiederhole. Nach den ersten Wochen des Trainings hat das Pferd die Zusammenhänge alle begriffen, es wird dann versuchen, Übungen, die es schon zu unserer Zufriedenheit ausführte, zu verändern. Dieses Verhalten, die »Flegelphase« ist ganz normal. Mit ruhiger Konsequenz und korrekter Wiederholung der Grundlagen wird diese Phase überwunden.

lege ich Übungsphasen in geeigneter Umgebung ein. Hier wiederhole ich die Nachgiebigkeits-, Biege- und Kontrollübungen ebenso, wie in der Reitbahn oder auf dem Trailplatz.

Ein weiterer Schritt in der Grundausbildung ist die Gewöhnung an andere, fremde Pferde in der direkten Umgebung. Junge Pferde reagieren zu Anfang in solchen Situationen unsicher. Das Reiten in kleinen Gruppen mit Reitern, die bereit sind, im Bedarfsfall Rücksicht zu nehmen, ist sehr hilfreich.

### ▶ Konditionierung und Belastung

Während der Grundausbildung eines Pferdes ist es sehr wichtig, das Pferd weder psychisch noch physisch zu überfordern. Folgt man dem zuvor beschriebenen Trainingskonzept in der richtigen, logischen Reihenfolge, so kommt es kaum zu Missverständnissen oder zu mentalen Überforderungen. Doch immer wieder kann es vorkommen, dass junge Pferde unkonzentriert, gelangweilt oder übermütig sind, sie können in ihrem Verhalten noch nicht die Gleichmäßigkeit eines gut geschulten routinierten Pferdes anbieten. Ich bleibe bei solchen Unregelmäßigkeiten ruhig und gelassen, schalte in den Anforderungen eventuell sogar um eine Stufe zurück und gebe dem Pferd einige Tage, um seine Form wieder zu verbessern. In der Regel findet es dann sehr schnell wieder zu einer kooperativen Mitarbeit zurück.

Die physische Belastbarkeit ist ein anderes Thema. Hier gilt es, die körperlichen Anlagen und den tatsächlichen, physischen Zustand realistisch einzuschätzen, will man

Abwechslung zwischen Bahnarbeit und Geländeritten hält junge Pferde interessiert und aufmerksam. Ruhige Schrittarbeit ist für untrainierte Pferde am besten geeignet, um ihnen eine grundsätzliche Fitness zu vermitteln.

sich nicht Trainingsprobleme in Form von Widerständen, Widersetzlichkeiten oder Angstreaktionen einhandeln.

Ein leichter Muskelkater, eine Zerrung, ein Druckschmerz oder eine wunde Hautstelle, verursacht durch einen Ausrüstungsgegenstand, und schon kann das Verhalten des Pferdes komplett verändert sein. Ich prüfe deshalb vor jeder Trainingseinheit, ob das Pferd körperlich fit ist und keine der zuvor genannten Probleme hat. Die Nachgiebigkeitsübungen zeigen mir, ob ein Pferd locker und unverkrampft ist und sich entspannt und flüssig bewegt. Ruhige Schrittarbeit ist für untrainierte Pferde am besten geeignet, um ihnen eine grundsätzliche Fitness zu vermitteln. Nach einiger Zeit sind dann kurze Reprisen Trab und Galopp in ruhigem, geregeltem Tempo angebracht. Ein häufiger Wechsel zwischen den Gangarten fördert die Körperkoordination, das Gleichgewichtsgefühl und die Elastizität des Pferdes. Abwechslung zwischen Bahnarbeit und Geländeritten hält das Pferd interessiert und aufmerksam. Tägliches, regelmäßiges Arbeiten ist sinnvoll, 30 Minuten bis zu einer Stunde ist eine angemessene Zeitspanne, dauert ein ruhiger Ausritt länger, so ist das auch kein Problem. Hat das Pferd einmal eine längere Pause gehabt, so sollte man für ein bis zwei Wochen wieder mit kurzen Reprisen beginnen, bevor man zum alten Programm übergeht. Während des Anreitens erwarte ich vom Pferd nur entspanntes Arbeiten

im natürlichen Gleichgewicht, also noch keine Ausführung von Übungen, die eine längere Versammlung bedingen. Dazu müsste der Körper des Pferdes erst einmal durch regelmäßige Arbeit über den Zeitraum von etwa einem Jahr vorbereitet werden.

Der Ansatz, ein junges Pferd nicht dauerhaft versammelt zu reiten, bedeutet im Umkehrschluss aber nicht, es einfach nur mit zu großer Vorhandbelastung passiv und nachlässig schlurfen zu lassen. Ich strebe an, dass es im natürlichen Gebrauchsgleichgewicht unter dem Reiter gehen lernt und diese Haltung und Bewegungsform zur Selbstverständlichkeit wird. Die Monate nach dem Anreiten nutze ich dazu, diesem Ziel zuzuarbeiten. Dazu ist es nötig, immer wieder korrekt ausgeführte, sinnvolle Übungen in das Training mit einzubeziehen.

Während des Anreitens habe ich stets nach dem Prinzip von Druck und Nachgiebigkeit verfahren, das heißt: gebe ich auf einer Seite Druck, so öffne ich auf der anderen Seite »die Tür« und erlaube so dem Pferd, dem Druck nachzugeben und auszuweichen. Dieses Prinzip ist sehr simpel und dem Pferd von Natur aus geläufig. Habe ich mit der Zäumung von vorn nach hinten Druck gegeben, so wurde die Vorwärtsbewegung eingefangen und eventuell in Rückwärts umgewandelt. Habe ich von hinten nach vorn Druck aufgebaut, so wurde daraus Vorwärtsbewegung oder Temposteigerung. Gab ich rechts Druck, so änderte sich die Bewegungsrichtung des

▸ Die Erfahrung zeigt, dass man ein junges Pferd, welches sich willig durch die reiterlichen Einwirkungen führen und formen lässt, schon frühzeitig zu Versammlungsübungen zwingen kann. Da es ihm aus mangelnder Kräftigung nicht leicht fällt, solchen Forderungen nachzukommen, entstehen Verspannungen, die zu Widerständen führen. Fälschlich wird ein solches Verhalten oft als mutwilliger Ungehorsam gewertet und nicht als Überforderung. Die Folgen, die solches reiterliches Fehlverhalten hat, kann man leider überall in der Reiterszene sehen.

Die Feinheit der Signale und die ausbalancierte, lockere Haltung des Reiters in Verbindung mit häufigen Richtungs- und Tempoveränderungen ermöglichen es dem Pferd, seine Körperkoordination zu verbessern, sich neu auszubalancieren und sich für jedes Manöver entsprechend zu positionieren. Es benutzt seine Hinterbeine sinnvoll unter sich und wird in der Vorderpartie leichter. Dies ist die traditionelle Art, Gebrauchspferde ins Gebrauchsgleichgewicht zu bringen. Mit dieser Grundhaltung kann ein Pferd die Anforderungen eines Geländepferdes erfüllen und bei regelmäßiger Arbeit gesund alt werden. Es kann aber nicht die Übungen und Manöver ausführen, die in bestimmten Turnierprüfungen gefordert werden oder davon abgeleitet sind. Es kann Schritt, Trab und Galopp, einfache Gangartwechsel, anhalten, rückwärts gehen und sich auf geraden und gebogenen Linien kontrolliert bewegen.

Wechsel zwischen Trab und Galopp in ruhigem, geregeltem Tempo helfen, eine solide Grundkondition ohne Überforderung aufzubauen. Ein häufiger Wechsel zwischen den Gangarten fördert die Körperkoordination, das Gleichgewichtsgefühl und die Elastizität des Pferdes. Dabei achte ich besonders darauf, die Reaktionen auf die Zügel- und Schenkelsignale stetig zu verfeinern.

Pferdes nach links usw. Ich habe dabei stets ausbalanciert auf dem Pferd gesessen, es nicht behindert, irritiert oder belästigt. Es hat sich darauf einstellen können, mein Gewicht zu übernehmen und sich damit neu auszubalancieren, die Tatsache, dass ich es nie in eine unnatürliche Haltung gezwungen habe und nie eine dauerhafte, feste Verbindung mit den Zügeln hergestellt habe, hat ihm geholfen, locker zu werden und sich stets gut ausbalancieren zu können. Die Leichtigkeit der Signale hat es nicht irritiert oder zu verkrampften Bewegungen veranlasst. Mit einigen simplen, aber sinnvollen Übungen können nun Elastizität, Balance, Körperkoordination, also die kontrollierte Beweglichkeit des Pferdes graduell verbessert werden. Als Effekt wird es immer prompter, präziser und mit geringerem Kraftaufwand arbeiten und dabei auch immer bequemer und leichter zu reiten sein.

Galopparbeit auf großen Zirkeln mit präziser Linienführung hilft dem Pferd, seine Balance und sein Tempo auch in dieser Gangart zu finden, zu verbessern und immer ruhiger und gesetzter am losen Zügel zu arbeiten. Wechsel von Zirkel und Geraden verbessert die Reaktionsfähigkeit und Balance des Pferdes.

▶ **Gebrauchsgleichgewicht oder Versammlung?**

Bisher hat das Pferd gelernt, die Übergänge zwischen den Gangarten zwar willig und kontrolliert auszuführen, doch es hat selbst die Haltung und Form bestimmen können, in der es den Übergang ausführte. Es war dabei auch noch nicht weich zu sitzen, der Reiter musste den Rücken entlasten, um die etwas holprige Bewegungsfolge auszugleichen. Um die Form, in der es die Gangartwechsel ausführt, zu kultivieren, nutze ich eine Übung, die sich dafür bewährt hat. Sie hilft dem Pferd gleichzeitig, das Gleichgewicht zu verbessern und das Zusammenspiel der reiterlichen Einwirkungen für spätere Versammlungsübungen verstehen zu lernen. Für alle Versammlungsübungen muss das Pferd sein eigenes Körpergewicht vermehrt mit den Hinterbeinen aufnehmen, sie dafür weiter unter den Körpermittelpunkt setzen und die Körperlast tragen. Zwei Umstände können es zu dieser Veränderung seiner Bewegungsdynamik veranlassen:

1. Die Eigenmotivation. Sie ist gegeben, wenn das Pferd eine Bewegungsfolge ausführen **will**, für die es sich entsprechend kurzfristig ausbalanciert. **Beispiel:** Das Pferd kommt in schnellem Lauf auf ein Hindernis zu, welches es nicht überwinden will oder kann. Es schiebt die Hinterbeine weit unter den Körper, um möglichst prompt zum Halt zu kommen. Oder es läuft im Paddock am Zaun auf und ab. Kurz bevor es den Punkt erreicht, an

dem es wenden will, tritt es mit den Hinterbeinen weiter unter, wendet mit untergesetzter Hinterhand und läuft dann wieder normal weiter. Es versammelt sich auf natürliche Weise in dem Maße, in dem es das jeweilige Bewegungsmanöver notwendig macht.

2. Die Fremdmotivation. Sie ist gegeben, wenn der Reiter das Pferd vermittels seiner Einwirkungen (Hilfen) **dazu bringt**, mehr Last mit den Hinterbeinen aufzunehmen, als es das aus eigenem Antrieb in der Situation tun würde. **Beispiel:** Der Reiter hat Kontakt mit den Zügeln zum Gebiss und begrenzt damit die Bewegungsfreiheit des Pferdes nach vorn. Mit antreibenden Einwirkungen, Schenkel, Sitz, Gerte aktiviert er das Pferd, sich mehr zu engagieren, und versetzt es

*Die bisherigen Übungen haben dazu geführt das unser junges Pferd sich willig und weich den Schenkel- und Zäumungseinwirkungen anpasst. Das ist die Voraussetzung dafür, um an der Form zu arbeiten, in der es die Gangartwechsel ausführt. Dabei lernt es gleichzeitig das Zusammenspiel der reiterlichen Einwirkungen für spätere Versammlungsübungen zu verstehen.*

Für die »Schiffschaukel-Übung« reite ich das Pferd im Schritt, ich nehme Kontakt mit einem Zügel, dann mit dem anderen. Nun gebe ich verstärkenden Druckimpuls mit den Schenkeln. Ich baue mit weicher Verbindung zur Zäumung in dem Maße Druck auf, in dem es nötig ist, das Pferd daran zu hindern, schneller zu werden. Es sollte mehr Druck von den Schenkeln auf das Pferd einwirken als von der Zäumung. Bleibt es zum ersten Mal als Folge dieser »Spannungsübung« stehen, so gebe ich sofort den Druck von Zäumung und Schenkeln auf und lasse es verharren.

In der Folgeübung gebe ich nur kurz nach, wenn das Pferd angehalten hat, baue dann wieder Druck(-impulse) auf, diesmal aber etwas mehr mit der Zäumung als mit den Schenkeln. Das Pferd wird den Ausweg in verschieden Richtungen suchen und sich dann rückwärts bewegen. In diesem Augenblick gebe ich nach. Nun kann ich es aus dem Schritt veranlassen, mit entsprechenden Einwirkungen anzuhalten und zum Rückwärts überzugehen.

in Anspannung. Da es die Anspannung nicht nach vorn »entladen« kann – es wird durch das Gebiss daran gehindert –, tritt es mit den Hinterbeinen weiter unter. Wird es dabei leichter am Gebiss, bleibt im Takt der Gangart gleichmäßig, exakt auf der Bewegungslinie, nimmt vermehrt wiederholt Last mit den Hinterbeinen auf und trägt sich damit, so ist es korrekt versammelt. Kippt es dem Druck des Gebisses nachgebend im Genick ab, drückt vermehrt mit dem Maul auf das Gebiss, schiebt sich mehr nach vorn, nimmt keine vermehrte Last mit den Hinterbeinen auf und verliert den Takt, so ist es nicht korrekt versammelt, sondern verspannt.

Um für Versammlungsübungen optimal vorbereitet zu sein, sollte es lernen, sich zwischen verhaltenden (vorn begrenzenden) Zäumungseinwirkungen und aktivierenden (von hinten animierenden) Reitereinwirkungen unverkrampft zu positionieren und zu engagieren. Außerdem sollte es sich selbst in Erwartung einer entsprechenden Bewegungsfolge ausbalancieren können. Beide Erfah-

Bei den nun folgenden Wiederholungen dieser Übung achte ich mittels Zügel- und Schenkeleinwirkung sorgfältig darauf, dass das Pferd gerade rückwärts geht und exakt so viele Schritte ausführt, wie ich das möchte.

Ohne zu verharren reite ich dann aus dem Rückwärts wieder im Schritt an. Ich wiederhole diese Übung, bis sie immer flüssiger ausgeführt wird und es dafür immer leichterer Signale bedarf.

rungen macht es in der Übung, die ich die Schiffschaukel nenne. Dazu reite ich das Pferd im Schritt, ich nehme Kontakt mit einem Zügel, dann mit dem anderen. Eine weiche, entspannte Nachgiebigkeit im Genick und Hals sollte als Resultat des bisherigen Trainings die Reaktion sein. Dabei sollte es im gleichen Rhythmus weitergehen. Nun lege ich zunächst einen Unterschenkel, dann den zweiten an und gebe sich verstärkende Druckimpulse. Zunächst wird das Pferd schneller werden wollen oder die Schritte verlängern. Ich baue nun mit wei-cher Verbindung zur Zäumung in dem Maße Druck auf, in dem es nötig ist, das Pferd daran zu hindern, schneller zu werden. Es sollte mehr Druck von den Schenkeln auf das Pferd einwirken als von der Zäumung. Sobald das Pferd langsamer wird und sich etwas zusammenschiebt, baue ich den Druck wieder ab, um gleich wieder von neuem entsprechend einzuwirken. Bleibt das Pferd zum ersten Mal als Folge dieser »Spannungsübung« stehen, so gebe ich sofort den Druck von Zäumung und Schenkeln auf. Nach einiger Wiederholung hat das Pferd eine

Idee, wie es aus der Spannungssituation (Diskomfort) in die Entspannungssituation (Komfort) kommen kann. Sind wir an dem Punkt angekommen, so gebe ich nur kurz nach, wenn das Pferd angehalten hat, baue dann wieder Druck(impulse) auf, diesmal aber etwas mehr mit der Zäumung als mit den Schenkeln. Das Pferd wird etwas verunsichert sein und den Ausweg in verschiedenen Richtungen suchen. Erst wenn ich fühle, dass es sich rückwärts bewegen will, gebe ich nach. Danach reite ich wieder vorwärts und wiederhole diese Routine, bis dem Pferd klar ist, dass es sich durch Rückwärtsgehen Entspannung verschaffen kann. Nun kann ich es aus dem Schritt mit entsprechenden Einwirkungen zum Halt und aus dem Halt zum Rückwärts veranlassen. Ich wiederhole diese Übung, bis sie immer flüssiger ausgeführt wird und es immer leichterer Signale bedarf, um sie auszuführen. Bald

Nach einiger Zeit führe ich die »Schiffschaukel-Übung« auch aus dem Trab und später aus dem Galopp aus. So bekomme ich mit der Zeit eine optimale Kontrolle an leichten Signalen über das Tempo des Pferdes und kann es jederzeit ausbalanciert und prompt anhalten, ohne Zwang ausüben zu müssen. Es lernt dabei, die richtigen Bewegungsabläufe selbstständig korrekt auszuführen.

Aus dem Galopp wechsle ich dabei immer zuerst kurz zum Trab, und lasse es einige Trabschritte am losen Zügel laufen. Dann gebe ich wieder die entsprechenden Zügel- und Schenkelimpulse.

kann ich mich darauf beschränken, mit feinen Impulsen das Manöver einzuleiten und auf eine saubere und korrekte Ausführung zu achten. Dabei ist es wichtig, wie bei allen Übungen, dem Pferd nicht zu erlauben, selbst Zeitpunkt, Ort, Tempo, Linienführung oder auch Schrittzahl zu bestimmen.

Bei dieser Übung lernt es, mit seinem Gleichgewicht hauszuhalten und mit Muskeln und Gliedmaßen genau die Bewegungskette zu konditionieren, die für alle Verlangsamungs-, Halte- und Versammlungsübungen Grundlage ist.

Diese Übung kann ich mit der Zeit auch aus dem Trab und später vom Galopp zum Trab und vom Trab zum Halt/Rückwärts ausführen. Das Pferd lernt mit ihr auf eine natürliche Weise, sein Tempo jederzeit zu reduzieren, es in der richtigen Körperhaltung zu tun und dabei stets auf feine Signale zu reagieren.

Es erwartet das Rückwärtsgehen und wird sich tiefer mit der Kruppe absenken und die Hinterbeine weit untersetzen, ohne sich an der Zäumung zu stützen oder gar dagegen zu drücken.

Die Rückwärtsbewegung lehrt es, mit der Hinterhand das Körpergewicht weiterhin zu halten und im Bereich der Schultern leicht zu bleiben. In dieser Phase der Ausbildung sollte man sich immer vor Augen führen, dass das Pferd erst wenige Monate unter dem Sattel geht. Mit dieser Übung soll nur die Mitarbeitsbereitschaft, das Verständnis, die Körperkoordination und die Reflexbildung gefördert werden. Als Folge erlernt es die technisch korrekte Ausführung eines Stops. Selbst wenn ein Pferd das anbieten sollte, es ist nicht ratsam in dieser Phase, das Manöver in Form eines Full-Stops aus dem Galopp auszuführen. Das Pferd würde sehr schnell das Vertrauen verlieren, da es zu diesem Zeitpunkt der Ausbildung damit physisch noch überfordert wäre.

► **Training mit älteren Pferden**

Die zuvor beschriebenen Trainingsschritte sind Grundlage meiner Arbeit mit jungen Pferden. Sie eignen sich aber ebenso, um bei älteren Pferden Fehlverhalten zu korrigieren oder sie einfach nur rittiger zu machen. In Kursen und Seminaren habe ich Hunderte von Pferden kennen gelernt, die sich ihren Reitern gegenüber nur eingeschränkt kooperativ verhielten. Alle Pferde veränderten ihre Einstellung und ihre Bewegungsfähigkeit positiv in dem Maße, in dem ihnen die reiterlichen Forderungen verständlich wurden und die Muskelverkrampfungen gelöst werden konnten. Bei der Korrektur älterer Pferde sollte man jedoch beachten, dass es etwas länger dauert, dauerhaft korrekte Verhaltensmuster zu etablieren, weil sie immer wieder (ohne böse Absicht oder bewusstes Handeln) in gewohnte Verhaltensmuster zurückverfallen. Das gilt besonders dann, wenn die Reiter selbst nicht zuvor korrektiv an sich arbeiten. So kann es sein, dass ein Pferd unter verschiedenen Reitern ein recht unterschiedliches Verhalten zeigt. Ich habe die Erfahrung gemacht, dass ein Pferd nie zu alt für diese Trainingsarbeit ist, solange es gesund ist.

## Die drei W's:

*Manchmal bittet man mich, meine Trainingsphilosophie möglichst kurz und prägnant zusammenzufassen. Ich antworte dann:*

*»Die drei W's sind es, die ein gut trainiertes Reitpferd ausmachen:*

► *Warten*

*Ein Reitpferd soll jederzeit warten (abwarten) können. Es soll, bevor es handelt, auf die Direktiven des Reiters warten, nichts vorwegnehmen.*

► *Weichen*

*Ein Reitpferd soll einem leichten Druck, dort wo er gegeben wird, jederzeit weichen oder nachgeben. Es soll in Bezug auf Körperhaltung, Richtung und Tempo stets dem Kontaktdruck nachgeben.*

► *Willigkeit*

*Ein Reitpferd sollte so ausgebildet werden, dass es allen Anforderungen, denen es ausgesetzt wird, zwanglos und willig entspricht. Jedermann kann ein Pferd mit Zwangsmitteln zeitweilig gefügig machen. Es ist ein Zeichen guter Horsemanship, ein Pferd zu dominieren, ohne dass es Anzeichen von Angst, Widerstand oder Unwillen zeigt.«*

► **Praktische Tipps alter Meister**
Goethe schreibt: »Leicht kann der Hirt eine Herde Schafe vor sich hintreiben; der Stier zieht seinen Pflug ohne Widerstand; aber dem edlen Pferde, das du reiten willst, musst du seine Gedanken ablernen, du musst nichts Unkluges, nichts unklug von ihm verlangen.«

Arnold »Chief« Rojas schreibt in »Vaqueros und Buckaroos«:

»Natürlich wird ein Reiter schneller die Meisterschaft über ein Pferd erlangen als ein anderer, aber alle müssen sie zuvor selbst lernen. Jeder, der Pferde reiten will, muss sich zunächst das Verständnis für die Pferde aneignen, bevor er sie meistern kann. Um ein »Reinsman« zu sein, muss ein Mann die Fähigkeit besitzen, dem Pferd seine Wünsche und seinen Willen zu übermitteln. Es ist wahr, dass diese alten Vaqueros ihre Pferde für eine so lange Zeit ritten, dass die lernten, jede kleine Bewegung ihres Reiters zu verstehen. Als Resultat setzten sie die Wünsche ihres Reiters um, ohne dass der die Zügel noch benutzen musste.«

Stefan von Madáy schreibt in seinem Werk »Psychologie des Pferdes und der Dressur«, erschienen 1912:

»Die Dressur endet ebensogut wie die Erziehung damit, dass das Pferd Gewohnheiten annimmt, deren Sklave es nun bleibt. Das Pferd war von jeher ein Gewohnheitstier; die ganze Behandlung (Anm.: der Ausbildung) verfolgte bloß den Zweck, seine Reflexe und Instinkte abzuändern, und ihm an Stelle seiner alten Gewohnheiten neue anzulernen, aus denen der Mensch einen Nutzen ziehen könne. So ist das Pferd aus der einen Sklaverei in die andere gekommen.

Die meisten Ausbilder sind froh, dass sie es soweit gebracht haben; sie haben sich einen Sklaven erzogen, der treuer ist und sicherer seine Arbeit leistet, als jeder menschliche Sklave. Es gibt aber Pferdebesitzer, die einen willenlosen Sklaven nicht brauchen können. Haben sie sich einmal seiner Treue versichert, so beginnen sie mit einer **neuen Erziehungsarbeit:** Sie geben dem Pferd wieder seine Selbständigkeit, damit es auch seine höheren seelischen Kräfte freiwillig in den Dienst seines Herrn stellen könne. Diese Nach-Dressur oder Gegen-Dressur, die von Krane (Fr. von Krane, Anleitung zur Ausbildung der Kavallerieremonten, ersch. 1870) »Entwöhnung« genannt wird, entspricht vollkommen jener letzten Stufe der menschlichen Erziehung, die auf die Befreiung des Zöglings von der väterlichen oder Lehrer-Autorität hinzielt.«

Er zitiert den Obersten v. Krane mit folgenden Worten:

»Die Angewöhnungen erhalten durch die militärisch geordnete Form Nahrung und sind zum Teil nicht zu vermeiden. Das Kleben an anderen Pferden und das Gehen aus Gewohnheit und ohne Hilfen sind, dieses für die Dressur und jenes für den praktischen Gebrauch, sehr störend. Man kann nicht früh genug dagegen einwirken. Man muss jede Weise hervorsuchen, die Reihenfolge der Lektionen zu ändern, ungleiche Bewegungen von den verschiedenen

Pferden gleichzeitig machen zu lassen usw. Namentlich muss man durch Reiten in aufgelöster Ordnung und durch Einzelreiten, sobald die Pferde dem Zügel und Schenkel folgen, dem Kleben entgegenarbeiten. ... Freireiten ist das Wiedergewinnen der bedingten Selbständigkeit des Pferdes. Es ist die Ausbildung des Pferdes ... zu selbst gewählter Aktion behufs Überwindens von Hindernissen. ... Man hat bisher (Anm.: während der Grundausbildung) andauernd auf den Gehorsam des Pferdes eingewirkt und demselben von Moment zu Moment Haltung und Fußsetzung, Gangart und Tempo vorgezeichnet. Man hat jeden Tritt überwacht und es unausgesetzt auf das strengste bevormundet. Das Pferd hat dadurch seine Selbständigkeit derart verloren, dass es für jede Tätigkeit die Anleitung und die Einwirkung des Reiters erwartet. Die Schulreiter werden sich derartiger unselbständiger Wesen bedienen können. ... Die Kampagnereiter sind in einer anderen Lage. Bei dem wechselnden Terrain, das sie durcheilen müssen, bei einer Tätigkeit des Reiters, welche vielfach von der Beschäftigung mit dem Pferd abzieht, bei Situationen, welche Einwirkungen des Reiters unmöglich machen, tritt häufig die Notwendigkeit hervor, die Selbständigkeit des Pferdes, die Klugheit, die Energie und selbst die Anhänglichkeit desselben an die Person des Reiters in Anspruch zu nehmen.

**... Das Soldatenpferd darf somit nicht tote Maschine sein.**

Es muss bei aller Achtsamkeit auf die Hilfen und bei vollem Gehorsam vor denselben doch zu einer gewissen Selbständigkeit erzogen werden. Lassen wir ein Tier frei, das uns noch nicht als seinen Herrn kennen lernte, wollen wir den Meister spielen, ehe wir die Mittel gewonnen haben, unseren Willen durchzuführen, so machen wir das Tier eigenwillig. Haben wir es unterworfen und geben es nicht wieder frei, dass es nach seiner Art unseren Willen erfüllen kann, fahren wir fort, ihm im Dienstgebrauch, wie wir es beim Zureiten taten, Tritt vor Tritt vorzuschreiben, dann müssen wir ihm stets nicht nur unseren Willen, sondern auch die Art zeigen, wie es demselben nahe kommen soll. Es bleibt ewig unmündig. ...

**Wollen wir es mündig machen, so müssen wir ihm Freiheit und Erfahrung geben.«** von Krane

Ich habe diese Texte an das Ende dieses Teils gestellt, um aufzuzeigen, wie sehr sich das Gedankengut und die praktischen Erfahrungen von guten Pferdeleuten aus unterschiedlichen Epochen und Kulturkreisen in ihren Grundlagen doch ähnlich sind.

Es ist heute populär, von unterschiedlichen Reitweisen zu sprechen. Ja, viele gehen noch weiter und stellen fest, dass Methode und Techniken, Einwirkungen und Reaktionen total verschieden, ja widersprüchlich sein müssen, wenn unterschiedliche Reitweisen praktiziert werden. Dabei übersieht man aber, dass ein Pferd ein Pferd bleibt. Und die Grundlagen der Erziehung und Ausbildung zum Reitpferd müssen zunächst den gleichen Prinzipien folgen, will man den Bedürfnissen des Pferdes gerecht werden. Vor dem praktischen Verwendungshintergrund wird dann eine spezialisierte Weiterschulung sinnvoll. So wie man früher in Europa zwischen Kampagnereiterei (Gebrauchsreiterei beim Militär), Schulreiterei oder »Hoher Schule« unterschied, so mag man heute zwischen Freizeit, Dressur-, Western- oder iberischer Reitweise unterscheiden. Doch die Grundlagen für eine pferdegerechte Grundausbildung orientieren sich an den natürlichen Voraussetzungen, die Pferde mitbringen, bevor sie lernen, sich wie Reitpferde zu verhalten.

Ich habe aus meiner Sicht der Dinge und aus meiner praktischen Erfahrung heraus in diesem Buch Wege aufgezeigt, diesem Ziel zuzuarbeiten. Dabei habe ich die Grundausbildung zum Reitpferd in den Vordergrund meiner Überlegungen und Anleitung gestellt. Wenn Sie so wollen, habe ich aufgezeigt, welche Bedürfnisse des Pferdes im Zuge der Ausbildung berücksichtigt werden sollten, damit sie erfolgversprechend

durchgeführt werden kann. Nicht tiefer eingegangen bin ich auf die Reittechnik, also darauf, wie Sie Ihre Einwirkungen in Form von Hilfen technisch korrekt und funktional auf das Pferd übertragen, welche Fehler dabei häufig unterlaufen und wie diese durch Selbstkorrektur vermieden werden können. Im nächsten Teil dieses Buches werde ich Ihnen diese Thematik näherbringen und weiterführende Lektionen detailliert aufzeigen, mit denen Sie Ihr Pferd in seinen Fertigkeiten vollkommener machen.

Ich möchte diesen Teil mit den Worten von Arnold »Chief« Rojas beschließen:

»Ein Lehrer kann seinem Schüler zeigen, wie die Zügel zu halten sind, wie er im Sattel sitzen sollte, wie er den Zügel an den Hals des Pferdes zu legen hat, damit das Tier eine Wendung ausführt; aber er wird nicht in der Lage sein, ihn zu lehren, wie er mit dem Pferd kommunizieren kann. Das hat der Schüler selbst zu erlernen, eine Beziehung (Seelenverwandtschaft) mit dem Pferd kann nicht gelehrt werden!«

Grund- und Aufbaukurs
Westernreiten

# VAQUERO!

Ich traf ihn an einem dieser Morgen, wie man sie nur im damaligen Südkalifornien etwa um 1900 erleben konnte. Es war im späten Februar nach einem Regen. Die Sonne war warm und alles ringsherum war grün. Ein dichter Teppich von kniehohem Gras bedeckte die Costa-De-Castilla-Hügel am Rande des San-Gabriel-Tales. Die Orangenbäume blühten und der intensive Duft von »azahar« (Orangenblüte), den die Mauren Spaniens Jahrhunderte zuvor so sehr geliebt hatten, hing in der satten, einschläfernden Luft. Das Grün der Bäume verschmolz mit den dunklen Schatten der Sierra Madre, deren höhere Gipfel mit Schnee bedeckt waren. Dieses Panorama Südkaliforniens, wie es während meiner Kindheit war, werde ich nie vergessen.

Er kam durch die »alfilieria« geritten. Aufrecht saß er in seinem Sattel mit dem hohen Horn, die Zügel hielt er feinfühlig zwischen den Fingern seiner linken Hand. Ich wusste, dass er ein *hijo del país* (»Sohn des Landes«), ein »*Californio*« spanischer Abstammung war. Sein bärtiges Gesicht war tief gefurcht und wettergegerbt, doch es hatte den Hauch von Adel, der so typisch war für die alten »*Californios*«.

Er ritt eines der edelsten Pferde, das ich je gesehen hatte, einen dunkel geäpfelten Kastanienbraunen ohne ein einziges weißes Haar am Körper. Sogar seine Hufe waren schwarz. Und obwohl ich noch sehr jung war und recht wenig von Pferden verstand, konnte ich doch die Qualität dieses Pferdes erkennen, während der alte Mann zu mir her ritt und bei mir anhielt. Er begrüßte mich in dem halb spöttischen Tonfall, den alle älteren Männer damals wählten, wenn sie zu Kindern sprachen.

»Hallo Vagabund, wie geht es Dir?« Ich hatte Verstand genug, in Respekt vor seinen grauen Haaren höflich zu antworten: »Onkel, ich kam, um zu sehen, wie Du Dein Pferd arbeitest.« Der alte Mann lächelte. Sein Pferd stand absolut regungslos, nur seine Ohren bewegten sich aufmerksam vor und zurück. Der alte Mann bewegte seine Füße ein wenig, so dass die Sporenkettchen mit leichtem Rasseln die Metalltrittflächen seiner Steigbügel berührten. Das Pferd war sofort hellwach und aufmerksam, seine Ohren wendeten sich rückwärts, um nur kein Signal seines Reiters zu verpassen. Ganz leicht hob der alte Mann die Zügel und drehte seine Hand aus dem Handgelenk ein wenig. Sein Pferd wirbelte auf der Stelle nach links herum. Der alte Mann drehte seine Hand zur anderen Seite, das Pferd wirbelte nach rechts und stand wieder regungslos. Der alte Mann hob seine Zügel wiederum ein wenig und schüttelte sie dabei etwas, das Pferd trabte rückwärts. Plötzlich lehnte der alte Mann sich etwas vor und augenblicklich sprang sein Pferd vorwärts und stoppte, als er die Zügel auf den Hals sinken ließ. Der alte Mann ritt das Pferd im Schritt etwa einhundert Meter von mir fort und wendete es dann zu mir. Regungslos verharrten beide für einen Moment, dann nahm er die Zügel ein wenig an und lehnte sich etwas vor. Das Pferd sprang sofort in einem schnellen Galopp an. Als der alte Mann auf meiner Höhe war, drückte er beide Schenkel ein wenig an das Pferd und hob die Hand mit den Zügeln leicht, ohne an ihnen zu ziehen. Das Pferd kam in einer Staubwolke gleitend zu einem Sliding-Stop. Hätte der alte Mann ein Glas Wasser in der Hand gehalten, so wäre kein Tropfen verloren gegangen, so weich glitten Pferd und Reiter durch das Manöver. Das war perfekte Harmonie, ein Pferd in absoluter Übereinstimmung mit seinem Reiter. Ich war zutiefst berührt von diesem Anblick.

Man sagt, wenn eine Person sich etwas besonders intensiv wünscht, dann betet sie. Wenn das wahr ist, dann betete ich dafür, dass ich eines Tages ein Pferd so handhaben und reiten könnte, wie es der alte Mann konnte.

Mit lose hängenden Zügeln hatte er nur seinen Körper und seine Beine eingesetzt, um sein Pferd mit weichen, rhythmischen und schönen Bewegungen gehen zu lassen. An dem Tag wurde ich der »Schatten« von *Andres Palomino*. »*Palomino*« ist ein alter kastilischer Familienname und hat nichts mit der Farbbezeichnung zu tun, die für gelbe Pferde gebräuchlich

ist. Er ist abgeleitete von dem spanischen Wort *paloma* (Taube).

Er setzte mich auf eines seiner Pferde und während ich neben ihm ritt, gab er mir knappe Ratschläge im Umgang mit Pferden. Er fasste sie in sparsamen, präzisen Regeln zusammen. Sie haben sich alle fest in meiner Erinnerung eingeprägt, denn schon damals habe ich alles aufgenommen, was ich über Pferde erfahren konnte. Dies sind einige dieser Merksätze, die er in der Zeit weitergab, während ich sozusagen »zu seinen Füssen saß« und etwas über Pferde lernte. Unsere maurisch-andalusischen Vorfahren hinterließen uns ein Erbe, welches alle *hijos del país* pflegen und in Ehren halten. Unsere Art zu Reiten ist immer noch die uralte Kunst der *jinetes* (Reiter), ein Reiten mit minimalen Gewichtsverlagerungen, dem Druck der Knie, der Platzierung der Sporen an der Seite des Pferdes; Einwirkungen, welche wir *ayudas* (Hilfen) nennen.

Dies waren seine Worte:

»Wenn Du lernst, Deinem Pferd mit *ayudas* (Hilfen) zu signalisieren, dann wirst Du nicht ständig an den Zügeln ziehen müssen. Dein Pferd wird nicht abstumpfen. Sein Maul wird sehr sensibel und nachgiebig bleiben.«

»Schule Dein Pferd am Morgen und nicht am Nachmittag. Am Morgen ist es noch nicht ermüdet, es kann noch trocknen, wenn es geschwitzt hat und muss nicht mit feuchtem Fell über Nacht stehen. Außerdem sind die Sonnenstrahlen am frühen Morgen noch horizontal. Wenn ein Reiter noch nicht feinfühlig genug ist, um mit seinem Sitz die Bewegungen seines Pferdes zu erfühlen, so kann er den Schatten seines Pferdes beobachten. Daran kann er erkennen, wann die Beine des Pferdes in der richtigen Position sind und seine Hilfen entsprechend geben.«

»Es gibt keine dummen Pferde, es gibt nur dumme Reiter, und wenn ein Mann sagt, ein Pferd sei nicht gut, so ist es, weil der Mann nicht gut ist!«

»Wer Pferde reitet, sollte stets daran denken, dass
- die Kunst, Pferde kontrolliert und willig zu leiten, Jahrhunderte alt ist. Nur der Zweck hat sich geändert, nicht die Methode.
- Der Gebrauch von Gebissen und Zäumungen nach exakten Regeln und Prinzipien der Mechanik von den Mauren eingeführt wurde, welche die Kunst des Reitens »*a la jinete*« nach Spanien brachten.
- Gute »Reinsmen« stets alte Leute sind.
- Es keinen Ersatz für Geduld bei der Pferdeausbildung gibt.
- Wann immer ein Pferd nicht tut, was der Reiter möchte, das Pferd seinen Reiter nicht versteht!«

Erzählt von Arnold R. »Chief« Rojas

Reiten verstehen

# Reiten verstehen

▶ **Westernreiten – aber richtig!**
Diese Geschichte, die uns etwa 100 Jahre zurückführt, habe ich aus mehreren Gründen an den Anfang dieses Teils gesetzt. Zum einen dokumentiert sie in anschaulicher Weise den Ursprung und die Ideale der Reitweise, die wir hier und heute »Westernreiten« nennen. Arnold »Chief« Rojas, den ich Anfang der achtziger Jahre in Kalifornien in hohem Alter noch kennen lernte, war ein fantastischer Zeitzeuge und Historiker der »Altkalifornischen Vaquero-Tradition«.

Aus dieser Tradition hat sich, begleitet von anderen Einflüssen, die Arbeits- und später Sportreiterei entwickelt, die man gemeinhin hierzulande als Westernreitweise bezeichnet. Ich gebe diese Erzählung an dieser Stelle aber auch wieder, weil ich fest davon überzeugt bin, dass Sie, liebe Leserinnen und Leser, der Erzähler dieser Geschichte und ich selbst etwas Wesentliches gemeinsam haben. Nun werden Sie vielleicht verwundert Ihre Stirne runzeln und widersprechen. »Unmöglich!« höre ich Sie sagen: »Ein alter Kali-fornier, der in seiner Jugend als Vaquero gearbeitet hat, ein Pferdetrainer, der 80 Jahre später Pferde für Freizeitreiter anreitet und ausbildet, und ich selbst, die (oder der) doch ›nur‹ einem Hobby nachgeht, da kann es keine wesentliche Gemeinsamkeit geben.« Doch halt! Bevor Sie weiter protestieren, fragen Sie sich einmal, ob da nicht auch bei Ihnen am Anfang ein **Traum**, eine Vision oder ein Vorbild war? Ich glaube, jeder Reiter hat zu Beginn seines reiterlichen Engagements solch einen Traum. Daraus erwächst die Motivation, den Weg des Lernens zu beschreiten, das Bedürfnis, »besser zu werden« oder »es richtig zu machen«. Man hat ein Bild vor Augen, dem man zustrebt, und sei es noch so fern und unrealistisch. Dieses Wunschbild lässt die meisten Reiter ein ganzes Leben nicht mehr los.

Um Ihnen zu helfen, Ihrem persönlichem Wunschbild vom »besseren Reiten« etwas näher zu kommen, habe ich dieses Buch und die dazugehörigen DVDs geschaffen. Die darin gesammelten Gedanken resultieren aus meiner

Erfahrung aus mehr als 30 Jahren, gesammelt bei meiner Kurs- und Seminartätigkeit auf unserem Betrieb »Goting Cliff«, bei Gastkursen überall in Deutschland und in den europäischen Nachbarländern.

Wenn Pferdeleute und Reiter zu mir Kontakt aufnehmen, so höre ich häufig die Aussage: »Ich möchte besser werden!« oder »Ich möchte richtig Westernreiten lernen.« In Bezug auf die erste Aussage habe ich keine Probleme und kann mit Überzeugung antworten, dass ich zuversichtlich bin, Hilfestellung leisten zu können.

Wer besser im Westernstil reiten möchte, der muss daran arbeiten, besser zu reiten. Besser reiten lernen, das heißt:

▸ Danach zu trachten, ein Pferd immer weniger zu behindern, zu stören oder zu irritieren. Erst damit erhält das Pferd überhaupt eine Chance, dem Reiter seine **natürlichen Anlagen** zur Verfügung zu stellen.

▸ Ein klares und simples **Verständigungssystem** (häufig »Hilfen« genannt) anzubieten, welches vom Pferd auch verstanden werden kann.

▸ Die gemeinsame **Balance** zu verbessern.

▸ Das **Gefühl** für feinere, leichtere und sparsamere Signale zu entwickeln, jedoch angemessen energisch und präzise einzuwirken, wenn Aufmerksamkeit oder Mitarbeitsbereitschaft verloren gehen.

## Westernpferde-Zuchtverbände und Westernreitvereinigungen

▸ *Zuchtverbände:*

| | |
|---|---|
| *Deutsche Quarter Horse Ass.* | *(DQHA)* |
| *Appaloosa Horse Club Germany* | *(APHCG)* |
| *Paint Horse Club Germany* | *(PHCG)* |

▸ *Überregionale Reitverbände:*

| | |
|---|---|
| *Erste Westernreiter Union* | *(EWU)* |
| *National Reining Horse Ass.* | *(NRHA)* |
| *National Cutting Horse Ass.* | *(NCHA)* |
| *National Snaffle Bit Ass.* | *(NSBA)* |

*Diese Vereinigungen sind in ihren Aktivitäten auf Deutschland beschränkt. Parallel richten die amerikanischen Mutterverbände zum Teil eigene Veranstaltungen aus.*

# Die Westernturnierdisziplinen für Reiter und Pferde der Rasseverbände

- Cutting
  Das Aussondern eines Rindes aus einer Herde
- Reining
  Die Manöver eines Rinderpferdes (Galoppzirkel, Fliegende Wechsel, Stops, Roll Backs, Turn Arounds und Rückwärts) in vorgegebenen Dressuraufgaben
- Working Cowhorse
  Prüfung in zwei Teilen: kontrolliertes Treiben eines Rindes und Reining-Aufgabe
- Team Penning
  Mannschaft (drei Reiter) sondert drei bestimmte Rinder aus einer Herde aus und treibt sie in vorgegebenem Zeitrahmen in einen kleinen Pferch
- Trail
  Im Rahmen eines Geschicklichkeits-Parcours Überwinden von Bodenhindernissen in drei Gangarten
- Western Pleasure
  Drei Grundgangarten auf den Hufschlägen in möglichst ruhiger und gleichmäßiger Form, Gruppenprüfung
- Western Horsemanship
  Reitstilprüfung, bestehend aus Einzelprüfung und Gruppenaufgabe
- Western Riding
  Dressuraufgabe mit Schwerpunkt auf den fliegenden Galoppwechseln
- Barrel Race
  Rennen um im Dreieck aufgestellte Tonnen, Einzelprüfung
- Pole Bending
  Slalomrennen um in Reihe aufgestellte Stangen, Einzelprüfung

▶ Den Bewegungstakt eines Pferdes in jeder Gangart oder in jedem Manöver zu erfühlen und im **Rhythmus** mit dem Pferd einzuwirken.

In Bezug auf die Erwartung, von mir etwas über »richtiges Westernreiten« zu erfahren, habe ich jedoch meine Probleme.

*Was richtig oder falsch ist, darüber kann es sehr unterschiedliche Meinungen geben.*

Nur im Bereich der Western-Sportreiterei mit ihren zehn Westernreitdisziplinen (in Europa) gibt es schriftlich fixierte Regeln, die in Regelbüchern zusammengefasst sind. Sie definieren, was in einer Turnierprüfung falsch und richtig ist. Diese Regeln sind wiederum von Reitverband zu Reitverband in Einzelbereichen unterschiedlich.

So gibt es zumindest für den Turnierbereich Regeln, die festlegen, was richtig oder falsch ist. Allerdings beziehen die sich nicht auf die Reittechnik, sondern nur auf Aufgabenstellung, Ausrüstung, Erscheinungsbild und Pferdeverhalten.

*Für den gesamten Bereich der Reiter- und Pferdeausbildung gibt es keine »Vorschriften«, die definieren würden, was falsch oder richtig ist.*

Die Gestaltung dieser Bereiche und die daraus resultierende Verantwortung ist individuelle Sache jedes Einzelnen. Ein solches System ist für Amerikaner eine Selbstverständlichkeit.

Diese Situation verwirrt den Reiter hierzulande jedoch häufig, weil er daran gewöhnt ist, dass alles bis ins Detail geregelt und vorbe-

> *Regeln, die festlegen, was richtig oder falsch ist, beziehen sich nicht auf die Reittechnik, sondern stets nur auf Aufgabenstellung, Ausrüstung, Erscheinungsbild und Pferdeverhalten. Sie sind für die Reitsportveranstaltungen der einzelnen Vereinigungen in Regelwerken zusammengefasst. Für die Ausbildung von Reiter und Pferd gibt es keine allgemein verbindlichen, schriftlichen Richtlinien.*

stimmt ist. Ich beschränke mich deshalb darauf, zu diesem Thema im Bedarfsfalle auf die einzelnen Turnierregeln hinzuweisen oder aber die weit verbreiteten und gebräuchlichen Methoden, Techniken und Definitionen zu benennen.

Dabei bleibt die Entscheidungsfreiheit und die Verantwortung für die Wahl der Mittel und Wege jedem Reiter selbst überlassen. Ich möchte für meine Person nicht den Anspruch erheben zu sagen, was »falsch« oder »richtig« ist. Ich beschränke mich darauf, Empfehlungen auszusprechen, die sich aus meiner Erfahrung heraus als sinnvoll und förderlich erwiesen haben. Dabei orientiere ich mich an den Prinzipien allgemein gültiger Grundsätze der Reittechnik.

▶ **Gute Reittechnik – was ist das?**
Noch niemals zuvor haben sich so viele Menschen hierzulande so intensiv mit dem Reiten befasst, wie das gegenwärtig der Fall ist. Noch niemals zuvor gab es für jedermann zugänglich so viele unterschiedliche Pferderassen und Reitweisen oder Reitstile zur Auswahl.

Auf dem Turnier-
platz ist eine opti-
male Verständigung
mit dem Pferd eine
wichtige Vorausset-
zung für gute Be-
wertungen.

Die Flut der Informationen in Medien, Veranstaltungen und Lehrangeboten ist unüberschaubar und verwirrend. Es ist selbstverständlich geworden, pauschalierend von verschiedenen Reitweisen zu sprechen wie z. B. von der Iberischen, Barock-, Western-, Wanderreitweise.

Im herkömmlichen Reitsport nach FN-Richtlinien spricht man von Klassisch-, Dressur- oder Englischreitweise, um nur einige Begriffe zu nennen. Darüber hinaus haben einzelne Pferdeleute ihre ganz persönlichen Ansichten über das Reiten oder die Arbeit mit Pferden formuliert und zu einer »persönlichen Reitweise« dekla-

riert. Wenn wir uns nun eine einzelne »Reitweise« anschauen, so können wir zum Teil gravierende Unterschiede in der Ausführung und in den reiterlichen Aktivitäten schon innerhalb der jeweiligen »Reitweise« erkennen.

Beim Westernreiten zum Beispiel hat eine extreme Spezialisierung in den einzelnen Sportdisziplinen stattgefunden. Reiter und Pferd sind so einseitig in ihrer Ausbildung und Leistung geworden, dass für viele ein vielseitiger Einsatz kaum mehr möglich ist. Entsprechend einseitig hat sich die Reittechnik in den Spezialbereichen entwickelt. Für den Einsteiger in die Thematik des Westernreitens ist das eine sehr verwirrende und manchmal sogar irreführende Situation.

Häufig entsteht der Eindruck, als gäbe es gravierende Unterschiede im funktionalen Verhalten eines Reiters, je nachdem, welche »Reitweise« oder Reitdisziplin er praktizieren möchte. Dabei übersieht man allzu leicht, dass Reittechnik

> ▶ Reittechnik ist das Verhalten des Reiters auf dem Pferderücken, durch das er dem Pferd seine Gedanken, Vorstellungen, Wünsche und Forderungen in Bezug auf dessen Bewegungsverhalten vermittelt. Sie ist Kommunikation mit Hilfe von Körperkontakten.

Ein gehorsames Pferd an leichten Hilfen zu dirigieren, das wünscht sich jeder Reiter.

nicht Selbstzweck ist, sondern sich aus dem optimalen Zusammenspiel von Pferd(-ekörper) und Reiter(-körper) beinahe zwangsläufig ergibt.

*In allen Reitweisen wird als Ideal angestrebt, dass der Reiter mit dem geringsten Kraftaufwand, im **dynamischen Gleichgewicht**, im Rhythmus und im Einklang mit dem Pferd und dessen Bewegungen einwirkt. Die Körperhaltung, die er auf dem Pferd einnimmt, ist von entscheidender Bedeutung dafür, ob er seine einzelnen Körperteile koordiniert, zwanglos, locker und dynamisch einsetzen kann.*

Dieses harmonische Zusammenspiel (im Idealfall) beider

## Den Prozess des Lernens möchte ich an folgendem Beispiel erläutern:

*Sie möchten in einer unbekannten Großstadt vom Bahnhof in einer bestimmten Straße in ein bestimmtes Haus. Sie nennen einem Taxifahrer die Adresse, und er fährt Sie hin. Später möchten Sie mit dem eigenen Fahrzeug zur gleichen Adresse. Sie wissen natürlich nicht, wie Sie dorthin finden sollen. Von der Taxifahrt her können Sie sich nicht mehr erinnern. Außerdem sind Sie damals vom Bahnhof gefahren, diesmal kommen Sie aus einer anderen Richtung. Sie bitten am Stadtrand einen Taxifahrer, Sie zu Ihrem Zielort zu lotsen.*

*Einige Zeit später müssen Sie wieder dorthin. Sie versuchen aus der Erinnerung denselben Weg zu fahren wie zuvor, als Sie gelotst wurden. Sie können sich an einige Passagen gut erinnern, doch dann wird es verwirrend, Ihre Erinnerung versagt und Sie verlieren den Weg.*

*Schließlich mussten Sie sich seinerzeit, als Sie gelotst wurden, auf den Verkehr, den Taxifahrer vor Ihnen und auf den Versuch, sich markante Punkte einzuprägen, konzentrieren.*

*Nun kaufen Sie sich einen Stadtplan an der nächsten Tankstelle. Jetzt bekommen Sie etwas Übersicht über die Struktur der Stadt, ein Gefühl dafür, in welchem Stadtteil Sie sich befinden und wo Sie hin müssen. Sie prägen sich die wichtigen Hauptverkehrsstraßen ein, die Sie zum Zielpunkt führen und erreichen nun Ihr Ziel selbstständig. Ab jetzt können Sie Ihren Zielpunkt ohne fremde Hilfe erreichen und benötigen bald keinen Stadtplan mehr.*

*Ich vergleiche den Reitunterricht, bei dem der Reitlehrer dem Schüler jede Bewegung diktiert mit der Taxifahrt, das Lotsen entspricht dem Blocksystem in Kursen und Seminaren, und die Unterstützung des Lernens durch theoretische Hintergrundinformation und sinnvolle Planung entspricht dem Beispiel mit dem Stadtplan.*

*Will man seine Reittechnik, d. h. Bewegungstechnik verbessern, so beschränkt sich das Lernen nicht nur auf das Abspeichern theoretischer Zusammenhänge, man muss auch das Gefühl für die Bewegungsabläufe erwerben. Ein gut geschultes Pferd erleichtert diesen Prozess.*

Körper mit dem Ziel, eine funktionale Einheit zu bilden, zeigt in der Praxis je nach Ausbildungsstand von Reiter und Pferd entsprechend vielfältige Facetten der Unzulänglichkeit.

Solche häufig **grobmotorischen**, steifen und durch Krafteinwirkung geprägten reiterlichen Aktionen sind nicht nur für den Betrachter unästhetisch, sie stören vor allem das funktionale Zusammenwirken von Pferd und Reiter. Jeder Reiter wird anfänglich mit dem **Kompromiss** leben müssen, solch unbefriedigenden Zustand für eine Weile zu tolerieren. Mit entsprechend hilfreicher Anleitung und durch die dazu gehörende Reitpraxis kann er an der Verbesserung und Optimierung seiner Haltung und der daraus resultierenden Einwirkungen arbeiten. Durch systematische Übungen wird er die gewünschten Bewegungen automatisieren und sie werden ihm mit fortschreitender Praxis zur zweiten Natur.

Hierzulande wird häufig von der Reitkunst gesprochen und die Messlatte für pferdegemäßes Reiten von einigen »Puristen und Verfechtern der klassischen Reitlehre« sehr hoch angelegt. Ich kann Ihnen aus Erfahrung Mut machen, liebe Leserinnen und Leser: Sie müssen nicht im Schweiße Ihres Angesichts zwanzig Jahre durch eine »harte Schule« gehen, um pferdegerechtes, sicheres und kontrolliertes Reiten zu erlernen. Ein bis zwei Jahre regelmäßiges und sinnvolles Üben unter kompetenter Anleitung auf einem entsprechend gefestigten Pferd reichen in der Regel, um mit Freude an der Sache und ohne Nachteile für Pferd und Reiter die Fähigkeiten zu erwerben, die für Sie als Freizeitreiter ausreichend sind. Voraussetzung ist allerdings, dass Sie von und mit einem ruhigen, sicheren und in den Grundlagen solide ausgebildeten Pferd lernen können.

▶   **Wie lernt man Reiten?**

Vor 25 Jahren hätte man diese Frage mit einer Standardantwort beantworten können: »Gehen Sie in einen Reitverein und nehmen Sie Reitunterricht.« Heute gestaltet sich die Beantwortung nicht so simpel, das hat unterschiedliche Gründe.

Zum einen ist da die schon erwähnte Vielfalt der Reitweisen. Zudem legen sich immer mehr Menschen ein Pferd zu und denken erst im Anschluss daran, auch Reiten zu lernen. Andere Pferdefreunde ohne eigenes Pferd akzeptieren einen Unterricht, wie er verbreitet in Reitvereinen gegeben wird, nicht mehr. Sie empfinden ihn als nicht zeitgemäß genug. »Zu große Gruppen, schlechte Schulpferde, unhöflicher Umgangston, wenig Sachinformation, zu wenig individuelle Schulung, zu risikobehaftet, Ängste können nicht abgebaut werden«, das sind nur einige der Argumente, die zur Begründung für die Ablehnung dieses Systems angeführt werden.

Ich will hier nicht bewerten, ob sie gerechtfertigt sind, sondern stelle nur fest, dass ich sie immer wieder höre. Eines haben die meisten Hobby- und Freizeitreiter gemeinsam: Es fehlt ihnen an theore-

Fein Reiten ist auch für Späteinsteiger möglich: Ex-Nationalfussballspieler Horst Hrubesch auf »Bando«

tischen und praktischen Voraussetzungen, um befriedigend, locker, sicher und kontrolliert zu reiten. Ein Lernsystem und ein entsprechend geschultes Pferd, mit dem sie über einen Zeitraum von ein bis zwei Jahren arbeiten könnten, fehlt auch. So experimentieren sie mehr herum, als dass sie planvoll und konsequent an der Verbesserung ihrer Fähigkeiten arbeiten würden.

In monatlichem Rhythmus erscheinen die Pferdezeitschriften mit den Kurzanleitungen. DVDs und Bücher, Kurse und Seminare, Messen und Schauvorführungen werden angeboten; eine Flut von Anregungen, die dazu verleiten, mal dies und mal das »auszuprobieren«. Doch dieses Experimentieren ist für Pferde und Reiter gleichermaßen verwirrend und kaum geeignet, einen konstruktiven Lernprozess zu fördern. Wesentliche, fundamentale Grundlagen bleiben auf der Strecke, Effekte und Tricks geraten in den Vordergrund, Vertrauen zwischen Pferd und Reiter wird auf solche Weise nicht gefördert, sondern häufig wird das Gegenteil eintreten.

> *Reiten lernen heißt: Fühlen lernen!*

*Um effizient zu lernen, sollte man einem (bewährten) System folgen.*

Besonders für Reiter mit eigenem Pferd haben sich zwei Lernwege meiner Meinung nach bewährt:

▶ Unter ständiger Anleitung eines Lehrers, Trainers oder Übungs-

leiters regelmäßig mindestens wöchentlich in kurzen Übungseinheiten von 1/2 bis zu einer Stunde üben.

▶ In größeren Abständen (mehrere Wochen oder evtl. Monate) in Schwerpunktblocks von einigen Tagen komprimiert in Form von Kursen oder Seminaren unter Anleitung eines Trainers oder Ausbilders arbeiten, Neues aufnehmen, Älteres überprüfen, wiederholen und festigen und mit einem Arbeitsprogramm für die Zeit bis zum nächsten Lernblock autodidaktisch daheim weiter arbeiten.

▶ **Ein persönlicher Lernplan**
»Reiten lernt man nur durch Reiten!« – Diesen Spruch haben Sie vielleicht auch schon einmal gehört und natürlich ist sehr viel Wahres daran. Doch es gehört mehr dazu, als nur regelmäßig auf dem Pferd zu sitzen, um die eigene Reittechnik zu verbessern. Dafür sind die vielen tausend Reiter ein Beweis, die schon lange reiten, aber dennoch nur sehr mittelmäßige Fähigkeiten entwickelt haben.

Ich empfehle Ihnen, das Lernen nicht dem Zufall zu überlassen. Stellen Sie sich Ihren persönlichen Lernplan auf. Er gibt Ihnen die Möglichkeit, mit System zu arbeiten und Lernfortschritte objektiv zu bewerten. Beginnen Sie damit, sich möglichst realistisch über Ihren aktuellen Fähigkeitsstand ein Bild zu machen und ihn zu bestimmen. Stellen Sie sich mit Hilfe einer Checkliste die Frage: »Wo stehe ich, was kann ich wirklich?«

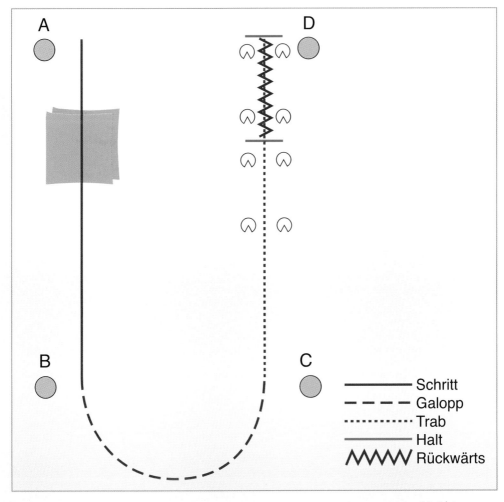

A

D

B

C

— Schritt
- - - Galopp
············· Trab
— Halt
MWWW Rückwärts

Beispiel einer
einfachen Prüfungs-
aufgabe

Ein Test hilft Ihnen dabei! Bauen Sie sich selbst eine Reitprüfung zusammen.

Sie könnte wie folgt aussehen: Exakt an Marker (Pylon) A im Schritt anreiten, in einer geraden Linie über eine kleine Brücke, Plastikplane oder Ähnliches ohne Abweichung von Linie oder Gangart nach Marker B, dort aus dem Schritt im Linksgalopp angaloppie-ren, einen halben Zirkel Galopp, am Marker C flüssiger, weicher Gangartwechsel zum ruhigen Trab, am Marker D aus dem Trab promptes Anhalten und 10 Sekunden verharren (alle vier Hufe bleiben am Fleck), dann zwei Pferdelängen gerade rückwärts und Halt.

Dies wäre z. B. ein einfacher Basistest mit klaren Vorgaben. Bitten Sie einen Freund oder eine

Es ist hilfreich, sich einen präzisen Lernplan zu gestalten, das Platzieren von Markern dient der Orientierung.

Freundin, bei jedem Manöver ein Plus zu machen, wenn es sauber und exakt ausgeführt wurde, jedoch ein Minus immer dann zu vermerken, wenn die geringste Abweichung von der Aufgabenstellung in Linienführung, Gangart oder Ausführung festzustellen war.

Lassen Sie abschließend mit einem Plus oder Minus bewerten, ob der Gesamteindruck, den Sie mit Ihrem Pferd abgaben, Leichtigkeit, Sicherheit und Harmonie ausstrahlte oder ob es mehr gezwungen, widerwillig und verkrampft aussah.

So oder ähnlich können Sie sich selbst über Ihren aktuellen Stand ein relativ neutrales und treffendes Bild machen. Es wird deutlich werden, wo noch Defizite und Schwächen vorhanden sind und wo Sie schon solide Resultate erreicht haben. Klappt dieser Test im **vertrauten** Umfeld, so stellen Sie sich dem gleichen Test an einem **fremden Ort**, z. B. Gelände, benachbarte Reitanlage usw. Erst unter solchen (ungewohnten) Bedingungen wird sich zeigen, ob Sie Ihr Pferd wirklich kontrolliert reiten können, oder ob es daheim nur einer gewohnten Routine folgt und Ihnen unter Stress seine Aufmerksamkeit und präzise Mitarbeit verlorengeht.

Haben Sie Ihren **aktuellen Ausbildungsstand** festgestellt, so werden Sie sich über Ihr **Fernziel** klar (erinnern Sie sich, wir alle haben einen Traum, eine Vision oder ein Vorbild). Nachdem Sie diesen Schritt getan haben, ist es wichtig, sich realistische, **umsetzbare Nahziele** zu setzen, denen Sie konkret zuarbeiten können. Legen Sie hier die Messlatte nicht zu hoch an, indem Sie Ihre Möglichkeiten überschätzen.

*Planen Sie lieber mehrere leicht umsetzbare Etappenziele in kleinen Schritten.*

Setzen Sie sich auch einen ungefähren Zeitplan, in dem Sie Ihre Nahziele erreichen möchten. Stimmen Sie zum Schluss Ihren Plan mit Ihrem Trainer oder Übungsleiter ab und hören seine Meinung dazu.

Stellen Sie sich abschließend die Frage, inwieweit Ihr Pferd in positivem Verhalten gefestigt und kooperativ ist und auf verständliche Forderungen mitarbeitet. Hat es eventuell durch falsche Behandlung oder falsches Reiten schon negative Verhaltensmuster oder Reflexe erworben, so würde das einen Lernfortschritt sehr erschweren oder unmöglich machen. In einem solchen Falle wäre es sinnvoll, das Pferd zunächst einem **kompetenten** Fachmann zur Korrektur anzuvertrauen.

*Ein verdorbenes oder widerwilliges Pferd ist ein schlechter Lehrer, ein freundlich vertrauensvolles jedoch der beste, den Sie bekommen können.*

▶ *Wenn Sie Unterricht oder Anleitung von einem Reitlehrer oder Ausbilder bekommen, so denken Sie immer daran: Sie lernen nicht, um Ihren Lehrer zufriedenzustellen oder um von ihm gelobt zu werden. Sie lernen für sich und Ihr Pferd. Scheuen Sie sich nicht, »Fehler« zu machen, diese helfen Ihnen, besser zu werden. Nobody is perfect! Es gibt immer noch ein nächstes Mal.*

Haben Sie all diese Punkte Ihres Lernkonzeptes berücksichtigt, so bleibt mir nur noch eine Empfehlung.

### ▶ Sinnvolle und logische Lerninhalte

Nachdem Sie Ihren generellen Lernplan in Zusammenarbeit mit Ihrem Trainer vorbereitet haben, wenden Sie sich der praktischen Umsetzung zu. Auch dabei gibt es einiges zu bedenken. Ihr Trainer und Sie werden sich an »Lernvorlagen« orientieren. In der Regel sind das Bücher, Anleitungen, DVDs und das, was man anderen abgeschaut hat.

Kurz gesagt, Sie übernehmen vieles, was andere zuvor formuliert oder praktiziert haben. Damit übernehmen Sie aber auch unbewusst all die Unzulänglichkeiten, Fehlinterpretationen und Missverständnisse, die den anderen zuvor unterlaufen sind. *Im Klartext: Sie übernehmen die Fehler anderer und machen Sie zu Ihren eigenen, ohne es zu merken!*

Dieses Verfahren ist unter Reitern leider weit verbreitet. Erkennen Sie die Problematik rechtzeitig, so können Sie auch darauf einwirken und verhindern, dass Ihr persönliches Lernen durch diesen Umstand behindert oder erschwert wird. Sie werden dabei möglicherweise auf Widerstände oder Proteste stoßen. Lassen Sie sich nicht irritieren. Es ist Ihre Zeit, Ihr Geld, Ihr Pferd und Ihr Vergnügen, um das es geht.

Die Formen des Reitunterrichts sind vielfältiger als je zuvor. Kurse und Seminare sind für viele Reiter eine bevorzugte Lernform geworden. Der Ausbilder demonstriert und erläutert die Themen.

Die Reitschüler üben unter individueller Anleitung in kleinen Gruppen.

Es fällt häufig leichter, eine neue Übung zu erlernen, wenn die korrekte Anführung in einzelnen Phasen gezeigt und erklärt wird.

*Nichts ist frustrierender als nach einer längeren Zeit des Lernens festzustellen, dass man sich systematisch Fehler anerzogen hat und zur Gewohnheit werden ließ. Nichts ist schwieriger als umlernen zu müssen, alte Gewohnheiten abzulegen und durch sinnvollere, neue zu ersetzen.*

### ▶ Die Terminus-Falle!

In meiner langjährigen Praxis bin ich zu der Überzeugung gelangt, dass kaum etwas mehr Verwirrung unter Reitern stiftet, als die Verwendung von »Fachbegriffen«. Eigentlich wurden sie geprägt, um bestimmte, komplexe Zusammenhänge in kurzen, knappen »Formeln« zusammenzufassen.

Jeder Fachbereich hat seine eigene »Fachsprache«. Und da Reiten in Deutschland sich fast ausschließlich aus militärischen Traditionen entwickelt hat, hat man es mit besonders vielen Termini oder Fachbegriffen zu tun. Sie sind der Umgangssprache entlehnt, haben aber eine ganz andere Bedeutung bekommen, als es der Begriff selbst ausdrückt.

Nehmen wir zum Beispiel den Begriff: »Das Pferd legt sich auf den Zügel.« Stellt man sich diese Aussage bildlich vor, so sieht man vor seinem geistigen Auge ein Pferd, dass sich niederlässt, um sich auf einen am Boden befindlichen Lederriemen zu legen. Das ist mit dieser Aussage natürlich nicht gemeint. Vielmehr will man damit zum Ausdruck bringen, dass ein Pferd mit der Muskelkraft seiner Hals-/Kopfmuskulatur mit dem Unterkiefer gegen das Gebiss

drückt, um sich gegen dessen Einwirkung zu schützen oder dass es mit seiner gesamten Körpermasse in Richtung seiner Vorderbeine ins Ungleichgewicht gekommen ist und aus diesem Grund gegen das Gebiss drückt.

Ich könnte Dutzende weiterer Beispiele bringen, die alle ein hohes Potential an Fehlinterpretationen in sich tragen. *Ursprünglich wurden Pferdeleute in einem Umfeld groß, in dem sie über fast lebenslange Erfahrung und unter kompetenter Anleitung lernten, Situationen und Fachbegriffe richtig miteinander zu verknüpfen.*

Doch heute ist die Situation derer, die Reiten lernen oder sich weiterentwickeln möchten, eine komplett andere. Ich kann im Rahmen dieses Buches nicht auf alle »Termini-Fallen«, wie ich sie nenne, eingehen. Doch einige, meiner Meinung nach sehr wichtige, Fachbegriffe möchte ich kurz erläutern.

### ▶ Hilfen

Damit sind die vom Reiter ausgehenden Körperkontakte und Einwirkungen auf ein Pferd gemeint, die dem Pferd den reiterlichen Willen vermitteln sollen. Mit ihrer *Hilfe* vermittelt man dem Pferd, wann, wo, in welchem Tempo und in welcher Haltung (wie) es laufen soll. Leider werden die Einwirkungen in der täglichen Praxis häufiger zwingend als helfend eingesetzt.

*Nicht alles, was ein Reiter als »Hilfen« bezeichnet, hilft dem Pferd wirklich!*

> *Hilfen sollen dem Reiter helfen, sich mit*
> *dem Pferd zu verständigen.*
> *Sie vermitteln drei W's:*
> *Wann? Wo? Wie?*

### ▶ Anlehnung

Damit ist der Kontakt mit den Zäumungs- und Gebissteilen gemeint, die an Maul und Kopf des Pferdes Druck ausüben können. Die Intensität der jeweiligen Druckkontakte an den verschiedenen Druckpunkten wird von den Reiterhänden über die Zügel als Bindeglied bestimmt. Über das notwendige Maß dieser Druckkontakte und die daraus resultierenden Körperreaktionen des Pferdes gibt es recht unterschiedliche Meinungen zwischen Reitern unter-schiedlicher Reitweisen, Reitstilen und Grundeinstellungen.

### ▶ Annehmen (der Zügel)

Damit ist ein Druckaufbau über die Zügel an den Zäumungs- und Gebissteilen gemeint. Diese Gebiss- und Zäumungsbewegung sollte so bemessen sein, dass sie beim Pferd nachgiebige Reaktionen hervorruft, nicht aber Verkrampfung oder Gegenspannung. (Druck erzeugt Gegendruck!)

### ▶ Treiben

Damit sind reiterliche Einwirkungen über Stimme, Sitz, Schenkel, evtl. Gerte, Zügelende etc. gemeint, die eine Aktivierung der Bewegungsmotorik des Pferdes bezwecken.

> Unter Reitern werden sehr viele Fachbegriffe verwendet. Häufig werden sie sehr unterschiedlich interpretiert.

### ▶ Entspannen (das Pferd)

Damit ist diejenige reiterliche Einflussnahme über alle Einwirkungsmöglichkeiten gemeint, die das Pferd motiviert, sich mental vertrauensvoll und zwanglos in einen Bewgungszustand zu begeben, der eine natürliche Muskeldehnung und Abspannung ohne Verkrampfung oder Verspannung zur Folge hat. Dabei soll es aber nicht erschlaffen, lustlos oder träge sein.

### ▶ Gerade sitzen

Damit ist die dynamische reiterliche Haltung gemeint, die es dem Reiter erlaubt, auf dem sich bewegenden Pferd statisch-dynamisch sein Gleichgewicht auf dem Pferderücken zu halten. Dabei soll es ihm möglich sein, sein Gewicht sowohl zentriert im Sattelsitz wie auch in den Steigbügeln abzustüt-

zen, und die Beweglichkeit aller **Gelenke** soll erhalten bleiben.

### ▶ Loser Zügel

Damit ist die Zügelhaltung beim (ausgebildeten) Westernpferd gemeint, mit der ein Minimalkontakt durch das Zügeleigengewicht zum Maul erhalten bleibt, der ausreicht, um feine Signalkontakte über (minimalen) Gebisskontaktdruck zu vermitteln.

### ▶ Die Kunst des Loslassens

Nach dem Sie sich mit einigen gebräuchlichen Fachbegriffen und deren Sinngehalt befasst haben, sollte der nächste Schritt folgen: die Umsetzung in die Praxis. In diesem und den nächsten Kapiteln möchte ich Ihnen aufzeigen, welche Hürden sich Ihnen in den Weg stellen können, wenn Sie Ihr

Im Gleichgewicht mit dem Pferd zu sein, das ist eine wichtige Voraussetzung für ein harmonisches Miteinander.

Zur Verbesserung des Körpergefühls und der eigenen Losgelassenheit eignen sich Übungen, bei denen man mit einzelnen Gliedmaßen einfache Körperbewegungen ausführt.

Lernkonzept in der Praxis umsetzen wollen. Und natürlich zeige ich Ihnen später auch noch bewährte praktische Übungen auf, mit denen Sie diese im Allgemeinen auftretenden Schwierigkeiten überwinden können. Die Erfahrung aus vielen Kursen, Seminaren und Unterrichtsstunden hat mir gezeigt, dass ein wesentliches praktisches Problem weit verbreitet ist und einen zügigen Lernprozess erschwert:

Die meisten Reiter können nicht **loslassen**. Was heißt das genau?

► Sie können sich nicht von vorgeprägten Ansichten lösen.
► Sie können sich nicht entspannen, mental und physisch.
► Sie können ihre Hände an den Zügeln nicht beweglich halten, sondern halten sie unverändert an einem Punkt fest.
► Sie können ihre Beine nicht locker und unabhängig voneinander an unterschiedlichen

Kontaktpunkten an der Pferdeseite platzieren.

▸ Sie können bei einer nachgiebigen (richtigen) Reaktion des Pferdes auf einen Körperkontaktdruck nicht sofort für einen Moment nachgeben, um dem Pferd die Richtigkeit seines Handelns (Belohnung) zu vermitteln.

▸ Sie können nach einer hochkonzentrierten Arbeitsphase nicht rechtzeitig »abschalten« und eine angemessene Entspannungsphase anbieten.

Wenn Sie in nur einem der genannten Punkte während Ihrer Übungseinheiten »nicht loslassen« können, so bedeutet das eine Blockade oder zumindest eine Störung im Lernprozess. Bevor Sie also in Ihrem Lernprogramm an aktive Übungseinheiten mit Ihrem Pferd herangehen, prüfen sie anhand der obigen 6-Punkte-Checkliste, ob Sie »loslassen« können. Prüfen Sie es zu Beginn jeder Übungseinheit. Sie benötigen nur wenige Minuten auf dem im Schritt gehenden Pferd dafür.

▸ **Verständigung durch Signale (Hilfen)**

Eine weitere Hürde im Lernprozess ist das mangelnde **Bewusstsein** darüber, dass sich der Reiter mit seinem Pferd nur über (Körper) **Signale** verständigen sollte. Sie erinnern sich, das ist der komplexe Bereich, der unter dem Begriff »Hilfen« zusammengefasst ist.

*Jeder Reiter macht sehr früh die Erfahrung, dass er ein Pferd mit mechanischer **Krafteinwirkung** zeitweilig*

> *Verständigung geschieht durch Signale.*
> *Signale ergeben sich aus Körperkontakt in Form von Impulsen.*
> *Der Reiter sendet Impulse und empfängt die Rückmeldung in Form von Reaktionen des Pferdes.*
> *Kommunikation bedeutet Botschaften zu senden und zu empfangen.*

*dazu bringen kann, seinen Wünschen in etwa Folge zu leisten.* Daraus leitet er unbewusst ab, dass dieses System (Krafteinwirkung) ein Mittel zur Kontrolle des Pferdeverhaltens ist. Er wird in seiner Meinung und seinem Verhalten bestärkt, wenn er feststellt, dass viele **Reiter mit Vorbildfunktion** für ihn (Ausbilder, Trainer, erfolgreiche Sportreiter usw.) es ebenso machen. Er übersieht dabei aber, dass dieses System nur leidlich und mit **negativen Begleiterscheinungen** wie Verkrampfungen, Steifheiten und Gleichgewichtsstörungen funktioniert. Vor allem funktioniert es nur solange, wie ein Pferd, wenn auch meistens widerwillig, den Einschüchterungsmaßnahmen Folge leistet. Da es aber gegen seinen Willen und mit negativem Körpergefühl (Verspannung, Verkrampfung, Ermüdung oder sogar Schmerz) arbeiten muss, wird es nach und nach seine Mitarbeit verweigern. Es bedarf immer **intensiverer Einschüchterung**, um eine immer **widerwilligere Mitarbeit** zu erzwingen. Solche falsch behandelten Pferde bezeichnet man dann allgemein als »verdorben« oder »sauer«.

Sie sind von weniger routinierten Reitern nicht mehr gefahrlos

In den Bewegungsmanövern ist das Rhythmusgefühl des Reiters für eine abgestimmte Hilfengebung besonders wichtig.

zu reiten und auch von einem Routinier sind sie nicht kalkulierbar und zuverlässig einzusetzen. Wer sich dieser negativen, frustrierenden, stressigen Tendenz nicht aussetzen will, der widersteht rechtzeitig der Versuchung, mit Krafteinwirkung ein Pferd zur Mitarbeit bewegen zu wollen.

*Es bedarf keiner großen Sachkenntnis, um zu erkennen, dass ein zehn Zentner schweres Pferd einem Menschen, der nur etwa ein Sechstel des Gewichtes oder weniger hat, an Kraft weit überlegen ist.*

Ich empfehle deshalb: Stellen Sie sich rechtzeitig darauf ein, mit Ihrem Pferd zu **kommunizieren** und **nicht zu kämpfen**. Dauerzug oder -druck wird vom Pferd als unangenehme Belästigung oder Aggression empfunden, gegen die es sich **reflexartig** wehrt. Um diese automatische Reaktion zu vermei-

Die Verständigung zwischen Reiter und Pferd geschieht über Signale. Krafteinwirkung sollte in diesem System keine Rolle spielen. Kontrolle und williger Gehorsam können nur mental begründet werden.

den, sollten Signale (Signalhilfen) ein Kontakt mit Annehmen und Nachgeben, mit Anspannung und Abspannung sein, Impulse also, kein Dauerdruck.

Erfolgreiche **Kommunikation** über **Körperkontakt** kommt durch dosierte und präzise **platzierte Impulse** zustande.

*Gelungene Kommunikation bedeutet Botschaften zu senden und zu empfangen.*

Mit dem »Senden« haben die meisten Reiter weniger ein Problem, das »Empfangen« bereitet ihnen da schon größere Schwierigkeiten. Während der moderne, zivilisierte Mensch in seinem ureigenen, bevorzugten (verbalen) Kommunikationssystem, der Lautsprache, stets vermitteln und empfangen kann (auch wenn er meistens lieber redet als zuhört), so ist sein Tastsinn (das Körpergefühl) nicht geschult und nicht gewohnt, kommunikativ tätig zu sein, zu senden und zu empfangen.

*Sie müssen sich also erst einmal bewusst darauf einstellen, das Kommunizieren über Körperkontakte zu üben.*

Mit anderen Worten: Sie müssen auf dem Pferderücken fühlen lernen, das »Pferdegefühl« entwickeln. Widmen Sie diesem Teil Ihres Lernprogrammes genügend Zeit, bevor Sie sich Übungen zuwenden, die ein »funktionierendes Körpergefühl« für die Pferdebewegungen und -empfindungen voraussetzen.

**GLEICHGEWICHT** ▶ Um differenziert fühlen zu können, müssen die eigenen Muskeln locker sein.

Sind sie angespannt oder gar verkrampft, so ist das Fühlen nur eingeschränkt oder kaum noch möglich. Ist man zudem auch noch mental blockiert, d. h. auf Sendung eingestellt oder unsicher, so ist die Wahrnehmung für Körpersignale über das Körpergefühl sehr stark beeinträchtigt.

Ein Reiter, welcher sich der Pferdebewegung auf dem Pferderücken nicht aus einer ausbalancierten Haltung heraus anpassen kann, neigt dazu, sich mit Muskelkraft festzuhalten oder festzuklemmen. Er ist nicht mehr locker und kann weder differenziert einwirken (senden) noch fühlen (empfangen).

Als wichtigste Voraussetzung für Ihr beabsichtigtes Lernprogramm sollte Ihr Gleichgewicht auf dem Pferd in der Bewegung hergestellt sein. Hier stelle ich bei Reitern, die schon viele Jahre reiten, immer wieder bedeutende Defizite fest.

Prüfen Sie selbst, ob Sie einen dynamischen, harmonischen Sitz im Gleichgewicht ohne Steifheiten in der Muskulatur praktizieren können. Stellen Sie in diesem Bereich noch Unzulänglichkeiten fest, so empfehle ich Ihnen, daran ausgiebig im Rahmen **von Übungen zum passiven Reiten** zu arbeiten, bevor Sie sich einem aktiven Übungsprogramm zuwenden.

**FÜHLEN LERNEN** ▶ Haben Sie durch sinnvolle Übungen Ihre Haltung so weit verbessert, dass Sie in allen Gangarten angepasst, locker, ausbalanciert und dynamisch auf dem Pferd sitzen können, so beginnen

Nur aus einer optimalen funktionalen Haltung heraus kann der Reiter in jeder Situation mit seinem Pferd im dynamischen Gleichgewicht bleiben und fein abgestimmte Signale geben.

Sie, mit **einzelnen Gliedmaßen** einfache Körperfunktionen auszuführen. Das ist nicht so einfach, wie es sich in der Theorie anhört. Versuchen Sie es einmal.

Auf einem trabenden Pferd bewegen und positionieren Sie Ihren linken Arm so, dass Sie Ihre linke Hand drei Handbreit vor dem Widerrist auf den Mähnenkamm und an die Halsseite des Pferdes legen können, ohne den leichten Kontakt zu verlieren. Sie werden feststellen, dass es schon etwas Übung braucht, die Verbindung nicht bei jedem Schritt zu verlieren oder aber viel zu fest gegen den Pferdehals zu drücken bzw. den Kontaktpunkt am Hals ständig zu variieren. Erst wenn es Ihnen gelingt, sowohl mit jeder Hand wie auch mit jedem Bein individuell leichten Hautkontakt zum Pferd herzustellen und in der Bewegung am jeweils gleichen Fleck zu erhalten, können Sie das Körpergefühl für das Pferd in seinen einzelnen Körperteilen und Bewegungen entwickeln.

**RHYTHMUSBEWUSSTSEIN** ► Haben Sie mit Hilfe einiger sinnvoller Übungen diese Fähigkeit entwickelt, so werden Sie plötzlich feststellen, dass Ihr Pferd in den verschiedenen Gangarten jeweils einen unterschiedlichen Bewegungsrhythmus hat. Versuchen Sie, durch passiv angepasstes Reiten das Rhythmusgefühl zu vertiefen und in Ihren eigenen Körper aufzunehmen. Dafür gibt es wieder geeignete Übungen, die es Ihnen erleichtern, diesen Lernvorgang zügig und relativ unkompliziert zu durchlaufen. Der Rhythmus der Pferdebewegung ergibt sich aus den unterschiedlichen Bewegungsphasen der Pferdebeine in den verschiedenen Gangarten. Für Ihre Absichten ist es wichtig zu wissen, dass jedes Bein eine Stütz- und eine Schwebephase pro Schritt hat. Geben Sie zum Beispiel einen Schenkelimpuls, dem das Pferd seitlich weichen soll, so kann es das nur prompt ausführen, wenn Ihr Impuls in dem Moment gege-

In den verschiedenen Gangarten haben Pferde einen unterschiedlichen Bewegungsrhythmus.

ben wird, in dem das Bein, welches weichen soll, in der Schwebephase ist. Erwischen Sie den Moment, in dem es »stützt«, kann es die Körpermasse nicht verschieben und kann zwangsläufig Ihr Signal nicht sofort umsetzen, selbst wenn es dessen Sinn verstanden hat und eigentlich willig ist.

Unterläuft Ihnen dieses »falsche Timing« häufiger, so erziehen Sie Ihr Pferd systematisch zum Ungehorsam oder zumindest wird es nur sehr zäh und zeitverzögert reagieren können. Der Reiter ist in einem solchen Fall häufig der Meinung, sein Pferd sei »abgestumpft«, »faul«, »widerwillig« oder »unfähig«.

*Wer sein Pferd mit feinen Signalen dirigieren möchte, der muss das Körpergefühl für Einwirkungen abgestimmt auf die jeweilige Bewegungsphase der Beine entwickeln, also zuvor sein Rhythmusgefühl schulen.*

**HALTUNGSBEWUSSTSEIN** ▶ Haben Sie Ihr Rhythmusgefühl durch sinnvolle Übungen verbessert und verfeinert, so wissen und fühlen Sie, **wann** und **wo** Sie am Pferdekörper einwirken müssen, um **kommunikative Signale** zu geben und Reaktionen zu **erfühlen**.

Nun ist es an der Zeit, sich mit dem »**Wie**« zu befassen. Mit anderen Worten, Sie wenden sich jetzt der Aufgabe zu, präzise an bestimmten Stellen des Pferdekörpers Kontaktpunkte zu »besetzen«, um dort **differenziert** zu signalisieren (Druck und Nachgiebigkeit = Impuls) und die Reaktionen des Pferdes zu erfühlen. Um das in jeder Pferdebewegung mit beiden Hän-

den, beiden Beinen und dem Sitz gleichzeitig und koordiniert tun zu können, müssen Sie eine **funktionale Haltung** einnehmen, die Ihnen das ermöglicht. Das ist eine Haltung, aus der heraus alle Gelenke Ihres Körpers auf dem Pferd in der Bewegung beweglich bleiben.

*Mit anderen Worten: eine Haltung, aus der heraus Sie Ihre Arme, Beine und den Rumpf beliebig so positionieren können, dass Sie alle möglichen und nötigen Kontaktpunkte am Pferdekörper »besetzen« können. Nur aus dieser Haltung heraus können Sie informative Signale (Signalhilfen) in angemessener Dosierung und exaktem Timing (Rhythmus) koordiniert ans Pferd bringen.*

Gleichzeitig dürfen Sie dabei aber nicht das Gleichgewicht verlieren. Wir erinnern uns: Gleichgewichtsverlust = Verspannung und Verkrampfung = Blockaden = eingeschränkte Beweglichkeit!

Zum Glück für alle Reiter ist die **optimale funktionale Haltung** identisch mit der **optimalen Balancehaltung**. An seiner Haltung zu arbeiten, also **Haltungsbewusstsein** zu entwickeln, das ist für Reiter kein Selbstzweck. Erst aus einer optimalen Haltung zu Pferde lassen sich die Dinge erarbeiten, von denen wir träumen und die uns faszinieren.

▶ *Optimale funktionale Haltung und optimale Balancehaltung auf dem Pferd sind identisch.*

Ein Reiter, der sich genügend Zeit nimmt, seine Haltung auf dem

Pferd durch sinnvolle Übungen zu optimieren, schafft damit gleichzeitig die Voraussetzungen für

▸ sicheres, unverkrampftes passives Reiten,
▸ funktional präzise Signalgebung,
▸ ein optimales Körpergefühl für die Reaktionen des Pferdes,
▸ einen elastischen Sitz (schonend für Pferd und Reiter)
▸ einen harmonischen und ästhetisch schönen Anblick.

**KONZENTRATION UND MENTALE ENTSPANNUNG IM WECHSEL ▸** Um Ihr Haltungsbewusstsein, Ihr Rhytmusgefühl und Ihr Gleichgewicht auf dem Pferd zu verbessern, reiten Sie »passiv«, das heißt: nicht sendend, sondern empfangend. Wenn Sie das für einige Zeit regelmäßig in ruhigem Tempo und auf »großen« Linien üben, so werden Sie feststellen, dass Ihr Pferd sehr zufrieden, ausgeglichen, locker und entspannt wird. Das ist der Fall, weil es nicht ständigen (zum Teil unverständlichen) Forderungen ausgesetzt ist.

Mit anderen Worten: Da Sie sich auf sich selbst konzentrieren, hat das Pferd derweil »seine Ruhe« vor Ihren Aktivitäten. Es nutzt diese Zeit, um sich zu entspannen. Für Ihr zukünftiges Training empfehle ich Ihnen deshalb, stets Phasen der Konzentration für Pferd und Reiter im Wechsel mit Entspannungsphasen zu variieren. In welchem Rhythmus Sie das tun, das sollten Sie individuell, eventuell in Absprache mit Ihrem erfahrenen Ausbilder abstimmen. Wichtig ist, sich nie an einer

Übung »festzubeißen«, selbst wenn diese nicht nach Ihren Vorstellungen gelingen sollte.

*Es gibt immer noch ein nächstes Mal, »Nobody is perfect!«, erinnern Sie sich?*

▸ **Nicht irritieren, stören und behindern**

Wenn man als Reiter diese Erkenntnis umsetzt, so bedeutet das als Konsequenz: Man muss lernen, mit Kompromissen zu leben. Hier schaffen sich viele Reiter selbst ihre größten Hindernis in ihrem Lernprozess. Im Bestreben, »nichts falsch zu machen«, blockiert man sich selbst mental und körperlich so sehr, bis nichts mehr zufriedenstellend gelingt. Von einem Lernfortschritt kann in einem solchen Falle keine Rede mehr sein, vielmehr ist ein Stillstand eingetreten oder gar ein Rückschritt im Lernprogramm.

Je **aktiver** und **verbissener** ein Reiter sich mit Neuem auseinander setzt, um so weniger wird es ihm gelingen, Neues zu erlernen. Diese Situation verschlechtert sich noch, wenn ein Ausbilder oder gar Zuschauer hinzukommen.

Ich nenne in meinen Kursen solche Situationen, sie kommen natürlich regelmäßig vor, **SVF-Situationen**, das bedeutet: SCHNELL – VIEL – FALSCH! Wer mit seinem Pferd Übungen schnell, viel

▸ *Kaum etwas bildet mehr Vertrauen und motiviert ein Pferd nachhaltiger als ein Reiter, der sich bemüht, sein Pferd nicht zu irritieren, zu stören oder zu behindern.*

(häufig) und falsch wiederholt, bringt ihm bei, alles schnell und falsch zu machen und macht es dabei auch noch nervös und unsicher.

Ich empfehle zu solchen Gelegenheiten, die **LWR-Methode** (LANGSAM – WENIG – RICHTIG). Um diese Empfehlung umsetzen zu können, muss ein Reiter seine **Grundeinstellung** ändern. Ich bin zu der Überzeugung gekommen, dass die meisten Reiter ihren Pferden stets »**Vorschriften**« machen wollen. Sie fordern **Gehorsam**, erteilen **Befehle** und erwarten Mitarbeitsbereitschaft, ohne zuvor die Voraussetzungen für die Verständigung, Respekt und Vertrauen geschaffen zu haben. Natürlich haben solche Reiterinnen und Reiter auch kein Konzept, um ihr Pferd zu motivieren.

*Mit anderen Worten, sie fordern, ohne sich der Bedürfnisse ihres Pferdes bewusst zu sein und selbst etwas dafür zu tun!*

Um solches Reitverhalten zu korrigieren, empfehle ich Ihnen: Beginnen Sie damit, sich Ihrem Pferd zunächst anzupassen. Versuchen Sie, sich so zu verhalten, dass Sie es nicht **irritieren**, **stören** oder **behindern**!

In dem Maße, in dem Ihnen das gelingt, wird Ihr Pferd lockerer, fleißiger, besser ausbalanciert und elastischer gehen und Ihre Einwirkungen und Signale leichter umsetzen können.

Je besser es einem Reiter gelingt, sich seinem Pferd anzupassen, es nicht zu irritieren, zu stören oder zu behindern, desto feiner können seine Einwirkungen

werden und desto »besser« wird sein Pferd gehen.

▶ **Wie korrigiert man Fehler autodidaktisch?**

»Schön«, werden Sie sagen, »das hört sich ja gut an. Aber was ist, wenn man Fehler macht, die einem zwar bewusst sind, die aber schon so zur **Gewohnheit** geworden sind, dass sie einem **automatisch** immer wieder unterlaufen?«

Sie haben Recht, jeder Reiter hat sich mit diesem Problem immer wieder auseinander zu setzen. Um Abhilfe zu schaffen muss man sich des »Problems« zunächst einmal bewusst werden.

Hier ist es hilfreich, wenn man sich der konstruktiven Kritik **erfahrener** und **kompetenter** Reiter aussetzt. Sie können in der Regel Fehler in der Reittechnik erkennen. Ob sie aber diese Fehler auch für Sie verständlich erklären können und Ihnen hilfreiche und umsetzbare Korrekturanleitung geben können, ist nicht unbedingt sicher. Auch hilft es, wenn man sich Videoaufzeichnungen von den eigenen Reitaktivitäten kritisch anschaut.

> ▶ *Nachteilige Verhaltensweisen und Fehlhaltungen, die einem Reiter zur Gewohnheit geworden sind, können durch ein sinnvolles Korrekturprogramm auch autodidaktisch, also in Selbstkorrektur, in die gewünschten Verhaltensweisen umkonditioniert werden.*

Wichtig ist: Zunächst muss der Fehler erkannt werden. Ist das der Fall, so empfehle ich nicht pauschal und komplex an die Korrek-

Hat ein Reiter oder eine Reiterin erst einmal Defizite in der eigenen Reittechnik erkannt und unter Anleitung deren Korrektur gelernt, so kann auch autodidaktisch erfolgreich an der Verbesserung der Reittechnik weiter gearbeitet werden.

tur heranzugehen. Ein Beispiel: Sie haben einen Haltungsfehler, der sich nachteilig auf die Reaktionen des Pferdes auswirkt. Ich ermahne Sie: »Setzen Sie sich bitte gerade hin!« Das ist sicherlich im Ansatz gut von mir gemeint und nicht »falsch«, aber Sie werden der Anleitung kaum nachkommen können, obwohl Sie es gern möchten und sich Mühe geben. Damit Sie ein unerwünschtes Verhalten korrigieren können, müssen Sie sich erst einmal der **Einzelfunktionen** Ihres Körpers bewusst werden, dann **einzelne Bewegungsschritte** wiederholt verändern und sie dann erst zu einer **Bewegungskette** zusammenfügen.

Erst jetzt wird es Ihnen möglich sein, einen ganzen Bewegungskomplex neu zu automatisieren und ihn zukünftig in einem **Bewegungsablauf** umzusetzen. Dabei benötigen Sie dann nicht mehr den ständig begleitenden Kommentar eines Trainers, der die Korrekturanleitung »vorbetet«.

Es ist möglich, die Fähigkeit zu entwickeln, sich selbst zu korrigieren. Dazu muss zunächst die Grundeinstellung vorhanden sein. Dann wird das notwendige Körperbewusstsein erworben. Danach werden in sinnvollen Übungen einzelne Bewegungsschritte zu einer Bewegungskette zusammengefügt. Durch stete, regelmäßige Wiederholung wird ein neues, erwünschtes Bewegungsverhalten automatisiert.

▶ **Andere Reitweisen, verschiedene Disziplinen – unterschiedliche Reittechnik?**

Bis hierher, liebe Leserinnen und Leser, haben wir uns mit allgemein gültigen Prinzipien und Grundsätzen des Reitenlernens befasst. Der Titel dieses Buches lautet aber »Trainingsbuch Westernreiten«. Sie fragen sich vielleicht: Ist das Westernreiten denn nicht ganz anders als z. B. herkömmliches Reitern nach FN-Richtlinien (auch gelegentlich als englisch Reiten, klassisch Reiten oder Dressurreiten bezeichnet). Nun, ich bin der Meinung, dass es bis auf einige Unterschiede in Kleidung, Sattelung, Zäumung und Gebäude der Pferderassen keine **prinzipiellen Unterschiede** in den **Grundlagen** geben sollte. Zunächst geht es immer um eines:

*Ein Mensch und ein Pferd sollen zu einer harmonisch zusammenarbeitenden, funktionalen Einheit zusammenfinden. Die physischen und mentalen Bedingungen dafür sind prinzipiell gleich.*

Erst wenn sich im fortschreitenden Stadium der Ausbildung die Aufgabenstellungen präzisieren und dann auch spezialisieren, wird es individuelle Unterschiede zwischen Reitweisen, Reitstilen und Reitdisziplinen geben.

Ich bemühe gern den Vergleich mit dem Fahrrad: Es gibt große und kleine, solche mit Gangschaltung und solche ohne, leichte und schwere, geländetaugliche und Straßenflitzer, solche mit luftgefüllten Reifen, Hartgummireifen, hölzernen Speichenrädern und Holzscheiben als Räder. Es gibt die, auf denen man sitzt, solche, auf denen man liegt und welche, die im Stehen zu bewegen sind. Jedes wird sich etwas unterschiedlich bedienen lassen, aber die Prinzipien von **Balance** und **Bewegungsfunktion** sind immer gleich. Sie werden möglicherweise bei Ihrem Bemühen, »besser Reiten lernen« zu wollen auf eine vergleichbare Vielfalt an Möglichkeiten, Meinungen und Praktiken treffen, wie mein Beispiel mit den Fahrrädern das erahnen lässt.

Sie werden Mitreiter in großer Zahl treffen, die Ihnen erklären, dass eine ganz spezielle Technik oder eine Zäumung alle Probleme löst, Sie werden Trainer und Ausbilder treffen, die Ihnen erklären, dass es nur eine besonders »leichte« oder »natürliche«, »neueste« Methode gibt, Sie werden auf Turnieren und den Abreiteplätzen sehen, wie Reiter sehr »speziell« mit

Die Prinzipien
guten Reitens sind
universell.
Gutes Reiten ist
eine Lebensphilo-
sophie.
In seiner besten
Ausprägung ist es
eine Kunstform.
Hier der von mir
sehr geschätzte
Richard Hinrichs
auf »Untado«.

ihren Pferden umgehen und anschließend die Prüfung gewinnen.

Immer wenn Ihnen Zweifel kommen, ob die Dinge, die sich Ihnen präsentieren, auch für Sie geeignet sind, so lassen Sie sich nicht irritieren, »Back to the basics« ist meine Devise in solchen Fällen. »Zurück zum Prinzipellen, Fundamentalen, zurück zur Basis!« Erst, wenn Sie in grundlegenden Dingen wirklich harmonisch und kontrolliert mit Ihrem Pferd jederzeit und überall zurecht kommen, dann ist die Zeit gekommen, an Spezialisierung zu denken.

Es gibt viele Reiter, die meinen, Übungen und das Lernen im Bereich der fundamentalen Fähigkeiten »abkürzen« oder überspringen zu können. Sie möchten auf »den langweiligen Basiskram« verzichten. Die meisten, die so denken, finden sich auch in ihrem Spezialbereich plötzlich in Sackgassen wieder, aus denen es kaum oder nur mühselig ein Entkommen gibt. Und wir erinnern uns: Einmal angewöhnte Fehler lassen sich nur sehr schwer und zeitaufwendig korrigieren.

*Die Grundlagen funktional guten Reitens sind in allen Reitweisen und Disziplinen prinzipiell gleich.*

▶ **Gefühl für Körper und Wesen des Pferdes**

Bisher habe ich mich im Wesentlichen mit der Situation des Reiters befasst. In den nachfolgenden Kapiteln möchte ich einige grundlegende Gedanken zum Pferd formulieren. Der Begriff **Reittechnik** vermittelt leicht den Bezug zur **Mechanik**. Mechanik lässt uns unbe-

wusst an **Maschine** denken. Wer Reiter in ihren Gesprächen und Aktivitäten einmal sorgfältig beobachtet, der wird häufig feststellen können, dass sie von ihren Pferden immer wieder wie von Maschinen sprechen, die »so oder anders« zu »funktionieren« haben, wenn man diese oder jene »Hilfe« gibt. Hier liegt ein bedeutendes Problem, das dem betroffenen Reiter, wie so vieles, gar nicht bewusst ist. Das Pferd ist aber offensichtlich keine Maschine.

*Ein Pferd ist ein lebendes, fühlendes Wesen mit einem eigenen Willen und eigenen Bedürfnissen.*

Diesen Umstand sollte sich jeder Reiter immer wieder bewusst machen. Im ersten Teil dieses Buches habe ich mich umfassend mit dem **Wesen** des Pferdes, seinem natürlichen Verhalten und den daraus resultierenden Bedürfnissen in der Ausbildung befasst.

In diesem Kapitel streife ich diesen Aspekt nur kurz, obwohl er von **entscheidender Bedeutung** für den Reiter und seine Lernfortschritte ist. Ein Reiter muss nicht nur stets auf die körperlichen Belange eines Pferdes eingehen können, er muss auch dessen Instinktverhalten, Gewohnheiten und Empfindungen realistisch einschätzen können, wenn er Mitarbeitsbereitschaft, Verständnis und Gehorsam von ihm erwartet.

Ein unaufmerksames oder ängstliches Pferd zum Beispiel wird reiterliche Einwirkungen nicht richtig wahrnehmen. Eine Verständigung kann deshalb nicht zustande kommen. Doch nicht nur

Ein Pferd ist ein lebendiges, fühlendes Wesen mit eigenem Willen und eigenen Bedürfnissen.

das Wissen und das Gefühl für die Pferdepsyche ist Voraussetzung für ein harmonisches Miteinander, der Reiter sollte auch über Grundkenntnisse der Anatomie des Pferdes verfügen. Mit Muskelsystem, Skelett, Motorik, usw. sollte er sich zumindest soweit vertraut machen, wie seine reiterlichen Forderungen dem Pferd gegenüber das notwendig machen.

Wenn Sie als Reiter nicht fühlen können, wann Ihr Pferd ermüdet ist, wann es Muskelschmerzen, Blockaden oder Verspannungen hat, wenn Sie nicht fühlen, ob es Ihre Signale verstanden hat oder nicht, dann können Sie weder die Mitarbeit erwarten, noch können Sie entscheiden, ob Ihre Einwirkungen, Signale und Hilfen richtig gegeben wurden.

*Nur an der Reaktion eines Pferdes kann ein Reiter erkennen, ob seine Einwirkungen vom Pferd als Signale oder Hilfen verstanden wurden oder nicht.*

▶ **Die »Fünf Bausteine« des Pferdekörpers**

Um ein Pferd in Richtung, Tempo und Haltung beeinflussen zu können, platziert der Reiter über Zäumung, Gebiss, Zügel und mit den Schenkeln Druckpunktkontakte am Pferdekörper und gibt Impulse, denen das Pferd nachgeben oder weichen soll. Damit sowohl Pferd als auch Reiter ein besseres Verständnis für die Platzierung der Druckkontakte entwickeln können, unterteile ich ein Pferd in fünf Funktionsbereiche oder »Bausteine«. Zwischen den »Bausteinen« gibt es vier »Gelenke«.

Präzise formuliert: *Das Pferd ist vom Kopf bis zum Schweif über die Wirbelsäule, die aus einzelnen Wirbeln besteht, verbunden.* Jeder Wirbel ist mehr oder weniger beweglich mit dem nächsten verbunden.

Ich fasse bei meinen »Fünf Bausteinen« jeweils die Wirbelsäulenbereiche zusammen, die einen »Funktionsbereich« ausmachen. Von der Seite betrachtet unterteile ich ein Pferd in die »Fünf Bausteine« oder Funktionsgruppen:

1. Kopf
2. Hals
3. Schulter
4. Rumpf oder »Rippenkasten«
5. Hinterhand

Die Aufgabe eines Reiters ist es, mittels seiner Einwirkungen oder »Hilfen«:

1. Diese fünf Glieder oder »Bausteine« der Funktionskette Pferd in einer dynamisch zusammenwirkenden »Reihe« zu halten.
2. Das Pferd zu motivieren, einen »Baustein« wieder in die Funktionskette »einzugliedern«, wenn dieses Glied der Funktionskette sich verschoben hat und sie »verlassen« will. Beispiel: Das Pferd schiebt sich diagonal mit der Schulter voran von einer gedachten Linie weg, die Hinterbeine schieben die Körpermasse nicht mehr der Längsachse nach vorwärts.
3. Seine Kontaktpunkte so anzuordnen, dass das Pferd sich dazwischen positioniert und eine entsprechende Haltung annimmt, zum Beispiel in Form einer gleichmäßigen Längsbiegung. Mit Ihren »**Hilfen**« formen Sie um das Pferd einen »**Rahmen**«,

Die »Fünf Bausteine«
des Pferdekörpers

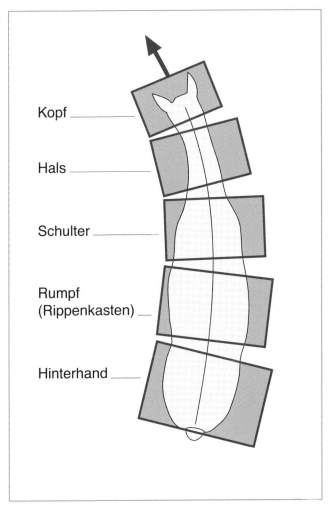

Kopf

Hals

Schulter

Rumpf
(Rippenkasten)

Hinterhand

in den es sich in einer entsprechenden »**Haltung**« einschmiegt.

Während Sie reiten, sollten Sie sich ein Gefühl dafür aneignen, stets sagen zu können, ob Ihr Pferd unter Ihnen mit seinen »Fünf Bausteinen« stets richtig positioniert ist, in »**richtiger Haltung**« geht.

▶ *Nur ein Pferd, welches sich in der Funktionskette seiner Körperteile gleichmäßig ausgerichtet bewegt (Haltung), wird die Aktion seiner Hinterhand optimal in Schub- oder Tragkraft umsetzen können und sich dabei stets im Gleichgewicht befinden. Nur ein solchermaßen gehendes Pferd wird vom Reiter kontrolliert werden können.*

Hat ein Pferd gelernt, sich sowohl in Längsbiegung als auch mit aufgewölbter Rückenlinie an leichten Hilfen unter dem Reiter zu bewegen, so kann dieser es durch sinnvolle Übungen gymnastizieren.

▶ **Die zwei »Goldenen Linien«**
Haben Sie das Gefühl für die sinnvolle »richtige« Anwendung dieses
Systems durch praktische Übungen erworben, so haben Sie die
Möglichkeit, Ihr Pferd räumlich-
territorial (**wo geht es?**) und bezüglich seiner Haltung (**wie geht es?**)
kontrolliert zu reiten. Nun ist es
an der Zeit, diese Fähigkeit zu nutzen, um das Pferd in einer bestimmten, **sinnvollen Haltung** auf
**vorgegebenen (gedachten) Linien**
präzise zu reiten.

Erst wenn man mit einem Pferd
systematisch und regelmäßig in
bestimmten Haltungen und auf
sinnvoll angeordneten Linien präzise reitet, wird es lernen, seine
Muskulatur engagiert und gezielt
einzusetzen. Es wird auf diese
Weise gymnastiziert. Es wird besser koordiniert, kräftiger, geschmeidiger und damit an immer
leichteren Hilfen auch schwierige
oder anstrengende Bewegungsabläufe mit Leichtigkeit ausführen.

Damit dieses Ziel erreicht werden kann, müssen alle Bewegungsabläufe so abgestimmt sein, dass
ein Pferd sowohl in der Längsbiegung wie auch in der horizontalen
Aufwölbung der Rückenlinie in
**gleichmäßig ausgerichteter Körper-
haltung** geht oder läuft.

Zum besseren Verständnis spreche ich von den beiden »Goldenen
Linien«. Wer sich das Gefühl dafür

Eine dem Pferd zu-
trägliche, gymnasti-
zierenden Arbeit ist
nur gegeben, wenn
der Reiter dessen
Bewegungsabläufe
so abstimmt und
beeinflusst, dass
es sowohl in seiner
Längsbiegung wie
auch in der horizon-
talen Aufwölbung
seiner Wirbelsäule
in funktional ausge-
richteter Körperhal-
tung geht oder läuft.

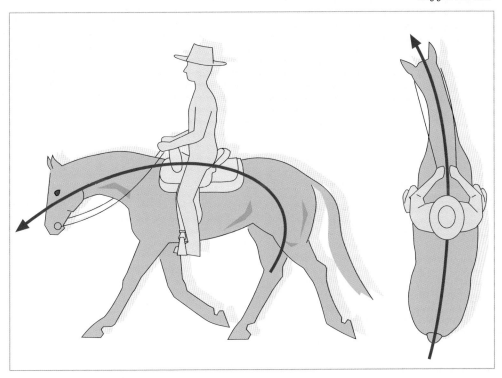

erarbeitet, zunächst die seitliche **Längsbiegung** in ausgerichteter Form und dann die **Aufwölbung der Rückenlinie** des Pferdes zu fördern, der wird sehr bald ein dynamisch, engagiert, locker und rhythmisch gehendes Pferd haben, das sich zunehmend besser ausbalanciert und beginnt, seine Hinterbeine immer näher und häufiger in Richtung Körperschwerpunkt unter den Körper zu setzen, es beginnt, sich **versammelt** zu bewegen.

*Gelingt es einem Reiter, mit seinen Einwirkungen, Signalen und Hilfen dem Pferd zu vermitteln, in Längsbiegung und Rückenwölbung abgestimmt zu gehen, so kann es durch Wiederholungsübungen seine Elastizität, sein Gleichgewicht und seine Muskelkraft entwickeln.*

► **Durch Form zur Funktion**

An diesem Punkte möchte ich meine Erläuterungen und Gedanken noch einmal zusammenfassen. Sowohl für den Reiter wie für das Pferd gilt: Durch **Form** zur **Funktion**! Erst wenn der Reiter gelernt hat, seinen Körper auf dem Pferd bewusst, gezielt und irgendwann automatisch in eine zweckmäßige Form zu bringen und dort zu halten, wird er zu funktionalen Einwirkungen fähig sein, die dem Pferd auch tatsächlich genau das über Signale vermitteln, was er beabsichtigt hat. Unterlaufen ihm dabei Fehler, so sendet er zwar eine Botschaft, durch einen **Übermittlungsfehler** kommt diese aber beim Empfänger Pferd falsch an und wird natürlich auch entsprechend falsch interpretiert und umgesetzt.

Ignorante Reiter sprechen dann von einem Fehler ihres Pferdes. Ihre reiterlichen Fähigkeiten werden sich nicht weiterentwickeln.

*Intelligente und lernbereite Reiter erkennen, wenn ein Missverständnis vorliegt! Sie variieren ihre Einwirkungen, bis diese für das Pferd verständlich sind und als »richtige Hilfen« erkannt und umgesetzt werden können.*

Sie verändern entsprechend ihr Einwirkungssystem und es wird in dem »Problembereich« kein Missverständnis mehr geben. Sie haben gelernt und sind besser geworden. An der Verbesserung der eigenen Reittechnik (Form) zu arbeiten ist deshalb nicht Selbstzweck, sondern Voraussetzung für eine Verständigung.

> ► *Man kann also sagen: Der Reiter hat es im wahrsten Sinne in den Händen (im Sitz und an den Beinen oder Schenkeln), wie sein Pferd läuft. Stimmt seine Form (Haltung), so stimmt auch die Form oder Haltung und damit das Bewegungsverhalten seines Pferdes.*

Auf das Pferd bezogen gilt der Grundsatz »Durch Form zur Funktion« ebenso! Nur ein Pferd, das sich in einer bestimmten Haltung bewegt, kann seine Muskeln, Bänder, Sehnen und das Skelett, seinen Bewegungsapparat also, in einer bestimmten, vom Reiter gewünschten Weise bewegen. Hat es nicht die ideale Haltung, so wird die Bewegungskette, die daraus resultiert, entsprechend weniger ideal abgestimmt, balanciert oder kraftvoll sein.

Ein Pferd kann seine Schub- und Tragkräfte nur dann optimal entfalten und sich im Gleichgewicht unter dem Reiter bewegen, wenn es mit den Hinterbeinen in die Spur der Vorderhufe tritt. Auf gebogenen Linien muss es dafür eine entsprechende Längsbiegung durch den ganzen Körper einnehmen.

## Die Formel »Durch Form zur Funktion« kann man wie folgt untergliedern:

Durch seine der Situation des Reitens optimal angepasste **Haltung** wird ein Reiter zuerst seine **Balance** auf dem Pferderücken wiederfinden.

Das ist Voraussetzung dafür, den eigenen **Bewegungs-Rhythmus** dem der Pferdebewegung anzupassen. Daraus erwächst das nötige Einfühlungsvermögen, das **Reitergefühl**.

Erst jetzt ist er in der Lage, funktionale Hilfen bewusst und gezielt zu geben und deren Wirkung zu bewerten. Damit erwirbt er das Verständnis für diese Zusammenhänge.

Durch Wiederholung solcher Vorgänge werden Bewegungsketten zur Gewohnheit. Ist die »richtige« effektive Hilfengebung zur Gewohnheit geworden, so bedarf es keiner geistigen und körperlichen Anstrengung mehr, »besser« einzuwirken und zu reiten, es wird das »richtige« Reiten bequem. Ist es erst bequem, so hat man ein Motiv, diesen Zustand zu erhalten.

Aus anfänglich unbequemem Lernen gelangt man letztlich zu bequemem »besserem« oder »richtigem« Reiten.

▶ **Lässig – nicht nachlässig**

Ein Motiv für viele Reiter, sich der Westernreitweise zuzuwenden, ist die Annahme, diese sei leichter und einfacher zu erlernen als andere Reitweisen. Manche glauben gar, man »müsse gar nichts tun«, weil Westernpferde »alles selbstständig richtig machen«.

Diese Vorstellung resultiert zum einen aus dem Umstand, dass durch Aussagen und Kommentare einiger Repräsentanten des Westernreitens in Deutschland anlässlich von Vorführungen und Tur-nieren dieser Eindruck entstehen konnte. Zum anderen drängt sich dem Betrachter dieser Eindruck leicht auf, wenn er Westernreitern zusieht. Handelt es sich um einen »gut« reitenden Reiter, so sieht es tatsächlich aus, als würde der Reiter »nichts machen«, während das Pferd dennoch kontrolliert und präzise arbeitet. (So sollte gutes Reiten eigentlich immer aussehen, unabhängig von der Reitweise.)

Bei einem weniger gut reitenden Reiter kann man als Betrachter zu dem Schluss kommen, man würde mit passiv-nachlässigem Reiten durchaus auch »kontrolliert« reiten können. Leider sieht man nicht wenige »Westernreiter« auf diese Weise agieren. Und tatsächlich, die Pferde »funktionieren« bei oberflächlicher Betrachtung ja auch. Doch sie tun es widerwillig, der Reiter ist ihnen eine Last, er reitet »auf Kosten«

seines Pferdes. Das wird körperlich und mental davon auf die eine oder andere Weise Schaden nehmen. Das wiederum geht dann im wahrsten Sinne des Wortes auf Kosten des Reiters. Häufige Tierarztbesuche oder professionelle Hilfe bei der Korrektur von »Unarten« reißen Löcher in die Geldbörse.

Als Resultat guter Ausbildung kann man lässig, aber nicht nachlässig reiten.

Ich empfehle jedem, selbst zu entscheiden, ob er auf Kosten seines Pferdes sein Vergnügen haben möchte oder ob er durch verbesserte Reittechnik seinem Pferd das Leben als Reitpferd erleichtert. Diese Verantwortung liegt bei jedem Reiter selbst.

*Lässig, aber nicht nachlässig, ist die Devise. Lässig reitet man als Resultat sorgfältiger Ausbildung von Pferd und Reiter.*

*Nachlässiges Reiten ist Ausdruck mangelhafter Ausbildung und fehlendem Verantwortungsbewusstseins.*

In allen Reitweisen gilt das Ideal, mit dem geringsten Kraftaufwand im dynamischen Gleichgewicht, im Rhythmus und im Einklang mit dem Pferd und dessen Bewegungen zu bleiben.

Reittechnik erklärt

# Reittechnik erklärt

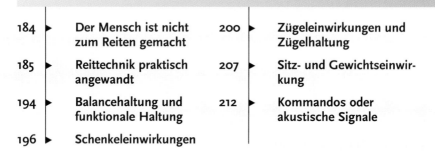
▶ **Der Mensch ist nicht zum
Reiten gemacht**

Dieser Gedanke drängt sich dem
Betrachter sofort auf, wenn er einem noch nicht so geübten Reiter
zuschaut.

Rein anatomisch betrachtet pas-
sen der lange, schmale Körper eines Menschen, dessen Körpermasse um eine senkrechte Linie angeordnet ist, und der fassförmige
Rumpf eines Pferdes mit seiner
Körpermasse um eine Längsachse
angeordnet so gar nicht als funktionale Systeme zusammen. Mir
fällt spontan immer das Bild einer
Wäscheklammer ein, die auf ein
Rohr geklemmt wird.

Sie muss sich mit genügend
Kraft anklammern, um nicht um-
zukippen und abzufallen. Genau
so versucht zunächst auch der
Mensch, auf dem Pferderücken
Halt zu bekommen. Doch seine
Kraft reicht bei spontanen oder
schnellen Bewegungen nicht aus,
um sich vor dem Fallen zu schützen und die Muskeln ermüden sehr
schnell und versagen ihren Dienst.

*Festgehaltene Muskeln, und seien
es nur einzelne, lassen alle Muskeln
des Körpers verkrampfen, blockieren
somit die Gelenke und berauben sie
ihrer Beweglichkeit.* Der Versuch,
sich mit Muskelkraft dauerhaft
auf einem Pferd zu halten, ist
deshalb zum Scheitern verurteilt.

Doch nicht nur die Muskulatur
ist nicht ideal für das Reiten, auch
das Skelett des Menschen ist für
den Zweck ungünstig gebaut.
Ideal wären z.B. extrem geformte
O-Beine, die sich wie eine Klam-
mer um den Rumpf des Pferdes
schließen könnten. Auch die auf-
rechte Wirbelsäule des Menschen
mit dem entsprechend proportio-
nierten Oberkörper ist nicht optimal. Ein sehr hoher Körperschwerpunkt sorgt für ein extrem instabi-
les Gleichgewicht. Die relativ un-
flexible Wirbelsäule kann die Be-
wegungsstöße, die vom Pferdekörper ausgehen, nur ungenügend
kompensieren. Ein wenig flexibles
Rückgrat und blockierte Gelenke,
bedingt durch festgehaltene oder
verkrampfte Muskulatur, verhindern das Bemühen, sich auszubalancieren, und ein koordiniertes
und einfühlsames Einwirken mit
einzelnen Körperteilen wie Beine,

Sitz und Hände (durch die Zügel und die Zäumung) wird unmöglich.

Möchte ein Reiter eine harmonische, unverkrampfte, ausbalancierte, angepasste und für das Pferd informative Reiterhaltung erwerben, sollte er sich zunächst einmal darauf konzentrieren, passiv und locker reiten zu lernen.

*Schenkt er dieser Phase seiner Ausbildung zu wenig Aufmerksamkeit, überfordert er sich selbst, weil er zu früh zu forsch oder zu fordernd reiten will. Er gewöhnt sich sehr schnell Fehlhaltungen an, die ihn sein ganzes weiteres Reiterleben begleiten und seine Möglichkeiten limitieren.* Oft erkennt er selbst dieses Problem nicht und auch im Reitunterricht können diese Fehlhaltungen nur ungenügend oder gar nicht modifiziert werden. Es handelt sich dabei um fest konditionierte Verhaltensweisen, Gewohnheiten und Reflexe, die sich hartnäckig festgesetzt haben. Und so sieht man häufig Reiter, die schon viele Jahre reiten, oft Jahrzehnte, und dennoch gravierende Haltungsfehler zeigen. Mit solchen **Fehlhaltungen** kann ein Reiter durchaus »erfolgreich« reiten, d. h. das Gefühl der Angst oder Unsicherheit weitestgehend abgelegt haben oder über Turniererfolge verfügen.

Doch die Fehlhaltungen verursachen viele **Missverständnisse** zwischen Reiter und Pferd. Ignorante Reiter neigen dazu, ihrem Pferd die Schuld für die Folgen der Missverständnisse zu geben und scheuen sich nicht, das Tier zu bestrafen oder Zwangsmaßnahmen anzuwenden, um das »richtige Verhalten« ihres Pferdes einzufordern.

*Der einsichtige Reiter wird sein Pferd nicht für seine eigenen Fehler büßen lassen, sondern sich selbst die Schuld geben.*

Damit kann er aber das Problem auch nicht lösen, da dessen Ursache weiter bestehen bleibt.

▸ *Wer eine Fehlhaltung erworben hat und das Übel bei der Wurzel packen möchte, der wird wieder zurückkehren müssen zum Lernschritt: »Passiv-angepasstes, lockeres Reiten«*
*Dort kann er dann die wichtigste reiterliche Voraussetzung für harmonisches, kraftfreies, zwangloses und pferdeschonendes Reiten erwerben: Die Fähigkeit, das Pferd nicht zu stören, zu behindern oder zu irritieren!*

Um Fehlhaltungen abzubauen und durch funktional sinnvolle und optimale Körperhaltungen auf dem Pferd zu ersetzen, benötigt der Reiter Anleitung. Sinnvolle Übungen, welche die natürliche Lernfähigkeit des Menschen nutzen, können ihm das Bewältigen dieses Lernabschnittes wesentlich erleichtern und in relativ kurzer Zeit zu überzeugenden Lernresultaten führen.

▸ **Reittechnik praktisch angewandt**
In meinen Kursen und Seminaren versuche ich stets, das Verständnis für die wesentlichen Aspekte der Reittechnik in möglichst simpler Form darzulegen. Dabei konzentriere ich mich darauf, das »notwendige Handwerkszeug« für den

## Die vier Stufen der reiterlichen Entwicklung

|  | passives Reiten | aktives Reiten |
|---|---|---|
| **Notwendige Voraussetzungen:** | Keine | Angstfreies, passives Reiten (nicht stören, behindern, irritieren) |
| **Lern-Situation:** | Reitbahn oder Longier-rund. An der Longe, später einzeln frei, stets unter Anleitung | Reitbahn Unter Anleitung und autodidaktisch. |
| **Pferd:** | Ruhiges, zuverlässiges Lehrpferd mit weichen Gängen. | Ruhiges, weich gehendes, sensibles gehorsames Lehrpferd. |
| **Einwirkungen:** | Nicht aktiv auf das Pferd einwirken. | Dem Pferd bekannte und gewohnte Standart-Hilfen anbieten. |
| **Ausbildungsziel-setzung für den Reiter:** | Entwickeln von: Balance, Rhythmus, Gefühl, Angstfreiheit, Sicherheit und Locker-heit. Nicht stören, nicht behindern, nicht irritieren. Sitzen und entlasten lernen | Entwickeln von einfachen, räumlich lenkenden und ersten, formenden Einwirkungen, Anspannungs- und Entspannungsübungen. Gefühl für Einwirkung und Reaktion; Dosie-rung und Platzierung erwerben. Das Gefühl für Raumaufteilung entwickeln und Voraus-denken (agieren) lernen. Sitz und Haltung verbessern |
| **Zielsetzung für das Pferd:** | Keine | Keine |

| formendes Reiten | korrektives Reiten |
|---|---|
| Passives und aktives Reiten, auch auf unkoordiniertem Pferd. Körperkoordination zu präziser Hilfengebung, Gefühl für den Körper, die Bewegung und die Emotionen des Pferdes. Theoretisches Wissen über Pferdeausbildung. | Formendes Reiten |
| Roundpen, Reitbahn, Gelände. Unter Anleitung und autodidaktisch, Einzelunterricht/Individualarbeit. | Roundpen, Reitbahn. Unter Anleitung oder Individualarbeit, selbstständig. |
| Junges, rohes **noch nicht ausgebildetes** Pferd. | Schon gerittenes Pferd mit gefestigten, unerwünschten Verhaltensmustern. |
| Individuelle Einwirkung mit klarem, simplen **System**, präziser Dosierung und Regelmäßigkeit. | Individuelle Einwirkung mit klarer Strukturierung, Dosierung und Regelmäßigkeit. Fähigkeit zu disziplinarischer Anwendung von Hilfen und Ausbildungsmitteln. |
| Erweitern des Erfahrungsspektrums in der Erziehung und Ausbildung junger Pferde. Feinabstimmung und Variationsspektrum der Hilfengebung erweitern. Dem Pferd Neues und Ungewohntes anbieten. Reaktionen analysieren, Varianten anbieten, durch präzise Nachgiebigkeit im richtigen Moment Belohnungserfahrung vermitteln. Lernen, auf Linien präzise zu reiten und dem Pferd Haltung durch »einrahmende« Hilfen zu vermitteln. Kontrolle über alle Bewegungen des Pferdes erlangen. | Erweiterung des vorhandenen Erfahrungsschatzes. |
| Das Pferd mental und körperlich schulen, gewünschte Verhaltensmuster durch Wiederholung und Belohnung festigen. Über Verständigung Respekt, Vertrauen und Kontrolle gewinnen. | Das Pferd von unerwünschten Verhaltensmustern mental und körperlich umkonditionieren. |

praktischen Gebrauch des durchschnittlichen Freizeitreiters zu vermitteln. Ich wähle dabei bewusst nicht die üblichen Fachbegriffe, die so gern zwischen Reitern ausgetauscht werden, weil sie sehr leicht zu unterschiedlichen Interpretationen verleiten.

> ► Ich versuche auch, mich in meinen Erklärungen auf das Wesentliche zu beschränken und folge stets in Theorie und Praxis dem Grundsatz:
> Vom Einfachen zum Schwierigen, vom allgemein Verständlichen zum Speziellen.

Komplexe Bewegungsabläufe oder Handlungen zerteile ich für den Lernvorgang in einzelne Schritte. So gliedert sich dann jede Handlung in einzelne, in ihrer Reihenfolge logische und koordinierte Teilfunktionen. Vom bewussten Handeln in wenigen, einfachen, langsamen Bewegungen gelangt man so sehr leicht und schnell zum automatisch richtigen gewohnheitsgemäßen Handeln.

Auf diese Weise lernen Reiter nicht nur, sich zu bewegen, sie lernen auch, wie und warum sie es tun. Sie können Fehlentwicklungen erkennen und sich selbst rechtzeitig korrigieren.

Siehe Seite 178

Aus dem Kapitel »Durch Form zur Funktion« kennen Sie, liebe Leserinnen und Leser, die Bedeutung der Begriffe:

Haltung – Balance – Rhythmus – Gefühl – Funktion – Verständnis – Wiederholung – Gewohnheit – Bequemlichkeit – Motivation (des Reiters).

Ihre logische und praktische Beziehung zueinander ist der Leitfaden für meine Arbeit sowohl mit Menschen als auch mit den Pferden.

> ► Ich bin zu der Erkenntnis gekommen: Für ein Pferd ist es nicht so wichtig, **was** ein Reiter auf seinem Rücken macht, sondern **wie** er es macht.

Ich möchte Ihnen diese Erkenntnis an Hand zweier Beispiele erläutern:

Ein Reiter hält die leicht durchhängenden Zügel mit den Fingerspitzen, hat aber dabei steife Arm-, Hand- und Fingergelenke. Er ist der Meinung, sehr behutsam und fein mit den Zügeln einzuwirken.

Sein Pferd fühlt jedoch durch den Kontakt des Gebisses zum Maulwinkel und durch die Zügel die festgehaltenen Armmuskeln (und Schultermuskeln) des Reiters. Außerdem fühlt es, dass der starr gehaltene Arm sich nicht dem Rhythmus seiner eigenen Körperbewegung (Kopfbewegung) anpasst. Es will sich schützen und trägt den Kopf deshalb mit festgehaltener Halsmuskulatur etwas höher, weil es sich nicht mit dem Maul an dem Gebiss stoßen möchte. Es kann sich nicht entspannen und fühlt sich unwohl.

Der Reiter ist der Meinung, reittechnisch alles richtig zu machen und die Zügel »fein« zu führen (Finger halten die Zügel). Er versteht nicht, warum sein Pferd dennoch starr und unnachgiebig im Hals reagiert und verhalten läuft.

Der Mensch ist nicht zum Reiten gemacht. Er muss erst lernen, sich mit seinem Körper in Haltung und Gleichgewicht dem Pferd anzupassen. Zu Anfang sind Übungen auf einem Pferd an der Longe zum Erlernen des passiven Reitens ideal.

Diese Reiterin übt, sich locker und unverkrampft um ihre senkrechte Achse zu drehen, eine Voraussetzung für späteres dynamisches Reiten.

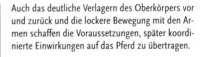

Auch das deutliche Verlagern des Oberkörpers vor und zurück und die lockere Bewegung mit den Armen schaffen die Voraussetzungen, später koordinierte Einwirkungen auf das Pferd zu übertragen.

Häufig ist es einer Reiterin oder einem Reiter nicht bewusst, dass durch Fehlhaltungen »falsche Reaktionen« des Pferdes verursacht werden. Ist die Ursache für solche »Fehlinformationen« erst einmal erkannt, werden auch viele Verhaltensweisen des Pferdes besser verstanden.

Eine typische Situation, wie sie in den Kursen immer wieder zu sehen ist: Ich lasse die Reiter untereinander im Rollentausch den einen das Gebiss mit geschlossenen Augen in die Hand nehmen, während der andere die geschilderte Zügelhaltung simuliert. Plötzlich wird jedem klar, wie sehr unterschiedliche Zügelführungen und feste oder lockere Muskeln und Gelenke das Gefühl beeinflussen, welches das Gebiss im Pferdemaul verursacht.

Der Reiter möchte seinem Pferd per Schenkeldruck vermitteln, mit Vorder- und Hinterbeinen seitwärts zu treten. Er drückt mit dem linken Bein gegen die Pferdeseite, dort wo sein Bein normalerweise liegt (etwa eineinhalb Handbreit hinter dem Ellbogen des Pferdes). Das Pferd reagiert nicht sofort, also drückt er verstärkt und setzt dabei vermehrt die Hacke ein. Er ist dabei nicht grob, spreizt sogar sein rechtes Bein ab, um dem Pferd dort Platz zum Ausweichen zu geben.

Sein Pferd fühlt Druck hinter dem linken Ellbogen, gleichzeitig fühlt es vom Sattel ausgehend Druckveränderungen, die es nicht genau zuordnen kann, deswegen zögert es mit dem Nachgeben. Nun fühlt es einen lästig-bohren-

Gewichts-, Schenkel- und Handeinwirkungen des Reiters oder der Reiterin sollen
stets zusammenwirken. Ihr koordiniertes Zusammenspiel muss geübt werden.

Möchte ein Reiter oder eine Reiterin ein Pferd vom Schenkel seitlich weichen lassen, so kann es zu Körperverspannungen kommen, die ihm oder ihr selbst nicht bewusst werden, das Pferd jedoch behindern, stören oder irritieren sie bei der Umsetzung der Hilfen.

den Druck an den Rippen. Vom Sattel ausgehend fühlt es Druckverschiebungen auf dem Rücken, die entstehen, weil der Reiter für den kräftigeren Schenkeldruck die Beinmuskeln vermehrt anspannt. Dabei zieht er, ohne es zu bemerken, die Hacke hoch. Auch lehnt er sich nach links, um besser drücken zu können. Dabei verspannt er diagonal die Bauch- und Rückenmuskulatur im unbewussten Bestreben, das Pferd von links nach rechts mit dem Sitz (Gewichtshilfen?) herüber zu drücken. Das abgespreizte rechte Bein lässt seine Oberschenkelmuskeln auf der Seite hart werden.

Das Pferd versucht dem Druck, dort wo er am Pferdekörper wirkt, nachzugeben. Doch es spürt Druck von links-vorn nach rückwärts an der linken Seite, gleichzeitig fühlt es, dass der Reiter sich nach links lehnt. Um diese Gleichgewichtsstörung auszugleichen, würde es gern nach links treten, das steht aber im Widerspruch zu dem Schenkeldruck, von dem es nach rechts weichend nur Druckentlastung erwarten kann.

Um die Verwirrung noch größer zu machen, fühlt es vom rechten Oberschenkel ausgehend einen starken Spannungsdruck auf der rechten Körperseite, welcher ein Weichen nach rechts behindern würde. Es fühlt sich unwohl und schlägt mit dem Schweif als Reaktion auf diese Empfindung, mit dem rechten Vorderbein macht es einen Schritt seitwärts, stößt mit dem Maul nach vorn, weil das Gebiss zu allem Übel auch noch dif-

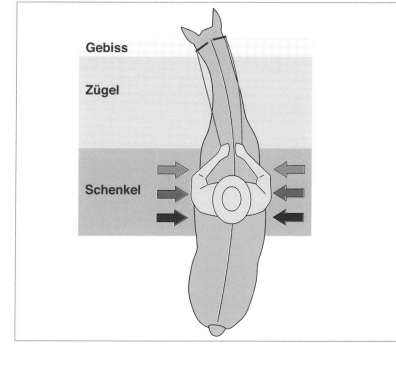

Der Reiter kann mit Kontakt in drei Zonen auf das Pferd mit seinen »Hilfen« einwirken. Am Kopf wirkt das Gebiss oder die Zäumung, am Hals wirken die Zügel und am Rumpf die Schenkel mit variablem Druckkontakt ein. Ein Reiter muss zunächst lernen, diese Einwirkungen koordiniert und dosiert anzuwenden. Dafür ist eine optimale »Funktionshaltung« die beste Voraussetzung.

fusen Druck auf beide Mundwinkel ausübt. Es spannt seine Muskeln am ganzen Körper, macht sich steif und versucht, sich aus dieser unbequemen Situation einfach heraus zu drängen. Diese Szene kommt auch in steter Konsequenz immer wieder vor. Der Reiter glaubt, »richtige Schenkelhilfen« gegeben zu haben. Er versteht nicht, warum sein Pferd so widerwillig reagiert. Erst wenn sich sein Bewusstsein für die eigenen, **tatsächlichen** Bewegungen und Körperregungen auf dem Pferd in entsprechenden Übungen entwickelt, wird ihm klar werden, warum sein Pferd so und nicht anders reagieren musste.

*Die Praxis zeigt, dass es beim Reiten beabsichtigte und unbeabsichtigte Einwirkungen geben kann.*

Ein Reiter sollte zunächst daran arbeiten, die ihm unbeabsichtigt unterlaufenden Einwirkungen zu erkennen. Gelingt ihm das, so kann er beginnen, diese **unbeabsichtigten** Einwirkungen zu **redu-**

▶ *Hat man als Reiter erst einmal erkannt, wie leicht es aus Fehlhaltungen zu Fehlinformationen kommt, so versteht man auch viele der Reaktionen eines Pferdes besser. Reittechnik ist zunächst nichts anderes, als im Detail Ursache und Wirkung an der Reaktion des Pferdes zu bewerten.*

Im »Schwebesitz« verlagere ich mein Gewicht hauptsächlich in die Steigbügel und auf die Innenseite der Oberschenkel. Mein Körperschwerpunkt muss dabei exakt über dem Steigbügelstützpunkt liegen, damit ich nicht vor oder zurück kippe. Aus dieser Balancehaltung kann ich die Hände an den Zügeln individuell bewegen, ohne mich abstützen zu müssen.

**zieren.** Das wird ihm nur in dem Maße gelingen, in dem er die Ursache der Fehlhaltung beseitigt.

Ein Reiter, der nur stoisch, mechanisch von seinem Pferd fordert oder es gar zu Aktionen zwingt, wird die von ihm ausgehenden Fehlinformationen nicht erkennen können. Er ist »nur auf Sendung eingestellt«. Der Reiter aber, der »auf Empfang eingestellt ist« und gefühlvoll, analytisch und in ruhigen Bewegungsabläufen mit seinem Pferd arbeitet, wird an der Reaktion des Pferdes jeweils erkennen, ob er verständlich und »helfend« eingewirkt hat oder sein Handeln beim Pferd zu Missverständnissen führte.

► **Balancehaltung und funktionale Haltung**

Die Einwirkungsmöglichkeiten, die der Reiter mit seinem Körper auf das Pferd hat, werden gemeinhin »Hilfen« genannt. Sie sollen dem Pferd helfen, die Gedanken des

Die funktionale
Haltung ermöglicht
es einem Reiter,
jederzeit koordiniert
und einfühlsam mit
Händen, Beinen
und Sitz einzuwirken
und dem Pferd
seine Wünsche
zu signalisieren.

Reiters zu verstehen und diese umzusetzen. Wären sie als Zwangsmittel gedacht, so hätte man ihnen vermutlich den Namen »Zwingen« gegeben.

*Es ist üblich, »Hilfen« in Gewichtshilfen, Schenkelhilfen und Zügelhilfen zu unterteilen.*

Daraus lässt sich ableiten, den Reiterkörper in drei Einzelbereiche zu unterteilen:

Den Rumpf mit dem Sitz für die Gewichtshilfen, die Beine für die Schenkelhilfen und die Arme für die Zügelhilfen. Zum besseren Verständnis ist das sicher hilfreich, auch während praktischer Übungen zur Verbesserung der Reittechnik lernt man leichter, wenn man sich zunächst auf Einzelfunktionen beschränkt. Doch man sollte stets im Auge behalten, dass das Reiten eine **dynamische Betätigung** ist und somit alle Körperbereiche in Koordination zueinander und miteinander funktionieren müssen, um optimal mit dem Pferd zusammenzuwirken.

Wie schon zuvor beschrieben, kommt der Körperhaltung dabei ein zentrale Rolle zu.

Sie bestimmt zu Pferde stets, wie der Reiter mit seinen Armen, Beinen und den Gewichts- und Sitzeinwirkungen Einfluss nehmen kann. Um die ideale **Balance- und Funktionshaltung** als Voraussetzung für eine präzise und koordinierte Einwirkung auf das Pferd zu erwerben, hat es sich bewährt, das Leichttraben abwechselnd mit Reiten im Schwebesitz und dem Aussitzen im Trab zu praktizieren. Ein Pferd mit ruhigen, weichen und gleichmäßigen Bewegungen ist ideal für diese Übung.

Ein Reiter verbessert so sein Rhythmusgefühl, er lernt weich in den Sattel einzusitzen und wird lockerer und besser ausbalanciert. Er lernt, seine Hände den Bewegungen des Pferdemaules anzupassen, unabhängig von seinen Körperbewegungen mit Rumpf und Beinen. Verspannungen und Blockaden lassen sich mit dieser Übung leicht abbauen und aktive Schenkel, Zügel- und Sitzeinwirkungen können bewusster und koordinierter ausgeführt werden.

► **Schenkeleinwirkungen**
Meine Beine sind mein wichtigstes Kommunikationsmittel mit dem Pferd. Mit ihnen kann ich den Tastsinn des Pferdes in einer Variationsbreite ansprechen, wie das mit den Zügeln, der Zäumung und

Meine Beine sind mein wichtigstes Kommunikationsmittel. Ich positioniere sie individuell so am Pferd, dass kein Gelenk von der Hüfte bis zu den Zehen blockiert ist.

Ich unterteile bezüglich der Platzierung der Unterschenkel-Kontakte die Pferdeseite in drei Zonen: vorn, Mitte und hinten. Die Standardposition ist die mittlere Position wie in diesem Foto dargestellt.

Hier sieht man den Unterschenkel in vorderer Position platziert.

Hier wird das Bein in eine deutlich »hintere« Position genommen. Es ist wichtig, den Oberschenkel mit nach hinten zu verlagern.

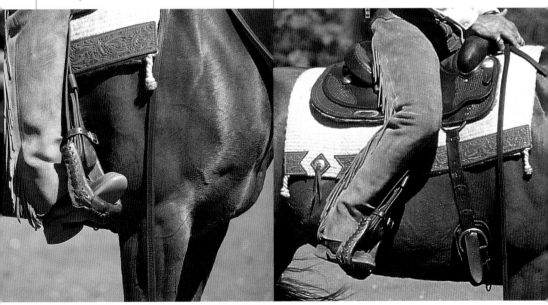

den Gewichtsverlagerungen gar nicht möglich ist. Ich habe beide Körperseiten des Pferdes auf seiner ganzen Länge zur Verfügung, von der Schulter bis zur Hinterhand. Ich setze meine Schenkel nach dem Prinzip von Druck und Nachgiebigkeit ein. Meine Beine positioniere ich so, das kein Gelenk von den Zehen bis zur Hüfte blockiert ist. Die Steigbügel möchte ich unter meinem Körperschwerpunkt haben. Ich halte Kontakt zum Steigbügel je nach Bedarf mit den Ballen oder mit dem Mittelfuß. Ich möchte mein Bein jederzeit an der Pferdeseite vor oder auch zurück schwingen können.

Ich teile die Pferdeseite in **drei Zonen ein: vorn, Mitte, hinten.** Bei einem ungeschulten Pferd kann die vordere Zone von der Schulter bis zum Gurt reichen, die mittlere vom Gurt bis etwa dreißig Zentimeter dahinter und die hintere von diesem Punkt bis zur Flanke oder sogar bis zur Hinterhand.

Bei einem besser geschulten Pferd sind die drei Zonen auf die Größe je einer Postkarte geschrumpft und bei einem sehr fein abgestimmten Pferd sind sie nur noch drei Finger breit. Mit dem Einwirken in die vordere Zone möchte ich das Pferd motivieren, mit der Vorhand zu weichen, Druckimpulse auf die mittlere Zone signalisieren dem Pferd, seitlich mit Vorhand und Hinterhand gleichzeitig zu weichen oder alternativ nur mehr Biegung im Rumpf anzubieten. Seitlicher Kontakt zur hinteren Zone fordert das Pferd auf, mit der Hinterhand auszuweichen.

Ich biete einem Pferd drei Stufen der **Intensität** an, mit der ich die Schenkelkontakte platziere: **fein, mittel und deutlich.** Die Unterteilung in fein, mittel und deutlich bleibt stets gleich. Doch Pferde verhalten sich individuell unterschiedlich sensibel, deshalb stelle ich mich mit der Stärke meiner Einwirkungen auf jedes Pferd ein. Das kann bedeuten, dass ein »deutlicher« Kontakt von einem unsensiblen Pferde gerade mal als »feiner« Kontakt eingestuft wird, dem dann »mittel« und »deutlich« in entsprechend stärkerer »Dosierung« folgen würde.

Ich unterscheide bei meinen Schenkeleinwirkungen zudem zwischen einem anpendelnden Schenkelimpuls und einer von hinten nach vorn streifenden Einwirkung der Schenkel. Stets sind meine Kontakte ein Wechselspiel zwischen Anspannung und Entspannung, zwischen Druck und Nachgiebigkeit.

Der **pendelnde Impuls** lässt seitlich weichen oder begrenzt seitlich, er soll aktivierend wirken oder Aufmerksamkeit wecken. Diese Art der Einwirkung verwende ich bei jungen oder korrekturbedürftigen Pferden. Ein sehr energisch pendelnder Schenkel hat auch disziplinarisch begrenzende Funktion oder lässt das Pferd energisch ausweichen.

Der **streifende Schenkel** hat die Aufgabe, zu formen und Bewegungen der einzelnen Schritte zu begleiten. Mit fortschreitender Ausbildung wird diese Form der Schenkelimpulse immer mehr an Bedeutung gewinnen. Ich setze vornehmlich die Wade ein, um

Schenkeleinwirkungen mit »streifender Wade« werden meistens auf der hohlen »inneren« Seite des Pferdes eingesetzt.

Der »anpendelnde« Schenkelimpuls lässt das Pferd seitlich weichen oder begrenzt es.

Impulse zu geben. Stellt sich bei Wadenkontakt nicht die gewünschte Reaktion ein, so kann die Hacke als »Verstärker« des Impulses eingesetzt werden. Sie sollte aber niemals von vorn nach hinten gegen das Pferd stoßen, da eine solche Maßnahme nur Verkrampfung und Widerstand beim Pferd auslöst. Pferde stumpfen gegen solche »Hackenstöße« sehr schnell ab und werden dann generell ignorant den »Schenkelhilfen« gegenüber.

**Sporen** dienen mir wie die Waden oder der Hackeneinsatz als Kommunikationsmittel und werden nach dem gleichen Prinzip eingesetzt. Ein **Sporenstich** oder ein **bohrender Sporn** löst beim Pferd Muskelverkrampfungen aus und wird es zu Widerstand und Ablehnung veranlassen. Solcher Einsatz sollte also generell vermieden werden.

Wenn ich auf einer Pferdeseite Druckkontakte gebe, so achte ich darauf, auf der gegenüberliegenden passiv zu sein, die Spannung aus dem Bein zu nehmen und dem Pferd Raum zu geben für seitliches (Aus-)Weichen oder Muskeldehnung.

*Ein Pferd zwischen den Schenkeln »in die Zange zu nehmen«, irritiert, blockiert und behindert es in seinen Bewegungen.*

Anfänglich erwarte ich nur ein Ausweichen mit dem Körperteil, auf das ich einwirkte, mit fortschreitender Ausbildung lernt das Pferd, dass Schenkelsignale die Bewegung einzelner Beine beeinflussen sollen.

▶ **Zügeleinwirkung und Zügelhaltung**

Die Art und Weise, wie wir mit den Händen agieren, bestimmt, ob ein Pferd Angst und Misstrauen gegenüber den Einwirkungen der Zäumung hat oder diese vertrauensvoll und mit flexibler Muskeltätigkeit reflektiert. Die Anforderungen an die Fähigkeiten des Reiters zur »weichen« Zügelführung sind sehr viel höher, als es auf den ersten Blick erscheinen mag.

Ein Reiter mit steifer Körperhaltung oder unruhigem und nicht ausbalanciertem Sitz kann **keine** weiche Verbindung zum Pferdemaul herstellen. Ein Reiter stört ein Pferd auch durch unregelmäßige Druckeinwirkungen im Maul, wenn er nicht in der Lage ist, stets an den Zügeln umzugreifen, um ihre Länge der veränderten Körperhaltung des Pferdes in der Bewegung anzupassen oder wenn er dessen Kopfbewegungen nicht durch »mitgehende« Handbewegungen begleitet.

Ein Pferd, welches sich im Maul stets vom Gebiss gestört fühlt oder sogar dort Schmerzen ertragen muss, verkrampft die Halsmuskeln und in Folge dann auch andere Körpermuskeln wie die Schulter- oder Rückenmuskulatur. Es geht steif, untaktmäßig und unausbalanciert und kann weder richtungweisende noch tempobeeinflussende Einwirkungen in der gewünschten Form umsetzen.

Ich bin der Meinung, dass die meisten Reiter unbewusst oder absichtlich viel zu viel mit den Händen einwirken und viel zu wenig

Der dem inneren Aktivzügel (hier verdeckt) gegenüber liegende äußere Zügel sollte stets so nachgiebig sein, dass er das Pferd nicht in der Biegung behindert oder in der freien Muskelaktivität von Schulter und Hals blockiert.

Ein Impuls ist immer auf die Beinbewegungen des Pferdes und dabei auf die Schwebephasen abgestimmt. Hier sieht man, wie der innere, linke Zügel in dem Augenblick Kontakt nimmt, in dem das innere Vorderbein nach links vorwärts in die Schwebephase kommt und das innere Hinterbein unterschwingt. Die Zügeleinwirkung des direkten (inneren) Zügels wirkt sowohl auf die Haltung (Linksbiegung) wie auch auf die Richtung (linksvorwärts) ein.

Die folgende Serie zeigt die Zügelführung und das Nachgreifen und Verkürzen, wie ich es praktiziere:
1. Zügel entspannt, lässig in einer Hand über Kreuz.

2. Nachfassen mit der zweiten Hand.

Wert auf ihre Haltung und ihre Schenkeleinwirkung legen.

Einwirkungen mit der Zäumung dienen mir dazu, Druckimpulse auf eine Kopfseite zu geben, um das Pferd zu veranlassen, mit Kopf oder Körper vom Druckimpuls nachzugeben oder zu weichen. Als Resultat bekomme ich eine **Richtungsänderung** oder eine **Haltungsänderung** oder beides. Am Anfang der Ausbildung wird Zäumungseinwirkung für generelle Richtungs- und Tempoveränderungen vermehrt im Vordergrund stehen. Später dann möchte ich durch entsprechend anders abgestimmte Druckkontakte erreichen, dass ich die Hals- und Körperbiegung durch Signale über die Zäumung (in Verbindung mit Schenkel- und Sitzeinwirkungen) immer

präziser beeinflussen kann, um das Pferd in einer bestimmten Haltung »einzustellen«. Doch nicht nur mit der Zäumung am Kopf, auch mit dem direkten Zügelkontakt in verschiedenen Zonen am Pferdehals gebe ich dem Pferd begrenzende oder weichenlassende Signale, die es mit zunehmender Ausbildung immer feiner und differenzierter verstehen lernt.

Eine genaue Kenntnis der Wirkungsweise der verwendeten Zäu-

> *Ein klares und unmissverständliches System in Bezug auf Anordnung, Intensität und Abstimmung ermöglicht es dem Pferd, zu lernen, die Signale zu unterscheiden und mit entsprechend regelmäßig wiederkehrenden Reaktionen zu beantworten.*

3. Umgreifen, zweite Hand auf verkürzte Position.

4. Zügel über Kreuz halten mit genügend Spielraum zwischen den Händen (Brücke). Hände dicht beieinander, zentriert und tief.

mung ist Voraussetzung für ihre sinnvolle Anwendung. Je nachdem, welche Zäumung ich verwende und welche Druckpunkte ich ansprechen möchte, werde ich mit den Händen individuell angepasst die Zügel führen und posi-

*Die besondere Bauart des Westernsattels mit ausgeprägter Vorderfront (Fork) und dem mehr oder weniger hohen und breiten Sattelhorn verleitet viele Reiter zu hoher und seitlich breiter Zügelführung. Gewöhnung und einige Übung sind nötig, soll das Sattelhorn nicht die Zügelführung behindern. Ob in der einhändigen oder beidhändigen Zügelführung, für eine präzise und angepasste Zäumungseinwirkung sollte sich jeder Reiter um eine sinnvolle Technik der Zügelführung bemühen.*

tionieren. Damit ich diese sehr differenzierten Kontakt-Druck-Situationen am Pferdekopf und am Hals systematisch und dosiert immer wieder gleich platzieren kann, muss ich ein System in die Art und Weise bringen, mit der ich die Zügel halte und einsetze. Ich habe in den zurückliegenden Jahren sicherlich fast alle in Frage kommenden oder möglichen Zügelführungssysteme praktiziert und erprobt. Als Resultat dieses »Lernprozesses« blieb eine Standardzügelführung übrig. Sie vermeidet optimal unerwünschte und irritierende Einwirkungen auf das Pferd, bietet die Möglichkeit, stets die Zügelhaltung dem Pferd in Haltung und Bewegung anzupassen und bleibt im Prinzip **durch alle Ausbildungsstufen** bis hin zur

Mit dem »Ampelprinzip« kann man sich die drei prinzipiellen Funktionen der Zäumungseinwirkung sehr gut vergegenwärtigen.

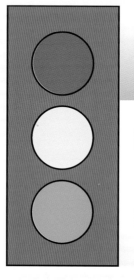

## Kontaktzügel aktiv

## Kontaktzügel passiv

## Loser Zügel

**einhändigen Zügelführung im »Neck-Reining«** gleich.

Ich führe die Hände zentriert vor meinem Körpermittelpunkt über dem Scheitelpunkt des Pferdes (Mähnenkamm und Widerrist). Im Bedarfsfall bewege ich Hände und Arme mit beweglichen Gelenken und lockerer Muskulatur, um Zügelsignale zu geben. Ich kehre aber immer zur »zentrierten« Position der Hände zurück. So kommt es nicht so leicht zu ungewollten Gleichgewichtsstörungen, wenn Hände und Arme bewegt werden. Diese Haltung hat zudem den Vorteil, mit etwas Übung innerhalb von Augenblicken die Zügellänge vom langen Zügel zum beidseitigen Kontakt hin zu verkürzen, ohne das Pferd im Maul zu irritieren oder zu stören.

Ich bezeichne diese Zügelführung **nicht** als die alleinig richtige und an-

dere Formen **nicht** als falsch. Doch als Standardform vereinigt sie die größten Vorteile und Variationsmöglichkeiten und verursacht die geringsten Störungen für das Pferd.

Man kann sie in wenigen Wiederholungsübungen erlernen und in kurzer Zeit perfektionieren. Bei der Kontaktaufnahme mit der Zäumung achte ich darauf, vom losen Zügel stets erst passiven Kontakt zum Pferdekörper herzustellen. Erst wenn ich als Reaktion darauf die Aufmerksamkeit des Pferdes erlange und eine weiche Akzeptanz und Muskelnachgiebigkeit spüre, gebe ich einen aktiven Impuls als Ausführungssignal.

Ich nenne dieses Verfahren das **Ampelprinzip**. Grün steht für den losen Zügel, Gelb steht für die weiche Kontaktaufnahme, die dem Pferd Reaktionszeit gewährt und Aufmerksamkeit für die »Botschaft« schafft. Rot steht für das Ausführungssignal, die

Das »Ampelprinzip«: Von den losen Zügeln (Grün) greife ich mit einer Hand (links) vor, um in kürzerer Position den Zügel zu fassen.

Der (linke) Zügel wurde mit ruhiger, weicher Bewegung so verkürzt, dass ein leichter Gebisskontakt zum Maul hergestellt ist. Die Hand wird zur Stabilisierung an Hals oder Widerrist aufgelegt (Gelb). Das Pferd passt sich in Kopf- und Halshaltung an die veränderte Gebissposition an. Es zeigt eine leichte Längsstellung und Beizäumung in der Halswirbelsäule an passiver Zügelhand.

Die bisher passive Zügelhand gibt einen aktiven Zügelimpuls (Rot) als »Ausführungssignal«.

Die Einwirkungen des Reiters (Hilfen) mit Zäumung im Maul oder am Kopf, mit den Zügeln am Hals und mit den Schenkeln an der Seite signalisieren dem Pferd über Kontaktdruck und Nachgiebigkeit, wo es laufen soll und wie es das tun soll. Die Einwirkungen (Hilfen) dienen der Verständigung und sollen »helfen«, dem Pferd die Wünsche des Reiters zu vermitteln. Haltungsveränderungen des Reiters führen zu veränderten Druckbelastungen durch den Sitz im Sattel. Werden sie systematisch und sinnvoll eingesetzt, so sprechen sie den Gleichgewichtssinn des Pferdes an und sensibilisieren es für solche »Signale«, werden sie unsinnig und unregelmäßig praktiziert, so stumpft ein Pferd dagegen ab, empfindet sie aber stets als Störung.

Seitliches Lehnen oder Einknicken in der Hüftpartie stört das Gleichgewicht des Pferdes wesentlich und verändert die Druckeinwirkung auf den Pferderücken unkoordiniert und für das Pferd störend.

»Botschaft«, welche aktive Aktionen des Pferdes bewirkt.

In den Kapiteln des Abschnitts zur Grundausbildung habe ich eingehend erläutert, wie dieses Prinzip in der Pferdeausbildung umgesetzt wird. Ein Reiter, der seinem Pferd dieses Prinzip konsequent anbietet, wird dessen Vertrauen in die Zäumungseinwirkungen festigen. Schutz- und Abwehrreaktionen, wie sie weit verbreitet bei vielen Pferden zu sehen sind, werden vermieden.

#### ▶ Sitz- und Gewichtseinwirkung

Während ein Reiter mit seinen Händen über Zügel und Gebiss und mit den Beinen direkt am Pferdekörper Druckkontakt ausüben kann, ist ihm das mit den Sitz- und Gewichtseinwirkungen nicht möglich. In meinen Kursen und Seminaren stelle ich immer wieder fest, dass es wohl diesem Umstand zuzuschreiben ist, dass die größten Missverständnisse in Theorie und Praxis in diesem Bereich festzustellen sind. Reiter denken diesbezüglich oft in »mechanischen Kategorien« und reduzieren das Thema meist auf zwei Basisvarianten, die sich in folgender Frage widerspiegeln: »Ist es richtig, ein Pferd **unter den Schwerpunkt des Reiters treten** zu lassen oder soll es dem **Gesäßdruck weichen?**« Bittet man die Fragesteller um eine praktische Demonstration dieser beiden

Siehe Seite 41

Selbst ein deutliches Vorlehnen mit dem Oberkörper (ohne Aufstützen der Hände am Hals) verändert die Gleichgewichtssituation nur unwesentlich und stört das Pferd nicht sehr, kann aber aktivierend wirken.

Varianten, so bekommt man in der Regel zwei typische Bilder zu sehen. Vielleicht kommen Sie Ihnen bekannt vor? Der Reiter lehnt sich mit steifem Oberkörper und einer **Kippbewegung** z. B. der rechten Schulter nach rechts. Unbeabsichtigt legt er dabei meistens den linken Zügel an den Pferdehals und gibt außerdem Druck oder Zug auf das rechte Mundstück. Das Pferd geht tatsächlich nach rechts herüber, es beginnt seine Bewegung auch mit der rechten Schulter zuerst. Durch seinen Körper geht die gleiche Kippbewegung wie durch den des Reiters. Der Reiter hat das Pferd veranlasst, die Richtung in seinem Sinne zu ändern.

Er sieht seine Theorie in der Praxis bestätigt.

Bei genauerer Analyse erkennt man Folgendes: Durch das seitliche Lehnen bringt der Reiter das Pferd plötzlich aus dem Gleichgewicht. Das versucht, diese Irritation durch hastigen Vorwärts-Seitwärtsschritt auszugleichen. Aus dem Gleichgewicht gebracht zu werden ist für ein Pferd vermutlich genau so unangenehm wie für einen Menschen, es verliert das Vertrauen in den Reiter. Da es mit der **Schulter voran** reagieren musste, wird es vermehrt Gewicht mit der Vorhand übernehmen und die Hinterhand entlastend nachziehen. Es wird schwerfällig in den Bewe-

So nicht! Vermehrtes Zurücklehnen stört das Pferd im Gleichgewicht.
Es bringt extrem viel Reitergewicht auf den hinteren Bereich der Sattelauflage-
fläche und belastet den Pferderücken punktuell im Bereich der Lendenwirbel-
säule und der entsprechenden Muskelpartien. Das Pferd drückt den Rücken
weg, belastet die Vorhand vermehrt und legt sich auf den ziehenden Zügel.

gungen. Es kann sich nicht für eine Bewegung in die entgegengesetzte Richtung präparieren. Es
wird nicht weich und nachgiebig
an der Zäumung sein und vermutlich den Rücken nach unten durch-
drücken, da der Reiter über den
rechten Gesäßknochen vermehrt
den Sattel belastet.

Möglicherweise ist das Pferd zusätzlich verwirrt, weil der steife
Reiter mit dem rechten Bein gegen
die Pferdeseite drückt, während er
mit dem Oberkörper seitwärts
kippt. Es wird Richtungsänderungen allenfalls torkelnd auf Schlangenlinien ausführen können. Wir
sehen also, dass eine auf den ersten Blick »funktionierende Ge-

wichtshilfe« sehr viele Nachteile
für das Pferd beinhaltet.

Der Reiter, der sein Pferd »vom
Druck weg« weichen lässt, denkt
nicht so sehr an Richtungsänderungen, sondern an »Seitengänge«. Er kippt sein Becken nach
rechts, lehnt vielleicht mit dem
Oberkörper mit Schulterbereich
rechts seitwärts und drückt zusätzlich bewusst den rechten Schenkel
an. Als Betrachter hat man den
Eindruck, er wolle mit der rechten
Gesäßhälfte förmlich in den Sattel
bohren. Er spreizt das linke Bein
seitlich ab und legt den rechten
Zügel mit Druck gegen den Hals
des Pferdes. Sein Pferd geht zögerlich und etwas verkrampft mit un-

Zum Anreiten und Beschleunigen verlagere ich meinen Körperschwerpunkt leicht in Richtung Pferdekopf oder Genick vor. Ich führe diese Bewegung langsam, weich und dynamisch aus.

Beim Verlangsamen sollte man sich nicht zu stark zurücklehnen und im Rücken versteifen.

beholfenen Tritten seitwärts, wobei es mal zuerst die Hinterbeine seitwärts setzt, dann die Vorderbeine. Mal setzt es das rechte Bein vor das linke, mal dahinter. Der Reiter hat sein Ziel erreicht, das Pferd geht seitwärts. Er ist deshalb der Meinung, die »richtigen Gewichtshilfen« gegeben zu haben.

Aus der Sicht des Pferdes betrachtet ist Folgendes geschehen: Der Reiter vermittelte ihm unangenehmen Druck in der rechten Sattellage und an der Seite. Es wich dem unangenehmen Druck aus, je nach dem wie es ihn fühlte, mal mehr mit der Hinterhand oder mit der Vorderhand. Es bewegte sich nicht rhythmisch und koordiniert,

sondern steif und abgehackt. Als Folge dieser Erfahrungen mindert sich sein Vertrauen zum Reiter, da dieser es in eine unangenehme Situation bringt. Bei Wiederholungen entwickelt es Antipathien gegen den Reiter, die Übung und den Ort, an dem sie meist geübt wird. Wir können das daran erkennen, dass es vermehrt mit dem Schweif schlägt, seine Ohren anlegt, sich verspannt und den Rücken wegdrückt. Ein auf den ersten Blick »erfolgreiches« Einwirken erweist sich bei näherem Betrachten als kontraproduktiv.

Da ich weiß, wie schwierig es selbst für einen geübten und einfühlsamen Reiter ist, Gewichtshil-

## Zum Thema »Hilfengebung« bedenken Sie stets:

*Ohne zwanglose Haltung keine Balance, ohne Balance kein Rhythmus, ohne Rhythmus kein Gefühl, ohne Gefühl keine Funktion, ohne Funktion keine Verständigung, ohne Verständigung keine »Hilfen!«*

**Ein Reiter mag der Meinung sein, seinem Pferd »Hilfen« zu geben. Doch nur das Pferd entscheidet, ob es dessen Einwirkungen als hilfreich, verständlich und unterstützend empfindet oder nur als pure Belästigung oder ärgeres.**

*Damit »Hilfen« vom Pferd positiv angenommen werden, müssen einige Voraussetzungen erfüllt sein:*

- *Ein Pferd muss durch vorbereitende Ausbildung gelernt haben, auf Körperdruck mit willig-entspannter Nachgiebigkeit zu reagieren.*
- *Druckeinwirkungen am Pferdekörper oder im Pferdemaul müssen sinnvoll, abgestimmt, regelmäßig wiederkehrend, abgestuft dosiert und präzise platziert sein.*
- *Der Reiter muss seinen eigenen Körper auf dem Pferd in jeder Situation koordiniert in aufeinander abgestimmten Einzelfunktionen kontrollieren können. Versehentlich gegebener Druck wird vom Pferd nicht anders bewertet als beabsichtigter.*
- *Das Pferd muss mit seiner Aufmerksamkeit beim Reiter sein.*
- *Das Pferd darf keine Schmerzen, Verkrampfungen oder Verspannungen haben. Auch darf es nicht erschöpft sein.*
- *Die Ausrüstung muss angepasst sein, darf nicht stören oder Schmerzen verursachen.*
- *Die Art der Einwirkung muss dem Ausbildungsstand des Pferdes entsprechen.*

fen so abzustimmen, dass sie nicht stören, sondern informativ wirken, empfehle ich dem durchschnittlich geübten und begabten Freizeitreiter, sich bezüglich dieses Einwirkungsbereichs zunächst darauf zu reduzieren, nichts zu tun.

Mit anderen Worten: Ich empfehle, dem Pferd dadurch zu helfen, dass der Reiter es nicht durch seine Haltung und durch seinen Sitz stört, behindert und irritiert. Zügel- und Schenkelhilfen reichen aus, um ihm Richtung und Haltung zu vermitteln. Dazu biete ich folgende, relativ einfach umzusetzende Ausnahme an. Zwei dynamische Haltungsänderungen, die als Signale gedacht sind und die helfen sollen, ein Manöver anzukündigen, empfehle ich als zwei simple Gewichtseinwirkungen:

Zum Anreiten und Beschleunigen verlagere ich meinen Körperschwerpunkt in Richtung Pferdekopf oder Genick ein wenig vor. Das ist stets eine langsame, weiche und dynamische Bewegung, die sich den Bewegungen des Pferdes anpasst. Sie verfolgt den Zweck, die Aufmerksamkeit des Pferdes zu gewinnen und sich der Entwicklung der Vorwärtsbewegung anzupassen. Stets koordiniere ich diese Bewegungen mit meinen Schenkel- und Zäumungseinwirkungen. Um dem Pferd ein weiches (Ankündigungs-) Signal für ein Verlangsamen zu geben und mich während der Temporeduzierung seiner Gleichgewichtsverlagerung nach hinten anzupassen, lasse ich mich langsam in den Sattel vermehrt »einsinken« und runde dabei meine Wirbelsäule ein wenig nach hinten.

Um ein Pferd beim Anhalten aus dem Trab oder Galopp zu aktiverem Einsatz seiner Hinterbeine zu motivieren, kippe ich mein Becken kurzfristig nach hinten ab, runde die Rückenwirbelsäule und spanne die Bauchmuskulatur an. Ich bleibe dabei flexibel und unverkrampft. Für einige Momente »rolle« ich mit dem Gesäß mehr auf die hinteren Taschen meiner Jeans und sitze vermehrt gegen das Cantle des Sattels. Diese Haltung gebe ich erst auf und kehre zur Normalhaltung zurück, wenn das Pferd zu einem kompletten Stillstand gekommen ist. Diese aktiven Gewichtsverlagerungen lassen sich von jedem etwas routinierten Reiter leicht erlernen.

*Alle weiteren Gewichtseinwirkungen sind sehr komplex. Der Versuch, sie sinnvoll und korrekt anzuwenden, wird bei einem Reiter ohne eine sehr solide und langjährige Schulung in der Regel fehlschlagen und zwischen ihm und seinem Pferd mehr Verwirrung als Nutzen bewirken.*

▶ **Kommandos oder akustische Signale**

Für viele Reiter sind Stimmsignale oder -kommandos sehr wichtig, wenn sie sich ihrem Pferd verständlich machen möchten. Können sie doch damit ihr ureigenstes, vertrautes Kommunikationsmittel, die Lautsprache verwenden. Doch Stimmsignale können allenfalls Ankündigungs- oder Vorbereitungscharakter haben, wenn sie sparsam, konsequent und regelmäßig eingesetzt werden. Man sollte sich dabei aber auf deutlich zu unterscheidende Laute und nur wenige reduzieren, um das Pferd nicht zu verwirren. Die Praxis zeigt, dass Pferde auf Lautsignale eher beliebig reagieren und sie durchaus gern ignorieren.

Ich verwende akustische Signale als Ankündigung weiterer Einwirkungen, um dem Pferd Reaktionszeit zu geben. Als Befehl oder Hilfe im eigentlichen Sinne haben sie für mich keine Bedeutung. Auch das unter Westernreitern so beliebte Wort »Whoa« verwende ich so. Ich verwende es konsequent auch nur dann zur Ankündigung, wenn ich vom Pferd ein komplettes Anhalten aus der Bewegung, also ein Stoppen, erwarte.

Fehlhaltungen und Korrekturen

# Fehlhaltungen und Korrekturen

Fehlhaltungen behindern das Pferd und schränken die Körperkoordination und das Gleichgewicht des Reiters ein. Eine nachteilige Beinhaltung, die weit verbreitet ist: vorgestreckte und abgespreizte Beine.

Vorgestreckte Beine. Die Reiterin belastet den Sattelsitz und stemmt die Füße nach vorn gegen die Steigbügeltrittflächen.

▶ **Übungen zur Verbesserung der Reittechnik**

Zur Korrektur weit verbreiteter Fehlhaltungen und der daraus resultierenden falschen Einwirkungen habe ich einige einfache Übungen entwickelt, die man täglich in seine normalen Reitaktivitäten integrieren kann. Ob bei einem Ausritt oder zu Beginn einer Reiteinheit auf dem Reitplatz oder in der Halle, diese Übungen haben vielfältigen Nutzen.

Sie helfen dem Reiter, locker zu werden. Er aktiviert sein Körperbewusstsein für die Funktionen, die ihn erst vom Fußgänger zu Reiter werden lassen. Seine Nervenbahnen und Muskeln aktivieren das »Programm Reiten«. Sein Pferd fühlt einen Reiter, der locker ist und sich anpasst. Das fördert sein Vertrauen und sein Wohlbefinden. Gleichzeitig lenkt sich seine Aufmerksamkeit durch die Bewegungen des Reiters auf dessen Aktionen. Wer eine Reiteinheit so beginnt, der wird viele Probleme gar nicht erst haben, die einem steifen oder unvorteilhaft sitzenden Reiter auf einem irritierten, unwilligen und verkrampften Pferd mit ziemlicher Sicherheit entstehen.

Der Zeitaufwand ist minimal und es wird einem Reiter als Folge dieser Übungen zur zweiten Natur, seine Hilfengebung immer wieder neu zu überprüfen.

Eine zu weite Zügelführung verleitet zu blockierten Ellbogen-
gelenken, und das Pferd hat keine Führung durch die Zügel
am Hals.

Eine zu hohe Zügelführung führt zu Oberkörper-
Schwankungen und lässt eine gefühlvolle Kontaktaufnahme zum Pferd nicht zu.

»Fahrradlenkerhaltung« der Zügel. Das Pferd
stößt sich bei jedem Schritt oder Galoppsprung
am Gebiss.

Die Reiterin verschiebt Becken und Schultern unkoordiniert. Widersprüchliche und das Pferd störende und verwirrende Gewichtseinwirkungen sind die Folge.

Die Reiterin schaut zum Pferdemaul und lehnt dabei zur Seite. Zügel-, Schenkel- und Gewichtseinwirkungen sind widersprüchlich. Die Reiterin konzentriert sich auf ihr visuelles Wahrnehmen und nicht auf das Gefühl.

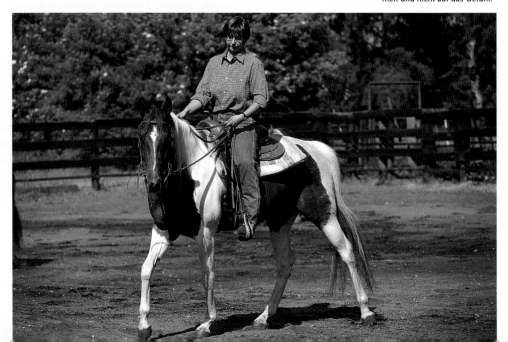

Ist das Bein zu weit vorgeschoben, so fällt der Reiter immer wieder schwer in den Sattel und an das Cantle, wenn er Gewicht in die Bügel bringt. Er behindert das Pferd, seine Beingelenke sind blockiert.

### ▶ Bessere Beinposition

Das Fundament der reiterlichen Haltung ist die Beinhaltung. Sie bestimmt, wo sich der Steigbügel unter dem Rumpf des Reiters »einpendelt« und belastet wird. Sie bestimmt auch, ob die Fuß-, Knie- und Hüftgelenke flexibel bleiben und eine elastische Muskeltätigkeit möglich wird. Und sie ist maßgeblich für die Form, in der ein Reiter den Sattelsitz belastet und sein Becken positioniert.

Die meisten Freizeit- und Westernreiter tendieren dazu, ihre Beine zu weit nach vorn zu strecken und die Gelenke zu versteifen. Dabei sitzen sie vermehrt auf der Rückseite der Oberschenkelmuskulatur. Diese Haltung hat etliche Nachteile, obwohl sie sich für den Reiter sehr bequem anfühlt.

*Betrachten wir diese Nachteile im Einzelnen:*

▶ *Wenn der Reiter sein Gewicht in den Bügel bringt, um im Sattel aufzustehen, so fällt er wieder zurück. Er hat die Tendenz, in den Zügeln zu »hängen«.*

▶ *Seine Gelenke sind blockiert, er kann sein Körpergewicht nicht elastisch in den Bügeln abfedern.*

▶ *Er bekommt seine Beine aus dieser Position nicht weit genug nach hinten am Pferdekörper, um Schenkeldruck in einer mittleren oder hinteren Position geben zu können.*

▶ *Er kann keinen fein dosierten Druck mit der Wade an den Pferdekörper bringen.*

▶ *Die Schenkellage motiviert das Pferd in Kurven und Richtungsänderungen »über die äußere Schulter« auszuweichen.*

Zur Korrektur dieser Haltung drehe ich das Fußgelenk deutlich vom Pferd weg nach außen.

Der zweite Korrekturschritt: Ich hebe mit dem Spann des Fußes den Steigbügel senkrecht an und damit natürlich das gesamte Bein.

Der dritte Korrekturschritt: Ich schwinge das gesamte Bein nach hinten und lasse es dann an den Pferdekörper sinken.

Das Bein liegt jetzt in einer optimalen Position.

> *Der Reiter belastet in dieser Haltung extrem den hinteren Sattelbereich und damit die Rückenmuskulatur und die Lendenwirbelsäule des Pferdes.*

Fordert man einen Reiter auf, diese Haltung zu korrigieren und »die Beine zurückzunehmen«, so wird er bei allem guten Willen nicht in der Lage sein, das ohne weiteres aus der aktuellen Haltung heraus in einer Bewegung zu tun. Er muss seine in den Gelenken **blockierten Beine** in drei Phasen mobilisieren, um deren Lage verändern zu können. Und das muss erst mit einem Bein und dann mit dem zweiten geschehen.

Im ersten Korrekturschritt drehen sie das **Fußgelenk** mit der Hacke vom Pferd weg nach außen. Das wiederholen Sie einige Male, bis Ihr Fußgelenk wirklich locker ist. Im zweiten Korrekturschritt heben Sie mit »ausgedrehtem« Fußgelenk mit dem **Spann Ihres Fußes** den Steigbügel senkrecht an. Dazu werden Knie und Hüftgelenk mobilisiert. Sind Sie in der Lage, diese beiden Bewegungen locker zu wiederholen, so folgt die dritte: Sie heben Ihr Bein seitlich vom Pferdekörper weg. Das lässt sich leichter umsetzen, wenn Sie sich Folgendes vorstellen: Jemand möchte Ihnen eine zusammengefaltete Zeitung von hinten unter den Oberschenkel schieben. Sie machen dafür Platz, indem Sie **ein Bein seitlich abheben** und es dann ein bis zwei Handbreit aus dem Hüftgelenk nach hinten schwingen. Dort lassen Sie es wieder an Sattel und Pferdekörper anliegen,

um »die Zeitung festzuklemmen«. Zunächst ist es sehr wichtig, die Teilschritte dieser Bewegungskette einzuüben, jeweils mit einem Bein und dann erst mit dem anderen. Es empfiehlt sich, das auf einem still stehenden Pferd zu üben, bevor man es im Schritt und später auch im Trab versucht. Hat man sein Bein zurückgenommen und »unter« den Oberkörper platziert, so wird man feststellen, dass es schon nach kurzer Zeit wieder in die alte, ungünstige Lage zurück rutscht. Eine regelmäßige, wiederholte Selbstkorrektur über mehre Wochen führt aber dazu, dass die Beinmuskulatur sich der neuen Aufgabenstellung anpasst, und die Beine bleiben immer selbstverständlicher und länger in der gewünschten Haltung. Nur aus dieser Haltung heraus können differenzierte Schenkelimpulse gegeben werden.

Auf der Basis dieser Übung ist es sehr nützlich für die Verbesserung der Beinhaltung, häufig zwischen dem ausgesessenen Traben, dem Leichttraben und dem federnden Stehen in den Bügeln, dem Schwebesitz, zu variieren. Der Reiter lernt, sich besser auszubalancieren, bleibt locker und bekommt ein verbessertes Rhythmusgefühl für die Bewegungen des Pferdes.

### ▶ Angepasste Haltung

Wer viel in Reithallen oder auf Reitbahnen reitet, muss spätestens an jeder Ecke einen Bogen reiten. Darüber hinaus gehören zum Trainingsprogramm viel gebogene Linien. Nahezu alle Reiter, die unter solchen Bedingungen reiten, haben die Tendenz, zur Bahnmitte

Viele Reiterinnen und Reiter schauen auf der Innenseite zum Pferdmaul herunter. Sie lassen dabei ihre innere Schulter hängen und lehnen nach innen. Sie motivieren das Pferd dazu, das gleiche zu tun.

Zur Korrektur empfehle ich, für einige Zeit regelmässig zum äußeren Ohr des Pferdes zu schauen, dabei stabilisiert sich der Oberkörper statisch und die Wirbelsäule richtet sich aus.

hin zu lehnen und zur Bewegungsrichtung des Pferdes hin in der Hüfte »einzuknicken« und zum Pferdemaul herunter zu schauen.

*Diese Haltung hat einige entscheidende Nachteile:*

- *Der Reiter orientiert sich nicht dorthin, wohin er reitet.*
- *Er belastet die innere Seite (zur Bewegungsrichtung) mit mehr punktuellem Druck im Sattel. Damit stört er das Pferd sowohl im Gleichgewicht wie auch in seinem natürlichen Muskelspiel.*
- *Er lässt die innere Schulter »hängen« und motiviert damit das Pferd, das gleiche zu tun.*
- *Er hat die Tendenz, am inneren Zügel zu »hängen« und stört das Pferd im Maul.*
- *Er spreizt häufig das äußere Bein ab und schiebt es vor, damit gibt er für das Pferd irritierende Signale.*

- *Er drückt unbewusst mit dem inneren Schenkel im Ellbogen-/Gurtbereich des Pferdes und motiviert es, dort zu weichen.*

Dieses Verhalten ist ihnen selbst nicht bewusst, weil sie sich schon zu sehr daran gewöhnt haben. Ein Veränderung vermittelt ihnen subjektiv das Gefühl, »falsch« zu sitzen.

Fordert man einen Reiter auf, sich »gerade zu setzen«, so wird er das kurzfristig in einer etwas steifen und unnatürlichen Form tun. Sobald er sich aber auf etwas anderes konzentriert, verfällt er in sein altes Verhaltensmuster.

Folgende Empfehlung zur Korrektur des Problems hat sich in meinen Kursen und Seminaren bewährt: »Schau bitte zum äußeren Ohr deines Pferdes immer dann, wenn du innen herunter schauen

Zu Verbesserung der Oberkörperhaltung empfehle ich, in jeder Ecke die äußere Schulter und den Ellbogen nach außen zu verschieben. Die Hand soll dabei in Richtung Pferdekopf vorgehen.

Hier sieht man deutlich, wie sich durch die Korrekturübung die Balancesituation verbessert und die Statik zwischen Reiter und Pferd wieder stimmt.

möchtest.« Zwar kommt der Reiter damit kurzfristig in eine andere Fehlhaltung, die ist aber weniger störend für das Pferd und hilft dem Reiter, in seinem Bewusstsein von »innen« nach »außen« umzuschalten.

Um sich mit dem Körper in einer Normalhaltung »einzupendeln«, empfehle ich Folgendes: »Stellen Sie sich vor, in jeder Ecke, die Sie durchreiten, möchten Sie die Hallenwand, die Bande oder den Zaun berühren, um dort »imaginären Staub« abzuwischen. Dabei drehen Sie sich um eine senkrechte Körperachse, schieben die äußere Hüfte und äußere Schulter vor, ohne sich seitlich nach außen zu lehnen.«

Mit dieser Übung wird die Statik des Oberkörpers wieder reguliert, die Wirbelsäule ist nicht mehr seitlich gekrümmt. Die zuvor beschriebenen Fehlwirkungen kommen nicht mehr zustande. Man beginnt im Schritt und kann sie auch im Trab praktizieren.

▶ **Den Bewegungsrhythmus des Pferdes aufnehmen**

Wenn Reiter »bewusst« reiten und ihre Haltung korrigieren wollen, wenn sie etwas »üben« oder wenn sie unter Stress geraten, verspannen sie sich. Sic haben kein Rhythmus- und Bewegungsgefühl für ihr Pferd. Sie sitzen zwar statisch »richtig«, gehen aber nicht dynamisch mit den Körperbewegungen des Pferdes mit. Sie haben das Gefühl, die Anforderung für »richtiges Sitzen« zu erfüllen, doch diese **»steife« Haltung** hat folgende Nachteile:

▶ *Solche Reiter haben starre Gelenke und können keine weiche Verbindung zum Pferdemaul herstellen.*

Zur Verbesserung des Rhythmusgefühles, um die Körperkoordination weiter zu verbessern und die Gleichgewichtssituation zu stabilisieren, empfehle ich die Übung: Drehung um die senkrechte Körperachse. Dabei schaut die Reiterin noch extrem in die Bewegungsrichtung. Später wird sie ihren Kopf mit der Blickrichtung des Pferdes anpassen.

Es hilft, die Zügel mit einer Hand zu führen und mit der freien Hand zum Cantle des Sattels zu greifen.

Die Übung hilft, sich im tiefen Punkt des Sattels zu positionieren. Hier sieht man deutlich, wie auch die Schenkellage verbessert wird. Alle Körpergelenke werden flexibel, die Muskulatur wird locker.

- *Sie behindern ihr Pferd bei jedem Schritt, da sie sich nicht an die sich stets verändernde Wirbelsäulenbiegung mit den entsprechenden Schulter- und Hüftbewegungen anpassen können.*
- *Bei Richtungsänderungen neigen sie zum »Lehnen« und stören damit das Pferd im Gleichgewicht.*
- *Sie können ihre Schenkeleinwirkungen nicht der Biegung des Pferdekörpers anpassen und irritieren es.*
- *In dynamischen Bewegungsabläufen und Lektionen sind sie zu träge und zu langsam und behindern das Pferd.*

Fordert man einen Reiter auf, sich »locker hinzusetzen« und sich der »Pferdebewegung anzupassen«, so wird er sich eher noch mehr verspannen und die Versuche irgendwann frustriert aufgeben. Um diese Entwicklung zu vermeiden, gebe ich wieder eine **Gedankenstütze** in Form folgender Anleitung:

»Bitte auf einem kleinen Zirkel im Schritt reiten. Nun stellen wir uns vor, wir drehen uns um eine senkrechte Körperachse im Sattel, dabei verschieben wir unseren Sitz im Sattel minimal, als säßen wir auf einem Drehstuhl. Wir legen die äußere Hand auf das Sattelhorn und halten die Zügel über Kreuz mit der anderen Hand. Immer,

wenn die äußere Pferdeschulter vorgreift, schieben wir unsere äußere Hüfte und Schulter vor. Das kann durchaus etwas übertrieben geschehen. Dabei stellen wir uns vor, mit der (äußeren) Hand auf dem Horn die Hornkappe in Bewegungsrichtung ›abzudrehen‹«.

Zu Anfang konzentriert sich der Reiter auf seine Hand-Arm-Schulter-Bewegung. Wenn die im Rhythmus der Pferdebewegung mit dem Vorgreifen der äußeren Schulter harmoniert, nimmt er die Zügel in beide Hände und bringt nun die äußere Hüfte bewusst mit ins Spiel. Dabei stellt er sich vor, mit der Hüfte den äußeren Vorderzwiesel, die Fork des Sattels berühren zu wollen.

Klappt diese Übung sowohl links herum wie rechts, so kann man auf Achter-Figuren den Wechsel von einer Richtung zur anderen automatisieren. Danach sollte man die Übung auch im Trab öfter wiederholen. Man wird feststellen, dass man auf einer Seite deutlich mehr Probleme hat als auf der anderen, da fast jeder Reiter einseitig steifer ist. Mit dieser Übung schafft man die Voraussetzung für rhythmisches Mitgehen in der Pferdebewegung und dynamisch angepasste Hilfengebung.

In der Rückansicht wird deutlich, dass die Statik des Reiterkörpers stimmt. Die Schenkellage ist dem Pferdekörper angepasst. Das Pferd biegt sich auf der gebogenen Zirkellinie, tritt deutlich mit dem inneren Hinterbein unter.

Die Frontansicht zeigt: Die Statik stimmt ebenso wie die Gleichgewichtssituation. Aus dieser Haltung ist eine angepasste, weiche Zügelführung ohne Schwierigkeiten möglich. Das Pferd biegt sich «um den inneren Schenkel», es tritt weit mit dem inneren Hinterbein unter und in der Schulter ist es aufrecht.

Acht Übungen für mehr
Körperkontrolle

# Acht Übungen für mehr Körperkontrolle

▶ **Acht Übungen für mehr Körperkontrolle an feinen Hilfen**

Hat ein Reiter erfolgreich daran gearbeitet, seine Fehlhaltungen zu reduzieren und kann er sich dem Pferd in jeder Situation anpassen, ohne es zu stören, zu behindern oder zu irritieren, so hat er die Voraussetzungen geschaffen, um mit **aktiver Hilfengebung** mehr Kontrolle über das Pferd zu gewinnen. Er kann mit dem Pferd in sinnvollen Übungen daran arbeiten, es **präziser auf Linien** zu reiten und in **Form** und **Haltung** zu verbessern. Dabei kann er seine eigenen Fähigkeiten zur **fein abgestimmten Hilfengebung** im Zusammenspiel aller Einwirkungen weiterentwickeln. Ich verwende in den Kursen und Seminaren Übungen dazu, die sich bewährt haben. Sie erleichtern es durch ihre Beschaffenheit Reiter und Pferd, die Verständigung zwischen beiden zu verbessern. Das Pferd lernt, sich besser leiten, führen und formen zu lassen. Es erkennt die Eindeutigkeit und Regelmäßigkeit der Einwirkungen und beginnt sich bereitwillig darauf einzustellen. Ich möchte Ihnen acht Übungen vorstellen, die logisch aufeinander aufbauen. Sie sind so angelegt, dass sie Pferd und Reiter nicht verwirren und in aller Ruhe Schritt für Schritt durcharbeitet werden können. Es ist wichtig, sie in der hier gewählten Reihenfolge über einen entsprechend langen Zeitraum verteilt zu praktizieren. Hat man in einer Übung Schwierigkeiten, so ist es sinnvoll, auf die vorgeschalteten Übungen zurückzugreifen. Diese acht Übungen spielen eine Schlüsselrolle in meinen Kursen und Seminaren.

Sie können ohne Schwierigkeiten autodidaktisch praktiziert werden und eine fehlerhafte Ausführung kann vom Reiter leicht erkannt und korrigiert werden.

▶ Übung 1:    **Reiten in direkter Biegung**

## Wozu dient die Übung?

▶ Der Reiter lernt, das Zusammenspiel der Hilfen so abzustimmen, dass sein Pferd mit gleichmäßiger Längsbiegung *(alle »Fünf Bausteine« des Pferdes in Reihe platziert)* auf präzisen Kreislinien geht.

▶ Das Pferd lernt in entspannter Vorwärtsbewegung, sich vom Reiter mittels »Hilfen« in allen Körperbereichen leiten, formen und führen zu lassen.

Die erste Übung zur Verbesserung der Körperkontrolle und Körperkoordination ist das Reiten in direkter Längsbiegung um einen Marker (Pylon) oder um eine Tonne. Die Tonne gibt einen klaren Orientierungspunkt und motiviert das Pferd, sich zu biegen. Ich achte darauf, dass Linienführung und Abstand gleichmäßig sind. Dem inneren Schenkel kommt bei dieser Übung die größte Bedeutung zu. Seine Lage bestimmt die Biegung, die das Pferd einnimmt.

**Wie wird sie ausgeführt?** Das Reiten in Längsbiegung auf gebogenen Linien ist eine zentrale Übung in der Ausbildung von Pferden in fast allen Reitweisen. Ich habe eine Tonne aufgestellt, die den Mittelpunkt eines Zirkels von 6 bis 10 Metern Durchmesser markiert. Je enger man sie umreitet, desto stärker muss die Biegung des Pferdes werden. Diese Übung dient dazu, die Koordinationsfähigkeit und die Feinheit an den Hilfen zu verbessern. Der Reiter lernt, das Zusammenspiel seiner Einwirkungen zu präzisieren, um dem Pferd den entsprechenden Rahmen zu geben. Der innere Zügel wird bei dieser Übung dicht am Hals in Richtung Sattelhorn geführt, der äußere ist locker und passiv an der Halsseite platziert.

Über den inneren Zügel gibt der Reiter gerade soviel Kontakt-Druck, bis das Pferd sich mit Kopf und Hals auf der Linie um die Tonne mit entsprechender Biegung einstellt. Der innere Schenkel gibt Im-

pulskontakt und motiviert das Pferd, die Biegung durch den ganzen Körper fortzusetzen. Die Übung wird in aktivem, fleißigem Schritt geritten.

Verkleinert das Pferd den Abstand zur Tonne, so begrenzt der innere Schenkel mit seitlichem Kontakt. Weicht das Pferd von der gedachten Linie nach außen ab, so geschieht das entweder mit der Schulter voran oder mit Vorhand und Hinterhand gleichzeitig und nur sehr selten mit der Hinterhand führend.

Wandert es mit der Vorhand ab, so kann das daran liegen, dass der Reiter zuviel Zügeldruck gibt und das Pferd sich im Hals deswegen zu sehr gebogen hat. Nachgeben mit dem inneren Zügel und fein dosierte Impulse immer, wenn das innere Vorderbein vorgreift, sind hier angebracht, um es zu motivieren, die Linie zu halten. Wandert das Pferd seitlich mit Vor- und Hinterhand ab, so ist der innere Schenkel zu aktiv. Der Reiter sollte

Reiten in direkter Biegung um zwei Tonnen

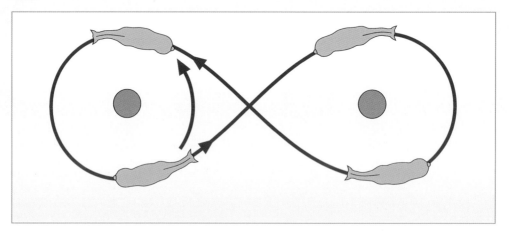

auch prüfen, ob er sich nicht zu sehr nach innen lehnt und das Pferd herausdrückt. Weicht es zu sehr mit der Hinterhand aus, so ist der innere Schenkel zu weit nach hinten genommen und zu stark eingesetzt.

Ich strebe, wie schon häufiger erwähnt, die Feinabstimmung der Einwirkungen an, deshalb überprüfe ich stets die Dosierung und Platzierung der Hilfen, die das Pferd weichen lassen, wenn es »falsch« reagiert. Erst wenn ich sicher bin, nicht selbst die unerwünschte Reaktion verursacht zu

haben, setze ich begrenzend den Außenzügel mit seitlichem Kontakt am Hals und den Außenschenkel an der Pferdeseite ein.

Praktiziere ich diese Übung um die Tonne, so zeigt mir mein Pferd sehr gut, wo und wie ich Hilfen platzieren muss, um es zu motivieren, in gleichmäßiger Biegung mit gleichem Abstand zur Tonne in beiden Richtungen dynamisch und locker zu gehen. Ich kann mir eine zweite Tonne im Abstand von 6–10 Metern aufstellen und in einer Achterfigur von der einen zur anderen wechseln,

*Die »Fünf Bausteine« des Pferdes sind zwischen den reiterlichen Hilfen gleichmäßig »in Reihe« positioniert.*

um auf beiden Seiten gleichmäßig zu arbeiten. Zunächst sollte man im Schritt üben und gute Resultate erzielen, bevor man zum Trab übergeht.

> ▶ *Diese Übung schafft die Voraussetzung, ein Pferd präzise zwischen den »Hilfen« eingerahmt auf »gedachter Linie in Haltung« zu reiten.*

Auf diesem Foto sieht man, dass das Pferd sich noch steif macht. Es ist unnachgiebig am inneren Zügel und Schenkel.

Das Pferd ist zwar nachgiebig am Zügel und Schenkel, doch es geht mit der Schulter voran vermehrt vom Marker weg. Ursachen dafür können sein: Die Reiterin »knickt« in der Hüfte ein, es ist zuviel Zug auf dem inneren Zügel und die Vorwärtsbewegung ist verloren gegangen.

▶ Übung 2:    **Reiten in indirekter Biegung**

## *Wozu dient die Übung?*

▶ *Der Reiter lernt, seine Hilfen so abzustimmen, dass sie das Pferd trotz der »gegensätzlichen Botschaft« (rückwärts-verhaltend und vorwärts-seitwärts) nicht irritieren oder blockieren.*

▶ *Das Pferd lernt, von einer einfachen Vorwärts-Bewegung ausgehend, seine Bewegungen für eine Vorwärts-Seitwärts-Bewegung zu koordinieren und sein Gleichgewicht entsprechend abzustimmen.*

**WIE WIRD SIE AUSGEFÜHRT?** ▶ Aus der ersten Übung kann man eine Variation entwickeln, die vom Pferd vermehrte Körperkoordination und vom Reiter noch präzisere Abstimmung der Einwirkungen erfordert. Sie wird zunächst auch nur im Schritt ausgeführt. Im ersten Teil der neuen Übung umrundet man die erste Tonne wie gewohnt.

Nähert man sich der zweiten Tonne, so denkt man sich eine diagonale Linie zum Kreis um die zweite Tonne, wie schon in der Achterfigur zuvor. Doch diesmal stellt man das Pferd nicht auf eine neue Biegung in die andere Richtung ein, sondern hält es in der ursprünglichen eingestellt. Mit einigen Tritten diagonal seitwärts führt man es auf den Kreisbogen um die zweite Tonne. Es ist jetzt in seiner Biegung von der zweiten Tonne abgewendet. Mit behutsamen Ein-

Reiten in indirekter Biegung um eine Tonne

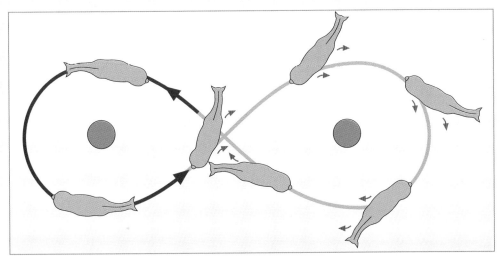

wirkungen wird es Schritt für Schritt um die zweite Tonne in dieser Haltung herum dirigiert. Hat es den zweiten Kreis geschlossen, kehrt man, nun wieder in der der Tonne zugewandten Biegung, zur Linie um die erste Tonne zurück.

Je größer die Bögen und je langsamer die Bewegungen, desto leichter fällt Pferd und Reiter die Bewältigung dieser Aufgabe. An der Reaktion des Pferdes kann der Reiter Schritt für Schritt erkennen, ob seine Einwirkungen in Dosierung und Platzierung für das Pferd verständlich waren oder es verwirren. Die abgestimmte Hilfengebung wird einem Reiter anfänglich Probleme bereiten. Als Folge verliert sein

Pferd die Biegung oder es verlässt die gedachte Linie um die Tonne oder es stockt in der Bewegung.

Stellen sich solche Reaktionen ein, so darf er sich keinesfalls dazu hinreißen lassen, mit mehr Krafteinwirkung das Pferd zu »richtigem« Verhalten zwingen zu wollen. Stattdessen kann er kurz anhalten, sich mit Hilfe der Korrekturübungen in zweckmäßigerer Haltung neu positionieren und es wieder versuchen. Hat man Linie oder Position gänzlich verloren, so ist es besser, in Form der ersten Übung (direkte Biegung) den Bogen um die zweite Tonne zu vollenden, um es beim nächsten Mal noch einmal zu versuchen.

In der Übung: Konterbiegung um die Tonne ist das Pferd nicht in Bewegungsrichtung gebogen, sondern entgegengesetzt zur Linie, auf der es gehen soll. Die Koordinierung seiner Bewegungen fällt ihm zu Anfang schwer. Eine präzise, einfühlsame Hilfenplatzierung und -dosierung ist deshalb besonders wichtig.

Am Scheitelpunkt der Kreislinie um die Tonne ist es sehr wichtig, das der Tonne zugewandte Bein locker und unverkrampft zu positionieren. Es soll dem Pferd Raum geben. Dazu muss es etwas abgehoben werden und im Knie- und Fußgelenk beweglich bleiben.

Jeder Schritt in der Konterbiegung ist als Erfolg zu werten, auch wenn die Übung nicht gleich perfekt bis zum Ende klappt. Etwas Geduld ist immer gut, wenn man erfolgreich lernen will.

Und nun zur praktischen Hilfengebung durch die Übung:

Auf dem Zirkel um die erste Tonne habe ich, wie schon erwähnt, mit innerem Zügel und innerem Schenkel auf die Biegung und den Abstand zur Tonne eingewirkt. Mein äußerer Zügel ist seitlich am Hals ohne Druck auf das Gebiss platziert. Mein äußeres Bein hängt entspannt in einer hinteren Position passiv herunter. Das Knie ist locker gewinkelt. Der Fuß

ist auf den Außenrand der Sohle gerollt, die Hacke ist vom Pferd weggedreht. Sobald ich den Kreis zur Diagonale verlassen will, wirkt mein innerer Zügel etwas mehr rückwärts ein, gleichzeitig gebe ich mit dem inneren Schenkel in einer mittleren oder hinteren Position (je nach Reaktion des Pferdes) immer dann einen seitlichen Impulsdruck, wenn das äußere (zur zweiten Tonne weisende) Vorderbein in der Schwebephase ist. Als Reaktion bekomme ich eine diagonale Seitwärts/Vorwärts-Bewegung. Ich achte darauf, dass mein dem zweiten Fass zugewandter Schenkel locker ist und dem Pferd Raum gibt. Dafür drehe ich den Fuß

In dieser Abbildung ist gut zu sehen, wie ich dem Pferd mit dem Schenkel und Zügel auf der dem Fass zugewandten Seite genügend Raum gebe, damit es sich frei und locker in die vorgegebene Richtung bewegen kann. Ich vermeide jegliches Lehnen oder «aktive Gewichtshilfen», um es nicht zu irritieren.

Man kann sehr gut erkennen, wie das Pferd mit Vorder- und Hinterbeinen locker und raumgreifend ausschreitet. Es geht in Längsbiegung und Beizäumung an leichten Hilfen, hier sogar in einhändiger Zügelführung willig und aufmerksam als Resultat dieser Übung.

deutlich auf den Außenrand der Sohle.

Mit dem Zügel auf der der Tonne zugewandten Seite gebe ich dem Pferd genügend Raum seitlich und vorwärts. Nach einigen Tritten seitwärts/vorwärts, bei denen die bisherige Biegung erhalten bleibt, möchte ich mein Pferd in dieser Haltung auf den kleinen Zirkel um die zweite Tonne führen. Es wird dafür gegen die Bewegungsrichtung eingestellt, mit der Vorhand einen größeren Bogen beschreiben als mit der Hinterhand. Dafür muss es mit den Vorderbeinen weiter ausgreifen, dabei aber diagonal übertreten. In dieser Phase ist es besonders wichtig, nicht zu ziehen oder zu drücken. Das würde es in der lockeren Bewegungsfolge blockieren. Die Einwirkungen müssen Impulse sein, besonders der dem zweiten Fass abgewandte Schenkel, um den das Pferd sich biegt und der es weichen lässt, muss pendelnd oder streifend einwirken. Ich setze ihn in einer vorderen Position ein, um das Pferd zu motivieren, mit der Schulter voran der Kreislinie zu folgen. Der dem zweiten Fass abgewandte Zügel (er stellt das Pferd in der Biegung ein) lässt es mit Impulsen am Hals gleichzeitig seitwärts weichen und kontrolliert die Vorwärtsbewegung. Ich muss also mit ihm sowohl rückwärts als auch seitwärts kombiniert einwirken.

Diese Reiterin führt die Übung in vorbildlicher Körperhaltung und Hilfengebung aus.

Der dem Fass zugewandte Zügel gibt dem Hals sehr viel Raum, gibt aber nicht den (leichten) Kontakt über das Gebiss zum Maul auf. Stets gebe ich meine Impulse, wenn das dem zweiten Fass zugewandte Vorderbein in der Schwebephase ist. Ideal abgestimmt ist meine Hilfengebung, wenn ich im Schrittrhythmus der Pferdebeine meine Impulse gebe.

Wenn man diese Übung wiederholt, regelmäßig und konsequent mit seinem Pferd (abwechselnd mit anderen Übungen) praktiziert, perfektioniert sich das Wechselspiel der Hilfen zueinander, das Pferd koordiniert seine Beinbewegungen immer besser, reagiert leichter auf die Hilfen, balanciert sich immer besser selbstständig aus, bis es aus dieser Übung leicht eine 360-Grad-Hinterhandwendung mit untergesetzter Hinterhand ausführen kann.

> *Diese Übung ist für mich eine Schlüsselübung, in der alle Bewegungsabläufe und Hilfenkombinationen in ruhiger Abfolge vorkommen, die wir für die weitere Ausbildung von Reiter und Pferd voraussetzen müssen. Gleichzeitig ist sie ein Test für den Ausbildungsstand von Reiter und Pferd, in dem alle Unzulänglichkeiten deutlich zu Tage treten.*

Gelingt die Übung »Konterbiegung um die Tonne« flüssig und leicht, so kann man auch schon versuchen, sie in einhändiger Zügelführung auszuführen.

▶ Übung 3:    Wendungen um Vor- und Hinterhand

## Wozu dient die Übung?

▶ Der Reiter lernt, seine Hilfen so einzusetzen, dass das Pferd in einzelnen Tritten präzise durch diese Übung geführt wird.

▶ Das Pferd lernt, Körperbewusstsein für seine Vorder- und Hinterbeine zu entwickeln und ruhig nur mit einzelnen Tritten auf die Einwirkungen des Reiters zu reagieren, ohne Hektik oder Überreaktionen zu zeigen.

Die Wendung um die Vorhand

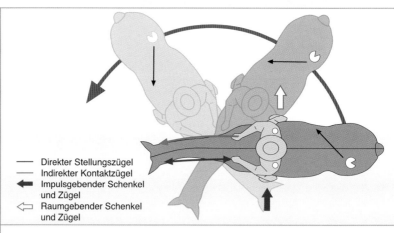

Die Wendung um die Hinterhand

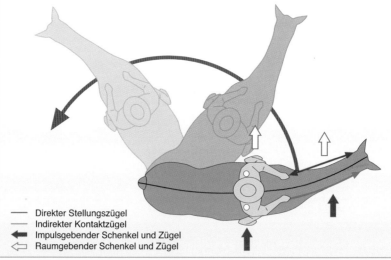

**WIE WIRD SIE AUSGEFÜHRT?** ▶
Aus der zuvor beschriebenen
Übung lassen sich leicht Vor- und
Hinterhandwendungen entwickeln.
Da diese Übungen aus dem Stillstand ausgeführt werden, fehlt ihnen die Dynamik, die das Üben erleichtert. Ich empfehle diese Übungen deshalb erst, wenn die zuvor
beschriebene Übung sehr gut gelingt. Wenn ich Vor- und Hinterhandwendungen erwähne, so müssen wir zuvor klären, was ich da-
runter verstehe. In der dressurmä-
ßigen Ausbildung nach deutschen
Richtlinien für das Reiten werden
sehr präzise Anforderungen an diese Übungen gestellt. Ich beschränke mich auf eine vereinfachte Variante, da diese meinen Zwecken absolut genügt. Mir geht es bei der
Übung nur darum, das Verständnis
des Pferdes für die Kontrolle über
seine Vorhand und Hinterhand
zum Zwecke der Begrenzung oder
Positionierung zu erreichen.

Es genügt mir deshalb, wenn
mein Pferd bei der Vorhandwendung mit den Vorderbeinen, bei
der Hinterhandwendung mit den
Hinterbeinen auf einem etwa 30
bis 40 Zentimeter großen Bereich
tritt, während es sich mit der
Hinterhand bzw. mit der Vorhand
um das stationär tretende Beinpaar
in einem Halbkreis herum bewegt.
Es soll sich dabei Schritt für
Schritt, entspannt und ohne Hektik oder Verkrampfung bewegen.

Die Vorhandwendung misslingt
am häufigsten, weil der Reiter seine Schenkeleinwirkungen nicht
weit genug hinten am Pferdekörper gibt. Er muss sorgfältig darauf
achten, das ganze Bein von der

Hüfte abwärts zurückzunehmen.
Allzu oft wird nur der Unterschenkel vom Knie an schräg nach hinten an den Pferdekörper gelegt
und die Hacke hochgezogen. Solche Einwirkungen sind unpräzise
und entsprechend reagieren die
meisten Pferde. Hinterhandwendungen »verunglücken«, weil der
Reiter einerseits die Vorwärtsbewegung komplett begrenzen muss,
andererseits soll er das Pferd aber
mit Zügelkontakt (und Schenkelkontakt) zum seitlichen Übertreten
mit den Vorderbeinen bewegen.

**HINTERHANDWENDUNG** ▶ Eine
Hinterhandwendung nach links
leite ich durch folgende Hilfengebung ein und begleite sie Schritt
für Schritt bis zur Ausführung.

Die Ausgangsposition von Pferd
und Reiter sieht wie folgt aus:
▶ Kontakt zum inneren Maulwin-
   kel,
▶ Stellung nach links (hohle Seite),
▶ Außenzügel am Hals.
▶ Innenschenkel gibt dem Pferd
   Raum,
▶ Außenschenkel in hinterer Position passiv.
Um den ersten Tritt einzuleiten,
nehme ich mit beiden Händen
Kontakt zu beiden Maulwinkeln
auf, ohne die Stellung aufzugeben.
Der Außenschenkel wandert in
die mittlere oder vordere Position
(individuell nach Gefühl zu entscheiden) und gibt nun deutliche
Impulse, bis das Pferd sich bewegen möchte. Während der innere
Zügel mit passivem Kontakt Verbindung zum Maul hält, gibt der
äußere weich und dynamisch nach.

**Hinterhandwendung** Hier ist eine einfühlsame, abgestimmte Zügelführung wichtig. Die Vorwärtsbewegung des Pferdes soll begrenzt und die Seitwärtsbewegung soll gefördert werden.

Der Reiter sollte seine Hilfen so platzieren, dass sich das Pferd in einer Längsbiegung zur Bewegungsrichtung einstellt.

Der innere Schenkel gibt vermehrt Raum, das Pferd macht mit den Vorderbeinen einen oder zwei Tritte seitwärts, sein inneres Hinterbein bleibt am Fleck, eventuell führt es mit dem äußeren Hinterbein einen kleinen Tritt aus. Sobald es beginnt, den ersten Tritt mit einem Vorderbein einzuleiten, entspanne ich mich deutlich und baue auf allen Positionen Druck ab. Die folgenden Tritte werden in gleicher Weise ausgeführt, bis die 180-Grad-Hinterhandwendung vollendet ist.

**VORHANDWENDUNG** ▶ Meine Hilfengebung für eine Vorhandwendung nach rechts (mit der Hinterhand um die Vorhand) ist wie folgt aufgebaut:

Mein Pferd ist nach links leicht mit seitlicher Stellung in Kopf und Hals eingestellt, der innere Zügel (hohle Seite des Pferdes) liegt dicht am Hals und ist in Richtung Sattelhorn geführt. Mein äußerer Zügel liegt ebenfalls dicht am Hals, ohne das Pferd einzuspannen. Ich habe mit dem inneren Zügel eine leichte, passive Verbindung zum Gebissmundstück und damit zum inneren Mundwinkel des Pferdes. Mein äußerer Zügel ist passiv ohne Druck auf das Mundstück.

Mein äußerer (rechter) Schenkel hängt passiv, meine Hacke ist vom Pferd weg gedreht, mein Fuß ist auf die Außenkante der Sohle gerollt, mein Knie hat keine Spannung und gibt dem Pferd sogar ein wenig Raum. Mein Innenschenkel liegt in einer hinteren Position flach, aber ohne Druck am Pferdekörper. Um den ersten Tritt mit ei-

Zu Anfang kann es hilfreich sein, den aktiven Schenkel, dem das Pferd weichen soll, in einer vorderen Position einzusetzen. Später sollte er zur Stabilisierung der Hinterhand stets in einer hinteren Position Impulse geben.

Nach vollendeter Hinterhandwendung stelle ich das Pferd entsprechend der neuen Richtung in der Biegung ein.

nem der Hinterbeine einzuleiten, nehme ich Kontakt mit dem Innenzügel (linke Seite) über das Gebiss zum Mundwinkel und gebe einen Druckimpuls in dem Moment, in dem der Innenschenkel in hinterer Position ebenso einwirkt. Mein äußerer Schenkel gibt dem Pferd deutlich Raum, wenn es die Hinterhand für einen Tritt oder Schritt seitlich herumstellt. Bevor das Pferd die Bewegung beendet hat, gebe ich auf allen Positionen nach und entspanne mich deutlich, um es verharren zu lassen. Dann wiederhole ich die Einwirkungen, bis die 180-Grad-Vorhandwendung Schritt für Schritt beendet ist.

Sowohl bei der Vorhand- wie bei der Hinterhandwendung ist es die Abstimmung der einzelnen Hilfen aufeinander in Platzierung und Intensität, die zur gewünschten Reaktion des Pferdes führt. Sollte man merken, dass sich in diesen Übungen Pferd oder Reiter verkrampfen, so ist es sinnvoll, einige Minuten locker vorwärts zu reiten, um sie dann wieder aufzunehmen. Lassen Sie sich niemals dazu verleiten, mit Krafteinwirkung und Zwang zu reagieren!

▶ *Denken Sie immer daran, diese Übungen sind ein schlichter Test, ob es mit der Verständigung zwischen Ihnen und Ihrem Pferd klappt. Macht Ihr Pferd einen »Fehler«, so haben Sie ihn verursacht und das Pferd zeigt es Ihnen nur. Danken Sie ihm dafür, es gibt Ihnen Gelegenheit, Ihren Fehler zu erkennen und zu korrigieren.*

**Vorhandwendung**
Der Reiter nimmt für eine Vorhandwendung passiven Kontakt mit den Hilfen. Er legt den Schenkel, dem das Pferd mit der Hinterhand weichen soll, in eine hintere Position.

Das Bein auf der Seite, zu der das Pferd weichen soll, ist locker und gibt dem Pferd Raum.

Der Zügel- und Schenkelkontakt wird Schritt für Schritt individuell angepasst.

▶ Übung 4:  **Neck-Reining oder Der Übergang von der beidhändigen zur einhändigen Zügelführung**

## *Wozu dient die Übung?*

▶ *Der Reiter lernt, seine Einwirkungen so zu koordinieren, dass das Prinzip des Neck-Reining für das Pferd verständlich wird.*

▶ *Das Pferd lernt, sich immer besser auszubalancieren und an immer feineren Hilfen immer sensibler zu reagieren.*

**WIE WIRD SIE AUSGEFÜHRT?** ▶
In dem Maße, in dem durch sinnvolle Übungen der Reiter die Fähigkeit entwickelt, sich mit leichten Hilfen zu verständigen, kann das Pferd sich darauf konzentrieren, seine Bewegungen unter dem Reiter besser zu koordinieren und sich unter ihm ausbalanciert zu bewegen. Es erlangt seine natürliche Leichtigkeit und Beweglichkeit zurück, über die es ohne Reiter auf seinem Rücken verfügt. Nun können die Einwirkungen des Reiters, die zur besseren Verständigung anfänglich ja noch etwas deutlicher, häufiger und abgestufter wiederholt wurden, immer sparsa-

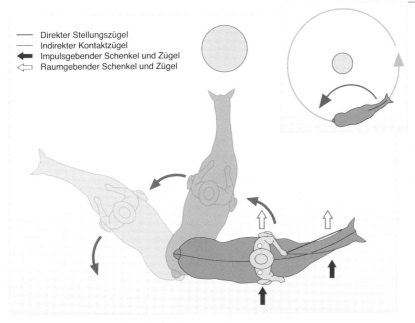

—— Direkter Stellungszügel
—— Indirekter Kontaktzügel
◀ Impulsgebender Schenkel und Zügel
◁ Raumgebender Schenkel und Zügel

Die Entwicklung einer Kehrtwendung im »Neck-Reining« an der Tonne

**Neck-Reining-Übung um die Tonne** Das Prinzip des Neck-Reining lässt sich für Pferd und Reiter in einer halben Wendung am besten vermitteln. Zunächst beginnt man mit der direkten Biegung um die Tonne, einer vertrauten Übung.

Ich gebe abwechselnd mit dem Innenzügel rückwärts und mit dem Außenzügel seitliche Impulse an den Hals des Pferdes, um die Wendung einzuleiten. Gleichzeitig gebe ich mit dem Außenschenkel seitliche Impulse.

mer und feiner gegeben werden. Es ist an der Zeit, in Gedanken und in der Praxis den Wechsel von der systematischen beidhändigen zur entsprechenden einhändigen Zügelführung zu vollziehen. Dieser Prozess wird von vielen Reitern als komplizierter eingeschätzt als er tatsächlich sein kann.

Voraussetzung für einen einfachen Übergang ist allerdings, dass der Reiter ein System in seiner Hilfengebung verwendet, welches in der beidhändigen und einhändigen Siehe Seite 227 Zügelführung **prinzipiell gleich ist**. Einziger Unterschied: Der Reiter gibt die Zügelsignale gleichbleibend im System, mal mit beiden Händen, einer Hand oder letztlich nur mit einem Finger oder gar keinem (kalifornisch) zwischen den

Zügeln. Für mich ist der Übergang von der beidhändigen zur einhändigen Zügeleinwirkung ein fließender. Zu Anfang sind die Zügelbewegungen deutlicher, mit der Zeit werden sie graduell feiner. Mit einer speziellen Übung möchte ich es Reiter und Pferd wiederum leicht machen, diesen Übergang von der beidhändigen zur einhändige Zügelführung zu tun und das Verständnis für das »Neck-Reining« zu entwickeln. Bevor Sie weiterlesen, rufen Sie sich vielleicht noch einmal das Kapitel zum Thema »Reiten in direkter Biegung um die Tonne« in Erinnerung.

Auch zur Einleitung der folgenden Übung reite ich zunächst in direkter Biegung mit drei bis vier Meter Abstand um eine Tonne.

Das Pferd verkürzt die Schritte und lässt sich durch eine kurze Kehrtvolte oder Hinterhandwendung führen.

Nach einigen Wiederholungen bleibt es selbstständig schon mit den Hinterbeinen mehr am Fleck und nimmt hinten mehr Last in der Wendung auf, während es in der Schulter leicht und locker bleibt.

Reiter und Pferd sind mit diesem Programm vertraut. Die Zügel werden zunächst noch beidhändig wie gewohnt geführt. Der innere Zügel wird dicht am Hals in Richtung Sattelhorn geführt, der äußere ist locker und passiv an der Halsseite platziert.

Über den inneren Zügel gebe ich gerade so viel Druck auf Gebiss oder Zäumung, bis das Pferd sich mit Kopf und Hals auf der Linie um die Tonne mit entsprechender Biegung einstellt. Danach halte ich passiv Kontakt mit dem inneren Zügel. Der innere Schenkel gibt Impulskontakt und motiviert das Pferd, die Biegung durch den ganzen Körper fortzusetzen. Danach bleibt er passiv angepasst. Die Übung wird in aktivem, fleißigem Schritt geritten. Nun möchte ich eine enge **Kehrtvolte** zur Tonne hin einleiten und ausführen, um in der entgegengesetzten Richtung wieder auf der Kreislinie um die Tonne zu reiten. Dafür gebe ich dem Pferd über den inneren Zügel rückwärts gerichtete Impulse, bis ich seine gesteigerte Aufmerksamkeit habe und die Vorwärtsbewegung etwas verhaltener wird. Das ist der Moment, den lockeren Außenzügel seitlich mit Impulsen an den Hals heran zu führen. Dabei wandert die Hand aber nicht über den Mähnenkamm des Pferdes zur anderen Seite. Einen Moment später gebe ich mit der Innenseite meines Fußes und meiner Wade seitlichen Impulsdruck in einer mittleren oder eventuell vorderen Position an den Pferde-körper. Dies geschieht wiederholt immer dann, wenn das der Tonne zugewandte, **innere Vorderbein des Pferdes in der Schwebephase** ist. Das Pferd wird in einem mehr oder weniger großen Bogen zur Tonne hin wenden, wobei das Hindernis es motiviert, die Kehrtvolte eng auszuführen.

Auf der Zirkellinie angekommen, positioniere ich mich in Sitz und Zügelführung für die neue Richtung, stelle das Pferd mit dem zur Tonne gewandten Zügel wieder ein, warte, bis die Biegung sich einstellt und leite erneut eine Kehrtvolte zur Tonne hin ein. Sollte es nach einigen Versuchen zu jeder Seite immer noch den Bogen in der Kehrtvolte recht groß gestalten wollen, so verkürze ich beide Zügel etwas und gebe mit dem Aussenzügel nicht nur seitliche sondern auch ein wenig rückwärts gerichtete Impulse. Dabei achte ich aber sorgfältig darauf, es **nicht** etwa einzuspannen und mit dem Gebiss in der Vorwärtsbewegung **zu behindern**. Nehme ich die Zügel rhythmisch an und gebe entsprechend wieder nach, so sollte es eine immer engere Kehrtvolte ausführen.

Mit der Zeit beginnt das Pferd selbstständig, immer mehr mit den Hinterbeinen unterzutreten und Last aufzunehmen, um die Wendung flüssig und zügig auszuführen, vorausgesetzt, ich bleibe locker und behindere es nicht. Wenn es zu jeder Richtung die 180-Grad-Wendung in schöner Manier bewältigt, so kann ich es zum ersten Mal komplett um 360 Grad um die Hinterhand treten lassen. Danach geht es dann auf dem Zirkel in gewohnter Manier um die Tonne weiter im Kreis. Im lockeren Wechsel von Wendungen und kompletten Turn-Arounds, so nennt man die Hinterhandwendungen, führe ich das Pferd durch diese Übung. Impulsfolge, Dosierung und Platzierung der Hilfen bleiben im Prinzip immer gleich mit der Tendenz zur Verfeinerung, im Detail aber stets den Reaktionen des Pferdes angepasst.

Nun nehme ich die Zügel über Kreuz (rechtes Ende hängt links herunter und umgekehrt) in **eine Hand** (Squaw-Rein) und gebe die gleichen Signale wie zuvor. Das Pferd wird keinen Unterschied erkennen und sich in gleicher Weise wie zuvor durch die Wendung führen lassen, solange es mir gelingt, mit einer Hand die Zügel gleich zu bedienen wie zuvor beidhändig.

> *Das Prinzip ist immer gleich:*
> 1. *Stellung in Bewegungsrichtung,*
> 2. *Biegung durch das ganze Pferd, leichte Rückwärtsimpulse mit dem inneren Zügel,*
> 3. *mit Impulsen seitlich an den Hals und im Rhythmus dazu mit dem Außenschenkel Impulse immer, wenn das führende Vorderbein in der Schwebephase ist.*

> *Der entscheidende Schritt von der beidhändigen zur einhändigen Zügelführung ist fließend und ohne Komplikationen eingeleitet. Nur der Reiter muss lernen, mit einer Hand seine Signale ebenso präzise zu geben wie mit zweien.*

**360-Grad-Wendung** Gelingen die halben Wendungen, so führe ich das Pferd mit den Impulshilfen durch eine komplette 360-Grad-Wendung und reite dann in direkter Biegung um die Tonne auf der alten Linie weiter.

Auch in dieser Übungsvariante beginnt das Pferd bald, immer mehr Last mit den Hinterbeinen aufzunehmen und unter den Körperschwerpunkt zu treten.

Bei guter Abstimmung der Signale auf den Bewegungsrhythmus balanciert sich das Pferd immer besser aus und der Reiter kann seine Einwirkungen mehr und mehr verfeinern, bis eine korrekte Ausführung der Übung mit einer Hand an den Zügeln gelingt.

▶ Übung 5:     Rückwärtsrichten

## Wozu dient die Übung?

▶ *Der Reiter lernt in dieser Übung, rückwärts gerichtete Hilfen dosiert und im Zusammenspiel abgestimmt so zu platzieren, dass das Pferd in einzelnen Tritten in Rhythmik und Linienführung **präzise geführt** und geleitet wird.*

▶ *Das Pferd lernt, von seiner natürlichen Tendenz zum »Vorwärts« mit Bewusstsein, Gleichgewicht und Motorik auf »Rückwärts« umzuschalten und in einzelnen, **bewussten** Tritten die korrekte Körperkoordination zu entwickeln. Dabei arbeitet es ruhig und ohne Überreaktionen, Hektik oder Blockaden.*

**WIE WIRD SIE AUSGEFÜHRT?** ▶
Mit dieser Übung behandeln wir einen häufig in seiner Bedeutung unterschätzten Bewegungsablauf. Das Rückwärtsgehen fordern viele Reiter nur in seltenen Ausnahmen. Da es Pferd und Reiter an Routine und Technik fehlt, wird es dann oft erzwungen. Auch wird es von manchen Reitern als »Bestrafung für das Pferd« verstanden oder eingesetzt.

*In meinem Ausbildungsprogramm ist das Rückwärtsrichten eine wichtige **Basisübung**.*

Es erfordert eine optimale Feinabstimmung aller Hilfen, will der Reiter nicht Irritationen und Blockaden beim Pferd verursachen. Das Pferd lernt bei sinnvollen und korrekt ausgeführten Rückwärts-Übungen, seine Körperkoordination in ruhigen Bewegungen zu optimieren und sein Gleichgewicht zu variieren. Es muss alle Bewegungsabläufe ausführen, die auch

für ein ausbalanciertes, koordiniertes Verlangsamen oder Anhalten notwendig sind.

Ich strebe bei allen Übungen des Rückwärtsrichtens an, das Pferd präzise auf einer gedachten Linie zu führen. Sollte es von der Linie abweichen, so motiviere ich es durch entsprechende Einwirkungen, wieder zur Linie zurückzukehren. Ich arbeite immer Schritt für Schritt. Zu Beginn erwarte ich nur wenige Schritte, zwei, drei oder maximal vier, um dann wieder vorwärts zu reiten, bevor ich erneute Schritte rückwärts einleite. Ich strebe immer an, eine Rückwärts-Sequenz mit einem aktiv-engagierten letzten Schritt zu beenden und nicht mit einem matten oder blockierten. Mit der Zeit, wenn die Schritte flüssiger gelingen, füge ich zwei oder drei »Dreier-Schritt-Kombinationen« zu einer längeren Kette zusammen. Im fortgeschrittenen

Ausbildungsstadium führe ich das Pferd auch auf Schlangenlinien oder kleinen Kreisen zwischen den »Hilfen« rückwärts.

Das Rückwärtsrichten leite ich aus dem Stand ein. Mein Pferd ist im Körper gerade mit einer leichten Stellung im Hals, sagen wir nach rechts. Mein rechter Zügel hält über das rechte Gebissstück leichten, passiven Kontakt zum Maulwinkel, der linke Zügel hängt minimal durch. Mein rechter Schenkel liegt in mittlerer Position, mein linker in hinterer. Nun nehme ich mit dem linken Zügel über das Gebiss Kontakt zum Maulwinkel. Mein rechter Zügel baut minimal etwas Druck auf und mit dem rechten Schenkel pendele ich in Impulsen seitlich an. Ich fühle, wie mein Pferd aktiv wird und vortreten möchte. Ich gebe weiter Schenkelimpulse und halte mit dem Gebiss die Begrenzung nach vorn aufrecht, dabei gebe ich leichten Impulsdruck auf den rechten Maulwinkel. Ich hebe mein Gesäß ein wenig aus dem Sattel und verlagere mein Gewicht auf Oberschenkel und in die »Steigbügelstütze«.

Diese Reiterhaltung erleichtert es einem Pferd, die Rückenwirbelsäule aufzuwölben. Das Pferd erkennt, dass es vorwärts keine Druckentlastung erfährt und beginnt, sich rückwärts zu bewegen.

Sobald ich den leichtesten Ansatz dazu spüre, gebe ich nach auf allen Positionen, selbst wenn es noch keinen kompletten Schritt rückwärts ausgeführt hat. Nach einem Moment des Verharrens beginne ich in gleicher Folge wieder einzuwirken. Bietet das Pferd die ersten Schritte rückwärts an, belasse ich es dabei und befasse mich mit Wiederholungen und Verfeinerung erst in darauffolgenden Tagen. Zu Anfang wird es noch nicht gerade auf einer Linie gehen.

**Rückwärtsrichten**
Beim korrekten Rückwärtsrichten tritt das Pferd mit der Hinterhand weit unter, hebt sich in der Schulter und geht dabei taktmäßig, flüssig und gerade.

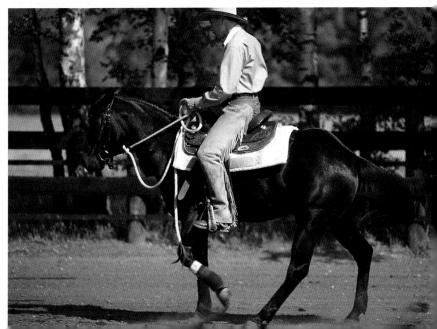

Ich achte von Anfang an bei den Übungen auf korrekte Ausführung. Allerdings arbeite ich immer nur Schritt für Schritt und lasse das Pferd zwischendurch verharren. Auch erwarte ich zunächst nicht viel Raumgriff.

Manche Pferde drücken zu Anfang mit dem Maul auf das Gebiss und nehmen den Kopf tief. Diese Tendenz sollte nicht gefördert werden.

Mit besserer Körperhaltung und Hilfengebung gelingt es der Reiterin, das Pferd durch ein korrektes »Rückwärts-Manöver« zu führen.

Weicht es von der gedachten Linie ab, so lege ich auf der Seite, auf der es ausweicht, den Schenkel in hinterer Position an und gebe eventuell deutlichere Impulse. Anfänglich wird jedes Pferd auf einer Seite steifer sein als auf der anderen und entsprechend die Tendenz haben, einseitig auszuweichen. Dieses Problem wird man nicht allein durch Rückwärtsrichten beheben können, die Lockerungs- und Biegeübungen, die zuvor genannt wurden, sind besser geeignet, dem Pferd dazu zu verhelfen, seine Muskulatur auf beiden Körperhälften gleichmäßig einsetzen zu lernen. Sobald das Pferd etwas Übung hat und flüssig rückwärts geht, entlaste ich den Sattel nicht mehr so deutlich, sondern bleibe weich und locker mit Sitzkontakt im Sattel.

> ▶ *Die Rückwärts-Übung hilft, diejenigen Muskelgruppen zu kräftigen, die das Pferd bei mehr Lastaufnahme mit den Hinterbeinen einsetzen muss. Außerdem lernt das Pferd, »rückwärts zu denken«.*

▶ Übung 6:   Übergänge zwischen Schritt, Trab und Schritt

## *Wozu dient die Übung?*

▶ *In dieser Übung lernt der Reiter, seine Einwirkungen so zu platzieren und zu koordinieren, dass das Pferd sich im »Rahmen« verkürzt und erweitert, ohne die Vorhand mehr zu belasten. Er lernt darauf einzuwirken, ein aktiveres Untertreten mit dem jeweils inneren Hinterbein des Pferdes zu bewirken und damit eine kurzzeitige, leichte Versammlung zu fördern.*

▶ *Das Pferd lernt, zwischen begrenzenden, verhaltenden und aktivierenden Hilfen seinen Rahmen zu verkürzen, indem es vermehrt mit den Hinterbeinen untertritt und sich im Rücken aufwölbt. Außerdem lernt es, seinen »Rahmen« zu erweitern, ohne dabei mehr Last auf die Schultern und Vorderbeine zu verlagern und es entwickelt Bewusstsein für einen »Gangartwechsel«.*

**WIE WIRD SIE AUSGEFÜHRT?** ▶
Mit dem Pferd an den Übergängen zwischen den Gangarten zu arbeiten bietet gleich mehrere Vorteile:

▶ Die Kontrolle über das Tempo des Pferdes wird deutlich verbessert.

▶ Die Übergänge zwischen den Gangarten werden weicher und an leichteren Hilfen gelingen.

▶ Es wird möglich, präzise an einem vorgegebenen Punkt die Gangart zu wechseln.

▶ Das Pferd lernt mit der Zeit, am losen Zügel die Übergänge ausbalanciert, ruhig und weich auszuführen.

In meiner Übung für die Übergänge zwischen Schritt – Trab – Schritt berücksichtige ich mehrere Probleme, die in diesem Manöver üblicherweise auftreten können.

Häufig sieht man Reiter, deren Pferde in den Grundgangarten schon ruhig und gleichmäßig laufen, doch sobald ein Gangartwechsel ausgeführt wird, ist die Harmonie gestört. Der Reiter stört das Pferd im Maul und häufig auch vom Sitz her im Gleichgewicht. Das Pferd wirkt steif und verkrampft. Speziell im Übergang vom Trab zum Schritt sieht man, dass die Pferde ihr Gewicht auf die Vorhand verlagern, gegen das Gebiss drücken und am losen Zügel dann »komplett auseinander fallen«, d. h. schlaff und nachlässig gehen. Vom Schritt zum Trab eilen sie häufig davon und sind nicht in der Lage, ein ruhiges gesetztes Trabtempo beizubehalten. Der Reiter muss immer wieder regulierend auf das Tempo Einfluss nehmen. Um diese Probleme gar nicht erst entstehen zu lassen, führe ich das Pferd mit Hilfe meiner Einwirkungen »geregelt« durch den Übergang. Dabei lernt es durch **Längsbiegung** und **Spannungsbogen**, seine Körperbewegungen so zu koordinieren, dass es im Gleichgewicht, mit vermehrt untertretenden Hinterbeinen und mit engagierter Muskeltätigkeit die Gangartwechsel ausführen kann.

Ich zerteile das Gesamtmanöver in sieben Einzelphasen. Ich gehe jeweils zur nächstfolgenden erst dann über, wenn die vorgeschaltete vom Pferd weitestgehend korrekt ausgeführt wird. So kann es sein, dass sich zu Beginn der Arbeit in dieser Übung das Manöver »Gangartwechsel« über eine Strecke von vielen Pferdelängen hinzieht. Als Resultat dieser Übungen ergibt sich daraus nach einiger Zeit die Fähigkeit des Pferdes, **präzise und innerhalb von Augenblicken** einen weichen, fließenden und ausbalancierten Gangartwechsel vorzunehmen. Das System ist beim Übergang vom Schritt zum Trab gleich mit dem vom Trab zum Schritt. Zunächst möchte ich Ihnen die sieben Phasen erläutern, bevor ich die Hilfengebung dazu schildere.

Phase 1:
Kontaktaufnahme mit dem inneren Zügel bis zur weichen Nachgiebigkeit in Genick, Hals und Schulter ohne Veränderung der Linienführung oder des Tempos.

Phase 2:
Kontaktaufnahme mit dem äußeren Zügel bis zur weichen Nachgiebigkeit in Genick, Hals und Schulter ohne Veränderung der Linienführung oder des Tempos.

Phase 3:
Kontaktaufnahme mit dem inneren Schenkel ohne Veränderung der Linienführung oder des Tempos. Außenschenkel bleibt passiv. Bande oder Zaun begrenzen nach außen.

Phase 4:
Aktivimpulse mit dem inneren Schenkel in mittlerer Position. Impulse werden von hinten nach vorn streifend immer dann gegeben, wenn das äußere Vorderbein und (einen Augenblick später) das innere Hinterbein in der Schwebephase sind. Die Impulse werden, eventuell mit verstärkter Intensität, wiederholt, bis das Pferd die Gangart gewechselt hat. Dann wird der innere Schenkel wieder passiv, hält aber weiter Kontakt.

Phase 5:
Außenzügel wird langsam nachgegeben. Das Pferd dehnt sich auf der Außenseite mit der Halsmuskulatur entsprechend nach vorwärts-abwärts aus. Dabei bleibt die innere Seite hohl.

Phase 6:
Der Innenzügel wird langsam nachgegeben, das Pferd dehnt die Innenseite des Halses und wird gerade mit minimaler Biegung nach innen.

Phase 7:
Der innere Schenkel gibt den Kontakt auf und hängt locker herunter.

**Übergänge Schritt – Trab** Ich beginne die Übung für einen weichen und ausbalancierten Gangartwechsel im Schritt. Vom losen Zügelkontakt stelle ich mit dem inneren Zügel eine passive Verbindung zum Maul des Pferdes her. (1)

Anschließend stelle ich eine weiche, aber passive Verbindung über den Außenzügel zum Maul oder zur Zäumung her. (2) Das Pferd soll Richtung und Tempo nicht verändern, nur seine Haltung. Der innere Schenkel nimmt Fühlung in mittlerer, eventuell hinterer Position an der Pferdeseite. (3)

Nun beginne ich immer, wenn das äußere Vorderbein in der Schwebephase ist und das hintere unter tritt, mit dem inneren Schenkel Impulse im Schrittrhythmus zu geben. (4)

Bis das Pferd in den Jog übergeht und einen sauberen Takt anbietet, gebe ich wiederholt die Schenkelimpulse. Es sollte sich nun versammelt bewegen.

Ich begrenze dabei mit Impulsen auf die Zäumung die Vorwärtsbewegung.

Hat sich das Pferd im Jog-Rhythmus stabilisiert, so biete ich zunächst einen »losen« inneren Zügel an (5), dann den »losen« äußeren (6), und zum Schluss lasse ich den inneren Schenkel vom (mittlerweile passiven) Kontakt zum losen Schenkel wechseln (7). Das Pferd geht nun ohne direkten Hilfenkontakt ruhig, gleichmäßig und ausbalanciert.

Das Pferd behält minimale Biegung, geht aber geradeaus.

Ich beginne die Übung im Schritt am losen Zügel. Mit der inneren Hand greife ich am Zügel vor und stelle eine weiche Verbindung zum Pferdemaul her, bis das Pferd im Genick und Hals nachgibt und sich im Hals biegt. Der innere Zügel liegt dabei dicht am Hals. Nun greife ich am äußeren Zügel ebenfalls nach und nehme Kontakt zum äußeren Maulwinkel. Das Pferd gibt auch außen nach, geht aber weiter, ohne Tempo und Richtung zu verändern. Nun nehme ich mit dem inneren Schenkel behutsam Kontakt in mittlerer Position auf. Ich dosiere so, dass das Pferd die Kontaktaufnahme akzeptiert, ohne schneller zu werden. Jetzt erst beginne ich aktiv einzuwirken. Mit dem inneren Schenkel in mittlerer Position gebe ich streifende Impulse von hinten nach vorn. Das geschieht immer dann, wenn das äußere Vorderbein und, einen Moment später das innere Hinterbein, in der Schwebephase sind. Ich fühle, dass das Pferd davoneilen möchte, entsprechend baue ich etwas mehr verhaltenden Druck über die Zügel mit dem Gebiss auf das Maul auf. Das Pferd ist etwas unsicher und weiß nicht, wie es reagieren soll. Ich gebe weiter in gleicher Rhythmik eventuell in gesteigerter Dosierung Schenkelimpulse, eventuell platziere ich den Schenkel weiter zurück. Mit der äußeren Hand gebe ich etwas nach, gebe den Kontakt zum Maul aber nicht auf. Ich kann in dieser Phase mit der Stimme etwas nachhelfen und

im Rhythmus schnalzen, um dem Pferd die Idee zu geben, die Gangart zu ändern. Es wird nun etwas engagierter mit dem inneren Hinterbein untertreten. Ich fühle, wie es sich etwas in den Schultern hebt. Der Kopf kommt im Genick zunächst noch etwas höher und noch zögerlich und etwas stockend geht es in den Trabrhythmus über. Sofort gebe ich mit dem Außenzügel langsam in Richtung Pferdemaul nach. Das Pferd hält den ruhigen, gesetzteren Trab und dehnt die Halsaußenseite. Mit dem inneren Schenkel begrenze ich weiter und gebe eventuell etwas mehr Druck, sollte es von der Linie nach innen abweichen wollen. Es bleibt mit den Hinterbeinen engagierter. Ich gebe mit dem Innenzügel nach. Es dehnt sich auf dieser Seite mit dem Hals, hält aber das Tempo. Nun nehme ich den inneren Schenkel in eine passive Position zurück.

Bei den ersten Übungen wird das Pferd das ruhige Trabtempo nach einigen Schritten nicht mehr beibehalten und eiliger werden, da Zügel und Schenkel ihm keine »Anlehnung« mehr geben und es noch nicht gelernt hat, sich selbst über längeren Zeitraum »zu tragen«. Ich nehme deshalb mit dem inneren Zügel wie zuvor beschrieben Kontakt auf. Es folgen ebenso der äußere Zügel und der innere Schenkel mit passivem Kontakt.

Nun beginne ich in mittlerer Position wieder mit dem inneren Schenkel streifende Druckimpulse im Rhythmus der Schwebephasen zu geben. Das Pferd wird diese Impulse als Aufforderung verstehen, schneller zu traben und gegen das Gebiss drücken. In dieser Phase muss man konsequent, aber nicht hart »gegenhalten«, während der innere Schenkel weiter deutliche Impulse gibt. Während der ersten Übungen in dieser Phase wird der Reiter einer echten Geduldsprobe ausgesetzt. Es braucht einige Zeit, bis das Pferd erstmalig die richtige Idee hat und die Gangart wechselt. Man wird ungewohnt viel Druck auf das Gebiss zu spüren bekommen und deutlicher mit dem Schenkel einwirken müssen, als das in allen anderen Übungen bisher der Fall war. Das Pferd muss sich kurzfristig mehr spannen, und das ist neu für Pferd und Reiter. Es hilft, wenn man ganz bewusst an »Schritt« denkt und den Schrittrhythmus schon in die eigenen Körperaktivitäten übernimmt. Dann kommt der Moment, wo das Pferd in den Schrittrhythmus übergeht. Sofort gebe ich außen mit dem Zügel nach. Es »dehnt« sich an den inneren Gebissteil heran. Ich gebe innen nach, es dehnt sich auf der inneren Halsseite, ich gehe mit dem Schenkel innen in eine passive Haltung über, das Pferd geht mit engagierten Schritten am losen Zügel, ohne zu latschen.

> *Diese Übergänge zwischen Schritt und Trab wiederhole ich in der beschriebenen Weise zehn bis zwanzig Mal pro Trainingstag. Mit der Zeit wird das Pferd sich immer besser ausbalancieren, koordinieren und an immer leichteren Impulsen den Übergang weich und fließend ausführen und im Anschluss an den Übergang ausbalanciert, ruhig und gleichmäßig am losen Zügel im Schritt oder im Jog-Trab gehen, ohne dass Korrekturen nötig werden.*

▶ Übung 7:    **Angaloppieren aus dem Schritt und dem Stand**

## Wozu dient die Übung?

▶ *Der Reiter lernt, sich so auf dem Pferd zu platzieren, dass es durch ihn nicht in Körperhaltung und Gleichgewicht gestört wird, wenn es ein so »schwieriges« Manöver wie das Angaloppieren ausführen soll. Er lernt, sich »nur« auf Signaleinwirkungen zu reduzieren und nicht den Versuch zu machen, körperlich mit Nachdruck »das Pferd anzugaloppieren«.*

▶ *Das Pferd lernt, sich unter dem Reiter ungestört in natürlicher Haltung auszubalancieren, zu positionieren und von Signalen in den Galopp leiten zu lassen. Es entwickelt Bewusstsein für das Manöver »Angaloppieren«.*

**WIE WIRD SIE AUSGEFÜHRT?** ▶
Für viele Reiter und ihre Pferde ist das Angaloppieren aus dem Schritt oder gar aus dem Stand sehr problematisch. Da Pferde ohne Reiter in der Regel kein Problem damit haben, aus dem Stand heraus anzugaloppieren, liegt die Vermutung nahe, dass die Probleme eng mit dem Verhalten des Reiters verknüpft sind. In seinem Bestreben, das Pferd mit energischen Einwirkungen in den Galopp zu »treiben«, verkrampft er sich, bewegt sich unkoordiniert und stört das Pferd nachhaltig. Entsprechend »holperig« fällt dann die Reaktion des Pferdes aus.

Ich bevorzuge für das Angaloppieren eine Übung, die es Pferd und Reiter leichter macht, den Vorgang des Angaloppierens ruhig, koordiniert und ohne Hektik auszuführen. Ich zerteile das Gesamt-

manöver dafür wieder in einzelne Komponenten. Zur Vorbereitung des Angaloppierens nutze ich Übungen, die Pferd und Reiter schon geläufig sind, um eine Sensibilisierung für die Hilfen und in Körperhaltung und Bewegungskoordination ideale Voraussetzungen zu schaffen.

Ich reite im Schritt auf einem nicht zu großen Zirkel zu dem Punkt, an dem ich angaloppieren möchte. Dort halte ich an, lasse das Pferd um die Hinterhand zur Innenseite des Zirkels wenden und kurz verharren. Nun lasse ich es einige Tritte vom inneren Schenkel (Impulse in mittlerer Position) seitwärts treten, um es für dessen Einwirkungen zu sensibilisieren und im Gleichgewicht zu stabilisieren. Beide Zügel werden dicht am Hals geführt, sie halten eine weiche Verbindung zu jeder

**Angaloppieren** Zum ruhigen und gesetzten Angaloppieren halte ich zunächst auf der Zirkellinie an. Ich lasse das Pferd eine Hinterhandwendung nach innen machen und positioniere es auf der Zirkellinie mit direkter Biegung neu.

Mein innerer Schenkel gibt Impulse und lässt das Pferd seitlich weichen.

Nun drehe ich den inneren Unterschenkel vom Pferd weg. Dabei gebe ich mit lockerem Kniegelenk dem Pferd Raum für das vorgreifende innere Hinterbein. Ich gebe mit der inneren Hand in Richtung Pferdemaul weich nach und schnalze zur Ermunterung.

Als Resultat tritt das Pferd nach einiger Wiederholung immer weiter mit dem inneren Hinterbein unter und hebt sich immer ruhiger und besser ausbalanciert in den ersten Galoppsprung.

Die Reiterin lässt ihr Pferd in ruhiger und korrekter Manier eine Hinterhandwendung nach links ausführen.

Maulseite aufrecht und regulieren den Bewegungsspielraum nach vorn. Der äußere Schenkel bleibt passiv. Es hat nun nicht sein Körpergewicht auf der inneren Schulter, sondern eher etwas mehr auf der äußeren Körperseite. Es lehnt nicht gegen den inneren Schenkel, sondern weicht ihm. Nun drehe ich die Hacke des inneren Schenkels vom Pferd weg (Fuß rollt auf die Außenkante der Sohle, Drehung aus dem Kniegelenk). Als Reaktion stellt sich das Pferd mit dem inneren Hinterbein in den Zirkel herein auf den »zweiten Hufschlag«. Ich lasse es zwei oder drei Tritte tun, sitze wieder in Normalposition und reite im Schritt auf dem Zirkel weiter.

Diese Vorübung wiederhole ich, bis sie problemlos klappt.

Nun führe ich die Wendung durch bis zu dem Moment, da ich mein inneres Bein seitlich »ausdrehe«. Diesmal folgt dem »Ausdrehen« ein leichtes, senkrechtes Heben. Dabei achte ich darauf, nicht mit dem Oberkörper zum Ausgleich zu lehnen. **Ausdrehen** und **Heben** ist nahezu eine Bewegung, gleichzeitig gebe ich mit dem inneren Zügel in Richtung Pferdemaul nach und schnalze im Rhythmus der Bewegung. Anfänglich wird nicht jedes Pferd gleich angaloppieren, sondern viele werden antraben. Solange ich fühle, dass es die Kruppe hereinstellt, bin ich zufrieden, gehe in der Bewe-

Deutlich sieht man in dieser Abbildung, wie der innere Schenkel Raum gibt und der innere Zügel nachgegeben wird. Das Pferd beginnt die Bewegung mit deutlichem Engagement des inneren Hinterbeines.

Es springt gut ausbalanciert auf der Zirkellinie mit weit untergesetzter Hinterhand an.

gung mit und ermuntere es mit Stimme und Körperimpulsion, aus dem Trab anzugaloppieren. Dafür gehe ich eventuell in den Schwebesitz. Ich achte aber sorgfältig darauf, mit dem **Oberkörper passiv** zu bleiben und mich nicht seitlich zu lehnen oder gar mit aktiver Sitzeinwirkung und »treibendem Sitz« auf das Pferd einzuwirken.

Ob es nun im Trab geblieben ist oder schon angaloppierte, nach einem halben Zirkel halte ich es wieder an, lasse es wenden, seitwärts treten und biete ihm wieder die gleiche Hilfenkombination an. Ich wiederhole diese Übung zehn bis zwanzig Mal pro Trainingstag. Sehr bald hat mein Pferd eine gute Vorstellung von der Abfolge der

Übung. Es wird nicht hektisch, bleibt im Gleichgewicht und präzise in der Linientreue. Es bekommt eine Vorstellung davon, dass das Angaloppieren erwartet wird, gibt sich Mühe und bietet den ersten, ruhigen, ausbalancierten Galoppsprung zunächst eventuell mit vorgeschalteten, ruhigen Trabschritten an. Bald aber wird es aus der Wendung mit seinem inneren Hinterbein prompt und engagiert meinem weggedrehten inneren Schenkel folgen und den ersten, gesetzten Galoppsprung anbieten.

Ich wiederhole die Übung präzise und konsequent, bis es keine Trabschritte mehr tut. Nun verzichte ich auf die Wendung, reite auf dem Zirkel und lasse es seit-

wärts treten, um daraus das Angaloppieren wieder zu entwickeln.
Nach einiger Zeit wird es dann
auch aus dem Schritt und dem
Stillstand willig und ruhig mit
untergesetztem innerem Hinterbein angaloppieren.

▶ *Als Resultat dieser Übung wird das
Pferd bald nicht nur ruhig und ohne
Hektik angaloppieren, da es schon im
ersten Galoppsprung perfekt ausbalanciert ist, wird es auch im folgenden ruhig am losen Zügel weiter galoppieren.*

Es ist immer wieder verblüffend, wie bereitwillig selbst junge Pferde als Folge dieser Übung beginnen, ohne »treibende« Einwirkungen von Schenkel und Sitz ausbalanciert und versammelt am losen Zügel zu galoppieren.

▶ Übung 8:    **Anhalten aus dem Galopp – der Stop**

## *Wozu dient die Übung?*

▶ *Der Reiter lernt, so einzuwirken, dass das Pferd kontrolliert und ausbalanciert mit sinnvoller Technik aus der Bewegung zum prompten Anhalten kommt und letztlich aus dem Galopp gleitend mit untergesetzter Hinterhand und lockerer Vorhand zum Halt kommt.*

▶ *Das Pferd lernt, seine Bewegungen und seine Balance für einen gleitenden Stop zu koordinieren.*

**WIE WIRD SIE AUSGEFÜHRT?** ▶
Wenn man ein typisches Manöver der Westernreitweise benennen soll, so fällt einem vermutlich zuerst der Stop oder Sliding-Stop ein. Dieses Manöver ist das wichtigste Manöver eines Rinderpferdes. In den Turnierdisziplinen kommt es in sechs verschiedenen Disziplinen vor. Wird es vom Pferd kraftvoll, dynamisch und technisch korrekt ausgeführt, so ist es spektakulär und kann begeistern.

Doch bei kaum einem anderen Manöver kommen so unschöne, ja abstoßende Bilder zustande und muss ein Pferd mehr leiden, als in einem schlecht ausgeführten Stop aus vollem Galopp. Dieses Manöver bedarf einer sorgfältigen Vorbereitung des Pferdes, und ein Reiter muss über einiges Gefühl und reittechnisches Verständnis verfügen, will er ein Pferd **lehren**, dieses Manöver korrekt auszuführen. Ich möchte es deshalb an das Ende meiner Übungen für mehr Körperkontrolle setzen. Auch möchte ich

Sie, meine lieben Leserinnen und Leser eindringlich bitten, sich diesem Komplex erst zu zuwenden, wenn alle anderen Übungen sicher ausgeführt werden können. Bedenken Sie bitte: In keinem der zuvor genannten Übungsbereiche können nen Sie Ihr Pferd schädigen, wenn Ihnen zeitweilig Fehler unterlaufen. **In der Stop-Übung ist das anders!**

*Bei wiederholter, unsachgemäßer Ausführung von Stop-Übungen aus dem Galopp werden Sie unwiderruflich das Vertrauen Ihres Pferdes verlieren und ihm körperliche Schäden zufügen!*

Ich empfehle deshalb, diese Übung aus dem Trab zu beginnen und dann erst aus dem Galopp heraus. Als Konsequenz der bisher beschriebenen Übungen sollte es Ihnen keine Probleme bereiten, Ihr Pferd weich aus jeder Gangart anzuhalten. Die Übung der Übergänge zwischen Trab und Schritt und die Rückwärts-Übungen haben sowohl Sie wie auch Ihr Pferd mit dem nötigen Körperge-

**Stop** Zur Vorbereitung der Übung »Stop aus dem Galopp« reite ich mein Pferd auf dem Zirkel in ausgewogenem Tempo mit etwas »Vorwärtstendenz«.

Mit Zügel- und Schenkelimpulsen beginne ich über einige Galoppsprünge, das Pferd zu versammeln, d.h. ich motiviere es, mehr mit der Hinterhand unterzusetzen. Dabei gebe ich die Impulse immer, wenn die Hinterbeine in der Schwebephase sind.

Zwei Sprünge vor meinem gedachten Haltepunkt setze ich mich vermehrt im Sattel ein wenig zurück und »tiefer« ein und sage weich »Whoa«.

Ich zähle in Gedanken »Eins, Zwei...«, dann gebe ich wechselweise mit den Zügeln Impulse .

Mit leichtem Kontakt von Schenkeln und Zäumung begleite ich das Untersetzen der Hinterhand.

In der Endphase lasse ich das Pferd mit untergesetzter Hinterhand einen Moment verharren. Dann fordere ich ein bis zwei Tritte Rückwärts, bevor ich es entspannen lasse, abwende oder weiter reite.

fühl, mit der Körperkoordination und mit der Balance ausgestattet, die für einen »Full-Stop« Voraussetzung sind. Um auch diesen Vorgang so simpel und systematisch wie möglich zu gestalten, praktiziere ich folgende Übungsabläufe:

Zunächst möchte ich dem Pferd vermitteln, dass ein Stop eine »**absolute**« Sache ist. Ein Stop muss »jetzt«, »hier« und »engagiert oder kraftvoll« ausgeführt werden.

Aus einem flüssigen, lockeren und engagierten Trab in leichttrabender Haltung setze ich mich in den Sattel und stelle einen passiven Kontakt mit der Zäumung her, ich sage das Wort »Whoa«, aber nicht als Befehl, sondern als »weiches« **Ankündigungssignal**. Im Geiste zähle ich »Eins, zwei...«, das gibt dem Pferd Reaktionszeit, die es benötigt, um sein Gleichgewicht und seine Bewegungen für das prompte Anhalten zu verändern. Dann erst gebe ich im Wechsel Aktiv-Impulse auf die Zäumung und streifende Schenkelimpulse wechselseitig, um das Pferd zu motivieren, die Hinterbeine vermehrt unterzusetzen. Ist es zum Halt gekommen, so lasse ich es einen Augenblick verharren und fordere dann ein oder zwei Tritte rückwärts von ihm. Danach lasse ich es entweder noch einmal ruhig stehen oder ich wende es in einer Hinterhandwendung und reite in der entgegengesetzten Richtung davon. Ich wiederhole solche Übungen einige Male in jeder Richtung und wende mich dann wieder anderen Übungen zu.

Drei- bis viermal pro Trainingstag kann man solche Sequenzen durchaus durcharbeiten. Bald wir die Abfolge der Signale dem Pferd geläufig sein. Es beginnt, sich **selbstständig** vorzubereiten und immer aktiver mit **untergesetzter** Hinterhand anzuhalten, dabei bleibt es aber **mobil** mit den Vorderbeinen. Es lernt die Technik, die es benötigt, um dieses Manöver auch aus höherem Tempo zu bewältigen. Dazu galoppiere ich es auf einem größeren Zirkel in lockerem, aktivem Galopp. Im Galopp wechsele ich zwischen leichtem Vorwärtssitz in flottem Tempo und ausgesessenem Galopp in verhaltenerem Tempo. Es dauert nicht lange, bis ein Pferd dieses System erkennt und jeweils gesetzter und versammelter zu galoppieren beginnt, wenn ich mich passiv und »schwer« in den Sattel setze. Habe ich dieses Verhalten konditioniert, so wähle ich mir einen Punkt, an dem ich anhalten möchte. Einige Galoppsprünge davor setze ich mich »schwer« in den Sattel und motiviere das Pferd zusätzlich über Zügel- und Schenkelimpulse, sich zu versammeln. Ich gebe die Zügelimpulse immer, wenn die Hinterhand in der Schwebephase ist. Zwei Sprünge vor dem gedachten Haltepunkt sage ich »Whoa«. Nun zähle ich wieder »Eins, zwei...« und gebe wechselweise aktive Zügelimpulse. Wenn ich fühle, dass das Pferd mit der Hinterhand untersetzt, verlagere ich mein Körpergewicht vermehrt in die Bügel und **entlaste** den Sattelsitz. Das soll es dem Pferd erleichtern, den Rücken aufzuwölben und weich und flüssig mit den Hinterbeinen unterzugleiten. Erst viel später, wenn es mit der kraftvollen Ausführung des Manövers vertraut ist und der Stop gleitend und tief wird, bleibe ich weich **im Sattel sitzen.**

Mit leichtem Zügel- und Schenkelkontakt begleite ich das Untersetzen der Hinterhand. In der Endphase dieser Bewegung erlaube ich dem Pferd nicht, selbstständig die Beine wieder nach hinten heraus zu setzen, sondern motiviere es durch vermehrten Schenkelkontakt, noch einen Moment mit angespannter Bauchmuskulatur und aufgewölbtem Rücken zu verharren. Dann lasse ich es ein oder zwei, aber nicht mehr Tritte rückwärts gehen. Nun verfahre ich wie zuvor, wende es entweder ab oder lasse es noch eine Weile verharren. Wenn man diese Übung ruhig, in gutem Timing und ohne Verkrampfung und Gewalteinwirkung wiederholt, beginnt das Pferd sehr bald, je nach Veranlagung mit mehr oder weniger untergesetzter Hinterhand in einem Galoppsprung in das »Halt« zu **gleiten.**

Für diese Übung sollte ein Pferd auf jeden Fall an den Hinterhufen mit **flachen** Hufeisen beschlagen sein. Auch sollte man sich solche **Bodenverhältnisse** für die Übung suchen, die ein tiefes Einsinken der Hufe nicht zulassen. Es sollte ein fester Untergrund mit einer Rollschicht von 5 cm sein, der erleichtert dem Pferd das Gleiten mit den Hinterbeinen.

Erwarten Sie nicht, dass Ihr Pferd sofort einige Meter rutscht. Wenn es zu Beginn dreißig bis fünfzig Zentimeter mit den Hinterhufen rutscht, so ist das ausreichend. Legen Sie Wert auf eine **präzise, ruhige und weiche** Ausführung des Manövers. Es kommt nicht darauf an, möglichst weit zu rutschen.

*Beherrscht Ihr Pferd das Manöver, so gehen Sie sparsam mit der Forderung nach seiner Ausführung um und achten Sie stets auf entsprechend* **günstige Bodenverhältnisse.** Fordern Sie Stops zu häufig, am falschen Ort, wenn Ihr Pferd müde ist oder sind Sie in ihrer Hilfengebung bei diesem Manöver nachlässig, so wird auch das talentierteste Pferd seine Beine nicht mehr für Sie »hinhalten«.

### Ein Gedanke

Denken Sie immer daran: Es hat viel Mühe gemacht, Ihr Pferd zur Mitarbeit an feinen Hilfen zu erziehen, nun sollten Sie pfleglich damit umgehen.

> ► *Eine alte Vaquero-Weisheit lautet: Viel Zeit und Geduld sind nötig, um ein Pferd gut auszubilden, doch jeder Narr kann es in wenigen Augenblicken verderben.*

Diese acht Übungen sind für mich die Eckpfeiler in der Grundlagenarbeit für ein rittiges Freizeit-Westernpferd. Beherrschen Reiter und Pferd diese Übungen, so haben sie die nötigen Voraussetzungen für den Alltag des Freizeitreitens. Aus diesen Übungen lassen sich alle Manöver des Western-Turnierreitens leicht entwickeln.

Zäumungen

### ▶ Zäumungen

In der Westernreitweise unterscheidet man grundsätzlich drei Standardformen der Zügelführung: die beidhändige für die Grundausbildung, im endgültigen Ausbildungsstand die einhändige Zügelführung in einer Stangenzäumung und in der Übergangszeit dazwischen die improvisierende Form, zwischen beiden zu wechseln oder sie zu kombinieren.

Außerdem kennt man drei Zäumungssysteme, die in ihrer Wirkungsweise unterschiedlich sind:

1. gebisslose Zäumungen
2. Gebisse ohne Hebelwirkung
3. Gebisse mit Hebelwirkung

Die Palette der einzelnen Formen und Wirkungsweisen im Detail in diesen drei Kategorien sind schier unüberschaubar und füllen ganze Katalogteile der Ausrüster. Gerade in der Westernreiterei ist die Meinung weit verbreitet, Ausbildungsprobleme ließen sich durch das »richtige« Gebiss schnell lösen. Dass diese Meinung hauptsächlich auf Wunschdenken beruht, lässt sich in der Praxis immer wieder neu feststellen. Richtig ist aber, dass jede Zäumungs-/Gebissvariante ihre eigene funktionale Wirkung hat. Das gilt sowohl für die beabsichtigten Effekte wie auch diejenigen, die bei unsachgemäßer Anwendung entstehen und unerwünscht sind.

Die klassisch kalifornische Hackamore besteht aus dem Bosal und der Mecate, einem langen Seil aus Pferdehaar oder Mohair. Sie wird beidhändig geführt, die Handhaltung hängt davon ab, welche Signale gegeben werden sollen.

Die Mecate wird in einer Zügelschlaufe, dem Leitseil und dem Balanceknoten an das Bosal so angepasst, dass alle Teile zusammen eine Balanceeinheit bilden. Die Zäumung wird nur mit Signalimpulsen jeweils über einen Zügel eingesetzt. Sie wirkt je nach Handhabung über differenzierte Berührungsreize auf dem Nasenrücken, an den Wangen, an einem oder beiden Unterkieferästen und mit den Zügeln seitlich am Hals.

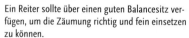

Ein Reiter sollte über einen guten Balancesitz verfügen, um die Zäumung richtig und fein einsetzen zu können.

Rückwärtswirkende Zügelsignale werden nicht durch Ziehen sondern durch leichte bis deutliche »Anschläge« anfänglich mit weit, dann mit eng gestellten Händen gegeben.

### ▶ Gebisslose Zäumungen

Unter den vielen Variationen gebissloser Zäumungen kommt für mich nur die klassisch kalifornische Hackmore in Frage. Sie ist auch die einzige, die von den Fachverbänden in regulären Reitprüfungen anerkannt ist. Sie besteht aus einem aus Rohhaut oder Leder geflochtenen Bosal in Verbindung mit der etwa 7 m langen Mecate, welche zu einer Zügelschlaufe und einem Leitseil mit dem Bosal verbunden wird. Durch Windungen der Mecate am Kinnteil des Bosals wird dieses der individuellen Kopfform des Pferdes angepasst und bildet mit der Zügelschlaufe eine ausgewogene Balanceeinheit. Zu Beginn der Ausbildung beginnt man mit einem dickeren Bosal, mit fortschreitender Ausbildung und feiner werdender Signalgebung werden Bosal und Mekate leichter und dünner. Durch dosierte Zügelimpulse (Annehmen und Nachgeben) werden bei korrekter Anwendung differenzierte Berührungsreize auf Nasenbein, seitliche Wangenpartie und Unterkieferäste gegeben.

Das Pferd soll nach und nach lernen, auf die Impulse durch Nachgiebigkeit im Genick und Hals zu reagieren und die Signale dann mit veränderten Bewegungsabläufen zu verknüpfen. Diese Zäumung darf nicht mit der »mechanischen Hackmore« und den von ihr abgeleiteten Varianten verwechselt werden, deren Wirkungsweise auf Hebelwirkung beruht und komplett anders ist. Deren unsachgemäße Anwendung kann für das Pferd sehr schmerzhaft sein.

Da sie kaum differenziert eingesetzt werden kann, ist sie als Ausbildungszäumung nicht gut geeignet.

### ▶ Gebisse ohne Hebelwirkung

In diese Kategorie ist vor allem die Wassertrense (Snaffle-Bit) einzuordnen. Grundsätzlich handelt es sich um einen einfach oder mehrfach mit Gelenken versehenes (gebrochenes) Mundstück mit je einem Ring an jeder Seite, mit dem es am Kopfstück und mit den Zügeln verbunden ist. Beschaffenheit und Form des Mundstückes und der Ringe können sehr unterschiedlich sein. Das Mundstück liegt auf den wulstigen Lippen im Bereich der Maulwinkel und auf der Zunge auf. Bei entsprechendem Zug an einem Zügel über-

In der Wassertrense wird das Pferd mit mehr oder weniger breit geführten Händen im »Zügeldreieck« geführt. Der richtungweisende Zügel gibt gleichzeitig Raum und stellt, während der äußere seitlich führt und begrenzt.

trägt der gleichseitige Gebissteil entsprechenden Druck auf die weichen Auflagebereiche. Bei mehr Druck wird das Pferd Zunge und Lippen wegnehmen und der Gebissteil wirkt auf die nun ungeschützten Unterkieferäste (Laden), die sehr viel schmerzempfindlicher sind als Zunge und Lippen. Die Beweglichkeit des gebrochenen Mundstückes ermöglicht es, auf die beiden Maulseiten individuell einzuwirken.

Es gibt einfach und mehrfach gebrochene Mundstücke unterschiedlicher Dicke und Beschaffenheit. Eine einfach gebrochene, leicht gebogene Form von etwa 1,2 cm Dicke passt sich der Anatomie des Pferdemauls am besten an und liegt gleichmäßig auf ohne zu stören. Hat ein Pferd gelernt, das Gebiss zwanglos und vertrau-

*Stets sollten Sitz, Schenkel und Zäumung zusammenwirken und das Pferd in Haltung und Körperspannung im »Hilfenrahmen« führen.*

Unabhängig von der Zäumung sollten die Signale stets auf das Ziel »Neckreining« hin gegeben werden.

Beim Snaffle Bit (Wassertrense) werden die Gebissringe mit einem Verbindungsriemen unter dem Kinn verbunden.

ensvoll im Maul (auf Zunge und Lippen) zu tragen, so wird es sich den unterschiedlichen Druckpositionen durch Nachgeben im Kiefergelenk, im Genick und in der Halswirbelsäule anpassen und sich zwischen den Zügeln »einstellen« lassen. Variationen im kontakt (Annehmen und Nachgeben) werden als Signale erlernt und dienen der Verständigung. Somit werden die Gebisseinwirkungen zum Verständigungsmittel, um Tempo, Richtung und Haltung zu beeinflussen. Das Pferd lernt, dort wo Kontaktdruck gegeben wird, nachzugeben und/oder zu weichen.

► **Gebisse mit Hebelwirkung**
Die wesentliche Wirkungsweise dieser Gebisse beruht auf der Hebelwirkung, die sie bei Zügelzug auf die Auflageflächen im Maul und an der Kinngrube ausüben. In minimaler Weise wird auch das Genickstück des Zaumes bei Zügelanzug etwas mehr Druck am Genick platzieren. Das Mundstück des Gebisses sollte mit leichter Wölbung (Zungenfreiheit) auf Zunge und Lefzen aufliegen. In der Öse des Oberbaumes wird eine Kinnkette oder einem Kinnriemen eingeschnallt. Sie sollen in der Kinngrube so locker anliegen, dass sie erst mit Druck dort einwirken, wenn das Gebiss an den Unterbäumen durch Zügelzug nach hinten rotiert.

Die Länge soll so bemessen sein, dass sich die Anzüge um einige Zentimeter bewegen können, bevor der Druck entsteht.

Es werden durchgehende (ungebrochen) oder gebrochene Mundstücke verwendet. Die Form und Dicke der Mundstücke ist vielfältig. In diese Kategorie gibt es eine große Zahl unterschiedlicher Gebissformen. Beschaffenheit und Form des Mundstückes und der Ringe können sehr unterschiedlich sein. Das Mundstück liegt bei passivem Zügelkontakt auf den wulstigen Lippen im Bereich der Maulwinkel und je Zungenfreiheit auf der Zunge auf. Bei entsprechendem Zug an einem Zügel überträgt zuerst Kinnkette oder Kinnreimen Druck auf die Kinngrube. Zeitgleich rotiert das Gebissteil. Bei wenig Zungenfreiheit wird zunächst mehr Druck auf die Zunge, dann auf die Lefzen gegeben.

Mein Ideal des »losen Zügels«: ein aufmerksames Pferd in natürlicher Haltung zwischen leicht durchhängenden Zügeln gut ausbalanciert.

Bei einer größeren Zungenfreiheit drückt dass Gebiss vermehrt auf die Lefzen und dann punktuell auf die empfindlicheren Unterkieferäste (Laden), die nicht durch nachgiebiges Bindegewebe oder Muskelfleisch geschützt sind. Bei mehr Druck wird das Pferd Zunge und Lippen wegnehmen und der Gebissteil wirkt dann nur auf die nun ungeschützten Unterkieferäste (Laden), die sehr viel schmerzempfindlicher sind als Zunge und Lippen. Die Beweglichkeit eines gebrochenen Mundstückes ermöglicht es, auf die beiden Maulseiten individuell einzuwirken.

Bei einem ungebrochenen Mundstück sollten beide Zügel fast gleichmäßig angenommen werden, da sich das Gebiss bei einseitig stärkerem Druck im Maul verkantet. Hat ein Pferd gelernt, das Gebiss zwanglos und vertrauensvoll im Maul (auf Zunge und Lippen) zu tragen, so wird es sich den unterschiedlichen Druckpositionen durch Nachgeben im Kiefergelenk, im Genick und in der Halswirbelsäule anpassen. Dem Reiter sollte immer bewußt sein, dass sich durch die Kraft der Hebelwirkung die punktuelle Druckwirkung des Gebisses in Relation zum Zügelzug um ein Vielfaches erhöht und der Unterkiefer zwischen Mundstück und Kinnteil zusammengequetscht wird. Eine Stangenzäumung sollte deshalb nur mit feinen und wohldosierten Zügeleinwirkungen einhändig eingesetzt werden, nachdem das Pferd in der beidhändigen Zügelführung mit Trense oder Hackamore entsprechend ausgebildet wurde.

Im Texas-Style werden die geteilten Zügel (»Split Reins«) zwischen Daumen, Zeigefinger und Mittelfinger einer Hand geführt.

Die Länge des Zügels und der Grad des Kontaktes hängen vom Ausbildungsstand ab.

► **Two Reins – Die altkalifornische Umstellungszäumung**

Nach altkalifornischer Tradition findet die Umstellung von der beidhändigen Bosalzäumung in die einhändige in der Bridle-Bit-Zäumung über einen längeren Zeitraum statt. Wenn das Pferd alle Lektionen im Bosal willig und balanciert ausführen kann, wird das Bosal durch ein leichteres und dünneres »Pencil-Bosal« ersetzt, welches unter der Stangenzäumung liegt. Die Stangenzügel werden in der ersten Phase der Doppelzäumung nicht aktiv eingesetzt. Es wird weiterhin nur über die Bosal-Signale geritten. Dabei werden die Zügel in einer Hand geführt, während das Romal, das einteilige Zügelende, in der freien Hand gehalten wird. Nimmt das Pferd das Gebiss ruhig an, dann werden die Stangezügel zunächst in ruhigen Manövern, später in allen Situationen nach und nach angenommen. Sollte eine kurze Korrektur nötig sein, so wird die über das Bosal und eventuell in enger beidhändiger Zügelführung durchgeführt. So bleibt das Pferdemaul vor zu starker Einwirkung der Stangenzäumung geschützt. Der Reiter sollte eine präzise Koordination der verschiedenen Zügellängen und Wirkungen beherrschen, bevor er mit dieser Zäumung schnelle Manöver oder plötzliche Hilfen gibt. Auch beim Führen soll das Maul des Pferdes vor Störungen und falschen Einwirkungen des Gebisses geschützt werden. Deshalb wird es auch nicht an den Stangenzügeln geführt, sondern stets an dem Führteil der Mecate.

In der klassisch kalifornischen Tradition wird das Pferd in den »Two Reins« auf die Stangenzäumung vorbereitet.

In dieser Tradition werden die Pferde in natürlicher Versammlung geritten.

Neckreining

### ▶ Neckreining – was ist das?

Zügeleinwirkungen und die damit verbundenen Zäumungseinwirkungen (Gebiss, Bosal) sind Berührungsreize. Sie sollten der Verständigung dienen und gefühlvoll und angemessen eingesetzt werden. Doch nicht immer wird dieser Grundsatz in der Reiterei berücksichtigt. Das gilt auch für das Westernreiten. Jeder Reiter sollte sich deshalb aus Verantwortungsgefühl und im Respekt für sein Pferd fragen, ob er die nötige Ausbildung und das Feingefühl erworben hat, um mit einer Stangenzäumung zu reiten. In vielen alten Westernfilmen wurde leider ein Hollywood-Klischee geprägt, das nichts mit guter Horsemanship zu tun hat. Wer also grobmotorisch a la Hollywood-Vorbild wie John Wayne reitet, der hat sich nicht die Mühe gemacht, sich mit den feinmotorischen, klassischen Ausbildungsprinzipien der kalifornischen Traditionen vertraut zu machen.

Zum Verständnis guten Westernreitens gehört es, ein Pferd in der beidhändigen Zügelführung und einer entsprechenden Ausbildungszäumung ca. zwei Jahre lang seriös auszubilden. Erst wenn es im Arbeits- oder Gebrauchsgleichgewicht gefestigt ist und alle Manöver bei minimalen Zügel- und Zäumungsimpulsen korrekt ausführen kann, sollte es in die Stangenzäumung umgestellt werden und darin dann dauerhaft geritten werden. Den Ausbildungsweg in beidhändiger Zügelführung habe ich in den entsprechenden Kapiteln dieses Buches aufgezeigt.

Siehe Seite 241

In der kalifornischen Tradition wird das Pferd behutsam auf die Stangenzäumung vorbereitet. Über einen Zeitraum von bis zu zwei Jahren wird es in den »Two Reins« geritten. Dabei lernt es systematisch, in der Bosal-Zäumung nach und nach mit der Wirkung der Stangenzäumung vertraut zu werden, bis es ausschließlich darin geritten wird.

Der Übergang von der beidhändigen Zügelführung während
der Grundausbildung zur einhändigen Zügelführung in der Stangenzäumung kann bei methodi-
scher Vorgehensweise als fließend
bezeichnet werden. Voraussetzung
ist allerdings, dass der Reiter ein
System in seiner Hilfengebung
verwendet, welches prinzipiell in
beiden Phasen grundsätzlich gleich
ist. Ob mit beiden Händen (Ausbildung, Korrektur), einer weich
geschlossenen Hand (California
Style) oder mit einem Finger (Texas-Style) oder gar keinem (Cali-
fornia-Style) zwischen den Zügeln,
der Unterschied liegt für das Pferd

nur darin, dass die Einwirkungen
immer dezenter werden.

Für mich ist der Übergang von
der beidhändigen zu einhändigen
Zügeleinwirkung also eine Verfeinerung bei gleichbleibender
Signalgebung. Für das Pferd gibt
es in dem Sinne keine wesentliche Veränderung, nur der Reiter
muss lernen, mit einer Hand
seine Signale ebenso präzise zu
geben wie zuvor mit zweien. Das
setzt zunächst einen Lernprozess
in Haltung und Handeinwirkung
voraus. Aber vor allem sollte der
Reiter über einen elastischen, ausbalancierten Sitz in allen Gangarten verfügen.

Anfänglich hängt der
Stangenzügel durch
und die Signalgebung
erfolgt je nach Bedarf
beidhändig oder ein-
händig über das Bo-
salito, ein sehr leich-
tes Bosal. Das Pferd
hat Zeit, das passiv
hängende Gebiss tra-
gen zu lernen.

Ob wie hier links im Bosal oder rechts in der Wassertrense, das Prinzip des »Neckreinings« folgt stets dem gleichen Grundsatz: Innerer Zügel stellt, äußerer lässt weichen oder begrenzt. Sitz, Schenkel und Hand wirken zusammen.

Für eine pferdegerechte Stangenreiterei gelten einige Prinzipien, die ich hier noch einmal besonders deutlich aufzeigen möchte.

**Prinzip 1:** Die Zügel-/Zäumungshilfen treten in den Hintergrund, Sitz- und Schenkelhilfen dominieren

Ein guter Reiter wird seine Sitz-, Schenkel- und Zügeleinwirkungen (den Hilfenrahmen) stets als ein dynamisch abgestimmtes Ganzes sehen. Sein Timing bestimmt, wie viel Reaktionszeit sein Pferd hat und ob es von »hinten nach vorn« mit aktiver Hinterhand reagieren lernt. Viele Übungsreihen der Grundausbildung haben diese Fähigkeit entwickelt. Die daraus resultierende Leichtigkeit und Balance in Übergängen und Wendungen ist Voraussetzung für eine korrekte einhändige Reitweise. Wird ein Pferd jedoch mit rückwärtswirkender, bremsender Hand geritten, so wird es schwerfällig und mit stockender, schleppender Hinterhand gehen. Dieser Tendenz sollte stets entgegengewirkt werden. Es ist deshalb wichtig, nach dem Grundsatz: Sitz – Schenkel – Hand die Hilfen aufeinander abzustimmen. Diese Hilfenserie wird beim geübten Reiter fast zu einer Bewegung verschmelzen.

Es ist während des Übens hilfreich, leise oder in Gedanken mitzusprechen: »Sitz-Schenkel-Hand«. Beginnt man die Hilfenserie mit den Sitzhilfen, so sprechen diese das Balancegefühl des Pferdes an, die folgenden Schenkelhilfe wirken »treibend« auf die Hinterbeine und die Impulse der Handeinwirkung über Zügel- und Zäumungskontakt »fangen« den so entwickelten Schwung ein und lenken ihn in Wendungen um.

Je besser versammlungsfähig ein Pferd ist, desto leichter ist es später als »Bridle Horse« in der einhändigen Zügelführung im »Neckreining« zu wenden und im Tempo an feinen Hilfen zu regulieren. Dieses junge Pferd lernt sich in der Hackamore im natürlichen Gleichgewicht unter dem Reiter zu tragen.

Nach und nach wird es mit aufmunternden Sitz- und Schenkelhilfen in kurzen Reprisen aktiviert und mit leichten wechselwirkenden Impulsen des Bosals im Tempo reguliert. Diese leichten Versammlungsübungen nennt man »Tucking«. Es darf dabei nicht mit Kraft eingewirkt werden, sondern mit viel Gefühl von Geben und Nehmen. »Feeling out the nose« nannte der Vaquero diese Phase.

Je fortgeschrittener die Ausbildung, des länger und erhabener kann ein Pferd sich in dieser versammelten Haltung am losen Zügel halten. Es hat sein neues Gleichgewicht im Bosal gefunden und folgt gehorsam feinen Signalhilfen. Es ist ohne Gebiss nun wendig und in seiner Gebrauchshaltung gefestigt. In der nächsten Phase, in den »Two Reins« lernt es, das Gebiss zu tragen, sich daran auszubalancieren und die feinen Signale der einhändigen Zügelführung zu verstehen.

**Prinzip 2:** Der äußere Zügel (Neckrein) führt durch die Wendungen.

Während der ersten Phase in beidhändiger Ausbildung lernt ein Pferd zunächst über den richtungweisenden, inneren Zügel »gelenkt« zu werden. Danach lernt es, zunächst mit dem inneren Zügel in Bewegungsrichtung »eingestellt« zu werden und dann dem Kontakt des äußeren Zügels (und Schenkels) zu weichen. Die Zügel bilden zusammen mit den Schenkeln einen »Hilfenrahmen«, in dem es sich bewegen lernt. Es kann diese »lenkenden« und »begrenzenden« Zügel- und Schenkelsignale allerdings nur prompt umsetzen, wenn es bei aktiver Hinterhand gut ausbalanciert und in der Vorhand mobil genug geworden ist. Das klassisches Prinzip guter Stangenreiterei lautet deshalb: Der innere Zügel stellt das Pferd in Bewegungsrichtung ein, der äußere Zügel führt das gestellte und ausbalancierte Pferd durch die Wendung.

Dieses Prinzip wird in beidhändiger Zügelführung nach und nach vermittelt und immer mehr perfektioniert, indem beide Hände immer dichter zusammengenommen werden.

Wenn Reiter und Pferd genügend Routine haben, werden die Zäumungs- und Zügelsignale dann in einhändige Zügelführung durch minimale Veränderung der Zügelhaltung in einer Hand gegeben. Eine pferdegerechte Anwendung der Stangenzäumung setzt deshalb viel Übung, eine gute Körperbeherrschung und ein gut entwickeltes Feingefühl voraus.

Alternativ zur Bosal-Ausbildung kann ein Pferd nach gleichem Prinzip auch in der Wassertrense geschult werden oder wechselwirkend in beiden Ausbildungszäumungen parallel.

Zunächst wird in den »Two Reins« noch mit beiden Händen über das Bosalito eingewirkt.

Nach und nach werden auch die Bosalito-Zügel in einer Hand geführt, während die Stangenzügel durchhängen.

In den »Split Reins« reitet man mit geteilten Zügeln in einer Hand.

Sie werden zwischen Daumen, Zeigefinger und Mittelfinger locker gehalten.

Um eine Wendung in einhändiger Zügelführung einzuleiten, wird der innere Zügel etwas verkürzt. Das Pferd stellt sich entsprechend im Genick ein, nun wird die Hand etwas rückwärts und seitlich in die Richtung der Wendung geführt, ohne dass sie weit über den Mähnenkamm hinübergeschoben wird. Der äußere Zügel wirkt an der äußeren Halsseite. Sobald das Pferd nun in die Wendung abbiegt, wird der Kontakt kurz ausgesetzt und behutsam pro Schritt wiederholt. Es ist ein Annehmen/-legen und Nachgeben, bis die gewünschte Wendung vollendet ist.

Um das Geradeausgehen wieder einzuleiten, wird die innere Schulter mit einem Impuls »eingefangen« und die Hand wird ein wenig vorgeschoben, während Sitz und Schenkelhilfen das Pferd vorwärts schicken.

Um durch Übung das Timing und Feingefühl zu entwickeln, aber dem Pferd das sorgfältig aufgebaute Vertrauen durch ungeschicktes störendes Einwirken nicht zu nehmen, empfiehlt es sich, zunächst im Schritt und ruhigen Jog Viertel- und Halbwendungen mit gutem anschließenden Vortritt zu reiten, bevor man sich an Spins und Rollbacks aus dem Galopp heranwagt. Weiterhin ist das einhändige Reiten auf gebogenen Linien in Konterbiegung eine hervorragende Übung zu Festigung des Neckreinig.

Auch in den »Split Reins« sollte ein Pferd sich zwischen den leicht durchhängenden Zügeln ausbalanciert in guter Haltung bewegen und leicht in Tempo und Richtung leiten lassen.

### ▶ Trainingsplanung

Mit meiner Arbeit will ich versuchen, den lernwilligen Reiterinnen und Reitern ein wenig »praktische Lebenshilfe« zukommen zu lassen. Ich zeige deshalb auch mit diesem Buch und den entsprechenden DVDs, unabhängig von Trends, Spezialdisziplinen und Schnellverfahren, einen Weg zu generell besserem Reiten auf, der von jedermann genutzt werden kann. Ich möchte dazu beitragen, eine pferdegerechte Reittechnik und für den Freizeitreiter nachvollziehbare Methoden zu vermitteln. Die Übungen, die ich aufzeige, sollen auf möglichst simple Weise helfen zu lernen, wie man einfühlsam, kompetent und verantwortlich zum Wohle des Pferdes handeln kann.

Das Ausbildungsziel, das ich mit der beschriebenen Methode für die Pferde anstrebe, ist das eines vielseitig einsetzbaren »All-Arounders«. Solch ein Pferd kann je nach Talent zusätzlich in einem Spezialgebiet weiter gefördert werden, sollte das sportliche Interesse beim Besitzer vorhanden sein, oder es kann als zuverlässiger Freizeitpartner mit Vergnügen im Gelände geritten werden.

Wenn auch Sie bei Ihrer Arbeit mit Pferden einem solchen Ziel zustreben, so ist es wichtig zu berücksichtigen, dass einige Voraussetzungen erfüllt werden müssen. Dazu gehört unter anderem die Bereitschaft, regelmäßig und systematisch mit Ihrem Pferd zu arbeiten sowie seine Stärken und Schwächen realistisch und sachlich einzuschät-

*Auf Westernturnieren oder »Shows« gibt es ein großes Angebot unterschiedlicher Disziplinen. Ein Reiter in der Trail-Prüfung.*

zen und zu berücksichtigen. Sie benötigen das richtige Trainingsumfeld, entsprechende Ausrüstung, hin und wieder die Anleitung eines erfahrenen Ausbilders und natürlich eigene, praktische Fähigkeiten.

Ist das alles gegeben, so kann auch das Studium dieses Buches dazu dienen, dass Sie diesem Ziel näher kommen. Es ist für »denkende Reiterinnen und Reiter« geschrieben. Vielleicht kann es Ihnen helfen, die Hintergründe einer soliden und erfolgreichen Ausbildung zu verstehen. Es mag dazu beitragen, mehr System in Ihre eigene Arbeit zu bringen, bewährte Ausbildungsschritte sinnvoll aneinander zu reihen, ihre Einstellung etwas zu verändern, und es mag ganz praktisch bewirken, dass die eine oder andere Übung besser gelingt.

Belohnt werden Sie dadurch, dass auch Ihr Pferd agil, freudig und willig mit Ihnen zusammenarbeitet und die Harmonie zwischen Ihnen und Ihrem Freizeitpartner für jedermann deutlich erkennbar ist.

### ▶ Lernen mit System

Das vorliegende Buch hat den Titel »Trainingsbuch Westernreiten«. Die in den folgenden Kapiteln beschriebenen Übungen bauen auf den Grundlagen auf, die ich in den vorherigen Kapiteln beschrieben habe.

Ich gebe die Methode wieder, nach der ich seit Jahren arbeite und die schon vielen Pferden und ihren Reiterinnen und Reitern geholfen hat, zu einem erfolgreichen und harmonischeren Miteinander zu finden. Alle Lernschritte sind

so gewählt, dass sie vom »Bekannten, Einfachen« zum »Unbekannten, Schwierigen« führen. Das Unbekannte, Schwierige wird durch sinnvolle Wiederholungsübungen zum Gewohnten, Einfachen und dient als Grundlage für die Arbeit nach gleicher Methode auf der nächsten »Lernebene«.

Die Lernziele verknüpfe ich stets mit angenehmen Erfahrungen und gestalte sie so einfach wie möglich. Das Erreichen eines Lernzieles wird stets mit einer Entspannungsphase »belohnt«.

In den folgenden Kapiteln beschreibe ich Übungen, die dazu dienen, die natürlichen Fähigkeiten der Pferde zu fördern und weiter zu entwickeln.

▶ *Da alle Übungen sich an für Pferd und Reiter erkennbaren »Bezugspunkten« orientieren, sind korrekte von nicht korrekten Ausführungen klar zu unterscheiden.*

Ich ziele dabei nicht primär auf die Ausbildung von »Fachidioten« für eine »Spezialdisziplin« im Hochleistungsbereich ab. Mein Ziel ist es, Pferde zu »All-Aroundern« auszubilden, und Reiterinnen und Reiter ebenso.

Wird eine Übung in ihrer Linienführung nicht korrekt ausgeführt oder ist das Pferd in seiner Grundhaltung nicht optimal, so kommen dafür in der Regel zwei Ursachen in Frage:

1. eine reiterliche Fehlhaltung oder Fehleinwirkung,

2. das Pferd wurde überfordert, da die Grundlagen nicht solide erarbeitet waren, die für eine Übung jeweils als Voraussetzung gelten.

Aus der Art und Weise, wie Ihr Pferd eine Übung ausführt, können Sie, liebe Leserinnen und Leser, stets lernen, Ihre eigenen Einwirkungen zu optimieren. Sie können die Anleitungen dieses Buches zum einen zur methodischen, weiteren Ausbildung Ihres Pferdes heranziehen, gleichzeitig aber auch dafür nutzen, Ihre Reittechnik zu verbessern. Sie können Ihre individuelle, situationsabhängige einfühlsame Hilfengebung auf diesem Wege verbessern.

In dem Maße, in dem Sie an der systematischen Verfeinerung Ihrer Einwirkungen arbeiten, wird Ihr Pferd »besser« werden.

Damit Sie sich bei Ihrer Trainingsarbeit nicht verzetteln, arbeiten Sie planvoll. Folgen Sie einem Lehr- bzw. Lernplan. Machen Sie sich zu Ihren Trainingsstunden Notizen über Probleme, Fortschritte und Erkenntnisse. Auf diese Weise handeln Sie nicht mehr »aus dem Bauch heraus«, sondern methodisch. Aufkommende Probleme lassen sich leichter lösen, da Sie ihre Ursachen schneller ergründen und entsprechend beheben können. Einem kontinuierlichen Lernfortschritt steht ab jetzt nichts mehr im Wege.

> ▶ *Wer ein Pferd reitet, der schult es! Das gilt im negativen wie im positiven Sinne und ist unabhängig davon, ob der Reiter es schulen möchte oder nicht.*

---

**Persönlicher Trainingsplan (Wochenblatt):**

**Pferd:**

**Datum:**

**Reiter:**

**Kurzfristiges Trainingsziel:**

**Langfristiges Trainingsziel:**

**Besonderheiten des Pferdes:**

**Grundsätzlicher Ausbildungsstand:**

**Vorhandene Grundlagen:**

**Derzeitige Übungsschwerpunkte:**

1.

2.

3.

**Trainingsfortschritte:**

**Probleme:**

## Zeitliche Übersicht für die Ausbildung des All-Around-Pferdes

| Training | Ort | Zeit |
|---|---|---|
| **Bodentraining:** Freilauf, Longe, Doppellonge, diverse Übungen | Round-Pen | 4–6 Wochen |
| **Anreiten:** Reiter relativ passiv im Sattel | Round Pen | 2–4 Wochen |
| **Nachgiebigkeitsübungen:** Zäumungs- u. Schenkeleinwirkungen, Hilfenverständnis vom Sattel | Round-Pen Reitplatz | 2–4 Wochen |
| **Lenken und leiten unter dem Reiter:** Zirkel, ganze Bahn, Schlangenlinien, Volten und gerade Linien | Reitplatz | 2–4 Wochen |
| **Die acht Grundübungen für mehr Körperkontrolle** | Reitplatz Gelände | 4–8 Wochen |
| **Umfassendes gymnastizierendes Training** Training an Trail-Hindernissen | Reitplatz Trail-Platz Gelände | 4–8 Monate |
| **Manöver Grundlagen** | Reitplatz | 2–4 Monate |
| **Manöver für Turniereinsatz** | Reitplatz Turnier | 6–12 Monate |

Die ersten vier Trainingsphasen sind Inhalt des Abschnitts »Die Grundausbildung des Westernpferdes«, die fünfte Inhalt des Themenbereiches »Grundkurs Westernreiten« und die letzten drei folgen im nächsten Abschnitt.

Die Ausbildungsübersicht zeigt den Zeitaufwand (Mittelwert, kann im Einzelfall deutlich abweichen) und die einzelnen Ausbildungsschritte im Rahmen meiner systematischen Ausbildung vom rohen Jungpferd bis zum Western-All-Around-Pferd.

Die einzelnen Trainingsschritte können zum Teil ineinander übergehen. Es ist eine regelmäßige, tägliche Arbeit an 6–7 Tagen pro Woche zu Grunde gelegt.

Tägliche Trainingszeit 30–90 Minuten, zusätzlich Führmaschine, Paddock.

**GYMNASTIZIEREN, WAS BEDEUTET DAS?** ► Das Wort »gymnastizieren« wird von jedem Reiter immer wieder gern benutzt. Oft wird es pauschal in einer AlibiFunktion verwendet, wenn Pferdebesitzerinnen oder -besitzer nicht präzise begründen können, warum sie eine bestimmte »Übung« mit ihrem Pferd ausführen. Damit ist dieses Wort wohl einer der am meisten falsch interpretierten Begriffe im reiterlichen Sprachgebrauch. Ich möchte nicht auf die vielen unschönen Bilder eingehen, die entstehen, wenn der angestrebte Zweck nicht erreicht wird.

Auch die nachhaltigen, gesundheitlichen Schäden, die ein Pferd durch falsch umgesetzte Gymnastizierungsabsichten davontragen kann, will ich hier nicht im Einzelnen benennen.

Stattdessen möchte ich in aller Kürze versuchen, aus meiner Sicht der Dinge die wichtigsten Aspekte in einfacher Form aufzuzeigen. Dabei kann ich die Thematik nur oberflächlich streifen.

Was bezwecke ich mit der Gymnastizierungsarbeit?

1. Eine optimale Dehnungsfähigkeit **aller Muskeln** des Pferdekörpers.
2. Das zwanglose, unverkrampfte, im Bewegungstakt rhythmische An- und Entspannen aller an der Bewegung beteiligten Muskeln.
3. Eine Verbesserung der Beweglichkeit **aller Gelenke** des Skeletts.
4. Die langsame, systematische Verbesserung der Leistungsfähigkeit der Muskeln in Bezug auf Ausdauer und kurzzeitige Kraftentfaltung.
5. Die Stärkung von Sehnen und Bändern durch regelmäßige, gleichmäßige, angemessene Belastung über einen Zeitraum von vielen Monaten.
6. Entwicklung der Fähigkeit des Pferdes, bei der Arbeit zwischen Anspannungs- und Entspannungsphasen in lockerem Wechsel zu variieren und die mentale und physische Entspannungsfähigkeit zu erhalten.

Was vermeide ich bei der Gymnastizierungsarbeit?

1. Jede Form von negativem Stress, der zu Blockaden und Verkrampfungen führt.
2. Jede Form von mechanischer Einwirkung, die aktiven Zwang ausübt oder zur Verkrampfung einzelner Körperbereiche führt.
3. Jede Form von nicht dynamischen, abrupten Bewegungen.
4. Jede Form von nicht ausbalancierten Bewegungen mit der Folge vermehrter, ungleicher Belastung einzelner Gliedmaßen oder Gelenke.
5. Jede Übung, bei der das Pferd mit unregelmäßiger oder mit sehr hoher Atemfrequenz arbeitet.

Was tue ich, um effizient zugymnastizieren?

1. Eine regelmäßige, rhythmische Bewegungsfolge in moderatem Tempo auf wiederkehrenden Linien ist die Grundlage meiner gymnastizierenden Arbeit.
2. Ich wähle konkrete, optische und auch für das Pferd erkenn-

bare Bezugspunkte, wie z. B. eine Tonne, einen Pylonen, den Zaun usw.

3. Ich reite Übungen mit präziser Linienführung auf verschiedenen Hufschlägen mit diagonalen Bewegungsabläufen.

4. Ich achte sorgfältig darauf, auf exakten, wiederkehrenden Linien und »Hufschlägen« zu reiten.

5. Ich erarbeite zunächst Übungen mit »weichendem« (ausweichendem) Charakter, bei denen das Pferd die Körperlast mit den Beinen in Bewegungsrichtung »vor sich herschieben« kann. Erst danach folgen die Übungen mit einem »die Last übernehmenden« Charakter, bei denen die Beine in Bewegungsrichtung zunächst vor die Unterstützungsfläche des Körpers fußen, die Körperlast übernehmen, stützen und dann erst weiter schieben.

Erst wenn alle zuvor genannten Voraussetzungen erfüllt sind, kann man eine effiziente Gymnastizierung des Pferdes erwarten. Ich empfehle Ihnen zudem, liebe Leserinnen und Leser, Ihrem Pferd je nach Haltung, Trainingszustand, Klima und Disposition eine ausreichend lange Phase der Lockerung und generellen körperlichen Vorbereitung zu gewähren, bevor Sie mit entsprechenden Trainingseinheiten beginnen.

---

▶ *Ein Ausbilder oder Reiter kann ein Pferd nicht gymnastizieren!*
*Er kann es nur mit den unterschiedlichsten Mitteln dazu veranlassen, in einer* **bestimmten Körperhaltung präzise auf sinnvoll angelegten, vorgegebenen Linien in den Grundgangarten** *zu gehen.*
*Geschieht das systematisch, regelmäßig und über genügend lange Zeiträume, so gymnastiziert sich das Pferd dabei selbst.*
*In Stellung, Biegung, Haltung oder Anspannung auf ein oder zwei Hufschlägen vorwärts oder vorwärts-seitwärts mit dem Pferd zu arbeiten, das sollte stets unter diesem Aspekt betrachtet werden.*
*Wird ein Pferd, mit welchen Mitteln auch immer, zu solchen Übungen gezwungen, so wird sich der beabsichtigte Effekt nicht einstellen, da es sich dabei verspannt oder verkrampft. Damit wird das Gegenteil einer Gymnastizierung erreicht.*

Die acht gymnastizierenden Übungen

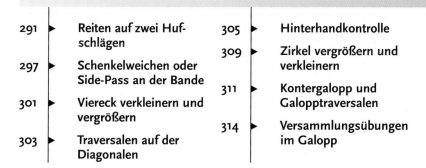

# Die acht gymnastizierenden Übungen

▶ **Gymnastik für Pferde**

Die in den folgenden Kapiteln beschriebenen Übungen basieren auf der Grundlagenarbeit für Pferd und Reiter, wie ich sie in den Abschnitten »Grundausbildung« und »Grundkurs Westernreiten« aufgezeigt habe. Auf den Seiten 225 bis 265 habe ich die acht Übungen beschrieben, die sich sehr gut eignen, um die Verständigung zwischen Reiter und Pferd über sinnvoll platzierte Hilfen zu verbessern. Gleichzeitig bewirken diese Übungen, vorausgesetzt, Sie befassen sich regelmäßig und intensiv damit, dass die Feinabstimmung Ihrer Hilfen sich wesentlich weiter entwickelt.

Zudem sind diese acht Übungen so simpel, dass sie die Pferde kaum verwirren oder missmutig machen, selbst wenn die Hilfengebung vom Reiter nicht immer präzise umgesetzt wird. Im Gegenteil, diese Übungen helfen, das Pferd in ersten wichtigen Grundlagen für eine weitere Gymnastizierung vorzubereiten. Gleichzeitig erlernt es in aller Ruhe Übungsabläufe, die zu einer wichtigen **Arbeitsgrundlage** für das im Folgenden beschriebene **weiterführende gymnastizierende Training** werden.

Dieser Bereich stellt in meinem weiteren Ausbildungskonzept eine **wichtige** Ausbildungsphase dar. Ich investiere in dieses weiterführende gymnastizierende Training des Pferdes ausreichend viel Zeit. Erst danach beginne ich damit, die präzise Ausführung von **Manövern** zu üben, wie sie vom fertig ausgebildeten Pferd erwartet werden.

Mit den folgenden Übungen führe ich das notwendige, systematische Aufbautraining eines jungen Pferdes durch. Sie dienen dem Zweck, die Grundlagen wie körperliche Fitness, Elastizität und Koordinationsfähigkeit, mentale Gelassenheit und ausreichendes Verständnis den Einwirkungen gegenüber zu vertiefen und zu festigen.

Mit gymnastizierenden Übungen wie z. B. dem Kontergalopp auf einem Zirkel bereite ich ein Pferd körperlich auf die Arbeit in den Manövern vor.

▶ Beginnt man mit einem mangelhaft gymnastizierten Pferd die Arbeit an Manövern in Form von strapaziösen und stressbehafteten Drillübungen, so entwickeln viele Pferde Abneigung gegen diese Arbeit. Sie sind aufgrund ihrer Steifheiten rein körperlich überfordert, gewöhnen sich leicht falsche Techniken an und werden später in den Manövern unzuverlässig. Trotz häufiger, unangenehmer Korrekturarbeit bleibt der Erfolg zweifelhaft. Außerdem besteht für unvorbereitete Pferde ein erhöhtes Verletzungsrisiko.

▶ Übung 1:     **Reiten auf zwei Hufschlägen**

## *Wozu dienen diese Übungen?*

▶ *Der Reiter praktiziert eine koordinierte Hilfengebung und erhält Körperkontrolle über sein Pferd.*

▶ *Das Pferd schult seine Balance, Diagonalbewegungen auf gebogenen Linien fallen ihm leichter und fördern seine Gymnastizierung.*

Ein Pferd lernt in dieser Ausbildungsphase zum ersten Mal bewusst die »Diagonalbewegungen« kennen. Die »**Diagonalverschiebungen**« sind unerlässlich für eine umfassende **Gymnastizierung**. Sie dienen auch der Verbesserung seines **Balancegefühls** und der Reiter gewinnt ein hohes Mass an Körperkontrolle über das Pferd. Ich

Die gymnastizierenden Übungen auf kleinen Kreisen reite ich zunächst im Schritt in direkter Biegung. Dabei achte ich auf korrekte Körperhaltung und präzise Einwirkungen.

Auf kleinen Kreisen von etwa 8 bis 10 m Durchmesser, in deren Zentrum eine Tonne oder ein Pylon stehen, reite ich diverse Übungen auf zwei Hufschlägen.

Das Pferd ist bei den Übungen in dieser Darstellung in Bewegungsrichtung gebogen.

A  Es tritt mit den Hinterbeinen in die Spur der Vorderbeine.
B  Es bewegt sich mit der Vorhand auf dem inneren, mit der Hinterhand auf dem äußeren Hufschlag des kleinen Zirkels.
C  Es bewegt sich mit der Hinterhand auf dem inneren und mit der Vorhand auf dem äußeren Hufschlag.

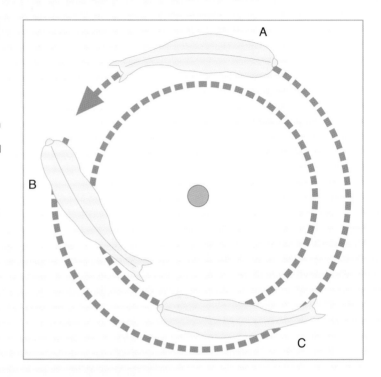

Auch in der Konterbiegung führe ich diese Übungen aus. Sie sind gut geeignet, das Zusammenspiel von begrenzenden Hilfen und solchen, denen das Pferd weicht, aufeinander abzustimmen. Die diagonalen Tritte, die das Pferd dabei ausführt, haben eine gymnastizierende Wirkung.

ziehe es vor, ein Pferd mit den »Diagonalbewegungen« auf diesen kleinen Kreisen um die Tonnen vertraut zumachen, bevor ich Diagonalverschiebungen und die Arbeit auf zwei Hufschlägen auf geraden Linien fordere.

**In der Natur gibt es keine geraden Linien, sie sind eine Erfindung des Menschen. Auf geraden Linien zu laufen, ist dem Pferd wesensfremd.**

Es kann keinen Bezug zu dieser abstrakten Forderung herstellen. Gebogene Linien und Kreise sind ihm vertraut. Die Tonnen, an denen es sich räumlich orientieren kann, helfen ihm »die Linie zu halten«. Man kann jederzeit in die dynamische Kreisbewegung zurückkehren, ohne die Übung grund-

Mit der Zeit gelingt es immer besser, das Pferd auf zwei Hufschlägen zu reiten.

Es lernt unter anderem, mit den Hinterbeinen diagonal weit unter den Körpermittelpunkt zu treten.

sätzlich abzubrechen, wenn es mal »klemmt«. Der **Energiefluss** der Bewegungen kann auf gebogenen Linien umgeformt, gelenkt und geleitet werden, ohne dass es zu Blockaden kommen muss. Die **Vorwärtsmotivation** bleibt erhalten. Es ergibt sich viel leichter ein **harmonisches »Miteinander«** als auf geraden Linien, bei denen ein »Gegeneinander-Wirken« vorprogrammiert ist.

Ich bin zu der Erkenntnis gekommen, dass es den meisten Pferden mit dieser Methode sehr viel leichter fällt, diesen schwierigen Teil der Ausbildung zu bewältigen. Offensichtlich gilt das für die Lernfortschritte von Reiterinnen und Reitern ebenso.

▶     **Wie werden die Übungen ausgeführt?**

Durch regelmäßige Arbeit ist unser Pferd in einem guten Trainingszustand, es ermüdet nicht mehr so leicht und seine Konzentrationsfähigkeit ist verbessert. Es ist vertraut mit der Übung: Biegung und Konterbiegung auf kleinen Kreisen an den Tonnen. Aus dieser Übung entwickle ich nun die weiteren Folgeübungen.

**A.** Ich reite im Schritt in der direkten Biegung und positioniere sorgfältig meine Hilfen so, dass das Pferd unter Beibehaltung der direkten Biegung mit der Vorhand auf einer Kreislinie geht.

**B.** Als Variante zu dieser Übung lasse ich es mit Vor- und Hinter-

Siehe Seite 227 ff.

In Konterbiegung mit der Kruppe auf dem äußeren Hufschlag zu gehen, ist eine der schwierigsten Varianten dieser Übungen.

Aufeinander abgestimmte Einwirkungen mit Zäumung, Zügeln, Schenkeln und Sitz formen die Haltung des Pferdes und vermitteln ihm, wohin es seine Hufe setzen soll.

hand auf der Kreislinie gehen, um es dann mit der Vorhand auf einem inneren, zweiten Hufschlag gehen zu lassen, während die Hinterbeine auf dem Ursprünglichen verbleiben. Ich lasse es immer nur einige, **wenige diagonale Schritte auf zwei Hufschlägen** gehen, bevor ich es wieder in die Ausgangsposition zurückkehren lasse.

> *Die Koordination der Bewegungen ist ungewohnt und fällt dem Pferd zu Anfang schwer.*

Erst wenn es etwas Routine gewonnen hat, steigere ich die Schrittzahl, bis es einen kompletten Kreis auf zwei Hufschlägen gehen kann.

**C.** Nun kann ich in einer weiteren Übung den Schwierigkeitsgrad steigern. Ich lasse es mit der Krup-

pe auf dem inneren Hufschlag gehen, während es mit der Vorhand auf dem Ursprünglichen bleibt.

**D.** Als Variante stelle ich es so ein, das es mit der Kruppe auf der ursprünglichen Kreisline verbleibt, während es mit der Vorhand auf einem zweiten, äußeren Hufschlag geht.

Gelingen diese Übungsvarianten im lockeren Wechsel für ein

> *Diese Übungen haben sich auch besonders gut für Reiterinnen und Reiter bewährt, die noch unerfahren im korrekten Reiten auf zwei Hufschlägen sind. Sie können sich unverkrampft mit der dazu notwendigen Hilfengebung vertraut machen. Sie helfen, das Körpergefühl zu erwerben, welches für die individuell funktionale Haltung sowie für die Impulsintensität und -platzierung der Hilfen notwendig ist.*

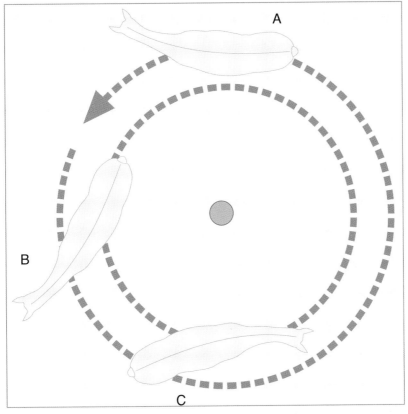

Hier sind die Übungen dargestellt, bei denen das Pferd entgegen der Bewegungsrichtung gebogen ist.

A  Es geht mit Vorhand und Hinterhand in der gleichen Spur.

B  Es geht mit der Vorhand auf dem äußeren Zirkel und mit der Hinterhand auf dem inneren.

C  Es geht mit der Vorhand auf dem inneren Hufschlag und mit der Hinterhand auf dem äußeren.

oder zwei Kreise um die Tonne auf jeder Hand an leichten Hilfen, so beginne ich, sie zunächst in kurzen Reprisen im gesetzten Trab (oder auch Jog) auszuführen und dann graduell auf ganze Runden auszudehnen.

▶ **Aufbau-Übungen in Konterbiegung**

**A.** In den folgenden Übungen steigere ich den Schwierigkeitsgrad für das Pferd einmal mehr. Dazu reite ich es in der Konterbiegung um die Tonnen.

**B.** Ich variiere diese Übung, indem ich es nun mit der Kruppe auf den inneren, zweiten Hufschlag dirigiere, während die Vorhand auf der ursprünglichen Linie verbleibt. Ich achte darauf, dass bei allen Übungen die ruhige Vowärtsseitwärts-Tendenz erhalten bleibt.

**C.** Eine weitere Steigerung des Schwierigkeitsgrades ergibt sich, wenn ich es aus der Konterbiegung heraus mit der Kruppe auf dem äußeren Hufschlag gehen lasse, während die Vorhand auf der inneren Linie verbleibt. Zunächst lasse ich es auch hier immer nur wenige

Siehe Seite 231 ff.

Schritte auf zwei Hufschlägen gehen, dann darf es (zur Belohnung
und Entspannung) in die gewohnte
Ausgangsposition zurückkehren.

> ▶ *Ich strebe bei all diesen Übungsvarian-*
> *ten an, die Hufschlaglinien möglichst*
> *präzise einzuhalten.*

Sollte das Pferd bei diesen
Übungen vom Hufschlag abweichen, so unterbreche ich die Vorwärtstendenz und den Schrittrhythmus nicht, sondern versuche
es durch angepasste Einwirkungen
wieder auf die gewünschten Linien
zurück zu führen. Ich bin darauf
eingestellt, dass viele Wiederholungsübungen notwendig sind, bis
sich die gewünschten Resultate
einstellen. Hat das Pferd bei der
Ausführung im Schritt keine Probleme mehr, so beginne ich damit,
die gleichen Übungen im gesetzten Trab (Jog) auszuführen.

Diese Übungen werden Ihrem
Pferd am Anfang besonders
schwer fallen. Ebenso wird es Ihnen ergehen, wenn Sie erstmalig
diese Positionen üben. Oft muss
man eine Weile »probieren«, bis
das Pferd als Resultat **richtiger
Platzierung** und **Dosierung** der
Hilfen die gewünschte Position zumindest kurzfristig korrekt anbietet. Doch mit der Zeit sollten Pferd
und Reiter ihre Verständigung in
dieser Situation soweit verbessert
haben, dass es gelingt, einen kompletten Kreis in der jeweiligen Stellung zu vollenden.

Natürlich führe ich diese Übungen alle abwechselnd zu beiden
Seiten hin aus.

> ▶ *Ich empfehle unbedingt, die Übungen*
> *zuerst in »direkter Biegung« zu erarbei-*
> *ten, bevor man sie in »indirekter Bie-*
> *gung« versucht.*

▸ Übung 2:    **Schenkelweichen oder Side-Pass an der Bande**

## *Wozu dient diese Übung?*

▸ *Der Reiter lernt seine Hilfengebung so zu dosieren, dass eine Vorwärts-seitwärts-Bewegung entsteht, ohne sein Pferd zu blockieren.*
▸ *Das Pferd wird in seiner Balance und Beweglichkeit gefördert.*

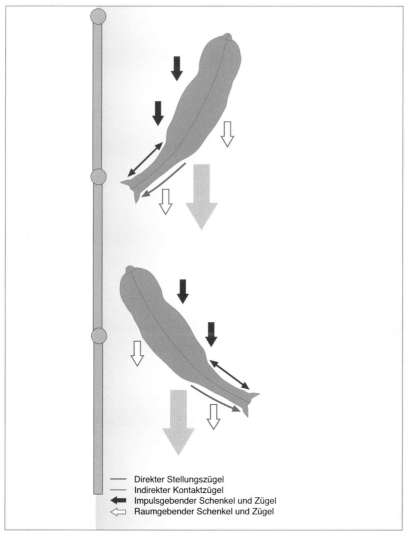

In der Übung »Side-Pass« weicht das Pferd seitlich von den Schenkeleinwirkungen des Reiters. In der einfacheren Variante ist das Pferd mit dem Kopf zur Bande hin positioniert. In der schwierigeren Ausführung ist es mit der Kruppe zur Bande hin eingestellt.

— Direkter Stellungszügel
— Indirekter Kontaktzügel
◀ Impulsgebender Schenkel und Zügel
◁ Raumgebender Schenkel und Zügel

In den bisherigen Übungen auf gebogenen Linien hat das Pferd stets eine Bewegungsperspektive nach vorn gehabt. Zur weiteren Gymnastizierung beabsichtige ich, die Diagonalverschiebungen in Form von Seitengängen zur Verbesserung der Beweglichkeit und Balance zu praktizieren. Dafür werde ich mit der Zäumung, entweder Wassertrense oder Hackamore, die Vorwärtsbewegung des Pferdes dosiert »blockieren«, das heißt auffangen müssen, um sie so in eine Vorwärts-seitwärts-Bewegungskette umzuwandeln. Dabei geschieht es leicht, dass das Pferd sich durch die begrenzenden, verhaltenden Zäumungseinwirkungen »gebremst« fühlt und seine Vorwärtsmotivation verliert. Ich müsste es vermehrt mit den Hilfen »antreiben«, die eigentlich der Verständigung und der Körperformung dienen. Als Folge würde es mit der Zeit gegen die Einwirkungen abstumpfen und eine Verfeinerung der Hilfen wäre nicht möglich, sondern das Gegenteil würde eintreten.

> ► *Wenn man auf ein Pferd gleichzeitig mit »verhaltenden« und »antreibenden Hilfen« einwirkt, wird es auf Grund der widersprüchlichen Bedeutung dieser Einwirkungen verwirrt sein. Es wird seine Freude am lockeren Vorwärtsgehen verlieren und mit der Zeit gegen diese Einwirkungen, sowohl die »verhaltenden« wie die »antreibenden«, abstumpfen.*

### ► Wie werden die Übungen ausgeführt?

**A.** Um diese unerwünschte Tendenz zu vermeiden, wähle ich die folgende Übung, den **Side-Pass**, bevor ich mit den eigentlichen Diagonalverschiebungen beginne. In dieser Übung lernt das Pferd, dem seitlich einwirkenden Schenkel diagonal seitlich »auszuweichen«, ohne dabei vorwärts Raum zu gewinnen. Ich führe die Übung im Schritt aus und das Pferd ist dabei in einem Winkel von etwa 45 Grad mit der Schulter voran zur Bande oder zum Zaun positioniert. Es ist auf der Bewegungsrichtung gegenüberliegenden Seite hohl. Es kann nicht mehr vorwärts gehen, weil es durch die Bande daran gehindert wird. Wird es angetrieben, so bleibt nur die Möglichkeit, diagonal seitwärts zu treten. Es muss dafür seine Beine überkreuzen. Von der Arbeit an den Tonnen her hat es mit dieser Beinbewegung keine großen

Wenn man auf ein Pferd gleichzeitig mit »verhaltenden« und »antreibenden Hilfen« einwirkt, ist es zunächst verwirrt. Schenkelweichende Übungen am Zaun erleichtern es, ihm die Bedeutung solcher Hilfen zu vermitteln.

Ist das Pferd erst einmal mit den Hilfen vertraut und gelingt es dem Reiter, in korrekter Haltung alle Einwirkungen präzise zu geben, so gelingt die Übung auch mit der Kruppe zum Zaun. Stets sollte etwa ein Winkel von ca. 45 Grad eingehalten werden.

Koordinationsprobleme mehr. Wenn ich es antreiben muss, so setze ich eine Gerte oder das Zügelende moderat ein, nicht aber die Schenkel. Deren Einwirkungen dienen dazu, es in der 45-Grad Position zur Bande zu halten. Ich schnalze zusätzlich mit der Stimme im Schrittrhythmus, um es zum Seitwärtsgehen zu motivieren. Ich strebe stets an, dass ein Pferd einer Komfort-Situation zustrebt, um es zu motivieren, und vermeide alle Situationen, in denen es vom »Druck weg« gezwungen wird, etwas zu tun. Deshalb entwickle ich diese Übung wie folgt:

Aus der Bahnmitte kommend, reite ich im Schritt auf einer diagonalen Linie geradeaus auf einen Punkt an der langen Seite zu, der einige Meter von einer Ecke zur kurzen Seite entfernt ist. Wenn ich die Bande der langen Seite erreiche (im Winkel von ca. 45 Grad), so gebe ich zu der Ecke hin mit Zügel und Schenkel seitlich Raum. Mit dem Schenkel, welcher der Bande der langen Seite zugewandt ist, gebe ich seitliche Impulse an die Pferdeseite. Mit dem gleichseitigen Zügel gebe ich ebenso seitliche Impulse an den Hals des Pferdes. Weicht das einige Schritte seitwärts in Richtung der Ecke, jeweils meinen Impulsen folgend, so lasse ich es kurz verharren und gebe dann erneut wieder die gleichen Hilfen.

Sollte es nicht seitlich gehen wollen, so wirke ich mit Zügelende oder Gerte auf der Seite im Bereich der Kruppe ein, von der es weichen soll. In Reprisen von drei oder vier Schritten fordere ich das Pferd jeweils zum Seitwärtsgehen auf. Sind wir in der Ecke angekommen, so lasse ich es auf dem Hufschlag vorwärts weitergehen. Ich wiederhole diese Übung am gleichen Ort einige Male, bis das Pferd begriffen hat, dass in der Ecke die »Entlastung« vom Seitwärtsgehen wartet. Ich erkenne das daran, dass es selbstständig beginnt, diesem Bereich aus eigenem Antrieb zuzustreben. Ich kann jetzt die **Vorwärtstendenz** wieder **begleitend** mit den Hilfen **lenken** und **formen**. Ich arbeite natürlich zu beiden Seiten hin und zu allen Ecken.

**B.** Mit der Zeit beginne ich die Übung dann in größer werdenden Abständen vor der jeweiligen Ecke, in der die **Komfort-Zone** für das Pferd beginnt. Gelingt das, so reite ich mein Pferd auf dem Hufschlag im Schritt. Kurz vor einer Ecke wende ich es vom Hufschlag ab. Wenn es mit seiner Schulter auf dem zweiten, inneren Hufschlag ist, nehme ich vermehrt Kontakt mit der Zäumung, um es am Vorwärtsgehen zu hindern. Ich gebe auf der der Ecke zugewandten Seite seitlich mit Zügel und Schenkel Raum. Der Schenkel auf der hohlen Seite des Pferdes, also auf der der Ecke abgewandten Seite, gibt seitliche Impulse. Das Pferd sollte jetzt diagonal seitwärts treten und sich der Ecke nähern, ohne die beiden Hufschläge zu verlassen. Es sollte dabei in einem Winkel von etwa 45 Grad mit der Hinterhand zur Bande positioniert sein. Hat es die Ecke mit seitwärts überkreuzenden Tritten erreicht, entlasse ich es wieder in die »Normalposition« auf dem Hufschlag. Ich wiederhole diese Übungsvariante, bis sie ebenso reibungslos klappt wie die erste.

Das Pferd ist nun vertraut damit, sich zwischen vorn begrenzenden und seitlich weichen lassenden Einwirkungen ruhig und kontrolliert vom Reiter leiten zu lassen. Es ist bereit für die Seitengänge auf geraden Linien.

▶ Übung 3:     Viereck verkleinern und vergrößern

## *Wozu dient diese Übung?*

▶ *Der Reiter lernt die Hilfengebung für eine vorwärts-seitwärts Bewegung weg von der Bande auf einer geraden Linie entlang.*

▶ *Das Pferd lernt seine diagonalen Tritte auf kurzer Distanz zu koordinieren.*

Von der Arbeit an den Tonnen kennt das Pferd die Biegung und die Konterbiegung im Schritt und Trab. Von der Vorübung »Sidepass« an der Bande hat es zudem gelernt, den abgestimmten Einwirkungen von Zäumung und Schenkeln seitlich zu weichen. Nun möchte ich es zum ersten Mal mit einer Übung vertraut machen, bei der es auf der geraden Linie im Vorwärts seine Beinbewegungen systematisch nach vorwärts-seitwärts hin verändern muss. Dabei übt der Reiter mit der Zäumung einen nach vorn begrenzenden und seitwärts leitenden Einfluss aus, die Schenkeleinwirkungen lassen das Pferd ebenso vorwärts-seitlich weichen. Der Reiter muss in dieser Übung neutral und gleichmäßig belastend sitzen und darf das Pferd nicht durch übertriebenes lehnen oder kippen des Oberkörpers behindern. Das Pferd lernt bei dieser Übung, seine diagonalen Tritte zu koordinieren und dabei den Hilfen des Reiters zu folgen. Das fällt ihm nicht so schwer, da es noch keine Last mit den vorgreifenden Beinen aufnehmen muss, wie etwa bei den Traversalverschie-

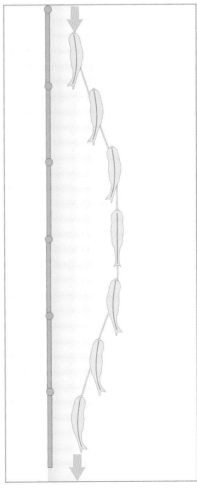

In dieser Übung verkleinere und vergrößere ich das Reitviereck auf diagonalen Linien in vorwärtsseitwärts Bewegungen. Das Pferd ist dabei jeweils entgegen der Bewegungsrichtung gestellt. Zwischen Rechts-Diagonale und Links-Diagonale bleibt es kurzzeitig gerade gestellt.

bungen, für die diese Übung die Voraussetzungen schafft.

▶ **Wie wird sie ausgeführt?**

**A.** Ich reite es nun im Schritt auf dem Hufschlag. Aus einer Ecke kommend stelle ich es in Konterbiegung, das heißt hohl auf der Bandenseite, ein. Nun platziere ich meine Einwirkungen so, dass es in dieser Konterbiegung parallel zur Bande bleibend, diagonal vorwärtsseitwärts geht. Habe ich auf diese Weise den vierten Hufschlag erreicht, also einen Abstand von etwa viermal der Breite des Pferdes von der Bande, so stelle ich es gerade ein und bleibe dabei auf diesem Hufschlag. Nach einer Pferdelänge stelle ich es so ein, dass es zur Bahnmitte hin hohl wird und lasse es diagonal seitwärts, wiederum parallel zur Bande, zum äußeren Hufschlag zurückkehren. Ich wiederhole diese Übungen zu beiden Seiten und führe sie dann auch im gesetzten Trab (Jog) aus.

**B.** Gelingen diese Diagonalverschiebungen flüssig, so steigere ich den Schwierigkeitsgrad. Ich beginne wiederum im Schritt. Das Pferd wird auf dem Hufschlag geritten und ist zur Bahnmitte hin hohl. Ich lasse es nun in Bewegungsrichtung gestellt diagonal zur Bahnmitte hin bis zum vierten Hufschlag seitwärts-vorwärts weichen. Auf dem vierten Hufschlag stelle ich es gerade ein. Wiederum nach etwa einer Pferdelänge stelle ich es zur Zaunseite hohl ein und lasse es nun wieder zum äußeren Hufschlag diagonal seitwärts-vorwärts zurückkehren. Ich achte bei diesen diagonalen Verschiebungen sorgfältig darauf, das Pferd **parallel zur Bande** zu halten. Auch diese Übung führe ich wiederholt im Trab aus.

▶ Übung 4: **Traversalen auf der Diagonalen (Schritt und Trab)**

## *Wozu dient diese Übung?*

▶ *Der Reiter lernt eine präzise Hilfengebung für eine längere diagonale vorwärts-seitwärts Bewegung.*

▶ *Das Pferd steigert seine körperliche Leistungsfähigkeit durch die diagonale Seitwärtsbewegung der Hinterbeine, Folge ist eine vermehrte Lastaufnahme der Hinterhand.*

Das Pferd hat nun gelernt, für eine kürzere Distanz vorwärts-seitwärts zu gehen. Sein Verständnis für diese zunächst ungewohnte Bewegungsfolge ist entwickelt, es ist motiviert und hat genügend Vorwärtsmotorik. Es hat keine Koordinationsprobleme mehr und seine Muskeln arbeiten schon automatisch im richtigen Zusammenspiel. Es führt die Übungen an leichten Signal-Hilfen aus. Nun ist die Zeit gekommen, es über längere Passagen in Diagonalverschiebungen arbeiten zu lassen, um seine körperliche Leistungsfähigkeit zu erhöhen. Als Folge dieser vermehrten Gymnastizierung wird es geschmeidiger, kräftiger, ausdauernder und immer besser ausbalanciert. Dabei gilt es zu berücksichtigen, dass es in dieser Übung nun in Bewegungsrichtung gebogen ist. Das bedeutet einen höheren Grad der Versammlung. Es muss, um die Übung richtig auszuführen, mit dem jeweils führenden Bein in Bewegungsrichtung vor die Unterstützungsfläche seines Körpers fußen, also weit diagonal seitwärts ausgreifen. Dann übernimmt es die Körperlast, trägt oder stützt sie vermehrt und kann sie dann erst weiterschieben. Diese Beinbewegung ist deutlich schwieriger als die des schenkelweichenden Seitwärtstretens in den beiden Vorübungen. Deshalb ist es eine präzise, nicht behinderte, reiterliche Einwirkung besonders wichtig.

Bei den »Traversal-Verschiebungen« ist das Pferd in die Bewegungsrichtung gebogen. Es soll parallel zum Zaun bleiben und mit den Beinen diagonal deutlich überkreuzen.

### ▶ Wie wird sie ausgeführt?

**A.** Ich reite das Pferd dazu im Schritt, später im Trab auf dem Hufschlag. Nachdem ich eine kur-

Ich sitze bei den Traversalverschiebungen locker und ausbalanciert. Das in Bewegungsrichtung positionierte Bein gibt dem Pferd Raum, die Zügelhand ist auf dieser Seite etwas höher, der Zügel wird dich am Hals geführt. Das Pferd weicht den Impulsen des äußeren Schenkels.

ze Seite durchritten habe, lasse ich es aus der Ecke heraus **in Bewegungsrichtung gebogen** vorwärts-seitwärts gehen. Ich bleibe dabei parallel zu den langen Seiten und bewege mich etwa auf der Diagonalen. Ich strebe der gegenüber liegenden, langen Seite zu. Nach einigen Seitwärtstritten lasse ich es geradeaus vorwärts weitergehen, um daraufhin weitere seitwärts-vorwärts gerichtete Tritte zu fordern. Ich verlängere die Strecke der diagonalen seitwärts-vorwärts Bewegung immer mehr, gehe aber stets geradeaus vorwärts weiter, wenn das Pferd stockt oder Koordinationsprobleme bekommt. Mein Ziel ist die gegenüberliegende Ecke. Dort erreiche ich kurz vor der Ecke den Hufschlag. Ich lasse das Pferd gerade werden und reite auf dem Hufschlag zügig weiter. Gelingt die Übung im Schritt fließend von einer Ecke zur diagonal gegenüberliegenden anderen Ecke, so beginne ich nach gleichem Prinzip im Trab damit. Ich wiederhole die Übung einige Male, bevor ich die Richtung ändere und sie zur anderen Seite ausführe. Bald sollte das Pferd die Diagonalverschiebungen ohne Stocken bewältigen. Ich werde diese Übungen abwechselnd mit anderen gymnastizierenden Lektionen nun immer wieder für einige Zeit durcharbeiten.

▶ Übung 5:    Hinterhandkontrolle

## *Wozu dient diese Übung?*

▶ *Der Reiter lernt, die Hinterhand des Pferdes kontrolliert zu beeinflussen.*

▶ *Das Pferd wird beweglicher in seinen hinteren »Bausteinen«, seine gesamte Körperkoordination wird gesteigert.*

Für die korrekte Ausführung von Manövern, wie sie in den entsprechenden Kapiteln dieses Buches beschrieben sind, ist es nicht nur wichtig, das Pferd in gymnastizierenden Übungen ausreichend vorzubereiten, der Reiter muss auch ein hohes Maß an Kontrolle über die Haltung und die Bewegungen seines Pferdes erworben haben.

Diese Körperkontrolle sollte nicht erzwungen werden, sondern sich als Resultat einer systematischen Schulung des Pferdes auf der Basis von Verständnis, Routine und Athletik ergeben. Nur dann wird ein Pferd dauerhaft und willig mitarbeiten und an leichten Hilfen zu führen sein.

Ich lege besonders großen Wert darauf, präzise Kontrolle über die Positionierung der Hinterhand des Pferdes zu gewinnen. Nur so kann ich ihm den Weg zu korrekter Ausführung von Manövern aufzeigen. Die folgende Übung dient besonders diesem Zweck. Schon von der Arbeit an den Tonnen kennt das Pferd die seitliche Verschiebung der Hinterhand.

▶ **Wie wird sie ausgeführt?**
A. Ich reite mein Pferd jetzt parallel zur Bande mit etwa einer Pferdelänge Abstand. Nun platziere ich meine Hilfen so, dass es mit Kopf, Hals und Schultern auf der Hufschlaglinie bleibt, auf der ich gerade reite. Mit meinen Schenkeln positioniere ich die Hinterhand deutlich seitlich versetzt auf einer zweiten Linie auf der Zaunseite. Ich lasse das Pferd zwei Pferdelängen »eingerahmt« von meinen Hilfen in dieser Haltung gehen. Danach lasse ich es dann kurz gerade werden und positioniere seine Kruppe nun seitlich auf einem »zweiten« Hufschlag zu Bahnmitte hin, um es wiederum nach etwa zwei Pferdelängen gerade zu richten. Diese Übung, Kruppe links, Kruppe rechts usw. wiederhole ich immer wieder, auf geraden Linien reitend, bis es für mein Pferd zur zweiten Natur wird, sich mit der Hinterhand stets »zwischen meinen Schenkeln« positionieren zu lassen. Später werde ich diese **selbstverständliche Bereitschaft** immer wieder benötigen.

Mit der dargestellten Übung bezwecke ich, eine optimale Kontrolle über die Positionierung der Hinterhand des Pferdes zu bekommen. Es bleibt mit Kopf, Hals und Vorhand auf einer geraden Linie, während es die Kruppe deutlich seitlich links oder rechts positionieren soll.

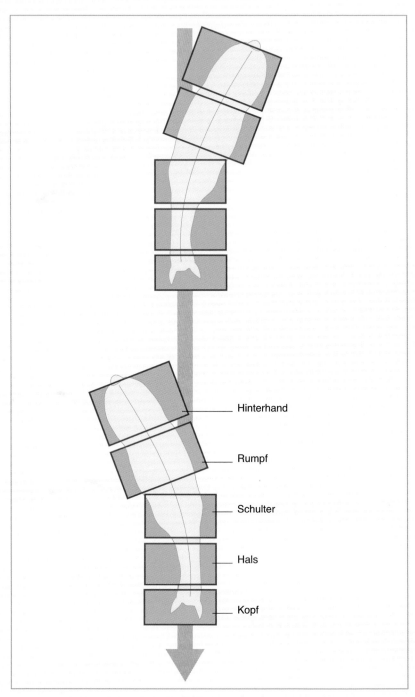

Hinterhand

Rumpf

Schulter

Hals

Kopf

Ich lege besonders großen Wert darauf, die Kontrolle über die Positionierung der Hinterhand des Pferdes zu verbessern.

Die Übung, »Kruppe links, Kruppe rechts« usw. wiederhole ich immer wieder.

Für mein Pferd wird es bald zur zweiten Natur, sich mit der Hinterhand stets »zwischen meinen Schenkeln« zu positionieren.

▶ Übung 6:    Zirkel vergrößern und verkleinern

## Wozu dient diese Übung?

▶ *Der Reiter lernt sein Pferd auf wechselnde Kreisgrößen zu lenken.*

▶ *Das Pferd muss seine Balance den wechselnden Kreisgrößen anpassen, enge Kreise fördern die Versammlungsfähigkeit.*

Unser Pferd hat zu diesem Zeitpunkt der Ausbildung schon einige tausend Zirkel gelaufen. Es kennt das Prinzip, sich »zwischen den Kontakten von Zügeln und Schenkeln leiten zu lassen«. Entsprechend kann man es auf einem größer oder kleiner werdenden Zirkel kontrolliert reiten. Je kleiner ein Zirkel wird, umso mehr muss ein Pferd sich versammeln, will es die Balance nicht verlieren. Ich steigere diese Fähigkeit mit der folgenden Übung.

▶ **Wie wird sie ausgeführt?**
**A.** Ich habe im Zentrum eines Zirkels eine Tonne aufgestellt. Ich galoppiere das Pferd auf dem Zirkel mit moderatem Durchmesser um diese Tonne. Nun beginne ich über die »äußeren« Einwirkungen von Zügel und Schenkel, das Pferd auf einer immer enger werdenden Spirale in Richtung Tonne zu reiten. Fühle ich, dass es dem Pferd sehr schwer fällt, auf diesen engen Abmessungen weiter zu galoppieren, so »entlasse« ich es auf eine Gerade, unterbreche den Galopp aber nicht und kehre auf den Zirkel zurück. Wieder »arbeiten« wir uns spiralförmig an die Tonne heran, doch rechtzeitig, bevor es aus dem Galopp in Trab fällt, entlasse ich es wieder auf die Gerade. Ich wiederhole diese Routine immer und immer wieder. Das Pferd wird sich große Mühe geben, der Tonne »zuzustreben«, weil dort die Entlastung von der Anstrengung wartet und es in den weniger anstrengenden »Geradeausgalopp« wechseln darf.

**B.** Schon bald wird es gelingen, recht eng einige Runden um die Tonne fast »auf Tuchfühlung« zu reiten. Das Pferd wird mit der Zeit seine Technik und Balance verbessern und immer kräftiger werden. Ich »entlasse« es dann nicht jedes Mal auf die Gerade, sondern lasse es zur »Entlastung« den Zirkel wieder vergrößern. Diese Übung ist außerdem hervorragend geeignet, das Pferd für die »Neck-Reining«-Impulse immer weiter zu sensibilisieren.

Ich galoppiere auf einem Zirkel um eine Tonne. Graduell beginne ich, mit Zügel und Schenkel verstärkt an der äußeren Seite einzuwirken. So gelingt es, das Pferd auf einer sich verengenden Spirale in Richtung Tonne zu reiten.

Das Pferd muss nun mit den Hinterbeinen weiter unter den eigenen Körperschwerpunkt treten. Das ist anstrengend, doch, da ich es »zur Tonne hin« reite, hat es ein Motiv, sich zu engagieren.

Mit der Zeit wird es sich immer mehr versammeln und an den Hilfen »leicht« bleiben.

Ich erleichtere ihm seine »Arbeit« dadurch, dass ich zentriert sitze und meine Schenkel- und Zügeleinwirkungen präzise platziere.

▶ Übung 7:  **Kontergalopp und Galopptraversalen**

## *Wozu dienen diese Übungen?*

- ▶ *Der Reiter lernt eine präzise Hilfengebung im Galopp.*
- ▶ *Das Pferd lernt seine Balance und Beweglichkeit im Galopp zu steigern.*

Eine weitere, nützliche Übung ist der Kontergalopp. Dazu reite ich ein Pferd anfänglich auf **großen Zirkeln** links herum im Rechtsgalopp und umgekehrt. Auch durch diese Übung wird die Körperkontrolle über das Pferd, sowie seine Balance und Körperkoordination wesentlich verbessert.

▶ **Wie werden sie ausgeführt?**

A. Ich beginne mit dieser Übung auf dem größtmöglichen Zirkel, um dem Pferd die Aufgabe möglichst leicht zu machen. Mindestens sollte er aber 20 m Durchmesser haben. Da unser Pferd das kontrollierte Angaloppieren schon seit langem beherrscht, stellt es

Siehe Seite 256 ff.

Der Kontergalopp auf dem Zirkel ist eine gute Übung, um die Balance, die Körperkoordination und die Körperkontrolle von Reiter und Pferd wesentlich zu verbessern.

Um das Pferd im Kontergalopp zu »halten«, wirke ich mit dem zur Zirkelmitte gewandten Schenkel in einer hinteren Position mit **deutlichem bis energischem** Kontakt auf die Pferdeseite ein, während ich mit dem äußeren Zügel mit hoher Hand am Hals Kontakt halte, um die Vorhand zu kontrollieren.

Ich lasse das Pferd auf einer **diagonalen Linie** zur Bande in einer Galopp-Traversale **seitwärts-vorwärts** galoppieren.

Im Anschluss an die Galopp-Traversale reite ich im Kontergalopp auf dem Hufschlag weiter.

kein Problem dar, es auf dem Zirkel im Außengalopp anzugaloppieren. Allerdings wird es vermutlich in den »richtigen« Handgalopp auf dem Zirkel wechseln wollen. Schließlich ist es daran gewöhnt, rechts herum stets Rechtsgalopp und umgekehrt zu gehen. Auch ist es unbequem und anstrengender, auf dem Zirkel im Kontergalopp zu gehen. Ich muss es nun in diesem Galopp halten und verhindern, dass es in den Trab fällt, in Kreuzgalopp oder in den Handgalopp umspringt. Ich wirke deshalb mit dem zur Zirkelmitte gewandten Schenkel in einer hinteren Position mit **deutlichem bis energischem** Kontakt auf die Pferdseite ein. Um den Kontergalopp zu beenden, lasse ich das Pferd zu diesem Zeitpunkt nicht in Trab oder Schritt übergehen oder gar fliegend wechseln, vielmehr wechsele ich am Arenamittelpunkt auf den anderen Zirkel. Automatisch ist mein Pferd dann ja im Handgalopp. Von diesem Zirkel aus lenke ich es bei der nächsten Runde wieder zurück auf den ursprünglichen Zirkel und halte es wieder im Kontergalopp. Diese Übung führe ich natürlich zu beiden Seiten hin aus, bis sie dem Pferd leicht fällt. Nun steigere ich die Anzahl der Kontergalopp-Zirkel ebenso, wie ich graduell den Durchmesser der Zirkel verkleinere.

> *Als Folge dieser Übung gewinnen Sie ein höheres Maß an Körperkontrolle über Ihr Pferd. Dessen Elastizität, Kraft und Balance wird weiter gefördert. Für Sie selbst ist es eine gute Übung, um die Wirkung Ihrer Hilfen in Dosierung und Platzierung zu überprüfen und weiter zu entwickeln.*

**B.** Um die Kontrolle im Galopp noch mehr zu verbessern und als weitere Vorbereitung für die Arbeit an den fliegenden Galoppwechseln reite ich mein Pferd auf dem Hufschlag im Galopp. Nach der kurzen Seite lasse ich es aus der Ecke heraus auf einer **diagonalen Linie** parallel zur Bande zur Mitte hin **seitwärts-vorwärts** galoppieren. Habe ich die Mittellinie erreicht, so lasse ich es auf dieser Linie gerade vorwärts weiter galoppieren, kehre in der Mitte der kurzen Seite auf den Hufschlag zurück und wiederhole die Übung entsprechend auf der anderen Bahnseite.

Später lasse ich das Pferd auch diagonal bis in die gegenüberliegende Ecke der Reitbahn in Form einer Galopp-Traversale seitwärts-vorwärts galoppieren und reite im Kontergalopp auf dem Hufschlag weiter.

Diese Übungen variiere ich im lockeren Wechsel auf der linken und rechten Hand.

► Übung 8:    Versammlungsübungen im Galopp

## *Wozu dienen diese Übungen?*

► *Der Reiter lernt Sitz und Zügelhilfen in den Versammlungs- und Entspannungszonen richtig zu dosieren.*
► *Das Pferd lernt sich unabhängig von Zäumungseinwirkungen zu versammeln.*

Für einige Pferde sind die zuvor beschriebenen, gymnastizierenden Übungen zu Beginn mit Koordinationsproblemen verbunden. Sie müssen sich jeweils vermehrt versammeln und ihre Kräfte bündeln, um die Übungen in der vorgegebenen Haltung ausführen zu können. Das ist zunächst anstrengend für das Pferd.

Innerhalb der Zirkellinie sind vier Pylone oder Tonnen in gleichem Abstand zu einem Quadrat aufgestellt. Dieses Quadrat ist etwas kleiner in seinen Außenabmessungen als der Zirkel. Das Pferd wird auf vier geraden Linien jeweils von Pylon zu Pylon entlang jeder Seite des Quadrates geritten. An jeder Ecke soll es die Richtung in möglichst engem Bogen verändern.
An den vier Ecken sind die Versammlungszonen, auf den Geraden dazwischen sind die Entspannungszonen gelegen.

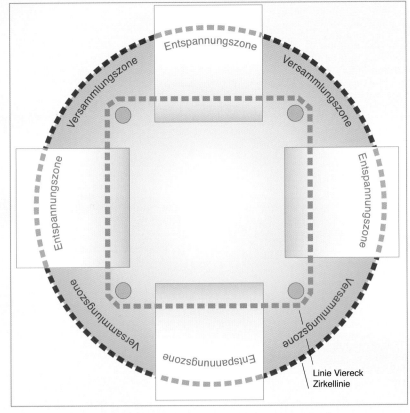

Linie Viereck
Zirkellinie

Es kommt deshalb vor, dass sie zeitweilig die Tendenz zeigen, etwas unsensibel an den Schenkelhilfen zu werden. Auch können sie sich den Zäumungseinwirkungen gegenüber steif machen. Manche Pferde beginnen, sich in den Schultern schwerfällig zu bewegen und »lehnen sich gegen die Zäumung«. Um diesen Tendenzen vorzubeugen oder entgegenzuwirken, wann immer sie in Anfängen zu erkennen sind, nutze ich die folgende Übung.

▶ **Wie werden sie ausgeführt?**
**A.** Ich reite mein Pferd auf dem Galoppzirkel. Innerhalb der Zirkellinie habe ich vier Pylone oder zu Anfang noch besser vier Tonnen mit gleichem Abstand zu einem Quadrat aufgestellt. Dieses Quadrat ist etwas kleiner in seinen Außenabmessungen als der Zirkel. Ich beginne nun, das Pferd vermehrt auf vier geraden Linien jeweils von Pylon zu Pylon entlang jeder Seite des Quadrates zu reiten. Etwa zwei bis drei Pferdelängen vor jedem Pylon begrenze ich das Pferd mit vermehrtem Kontakt über die Zäumung in der Vorwärtsbewegung. Mit dem äußeren Schenkel wirke ich stärker ein, einmal, um es auf der geraden Linie zu halten, aber auch um es zu motivieren, **mit der Hinterhand vermehrt unterzusetzen.** Am Pylon wirke ich so ein, dass es weniger in einem Bogen um den Pylon herumläuft, sondern mehr in einem rechten Winkel »um die Ecke« geführt wird. Etwa zwei Pferdelängen hinter dem Pylon gebe ich mit den Zügeln nach und werde passiv mit den Schenkel und Sitzeinwirkungen. In entsprechendem Abstand vor dem nächsten Pylon beginne ich wieder, aktiver einzuwirken. »Versammlungszonen« an den Ecken wechseln sich mit »**Entspannungszonen**« auf den Geraden regelmäßig wiederkehrend ab. Zu Anfang wird man sehr viel Widerstand den Einwirkungen gegenüber fühlen. Das Pferd ist ja gewohnt, auf dem Zirkel zu laufen und versteht die Aufgabe nicht. Nach einigen Runden (Quadraten) wird es aber verstehen, was von ihm gefordert wird. Es beginnt, selbstständig, die geraden Linien zu suchen und die Bögen um die Ecken möglichst winkelig und knapp auszuführen. Es erkennt, dass ihm dieses Manöver umso besser gelingen kann, je mehr es vor jeder Ecke mit der Hinterhand untersetzt. Es hat nun ein Motiv, sich »**hinten zu engagieren**«. Und es weiß bald, dass dieses Engagement immer dann notwendig wird, wenn ich es mit der Zäumung vor den Ecken etwas »aufnehme«. Auch hat es erkannt, dass nach der dort notwendigen Anstrengung stets die »Komfortzone« oder »Entspannungszone« folgt.

▶ *Je besser es um die Ecke galoppiert (sich also versammelt), desto früher kommt es in den Genuss der Entspannungsphase.*

Bald fühle ich bei der ersten Kontaktaufnahme mit der Zäumung, wie es sich selbstständig besser positioniert, um die nächste Ecke zu bewältigen. Meine Schenkeleinwirkungen können immer

Die Übung »Galopp auf dem Quadrat« ist gut geeignet, um Pferde, die ihr Gewicht auf die Vorhand verlagern, besser ins Gleichgewicht zu bringen.

In der »Enspannungszone« zwischen den Pylonen lasse ich das Pferd am losen Zügel gehen.

feiner werden. Ich übe diesen Ablauf zu beiden Seiten. Bald wird das Pferd vorn leichter, also williger und nachgiebiger reagieren und dabei mit der Hinterhand mehr untersetzen.

**B.** Wenn es sich willig führen lässt, beginne ich damit, das Quadrat mehr und mehr zu verkleinern. Nun übertrage ich das System zurück auf den Zirkel. Ich unterteile den Zirkel in sich abwechselnde »Versammlungszonen« mit aktivierter reiterlicher Einwirkung, um es zu vermehrtem Untersetzen mit der Hinterhand zu motivieren, und in »Entspannungszonen« an passiven Hilfen und am losen Zügel. Bald wird das Pferd mit minimalen Hilfen kurzfristig zu versammeln sein. Diese

> *Als Resultat dieser Arbeit wird das Pferd beginnen, sich dauerhaft im Galopp auch am losen Zügel mehr zu tragen. Es entwickelt den von mir gewünschten »Aufwärtsgalopp« am losen Zügel. Ich vermeide durch dieses Training, dass meine Pferde zu sehr mit Gewicht »auf der Vorhand« galoppieren, wie das heute bei vielen Westernpferden leider der Fall ist.*

Übung setze ich dann auf geraden Linien fort.

Damit ist eine optimale Grundlage für die spätere Speed-Control geschaffen und das Pferd lässt sich an immer feineren Hilfen gymnastizieren. Es macht sich nicht mehr in der Schulter schwer oder legt sich auf die Zäumung.

Zwei Pferdelängen vor dem Eck-Marker wirke ich mit Sitz, Schenkeln und Zäumung ein, um es etwas mehr zu versammeln.

Die enge, fast rechtwinkelige Wendung an der Ecke motiviert das Pferd, vermehrt mit der Hinterhand unter die Körpermitte zu springen.

Nach einigen Wiederholungsübungen verbessert sich die Balance des Pferdes. Als Folge lässt es sich an sehr viel feineren Hilfen versammeln und durch die Wendungen reiten.

»Versammlung am losen Zügel«, das ist eine wichtige Voraussetzung für leicht und präzise ausgeführte Manöver.

Entspannungspha-
sen am losen Zügel
biete ich meinem
Pferd auch auf dem
Zirkel immer wieder
an.

Nach jeder Entspan-
nungsphase folgt
eine Versammlungs-
phase, bei der ich
vermehrt mit Zäu-
mung, Schenkeln
und Sitzhilfen auf
das Pferd einwirke.

**C.** Als Konsequenz dieser Arbeit ist mein Pferd mittlerweile optimal im Gleichgewicht, es ist leicht an den Hilfen und kann sowohl Tempo wie auch Richtung problemlos wechseln. Ich könnte also mit dem Resultat zufrieden sein. Das bin ich im Prinzip auch. Allerdings gibt es noch einen Aspekt, an dem ich in der Zukunft weiter arbeite.

Ich möchte erreichen, dass mein Pferd, betrachtet man seine Silhouette von der Seite, mit annähernd horizontaler Oberlinie galoppiert und auch trabt, das heißt, dass Genick, Widerrist und höchster Punkt der Kruppe in etwa auf einer Höhe sind.

Diese Haltung wird aus zwei Gründen bei der Ausbildung eines Westernpferdes angestrebt.

Ein Pferd, dass in einer solchen Haltung geht, hat eine locker gedehnte, unverkrampfte Oberlinienmuskulatur mit aufgewölbter Rückenwirbelsäule und es kann seine Hals- und Schultermuskulatur unabhängig von Rücken- und Bauchmuskulatur flexibel halten. Der Umstand, das ein Pferd seine Rumpfmuskulatur (im Wesentlichen die Rücken-, Kruppen- und Bauchmuskulatur) unabhängig von der Schulter- und Halsmuskulatur einsetzten kann, ist Voraussetzung dafür, die spezifischen Westernpferde-Manöver technisch korrekt und koordiniert ausführen zu können. Beim Sliding-Stop soll es mit den Vorderbeinen »weitertraben«, während es die Hinterhand untersetzt und blockiert, um auf den

Als Resultat dieser Arbeit habe ich ein Pferd, das auch am losen Zügel versammelter galoppiert und nicht auf die »Vorhand fällt«.

Hintereisen über den Boden zu gleiten. Es muss deshalb »vorn« locker und flexibel sein, während es »hinten« die Muskeln anspannt und kontrolliert festhält. Nur so ist es ihm zudem möglich, bei einem längeren Sliding-Stop (bis zu zwölf Metern oder mehr) das Gleichgewicht zu halten und seine Gelenke in der Vorhand vor zu starker Stoßbelastung zu bewahren. Beim Roll-Back muss es ebenso in Vorhand und Hinterhand unterschiedliche Muskelaktivitäten entwickeln, das gilt dann einmal mehr für die Turn-Around-Manöver.

Ein weiterer Grund liegt nicht nur in der Besonderheit dieser Manöver, man erwartet von einem ausgebildeten Westernpferd auch, dass es am losen Zügel für längere Zeit ruhig, gleichmäßig und leicht lenkbar in sehr ruhigem, gesetztem Tempo geht. Dafür muss es lernen, sich mit der **Hinterhand selbstständig** vermehrt **zu »tragen«**. Das wiederum setzt voraus, dass es mit **vermehrt gedehnter Rücken- und Kruppenmuskulatur** und **verkürzt** arbeitender **Bauchmuskular** die Hinterbeine weit unter den Körperschwerpunkt zur Mitte hin untersetzt. Solche Bewegungsmotorik ist ihm ohne entsprechendes, längeres Training nicht möglich und wird von ihm zunächst auch als anstrengend empfunden.

Durch die zuvor beschriebenen, gymnastizierenden Übungen im »Aufwärtsgalopp« hat ein Pferd die Voraussetzungen erworben.

So galoppiert ein Pferd am losen Zügel mit zu viel Gewicht auf der Vorhand und mit nachgezogener Hinterhand. Das linke Vorderbein übernimmt in dieser Phase drei Viertel des Pferdegewichts und 70–80 % des Reitergewichts mit Sattel.

Das Pferd galoppiert versammelt am losen Zügel. Das linke Hinterbein fußt beinahe punktgenau unter die senkrechte Schwerpunktlinie von Reiter und Sattel. Das Pferd übernimmt den größten Teil des Reitergewichts sowie des Eigengewichts mit der Hinterhand und hebt sich deutlich in den Schultern. Es hebt dabei noch den Kopf, jedoch ohne sich zu verkrampfen.

Dabei hat es seine Halsmuskulatur teilweise in der Oberlinie zunächst immer noch in einem ihm natürlichen Vorgang verkürzt, das heißt: **es konnte die Schultern nur »heben«, wenn es auch den Kopf hochnahm.** Speziell durch die Versammlungsübungen im Vorwärts hat es gelernt, sich **zeitweilig zu strecken** und dann wieder vermehrt mit der Hinterhand weit unter den Körper zu setzen. Es hat abwechselnd seinen »Rahmen« erweitert und verkleinert. Mit der Zeit hat es die Fähigkeit entwickelt, sich auch längerfristig am losen Zügel mehr zu tragen. Dabei lernte es, **mit dem Rumpf** durch entsprechendes Muskelspiel **im verkleinerten Rahmen** zu bleiben, während

es gleichzeitig **den Hals vorwärts-abwärts streckte**, also dort seine **Rahmen teilweise erweiterte**. Es lernte so, **hinten engagiert und vorne locker gedehnt** zu bleiben. Dabei kam es mit dem Kopf häufig tiefer, also unter eine horizontale Linie. Ich gestattete das, um ihm die Dehnung in einer ihm angenehmen Weise zu ermöglichen. Mit der Zeit ist es dann aber sinnvoll, mit den Zügeln kurzfristig so einzuwirken, dass es sich in der »Horizontalen« in etwa stabilisiert. Auf diese Weise lernt es ganz zwanglos und natürlich, mit **engagierter Hinterhand, gehobener Schulterpartie und gestrecktem Hals** zu gehen. Es bleibt ausbalanciert, taktmäßig, versammelt, be-

Hier geht das Pferd mit guter Gewichtsverteilung und schon etwas flacherem Hals am losen Zügel.

In diesem Bild hat das Pferd die gewünschte Haltung eingenommen. Die Oberlinie ist flach und waagerecht. Der Zügel ist deutlich locker. Die Hinterhand ist sehr gut unter gesetzt. Die Schultern sind gehoben und es macht einen sehr entspannten, lockeren Eindruck, ohne dabei »auseinander zu fallen.«

weglich, wendig und leicht an den Hilfen.

Da dieser Weg Zeit, reiterliches Geschick, Einfühlungsvermögen und ein grundsätzlich gymnastiziertes und willig an den Hilfen gehendes Pferd voraussetzt, haben manche Reiter so ihre Probleme damit, diesem Ausbildungsziel näher zu kommen. All zu gern greifen sie dann zu Schlaufzügeln, um ihr Pferd in die gewünschte Haltung zu zwingen. Rein äußerlich mag ihnen dass auch gelingen, je-

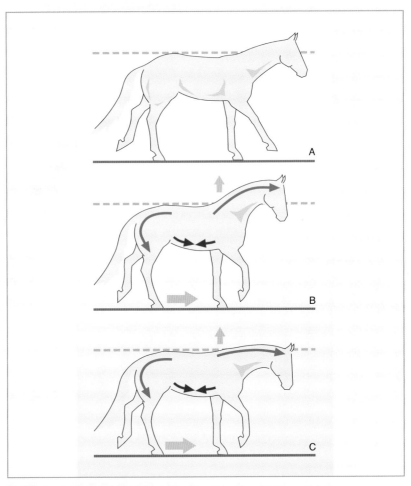

Die Abbildungen zeigen ein Pferd jeweils in der Zwei-bein-Stützphase eines ruhigen Galopps.

A  Dieses Pferd galoppiert natürlich, ist aber wenig elastisch und seine Beine fußen auf einer größe-ren Unterstützungsfläche. Es ist deswegen auch nicht in der Lage, auf engerem Raum zu galoppie-ren. Es ist im natürlichen Gleichgewicht, aber nicht versammelt. Es setzt die Muskulatur seiner Oberlinie und die seiner Unterlinie nur reduziert ein.

B  Dieses Pferd dehnt seine obere Muskulatur und spannt die Muskeln der Unterlinie deutlich mehr bei jeder Bewegung an. Es befindet sich in einer Versammlungshaltung. Seine Hinterbeine treten weiter unter den Körperschwerpunkt nach vorne und es hebt sich in der Schulterpartie. Sein Genick

ist deutlich höher als der höchste Punkt der Krup-pe. Dies ist die anatomisch natürliche Haltung für eine vermehrte Versammlung.

C  Beim Western-Turnierpferd möchte man bei einem versammelten Pferd eine flachere Oberlinie sehen. Nachdem ich einem Pferd auf dem natürlichen Wege das Galoppieren in vermehrter Versamm-lung vermittelt habe, motiviere ich es, sich im Hals mehr nach vorwärts-abwärts zu strecken. So erhalte ich die versammelte Körperhaltung im Be-reich von Schulter, Rippenkasten und Hinterhand und bekomme die entspanntere, waagerechte Oberlinie, bei der die höchsten Punkte – die Krup-pe, Widerrist und Genick – etwa auf der gleichen Höhe sind.

Das Pferd geht auch im ruhigen Trab oder Jog in idealer Weise in der gewünschten Haltung.

doch werden solche Pferde schwerfällig mit zu viel Gewicht auf den Schultern und sie werden zäh an den Hilfen. Man hört in diesem Zusammenhang dann die Klage, das Pferd »lege sich auf die Schultern« und sieht, dass mit harschen Methoden »korrigiert« wird. Ich empfinde so etwas nicht nur als unprofessionell, es ist auch in höchstem Maße unfair, da ein solcher Reiter sein Pferd für das Fehlverhalten bestraft, dass er ihm selbst anerzogen hat. Ein so gerittenenes Pferd ist zudem nicht im Gleichgewicht und es ist ihm deshalb unmöglich, in solch tiefer »Einstellung« mit der Hinterhand regelmäßig weit unter den Körperschwerpunkt zu setzen. Ich möchte Sie, liebe Leserinnen und Leser

Zur Vorbereitung der fliegenden Galoppwechsel versammle ich ein Pferd zunächst mit natürlicher, hoher Kopfhaltung. Erst wenn ihm die Wechsel leicht fallen und es stets mit gehobener Schulter wechselt, lasse ich es kontinuierlich vermehrt in der Dehnungshaltung mit aktiver Hinterhand wechseln.

deshalb eindringlich vor dieser leider weit verbreiteten Methode warnen. Sie kann niemals den natürlichen, zwanglosen Weg zur versammelten Haltung mit horizontal waagerechter, gestreckter Rückenlinie ersetzen. Natürlich bedeutet diese Erkenntnis aber nicht, dass ein **vorübergehender**, einige Wochen währender, **fachlich korrekter Einsatz** einer **Hilfszäumung** deshalb falsch sein muss. Gerade bei der Korrektur von verrittenen Pferden kann eine Hilfszäumung, wenn sie verantwortungsvoll, kompetent und sinnvoll eingesetzt wird, dem Pferd helfen, wieder zu richtigem, gewünschtem Zusammenspiel der Muskulatur zu finden. Sobald aber die Fehlhaltungen und -reaktionen, die der Hilfszügel nur **eingrenzen** soll, abgebaut sind, ist es sinnvoll, wieder zur Standardzäumung zurückzukehren.

Der Umstand, dass ein Pferd seine Rumpfmuskulatur (im Wesentlichen die Rücken-, Kruppen- und Bauchmuskulatur) unabhängig von der Schulter- und Halsmuskulatur einsetzen kann, ist Voraussetzung dafür, die spezifischen Westernpferde-Manöver technisch korrekt und koordiniert ausführen zu können.

Die sechs Manöver des
Westernpferdes

# Die sechs Manöver des Westernpferdes

▶ **Das Ziel der Ausbildung: perfekte Manöver**

Als Resultat bisheriger Vorarbeit hat ein Pferd systematisch gelernt, sich willig und an leichten reiterlichen Einwirkungen führen, lenken und formen zu lassen. Das Verständnis den Hilfen und Signalen gegenüber ist inzwischen so weit entwickelt, dass viele Reaktionen des Pferdes auf die Hilfen schon reflexiv erfolgen. Seine Bewegungen sind leichter und dynamischer geworden, es hat seine Ba-

Es ist besonders wichtig, die Übungen zur Durchführung von Manövern ruhig, systematisch und mit »Augenmaß« zu beginnen.

lance verfeinert und seine Muskeltätigkeit hat sich in Folge der gymnastizierenden Übungen der vergangenen Monate wesentlich verbessert. Es ist ausdauernder, elastischer, geschmeidiger und kraftvoller in seinen Bewegungen geworden. Es fällt ihm leicht, taktmäßig zu gehen, Übungen mental gelassen und körperlich unverkrampft auszuführen. Es hat gelernt, alle Basis-Übungen koordiniert und kontrolliert auszuführen.

Sie, liebe Leserinnen und Leser, konnten entsprechend Ihre eigenen Fähigkeiten weiter entwickeln. Sie stören, behindern und irritieren Ihr Pferd nicht mehr. Durch entsprechende Korrekturen sind grundsätzliche Fehlhaltungen und die daraus resultierenden, falschen Einwirkungen eliminiert und können den Trainingsfortschritt nicht mehr behindern. Sie haben das Gefühl für die Bewegungen Ihres Pferdes entwickelt und können die korrekte Ausführung einer Übung von einer fehlerhaften unterscheiden. Sie können Ihrem Pferd über richtig platzierte Einwirkungen einfühlsam helfen, die gewünschten Bewegungsabläufe richtig auszuführen. Durch stete Wiederholung hat sich ein hohes Maß an harmonischer Übereinstimmung zwischen Ihnen und Ihrem Pferd entwickelt. Missverständnisse kommen kaum noch vor. Hat Ihr Pferd Probleme in der Umsetzung angemessener Aufgaben, so wissen Sie, wie Sie ihm helfen können. Auf der Basis dieser Voraussetzungen können Sie sich nun auf das Training korrekt ausgeführter Manöver konzentrieren.

Im Westernreitsport kennt man vielfältigste Disziplinen mit recht unterschiedlichen Forderungen an die Fähigkeiten eines Pferdes. Ich möchte Ihnen die sechs fundamentalen Manöver aufzeigen, die ein Western-Pferd beherrschen sollte, wenn es als »All-Arounder«, also als ein vielseitig einsetzbares Pferd gelten soll.

Bevor ich im Einzelnen auf die Entwicklung dieser Manöver eingehe, möchte ich noch einige Gedanken vorausschicken. Bisher wurde das Pferd in den gymnastizierenden Übungen in gleichmäßigen und dynamischen Bewegungsübungen geritten. Es musste nicht in hohem Tempo arbeiten, es gab keine plötzlichen Tempo- oder Richtungsänderungen. Anstrengungen, Belastungen und Stressfaktoren für das Pferd waren mini-

Als Resultat bisheriger Vorarbeit hat ein Pferd systematisch gelernt, sich willig und an leichten reiterlichen Einwirkungen führen, lenken und formen zu lassen.

mal. Das ändert sich nun mit der neuen Ausbildungsphase. Hohes Tempo im Galopp bei der Speed-Control kann das Pferd hektisch oder stürmisch machen. Stops und Roll-Backs bringen plötzliche, vermehrte Belastungen für die einzelnen Gelenke, Sehnen, Bänder und Muskelgruppen mit. Turn-Arounds produzieren vermehrte Muskelspannungen und Drehkräfte können auf die Gelenke wirken. Die fliegenden Galoppwechsel verunsichern ein Pferd, weil es Angst bekommen kann, das Gleichgewicht zu verlieren.

Deshalb ist es besonders wichtig, diese Übungen zur Durchführung von Manövern ruhig, systematisch und mit »Augenmaß« zu beginnen.

Dabei sollten Sie Ihrem Pferd die Zeit geben, die es benötigt, um die entsprechenden Manöver zu erlernen. Ich bevorzuge es, einem Pferd zu erlauben, seinen individuellen Stil zu entwickeln. Besonders bei den Stops, Turn-Arounds und beim Rückwärtsrichten kann man in der Turnierszene gewisse Modetrends feststellen, die kommen und gehen. Ich empfehle, sich nicht unbedingt daran zu orientieren. Wenn man sich an einem gerade erfolgreichen Pferd orientiert und versucht, den ihm eigenen Stil dem eigenen Pferd aufzuzwingen, so wird das in der Regel zu unbefriedigenden Resultaten führen. Eine weitere auffällige Besonderheit ist die Tendenz

einzelner Reiter, auf Turnieren und im Training die Manöver möglichst schnell zu reiten, auch wenn die Präzision dabei leidet. Das gefällt zwar dem Publikum, aber ein Richter wird sich davon nicht beeindrucken lassen.

Ein Richter bewertet eine Leistung in einer Prüfung mit Temposteigerungen nach dem Grundsatz: Tempo gepaart mit Präzision, Kontrolle und Weichheit gibt Pluspunkte; Tempo ohne Kontrolle, Präzision und Weichheit gibt Minuspunkte.

Um einem Pferd die Arbeit an den Manövern zu erleichtern und es vor Schäden oder Verletzungen zu schützen, sollten einige Voraussetzungen erfüllt sein. Zunächst ist ein korrekter, zweckdienlicher Beschlag, z.B. Sliding-Hufeisen notwendig. Bodenbeschaffenheit und Abmessungen der Reitbahn sollten stimmen und Schutzgamaschen an Vorder- oder Hinterbeinen sind im Bedarfsfall sinnvoll. Haben Sie all diese Punkte beachtet, dann nur noch ein letzter, allgemeiner Tipp:

Achten Sie darauf, dass Ihr Pferd nicht die Freude an der Arbeit verliert oder gar Angst vor den Übungen bekommt! Geben Sie ihm Zeit, wechseln Sie die Aufgaben, arbeiten Sie in kurzen Reprisen und im Wechsel von Anspannung und Entspannung. Beenden Sie diese stets, wenn Ihr Pferd sich Mühe gibt und etwas gut macht.

Ein gleitender Stop mit untergesetzter Hinterhand, mobilen Vorderbeinen in ausbalancierter und lockerer, williger Ausführung gehört zu den sechs fundamentalen Manövern, die ein Westernpferd beherrschen sollte, wenn es als »All-Arounder«, also als ein vielseitig einsetzbares Pferd gelten soll.

Um ein Pferd in den Manövern wie z. B. dem Full-Stop oder Roll-Back zu schulen, sollte der Reiter gelernt haben, sein Pferd nicht mehr zu stören, zu behindern oder zu irritieren. Das Pferd sollte durch die vorbereitenden, gymnastizierenden Übungen die nötigen athletischen Voraussetzungen erworben habe.

Bodenbeschaffenheit
und Abmessungen
der Reitbahn sollten
für das Training von
Manövern stimmen
und Schutzgama-
schen an Vorder-
oder Hinterbeinen
sind im Bedarfsfall
sinnvoll.

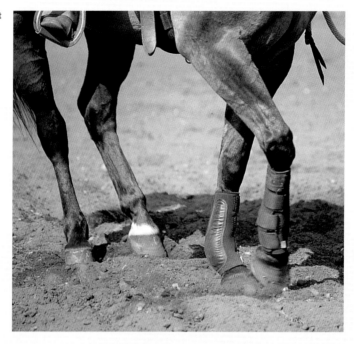

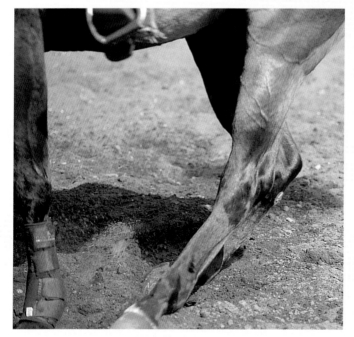

Turn-Arounds produ-
zieren vermehrte
Muskelspannungen,
Drehkräfte können
auf die Gelenke
wirken.

Stops und Roll-Backs bringen plötzliche, vermehrte Belastungen für die einzelnen Gelenke, Sehnen, Bänder und Muskelgruppen mit sich.

## ► Manöver 1:    Speed-Control

► **Worauf kommt es bei diesem Manöver an?** Tempovariationen innerhalb der Gangarten sind immer wieder notwendig, ob man nun im Gelände reitet, auf dem Trainingsreitplatz oder in der Show-Arena. Ein Westernpferd soll jederzeit mit minimalem Einsatz der Hilfen ohne Widerstand und prompt auf verlangsamende und beschleunigende Signale reagieren. Am augenfälligsten und spektakulärsten wird das in der Reining-Prüfung beim Wechsel zwischen schnellem und langsamem Galopp verdeutlicht. Je weniger der Reiter mechanisch mit der Zäumung einwirken muss, um eine entsprechende Reaktion vom Pferd zu bekommen, desto harmonischer ist das Manöver ausgeführt und desto höher wird es bewertet. Zeigt dieses Speed-Control genannte Manöver sauber ausgeführt doch deutlich, dass die Verständigung über unsichtbare Hilfen und die mentale Kontrolle perfekt erarbeitet wurden.

► **Wie übt man das?** Die Grundlagen für dieses Manöver sind durch unser bisheriges Training schon gelegt. Das Pferd beschleunigt im Trab und im Galopp, wenn ich im Sattel aufstehe und eventuell entsprechende aktivierende Schenkelhilfen gebe. Setze ich mich passiv in den Sattel und lasse mich »mitnehmen«, etwas »hinter der Bewegung« bleibend, so schaltet mein Pferd innerhalb einiger Schritte oder Sprünge auf die gesetztere, langsame Variante der Gangart um. Ich übe vor allem im Galopp dieses Umschalten, bis es im Idealfall gelingt, das Pferd von einem Galoppsprung zum andern vom schnellen zum langsamen Galopp übergehen zu lassen.

**A.** Zunächst reite ich mein Pferd auf einem großen Zirkel von mehr als 20 m Durchmesser. Ich setze die verlangsamenden Zäumungseinwirkungen und Gewichtshilfen in der Intensität ein, die notwendig ist, um die Übung durchzuführen. Dabei räume ich dem Pferd jeweils genügend Reaktionszeit ein, um meine Einwirkungen in guter Balance und Technik umzusetzen. Ich strebe dabei an, immer weniger mit der Zäumung einzuwirken. Ich suche mir einen Punkt, an dem ich stets den Übergang vom schnellen Galopp zum langsamen fordere.

Die Fähigkeit eines Pferdes aus schnellstem Galopp innerhalb weniger Galoppsprünge am losen Zügel zu einem langsamen, ruhigen und komplett entspannten Galopp (Lope) überzugehen, wird Speed-Control genannt. In der Reiningprüfung ist dieser Vorgang eines der Hauptmanöver.

Das macht es für das Pferd zunächst leichter, sich auf die Tempoveränderung einzustellen. Gelingt das prompt, so lasse ich es vom langsamen Galopp sofort in Schritt übergehen und reite einige »Entspannungs-Volten« entgegen der Zirkelbiegung am gleichen Ort. Ich warte, bis das Pferd keine Unruhe mehr zeigt und entspannt und taktmäßig die kleinen Kreise mit nachgiebiger Rippenbiegung am inneren Schenkel geht. Erst jetzt galoppiere ich ruhig in der ursprünglichen Richtung auf dem Zirkel im langsamen Galopp wieder an, beschleunige und lasse es wieder am gleichen Ort im Tempo zurückkommen. Gelingt es, vom schnellen Galopp möglichst prompt in einen entspannten Schritt auf den kleinen Volten überzugehen, so wechsele ich die Richtung und den Punkt für den Tempo- bzw. Gangartwechsel und wiederhole die Übung jeweils zur anderen Seite.

**B.** Nach einigen Lektionen lasse ich mit gleichen Hilfen mein Pferd auch auf der Geraden vom schnellen Galopp in den langsamen übergehen und wechsele dann in den Schritt und auf die Volten. Bald hat mein Pferd die Übung verstanden und ich muss die Zäumung kaum noch einsetzen. Die Gewichtsverlagerung genügt, um das Manöver einzuleiten, das Pferd hat die Technik, die Balance und die innere Gelassenheit, das Manöver willig und koordiniert auszuführen. Ich helfe meinen Pferden dabei, sich für das Manöver zu »präparieren«, indem ich leise das Wort »Easy« sage, ihnen zwei Galoppsprünge Zeit lasse und dann erst mit den Körperhilfen einwirke.

Siehe Seite 117 ff., 123 ff. und 127 ff.

> ▶ *Wiederholt man diese Übungen mit der nötigen Regelmäßigkeit und Sorgfalt, so stellt sich fast bei jedem Pferd eine positive Reaktion ein. Selbst in Stresssituationen wie Rinderarbeit, Schrecksituationen im Gelände, Gruppengalopp usw. reagieren die Pferde dann in der Regel reflexartig auf Stimme und Körpersignale bei moderatem Einsatz der Zäumungseinwirkung ohne Widerstand.*

Auch auf der Geraden möchte ich, dass mein Pferd mit minimalen Hilfen aus dem schnellsten Galopp heraus prompt verlangsamt.

Als Resultat der Übungen zur verbesserten Speed-Control reagiert mein Pferd auf die Gewichtshilfen sofort und wird langsamer.

Es setzt dabei tief mit der Hinterhand unter und bleibt in der Vorhand leicht.

Ich lasse es einige ruhige Galoppsprünge ausführen.

Danach lasse ich es entspannt im lockeren Schritt weitergehen.

▶ Manöver 2: **Back-Up**

▶ **Worauf kommt es bei diesem Manöver an?** Die ersten Rückwärts-Schritte unter dem Reiter hat unser Pferd schon in den ersten Lektionen des Anreitens erlernt. Während der Gymnastizierungsarbeit hat es gelernt, kontrolliert mit aktiver Hinterhand »an den Hilfen« rückwärts zu gehen.

Als Manöver wird das Rückwärtsrichten in verschiedenen Turnierprüfungen gefordert. Ein Westernpferd sollte problemlos eine längere Strecke zügig und kontrolliert rückwärts gehen können. In der Reining-Prüfung wird ein schnelles Rückwärtstraben als Zeichen absoluter Rittigkeit, Elastizität und »Durchlässigkeit« den Hilfen gegenüber hoch bewertet. In der Trail-Prüfung muss ein Pferd sich vom Reiter rückwärts durch ein Hindernis-Labyrinth leiten lassen, ohne anzustoßen oder im Bewegungsfluss zu stocken. Das bedeutet, dass es sich Schritt für Schritt präzise auf geraden, gebogenen oder abgewinkelten Linien rückwärts leiten lässt. Kontrolliertes Rückwärtsrichten kann aber auch bei so manchem Geländeritt notwendig werden. Die Fähigkeit des Pferdes, rückwärts zu gehen, gilt bei einem Western-Pferd als wichtiger Bestandteil einer seriösen Ausbildung.

▶ **Wie übt man das?** Ich stimme mein Pferd mit den ihm schon vertrauten Rückwärts-Übungen ein. Ich lege Wert auf eine gerade Linienführung und ruhigen, gleichmäßigen Schrittrhythmus.

**A.** Sind diese Voraussetzungen erfüllt, so beginne ich im Schrittrhythmus in Gedanken »Eins, Zwei, Drei« zu zählen. Während dieser drei Schritte verstärke ich meine Impulse über Zäumung und Schenkel mit ansteigender Tendenz von Schritt zu Schritt, werde nach dem dritten Schritt kurz passiv und wiederhole diese »Dreier-Sequenz«. Bald beginnt mein Pferd, sich auf diese wiederkehrenden »Impuls-Wellen« einzustellen. Es beschleunigt energisch jeweils zum dritten Schritt hin, ohne hektisch, verspannt oder unpräzise zu werden, weil es dann ja wieder eine kurze Entspannungsphase erwartet.

**B.** Mit zunehmender Routine genügen nur angedeutete Steigerun-

Rückwärtsrichten durch ein Stangen-L oder eine Gruppe von Pylonen kommt in jeder Trailklasse vor.

gen in der Intensität der Einwirkungen, und es bietet drei, vier oder gar fünf energisch ausgeführte »Dreier-Sequenzen« mit immer kürzeren, nur noch angedeuteten »Entspannungspausen« an. In der Endphase dieses Manövertrainings trabt es dynamisch beschleunigend mit aktiv untertretender Hinterhand und entlasteter Vorhand an leichten Hilfen gerade rückwärts, der »finalen Entspannungspause« entgegen. Die biete ich ihm stets an. Sollte es sich einmal verspannen und die Dynamik in der Rückwärts-Sequenz verloren gehen, so zwinge ich es nicht, weiter rückwärts zu gehen. Ich lasse es entspannen, positioniere mich neu und fordere maximal eine »Dreier-Sequenz«, um dann erst mal wieder vorwärts zu reiten.

> *Wir wollen sein Selbstvertrauen stärken. Wir helfen ihm, seine Bewegungstechnik und Koordinationsfähigkeit zu verbessern und es lernt so, dieses schwierige Manöver mit Leichtigkeit auszuführen!*

Aus diesem Grund unterbreche ich auch die Rückwärts-Sequenz, wenn es den Geradeauslauf verliert. Ich prüfe, ob Sitz und Hilfengebung korrekt waren und präzisiere meine Einwirkungen. Dabei berücksichtige ich, dass alle Pferde die Tendenz haben, in Richtung Stall, Ausgang oder zu anderen Pferden hin ein wenig »abzudrif-ten«. Entsprechend müssen auf der Seite, zu der das Pferd sich »hingezogen« fühlt, die jeweiligen begleitenden Hilfen etwas intensiver sein. Diese Tendenz ist generell im Training zu beachten, sie zeigt sich aber besonders deutlich in diesem Manöver. Sollte das Pferd unter Berücksichtigung dieser Aspekte immer noch schräg rückwärts gehen, so könnten Muskelverspannungen oder Blockaden die Ursache sein. In diesem Falle empfiehlt es sich, lockernde und gymnastizierende Übungen zu praktizieren, bevor man wieder an das Manöver selbst herangeht.

**C.** Ich übe aber nicht nur den »Geradeauslauf« im Rückwärts, sondern mein Pferd soll auch lernen, auf gebogenen Linien und im Kreis rückwärts zu gehen. Dafür lasse ich es zunächst zwischen entsprechenden Hilfen in einem kleinen Kreis um eine Tonne oder ein ähnliches Hindernis gehen. Der »optische Bezug« zur Tonne im Zentrum des Kreises, den es beschreiben soll, erleichtert es, meine Hilfen zu verstehen und umzusetzen. Durch regelmäßige, ruhige Arbeit auf Kreisen, Achten und gebogenen Linien in Dreier-Sequenzen ohne Beschleunigungstendenz gewinne ich immer mehr Kontrolle über jeden einzelnen Schritt. Bald wird das Pferd sich an leichten Hilfen »auf den Punkt genau« rückwärts leiten lassen.

In der Reining-Prüfung wird ein schnelles Rückwärts-traben als ein Zeichen absoluter Rittigkeit, Elastizität und »Durchlässigkeit« den Hilfen gegenüber hoch bewertet. Ich beginne das Manöver mit fein abge-stimmten, moderaten Hilfen langsam und rhyth-misch.

Das Pferd soll nicht mit der Zäumung rückwärts ge-zwungen werden. Es kommt mit dem Kopf nicht hinter die Senkrechte.

Meine Schenkelimpulse motivieren es, den Schritt-Rhythmus zu beschleunigen, mit den Zügeln halte ich passiven Kontakt.

Dabei senkt es sich mit der Hinterhand immer mehr ab, rundet den Rücken und bleibt leicht an der Zäumung.

Zum Ende der Rückwärtspassage reduziere ich die Schenkelimpulse, das Pferd wird langsamer und kommt zum Halt.

Aus dem Halten lasse ich es im Schritt geradeaus gehen. Ich gebe ihm Gelegenheit, sich am hingegebenen Zügel komplett zu entspannen.

## ▶ Manöver 3:  Roll-Back

Die Übungen für das Roll-Back sollten zunächst stets ruhig, korrekt und locker ausgeführt werden. Andernfalls geschieht es leicht, dass sich Pferd und Reiter verspannen. Der Reiter sollte das Pferd nicht behindern, er sollte also synchron mit der Bewegung des Pferdes sein oder sogar etwas »vor die Bewegung« kommen können.

▶ **Worauf kommt es bei diesem Manöver an?** Führt man sich vor Augen, dass sich das heutige, moderne Westernreiten, wie es von Freizeit- und Turnierreitern praktiziert wird, aus der Arbeit der amerikanischen Vaqueros und Cowboys entwickelt hat, dann stellt sich vielleicht die Frage, wo noch Verknüpfungspunkte zu erkennen sind. Ganz ohne Frage ist der Ursprung in jenen drei Disziplinen noch problemlos zu erkennen, die sich mit Rindern befassen, im Cutting, Working-Cow-Horse und Team-Penning. In allen drei Disziplinen muss ein Pferd ein bestimmtes Manöver kraftvoll ausführen können, um ein Rind kontrolliert arbeiten zu

können, das Roll-Back. Bei diesem Manöver stoppt ein Pferd aus vollem Lauf mit weit untergesetzter Hinterhand auf gerader Linie, führt aus dieser Haltung in einem Sprung eine Hinterhandwendung um 180 Grad aus und kommt in der eigenen Spur mit einem Galoppsprung wieder aus der Wendung im richtigen Handgalopp heraus. In perfekter Ausführung geschieht das alles in einer flüssigen, dynamischen und kraftvollen Bewegung. Dabei darf das Pferd sich nicht steif machen oder verspannen. Es kann dieses Manöver aber nur optimal ausführen, wenn es dabei nicht vom Reiter im Bewegungsfluss gestört oder behindert wird. Der muss sich in die-

sem Manöver deswegen besonders auf eine lockere und ausbalancierte Haltung konzentrieren und sich dynamisch der Pferdebewegung anpassen.

▶ **Wie übt man das?** Dieses Manöver setzt sich eigentlich aus drei einzelnen Bewegungskomplexen zusammen, dem Stop aus dem Galopp, der gesprungenen Hinterhandwendung »durch den ganzen Körper« ausgeführt und dem Angaloppieren im richtigen Handgalopp. Um es zu üben, zerteile ich es zunächst in diese drei Komponenten und erarbeite mit dem Pferd die richtige Technik für jede Komponente. Dabei beachte ich die natürlichen Anlagen eines jeden Pferdes individuell.

A. Ich beginne mit dem Rückwärtsrichten auf einer geraden Linie mit etwa zweieinhalb Meter Abstand parallel zum Zaun oder zur Bande. Dabei halte ich mit dem äußeren (dem Zaun zugewandten) Zügel eine weiche Verbindung zur Wassertrense oder zum Bosal, mit dem inneren Zügel und mit den Schenkeln gebe ich die Impulse für das Rückwärts. Nach ein bis zwei Pferdelängen passe ich den Augenblick ab, in dem es mit seinem **äußeren Hinterbein** weit unter den Körper tritt und Last aufnimmt. In diesem Moment gebe ich Raum mit dem äußeren Schenkel, halte den Kontakt mit dem äußeren Zügel jedoch aufrecht. Gleichzeitig gebe ich deutlich in Richtung Pferdemaul mit dem inneren (vom Zaun abgewandten) Zügel nach und gebe mit dem inneren (vom Zaun abgewandten) Schenkel seitliche Im-

> ▶ *Ich achte sorgfältig darauf, mit dem äußeren Zügel nur passiven Kontakt zu halten und nicht etwa daran zu ziehen!*

pulse in vorderer oder mittlerer Position an den Pferdekörper.

Gleichzeitig entlaste ich ein wenig den Sattel. Das Pferd wird jetzt in einer dynamischen Bewegung mit der Vorhand nach außen zum Zaun hin herumkommen, der begrenzt es dabei und verhindert, dass es auf »halbem Wege« aus der Wendung herausläuft. Sobald es in die entgegengesetzte Richtung schaut, also um 180 Grad gewendet hat, gebe ich ihm einen zusätzlichen, deutlichen seitlichen Impuls mit dem neuen, äußeren Schenkel. Mit den Händen gebe ich dabei noch einmal deutlich in Richtung Pferdemaul nach, um es mit der Zäumung nicht zu behindern, wenn es mit aktiver, energischer Bewegung aus der Wendung herauskommt. Sollte es antraben, so lasse ich es einige Pferdelängen traben, bevor ich es moderat wieder zum Schritt, Halt und Rückwärts kommen lasse, um dann in gleicher Manier die Wendung zur anderen Seite hin auszuführen. Ein halbes Dutzend Mal zu jeder Seite wiederhole ich diese Übung an der langen Seite der Arena mit unterschiedlich langen Strecken des Geradeauslaufes und Rückwärts. Mit anderen Übungen dazwischen wiederhole ich die Routine bis zu drei mal pro Trainingstag in der nächsten Zeit.

B. Sobald das Pferd die Wendung koordiniert und flüssig ausführt, achte ich darauf, dass es nun in ru-

Aus dem geraden Rückwärtsrichten heraus entwickle ich die Roll-Back Übung aus dem Schritt.

Ich lasse den richtungweisenden Zügel stehen. In diesem Fall ist es der linke. Mein linker Schenkel gibt Raum und mein rechter Zügel gibt in Richtung Pferdemaul nach. Mein rechter Schenkel wirkt mit seitlichen Impulsen.

Das Pferd bleibt mit der Hinterhand stehen und kreuzt mit den Vorderbeinen seitlich über.

Es behält dabei seine Biegung durch den ganzen Körper. Zu den Schenkelimpulsen auf der äußeren Seite gibt der äußere Zügel seitlich an den Hals Kontaktimpulse, bleibt aber in Richtung Pferdemaul nachgiebig.

Jedes Pferd wählt individuell die Form der Längsbiegung, mit der es am komfortabelsten das Manöver ausführen kann. Es ist wichtig, darauf zu achten, dass das Pferd mit der Schulter aufrecht bleibt.

Zum Ende der 180 Grad Wendung lasse ich es auf die gerade Linie zurückkehren und reite im Schritt weiter.

Aus dem Galopp lasse ich das Pferd in einem Full-Stop zum Halt kommen.

Es soll einen Moment verharren und sein Gewicht rückwärts verlagern.

Siehe
Seite 261 ff.

higem Galopp sauber im richtigen Handgalopp nach vollzogener Wendung angaloppiert. Gelingt ihm das regelmäßig und leicht, so lasse ich es aus der Wendung heraus nicht mehr parallel zu Bande angaloppieren, sondern leite es sofort auf einen kleinen Zirkel. Den komplettiere ich, reite parallel zum Zaun, wechsle moderat vom Galopp zum Schritt über und leite die nächste Roll-Back Übung ein.

> *Es ist sehr wichtig, dieses Manöver sehr ruhig, korrekt und locker auszuführen. Andernfalls geschieht es leicht, dass sich Pferd und Reiter verspannen. Verkrampfen sich Pferd oder Reiter, so wird die Wendung hektisch und die Ausführung des Manövers geschieht unkontrolliert.*

**C.** Im dritten Lernschritt zu diesem Manöver füge ich nun das Anhalten aus dem Galopp, den tiefen Stop hinzu. Dazu begebe ich mich auf einen Reitplatz mit geeignetem Boden, auf dem ein Pferd mit untergesetzter Hinterhand gleiten kann. Auch sollte es einen entsprechend geeigneten Beschlag an den Hinterhufen haben, gegebenenfalls verwende ich auch Schutzgamaschen für die hinteren Fesselgelenke. Mit diesem Bewegungsablauf, dem Stop aus dem Galopp, ist das Pferd prinzipiell schon vertraut. Ich habe es stets am Ende eines Stops aus dem Trab oder Galopp ein bis zwei Tritte rückwärts tun lassen. Es denkt also rückwärts und hat gelernt, die Hinterhand untergesetzt zu lassen. Ich reite es nun in ruhigem Lope auf einem großen Zirkel mit jeweils zwei bis

Dann gebe ich ihm die Hilfen wie in der Vorübung. Es soll mit einer flüssigen Bewegung das 180 Grad Roll-Back ausführen.

Aus dem Roll-Back lasse ich es direkt mit einem Galoppsprung herauskommen.

drei Meter Abstand zur Bande oder zum Zaun. Wenn es parallel zum Zaun ist, lasse ich es einen Stop in gewohnter Routine ausführen. Ich gestatte ihm jetzt aber nicht, nach dem Rückwärts-Tritt zu entspannen, sondern nach einem Augenblick des Abwartens gebe ich ihm die Hilfen für ein flüssiges Rückwärts-Richten. Daraus lasse ich es in der nun schon vertrauten Weise

> *Diese Übung ist nur dann sinnvoll, wenn das Pferd stets einen geraden Stop mit untergesetzter Hinterhand und »Rückwärts-Tendenz« ausführt. Es muss dann abwarten, bis ich es weitere Rückwärtsschritte ausführen lasse. Die Wendung soll es stets mit untergesetztem, äußeren Hinterbein ausführen und sauber in der eigenen Spur im Galopp herauskommen.*

zum Zaun hin wenden. Ich achte besonders darauf, dass es in jedem Fall im Galopp aus der Wendung herauskommt und lenke es auf einen Zirkel. Ich lasse es dann wieder einige Runden im ruhigen Galopp auf dem Zirkel gehen, um das Manöver dann in gleicher Weise zur anderen Seite auszuführen. Ich wiederhole diese Übung noch einige Male zu jeder Seite und wende mich dann wieder anderen Übungen zu. Pro Trainingstag fordere ich in der nächsten Zeit immer nur etwa ein halbes Dutzend dieser Manöver zu jeder Seite und konzentriere mich darauf, in sehr gutem Timing meine begleitenden Hilfen so zu platzieren, dass es immer korrekt die einzelnen Komponenten des Manövers ausführt.

**D.** Es ist normal, wenn ein Pferd bei dieser Routine etwas vorweg nehmen will. Ich stoppe deshalb nicht immer am gleichen Ort und variiere auch die Zahl der Galopprunden zwischen den Roll-Back-Übungen. Ich korrigiere es freundlich aber bestimmt, wenn es aus dem Rückwärts vorzeitig wenden will. Ich achte sorgfältig darauf, mit Händen und Schenkeln in der beschriebenen Weise einzuwirken. Je nach Talent wird ein Pferd diese Übung dann mehr oder weniger athletisch ausführen und mit der Zeit ruhig, gelassen und korrekt arbeiten. In der letzten Phase des Trainings für ein perfektes Roll-Back lasse ich die Rückwärtsschritte vor der Wendung weg, achte aber darauf, dass das Pferd zumindest für einen Augenblick im Stop »verharrt«, bevor ich ihm die Hilfen für die Wendung gebe. Mit der Zeit und abhängig vom Tempo und von den Bodenverhältnissen wird das Pferd beginnen, mit den Hinterhufen ein Stück zu rutschen. In diesem Fall ist es besonders wichtig, ihm vor der Wendung etwas Zeit zu geben, seine Balance wieder zu finden und die Beine für die Wendung richtig zu positionieren. Zur Korrektur und um die Dynamik des Manövers zu erhalten, werde ich kontrolliert immer wieder zwischenzeitlich ein Roll-Back mit »Rückwärts-Passage« fordern. Die Vorübungen für das Roll-Back und das Manöver selbst erfordern einen kraftvollen Körpereinsatz des Pferdes. Es muss sich deshalb in einem optimalen Trainingszustand befinden, wenn an diesem Manöver gearbeitet werden soll. Es sollte in jedem Fall an den Hinterhufen beschlagen sein.

## ► Manöver 4: **Full-Stop und Sliding Stop**

► **Worauf kommt es bei diesem Manöver an?** Eines der spektakulärsten Manöver des Westernreitsports ist sicherlich der Sliding-Stop. Er wird in der Reining-Prüfung gefordert. Bei diesem Manöver soll das Pferd aus schnellstem Galopp einen gleitenden Stop mit untergesetzter Hinterhand auf einer geraden Linie ausführen. Es soll dabei beide Hinterbeine gleichmäßig belasten und mit den Vorderbeinen in einer lockeren Trabbewegung die Strecke laufen, welche die Hinterhand gleitend zurücklegt. Es soll das Manöver unverkrampft und in guter Balance ausführen. Die Hilfen des Reiters, mit denen er das Manöver einleitet und begleitet, sollen fein sein, im Idealfall ohne direkte Zäumungseinwirkung. Sliding-Stops über eine Distanz von zehn bis fünfzehn Metern mit entsprechenden »Sliding-Tracks«, den Rutschspuren der Hinterhufe, sind keine Seltenheit.

► **Wie übt man das?** Der Sliding-Stop ist ein sehr spezielles Manöver. Außer in der Reining-Prüfung kommt er nirgendwo vor und ist von keinem praktischen Nutzen. Soll ein Pferd mit diesem Manöver vertraut gemacht werden, so sind einige, wichtige Voraussetzungen notwendig. Das Pferd sollte in einem optimalen Trainingszustand sein. Es muss einen Spezialbeschlag mit so genannten Sliding-Plates haben. Die Form der Eisen, der Hufwinkel und Zehenlänge an Vorder- und Hinterhufen müssen individuell auf das Pferd abgestimmt sein. Ein entsprechend prä-

parierter Hallen- oder Arenaboden mit festem Unterbau und loser Rollschicht muss für das Training zur Verfügung stehen. Reiterin oder Reiter sollten genügen Routine mitbringen und schon auf ausgebildeten Pferden das Gefühl für die Ausführung eines solchen Manövers gewonnen haben.

> ► *Vor allen Dingen sollte das Pferd von seinem Körperbau her die richtigen Voraussetzungen für dieses Spezialmanöver mitbringen.*

**A.** Die einfache Variante des Sliding-Stops bezeichne ich als Full-Stop. Bei dieser Variante lasse ich das Pferd aus ruhigerem Galopp zum Stop kommen. Es rutscht entsprechend nur ein kurzes Stück mit den Hinterhufen. Die Ausführung dieses Manövers stellt für mein Pferd kein sehr großes Problem dar, denn allgemeines Training und die Vorübungen für das Roll-Back haben eine gute Grundlage geschaffen. Ich konzentriere mich jetzt speziell darauf, die lockere Trabbewegung mit den Vorderbeinen während des Stops zu fördern und auf ein gleichmäßiges, gerades Gleiten mit den Hinterbeinen zu achten. Zunächst konzentriere ich mich darauf, das Pferd damit vertraut zu machen, dass es während des gleitenden Stops eigentlich zwei Gangarten gleichzeitig ausführen soll, mit den Vorderbeinen den Trab und hinten den Galopp, der allerdings in einem »eingefrorenen« Galoppsprung endet.

Eines der spektakulärsten Manöver des Westernreitsports ist sicherlich der Sliding-Stop. Die einfache Variante des Sliding-Stops bezeichne ich als Full-Stop. Bei dieser Variante lasse ich das Pferd aus ruhigerem Galopp zum Stop kommen. Es rutscht entsprechend nur ein kurzes Stück mit den Hinterhufen.

> ▸ *Zunächst mache ich mir deshalb bewusst, dass das Pferd in der Schulter locker und beweglich bleiben muss, damit es mit den Vorderbeinen die gewünschte Trabbewegung ausführen kann. Es darf deshalb in keinem Fall durch zu »massive« Gebisseinwirkung irritiert oder gestört werden.*

Das würde sofort zu einer Verkrampfung der gesamten Vorderpartie führen. Damit Ihnen dieser Fehler nicht unterläuft, prüfen Sie, ob Sie einfühlsam, bewusst und kontrolliert mit Ihren Händen einwirken können!

Siehe
Seite 261 ff.

Bisher habe ich meinem Pferd aus sehr ruhigem Galopp das Ankündigungssignal »Whoa« gegeben, in Gedanken »eins, zwei« gezählt und dann mit wechselseitigen Impulsen die Ausführung des Stops eingeleitet und begleitet. Es blieb dabei locker und rutschte vielleicht ein kleines Stückchen mit den Hinterhufen.

**B.** Nun möchte ich ihm die Technik für die Bewegungen seiner Vorderbeine **bewusst** vermitteln. Ich galoppiere es dazu auf dem Zirkel in moderatem Tempo, sage »Trot, Trot!« und wirke mit wechselseitigen Zügelimpulsen darauf ein, es in den Trab wechseln zu lassen. Ich lasse es zwei, drei Pferdelängen traben und gebe dann wie gewohnt das Kommando »Whoa« und die entsprechenden Hilfen für den Stop, an dessen Ende ich stets ein oder zwei Tritte Rückwärts fordere. Im Anschluss an den Stop reite ich einige kleine »Entspannungsvolten« und galoppiere wieder auf dem Zirkel in entgegengesetzter Richtung an. In lockerer Folge wiederhole ich die Übung nun immer wieder. Bald wird das Pferd allein auf das akustische Signal »Trot, Trot« in Trab übergehen.

**C.** Ist diese Reaktion gefestigt, so ist mein Bestreben, darauf einzuwirken, die Trab-Reprise vor dem Stop zu verkürzen. Ich sage wieder »Trot, Trot« und sofort hinterher »Whoa«. Das Pferd wird überrascht sein, aber reflexiv in Trab übergehen und sofort danach die Hinterbeine in einem Galoppsprung untersetzen. Vielleicht verhaspelt es sich ein wenig und das ganze Manöver läuft noch etwas unkoordiniert ab. Das macht aber nichts, wichtig ist dabei nur, das es nicht hektisch wird, sondern eine Idee von dem gewünschten Ablauf bekommt. Ich wiederhole die Abfolge immer wieder und gebe wechselseitige Zügelimpulse zeitgleich mit dem Kommando »Trot, Trot«. Während ich »Whoa« sage, wechsele ich zu einem passiven Kontakt zum Maul oder zur Nase und gebe mit beiden Schenkeln impulsweise Schenkeldruck. Das motiviert das Pferd, die Hinterhand weiter unterzusetzen und auch dort zu halten. Als Resultat dieser Kombination von Einwirkungen und Signalen bleibt es in der **Vorhand locker** und wechselt mit den Vorderbeinen in die Trab-

bewegung, obwohl ich mit der Zäumung Kontakt herstelle. Gleichzeitig setzt es die **Hinterhand** unter und »**arretiert**« sie dort.

Das Pferd hat gelernt, die Muskeln im Bereich von Genick, Hals und Schulter locker zu lassen und gleichzeitig Bauch- und Hinterhandmuskeln anzuspannen. Es hat die anatomische Voraussetzung für einen korrekt ausgeführtes Stop-Manöver erworben.

Natürlich muss man als Reiter über eine gutes Balancegefühl, ein exaktes Timing und eine gute Körperkoordination verfügen, wenn man das Pferd mit seinen Einwirkungen in diesem komplexen Bewegungsablauf nicht behindern und irritieren will, sondern es unterstützen möchte.

**D.** Nachdem das Pferd nun gelernt hat, gleichzeitig vorn in Trab überzugehen und hinten »blockierend« zu gleiten, verbessert es seine Körperkoordination und Balance und das Manöver wird automatisch und ohne Hektik ausgeführt. Nun kann ich es aus höherem Galopptempo einleiten und bei entsprechenden Bodenverhältnissen wird es schon einige Meter gleiten. Dabei kann es geschehen, dass es links oder rechts von der geraden Linie abweicht oder die Hinterbeine wechselweise belastet. Es benötigt einige Zeit der Übung, bis es die Sicherheit entwickelt, gleichmäßig und gerade durch den Stop zu gleiten und das Manöver perfekt auszuführen.

Ich reite mein Pferd in ruhigem, aber aktiven Galopp vorwärts. Nun gebe ich ihm die akustischen und körperlichen Hilfen für den Stop.

Ich achte darauf, dass es in der Schulter locker und beweglich bleibt, damit es mit den Vorderbeinen die gewünschte Trabbewegung ausführen kann. Es darf deshalb in keinem Fall durch zu »massive« Zäumungseinwirkung irritiert oder gestört werden.

Während es mit den Hinterbeinen ein Stück rutscht, begleite ich es mit »angepassten« Einwirkungen von Zäumung und Schenkeln ohne übertriebenen »Körpereinsatz« durch das Manöver.

In der Endphase des rutschenden Stops achte ich darauf, dass es mit den Hinterbeinen unter sich bleibt. Ich wirke entsprechend vor allem mit den Schenkelimpulsen ein.

Als letzte Maßnahme lasse ich es ein bis zwei Tritte rückwärts gehen, achte aber sorgfältig darauf, dass es nicht mehr werden. Vor allem lasse ich keine eigenmächtigen Rückwärtstritte zu.

Aufgrund der Trabreprisen vor dem Stop beginnt das Pferd mit den Vorderbeinen flüssig zu traben, während es hinten rutscht.

Zu Anfang ist es normal, dass es mit dem einen oder anderen Hinterbein kurz abfußt. Es balanciert so sein Gleichgewicht oder Bodenunebenheiten aus. Mit zunehmender Routine wird es den Stop immer besser »halten«, d. h. mit beiden Hinterbeinen gleich beständig den Bodenkontakt halten.

Nach jedem Stop lasse ich das Pferd zur Belohnung entspannen und »verschnaufen«.

## ► Manöver 5: **Turn-Around oder Spins**

**► Worauf kommt es bei diesem Manöver an?** Ebenso wie der Sliding-Stop sind auch die Spins ein »künstliches« Arenamanöver, das nur in der Reining-Prüfung gefordert wird. In einer Reiningprüfung werden je vier Spins zu jeder Seite gefordert. Das Pferd soll sich bei diesem Manöver schnell mit untergesetzter Hinterhand und überkreuzenden Vorderbeinen um die eigene, senkrechte Achse drehen. Dabei soll die Hinterhand im Zentrum der Drehung sein. Das Manöver soll dynamisch, willig, ausbalanciert und schnell ausgeführt werden und Beginn und Ende müssen auf den Punkt genau bestimmt sein.

**► Wie übt man das?** Das Verständnis für die reiterlichen Hilfen, mit denen diese Manöver ausgeführt wird, hat das Pferd schon im bisherigen Training erworben. Es hat auch schon 360 Grad Turn-Arounds im Rahmen der Vorübung für das Neck-Reining ausgeführt. In den folgenden Übungsschritten arbeite ich darauf hin, bis zu sechs Drehungen in korrekter Technik aneinander zu reihen, die Drehungen in höherer Geschwindigkeit auszuführen und auf den Punkt genau zum Stillstand zu kommen.

**A.** Ich beginne damit, es auf kleinen Volten um die Tonnen zu reiten und eine Drehung um die Hinterhand in ihm bekannter Wei-

Siehe Seite 241 ff.

Das Verständnis für die reiterlichen Hilfen, mit denen die Spins ausgeführt werden, hat das Pferd schon im bisherigen Training erworben. Ich arbeite nun daran, bis zu sechs Drehungen zu entwickeln und die Technik zu verfeinern.

se einzuleiten. Ich begnüge mich aber nicht mehr mit Drehungen um 180 oder 360 Grad, sondern ich steigere die Anforderungen auf eineinhalb oder zwei komplette Turn-Arounds. Dabei muss ich ihm mit präzisen und deutlich gegebenen Einwirkungen Hilfestellung leisten. Zum Ende des letzten »Turns« achte ich darauf, dass es nicht langsamer wird oder gar in der Bewegung »einfriert«. Wenn nötig, aktiviere ich es mit energischen Einwirkungen. Ich beschließe das Manöver damit, dass ich das Pferd im Trab aus der Übung schicke und es auf einem kleinen Zirkel in gleicher Richtung reite. Nach einer Runde lasse ich es aus dem Trab halten und leite die »Drehungen« erneut am gleichen Punkt wie zuvor ein. Ich achte bei der Ausführung des Manövers sorgfältig darauf, zentriert zu sitzen, mit Händen und Schenkeln abgestimmte Impulshilfen zu ge-

ben und beim Pferd keine Blockaden auszulösen. Besonders wichtig ist es, dem Pferd auf der Seite mit dem Schenkel Raum zu geben, zu der es drehen soll.

**B.** Ich wiederhole diese Routine immer wieder, bis das Pferd seine Technik verbessert und ohne Schwierigkeiten zwei Turn-Around-Drehungen in Folge ausführt. Ich übe jeweils für ca. fünf Minuten in einer Richtung, bevor ich zur anderen Seite wechsele. Ich achte darauf, dass mein Pferd sich nicht aufregt, verkrampft oder außer Atem kommt. Lieber wechsele ich zu anderen, entspannenden Übungen, bevor ich es überfordere und es die Lust an dem Manöver verliert. Graduell mit wachsender Routine und Perfektion steigere ich die Anzahl der Drehungen und achte dabei auf saubere Technik.

**C.** Erst wenn ein Pferd zu beiden Seiten leicht und flüssig in moderatem Tempo »dreht«, begin-

Anfänglich muss ich mit präzisen und deutlich gegebenen Einwirkungen Hilfestellung leisten.

Ich achte besonders darauf, mit dem inneren Schenkel Raum zu geben und nicht am inneren Zügel zu ziehen.

ne ich damit, es durch entsprechende Schenkeleinwirkungen mit Impulsen und durch aufmunterndes, taktmäßiges Schnalzen zu beschleunigen. Ich leite das Manöver aber stets ruhig und moderat ein, aktiviere das Pferd dann mit den entsprechenden Hilfen beim zweiten und dritten Turn und lasse es in den letzten Drehungen wieder dynamisch etwas langsamer werden. Ich verlasse das Manöver immer mit einem aktiven Trab und kehre auf den Zirkel zurück. Für das Pferd wird das Manöver als solches auf diese Weise nicht klar erkennbar. Es wird abwechselnd auf Kreisen und in Drehungen geritten und verliert auf diese Weise nie seine »Vorwärts-Motorik« oder seinen »Drive«. Hat es gelernt, die Drehungen mit steigendem Tempo korrekt auszuführen, so mache ich es damit vertraut, zum Schluss abrupt und auf den Punkt genau zum Stillstand zu kommen. Ich warte mit diesem Teil des Manövers bewusst so lange, damit es im Aufbautraining nicht etwa auf die Idee kommt, selbstständig die Drehungen zu beenden oder in Erwartung des Endes zäh und träge in den »Turns« zu werden. Um es auf den Punkt genau anzuhalten, muss ich nur den Schenkel, der ihm bei den Drehungen Raum gab und passiv war, in dem Moment aktiv an den Pferdekörper bringen, in dem es zum Stillstand kommen soll. Die Schwierigkeit liegt hier beim Reiter. Er muss im abgestimmten »Timing« den richtigen Moment abpassen, um diese Hilfe zu geben.

Auch in diesem Manöver ist der Grad der Biegung, mit der das Pferd das Manöver ausführt, individuell unterschiedlich. Ich lasse das Pferd anfänglich in ruhigem Tempo, dafür aber mit korrekter Beintechnik arbeiten.

Außenzügel und -schenkel drücken das Pferd nicht durch das Manöver. Mit ihnen gebe ich im Rhythmus der Beinbewegung Impulse. Zusätzlich »schnalze« ich pro Schritt einmal mit der Stimme.

Mit der Dosierung der Zügel- und Schenkeleinwirkungen variiere ich. Ist das Pferd langsam und unpräzise, so wirke ich deutlicher ein, sobald es »sich setzt« und selbstständig den Turn ausführt, werde ich passiv und »schnalze« nur noch mit der Stimme.

Je lockerer und ausbalancierter ein Reiter in diesem Manöver sitzt, umso leichter und dynamischer kann das Pferd es korrekt ausführen.

Es ist sehr wichtig, dass der Reiter das Pferd durch seine Haltung nicht behindert. Ich bleibe zentriert und locker sitzen. Auch bei deutlicher Biegung des Pferdes achte ich darauf, meine Schultern waagerecht zu halten. Dadurch und durch den dicht am Hals zentriert geführten inneren Zügel motiviere ich das Pferd, mit den Schultern aufrecht und damit ausbalanciert zu bleiben.

Kann das Pferd bis zu sechs Turns hintereinander korrekt und leicht ausführen, so halte ich die Zügel immer häufiger nur noch in einer Hand.

## ▶ Manöver 6: **Flying-Lead-Change**

▶ **Worauf kommt es bei diesem Manöver an?** Der fliegende Galoppwechsel wird als Manöver in verschiedenen Westernturnierdisziplinen verlangt, doch auch jedes gut gerittene Freizeitpferd sollte gelernt haben, kontrolliert einen fliegenden Galoppwechsel auszuführen. Ein Westernpferd soll leicht und willig ohne Anzeichen von starker Anspannung den Galopp wechseln. Es soll dabei den Takt der Galoppade nicht verändern, mit Hinterbeinen und Vorderbeinen gleichzeitig wechseln und den Wechsel mit flacher Oberlinie am losen Zügel oder an leichtem Kontakt ausführen. Der Reiter soll in der Lage sein, am vorgegebenen Punkt präzise zu wechseln und in der Western-Riding-Prüfung kann der Wechsel in Abständen bis zu vier Galoppsprüngen gefordert werden. Bei der Reining-Prüfung kommt es vor, dass ein Pferd von einem großen, schnell gerittenen Galoppzirkel mit einem fliegenden Galoppwechsel zu einem kleinen, langsamen Zirkel wechseln muss oder umgekehrt.

▶ **Wie übt man das?** Um fliegende Galoppwechsel in guter, kontrollierter Manier ausführen zu können, muss ein Pferd sehr gut gymnastiziert sein. Es sollte sehr durchlässig den reiterlichen Einwirkungen gegenüber reagieren und der Reiter sollte über ein gutes **Timing**, gute **Balance** und **präzise Körperkoordination** verfügen.

Bevor ich mit einem Pferd die fliegenden Galoppwechsel übe, verwende ich sehr viel Zeit auf dessen Vorbereitung in den **entsprechenden Grundlagen**. Selbst bei einem Pferd, dem die Wechsel leicht fallen, weil es ein Naturtalent ist, widerstehe ich der Versuchung, die Wechsel zu früh zu üben.

Bevor die fliegenden Galoppwechsel als Manöver geübt werden, sollte ein Pferd gelernt haben, sich an leichten Hilfen im Galopp versammeln zu lassen.

Es sollte sich auch auf diagonalen Linien vorwärts-seitwärts galoppieren lassen.

Der fliegende Galoppwechsel wird als Manöver in verschiedenen Westernturnierdisziplinen verlangt. Doch auch jedes gut gerittene Freizeitpferd sollte gelernt haben, ihn kontrolliert und unverkrampft auszuführen.

> *Verknüpft ein Pferd erst einmal mit den fliegenden Galoppwechseln Stress, so ist es sehr schwer, ihm wieder eine unvoreingenommene Einstellung zu den Wechseln zu vermitteln.*

Der bewusst und kontrolliert ausgeführte fliegende Galoppwechsel bedeutet für ein Pferd ein **Koordinations-** und ein **Balanceproblem** zugleich. Manche Ausbilder oder Reiter bringen ihrem Pferd die Wechsel bei, indem sie es per Richtungsänderung von einem Galoppzirkel auf einen anderen wechseln lassen. Die meisten Pferde wechseln dann auch über kurz oder lang, doch viele werden hektisch, verkrampfen sich und galoppieren im Kreuzgalopp weiter oder beginnen zu eilen. Solche Verhaltensweisen sind dann später sehr schwer zu korrigieren. Ich bin auch kein Freund davon, dem Pferd erst systematisch den »Lazy-Change«, den einfachen Galoppwechsel mit drei Trabschritten zwischen dem einen und dem anderen Handgalopp beizubringen. Hat es sich erst daran gewöhnt, wird es immer wieder dazu neigen, diese Variante zu wählen.

Ich bereite ein Pferd durch gymnastizierende Übungen systematisch vor. Es sind vor allem die verschiedenen Seitengänge und Übungen wie das Verschieben der Kruppe, Kontergalopp auf dem Zirkel und Galopptraversalen, mit denen ich einem Pferd helfe, die Voraussetzungen zu erwerben, die nötig sind, damit ihm die Wechsel selbst leicht fallen.

**A.** Der fliegende Galoppwechsel bedeutet prinzipiell nichts anderes, als während des Galopps innerhalb eines Sprunges im anderen Handgalopp anzugaloppieren.

Möchte ich also den Galoppwechsel selbst üben, so kann ich meinem Pferd dadurch helfen, dass ich die ihm aus dem Grundlagentraining bekannten und gewohnten Angaloppier-Übungen aus dem Stand und Schritt wiederhole. So stimme ich es mental und körperlich schon ein wenig für die neue Aufgabe ein. Habe ich das Gefühl, dass die Grundlagen solide erarbeitet sind, so reite ich es in ruhigem, gesetztem Kontergalopp auf einem großen Zirkel. Ich reite es einige Runden in dieser von ihm als »unbequem« empfundenen Übung. Um es im Kontergalopp zu halten, ist es konträr zur Zirkellinie (nach außen) hohl eingestellt. Der innere Zügel (zum Zirkelmittelpunkt) ist in tiefer Position am Hals platziert, der innere Schenkel in hinterer Position mit Kontakt an der Pferdeseite, um die Kruppe zu begrenzen. Die äußere Zügelhand ist hoch positioniert

Gutes »Timing« für die Hilfen ist wichtig, da das Pferd seine gesamte Bewegungsmechanik diagonal während eines einzigen Galoppsprunges komplett umstellen muss.

Siehe Seite 256 ff.

Für die Wechsel auf der Geraden lasse ich mein Pferd zunächst exakt gerade in leichter Versammlung galoppieren, hier im Linksgalopp.

Zur Veranschaulichung der Hilfengebung für den Linksgalopp lasse ich das Pferd nun mit dem linken Hinterbein eine Hufbreite versetzt galoppieren. Man sieht deutlich, dass die Statik von Pferd und Reiter unverändert balanciert und korrekt bleibt. Die Schultern des Reiters sind waagerecht, er sitzt zentriert, der äußere Schenkel liegt etwas zurück, der innere etwas weiter vorn. Die Schultern des Pferdes sind aufrecht, es ist links gestellt.

Nun stelle ich meine Hilfen um: Die Statik bleibt erhalten, die Schultern waagerecht. Die neue innere Hand ist etwas höher genommen, die äußere etwas tiefer. Das neue innere (rechte) Reiterbein gibt Raum, der äußere Schenkel liegt zurückgenommen. Das Pferd formt sich zwischen den Hilfen neu, es ist rechts gestellt. Die Kruppe ist eine Hufbreite rechts versetzt positioniert. Es ist korrekt für den Rechtsgalopp eingestellt. Es wird nicht behindert und wechselt in einem Sprung die Beinmechanik.

Es hat gewechselt, ist locker und entspannt und gerade. Die linke Reiterhand ist noch etwas höher, der linke Schenkel liegt schon wieder in Normalposition, die Kruppe des Pferdes ist wieder in Linie mit der Vorhand.

Der Reiter positioniert sich erneut um, das Pferd ist bereit für den nächsten Wechsel.

Der Wechsel nach links ist vollzogen, Pferd und Reiter sind immer noch ausbalanciert und gerade.

und der Zügel liegt am Hals an, der äußere Schenkel gibt passiv Raum. Ich »biete« dem Pferd nun an, in den der Zirkelbiegung entsprechenden Handgalopp zu wechseln und stelle deshalb meine Hilfen entsprechend um. Das geschieht während eines Galoppsprunges in allen Positionen. Ich achte darauf, mich dabei nicht aus der Balance zu begeben, steif zu machen oder gar zur Seite zu lehnen. Das Pferd wird auf die veränderten Kontaktpunkte gern reagieren und umspringen. Vielleicht braucht es etwas Zeit, um zu reagieren! Möglicherweise springt es in Kreuzgalopp oder wechselt hinten verspätet nach. Ich bewerte das zu diesem Zeitpunkt nicht negativ.

Ich versuche auch nicht, »den Fehler zu korrigieren«, sondern ich »forme es mit den Hilfen« jetzt in seiner Längsbiegung so, dass es der Zirkellinie entspricht. Für den Fall, dass es in Kreuzgalopp sprang und nicht nachwechselte, lasse ich es zum Schritt kommen, gebe ruhig die Hilfen zum Angaloppieren im Kontergalopp und versuche es am gleichen Ort nach einigen Runden noch einmal. Es ist wichtig, diese ersten Versuche für das Pferd stressfrei zu halten! Ich gehe auf kleine Fehler des Pferdes noch nicht ein. War die Vorarbeit solide, wird der gesprungene, fliegende Wechsel sich bald sauber einstellen. Zu einer Seite wird es dem Pferd sicherlich leichter fallen als

In diesem Bild habe ich die reiterlichen Einwirkungen noch einmal zum besseren Verständnis sehr deutlich dargestellt: Der linke Schenkel ist in hinterer Position am Pferd, die linke Hand tief. Der rechte Schenkel gibt deutlich Raum, die rechte Hand ist etwas höher positioniert. Statik von Reiter und Pferd stimmen, das Gewicht des Reiters konzentriert sich auf der linken Seite senkrecht über dem linken Bügel, die rechte Pferdeseite ist frei. Das Pferd wird für den fliegenden Wechsel von Linksgalopp nach Rechtsgalopp nicht behindert. Das Timing stimmt.

zur anderen, und immer wieder kann es sein, dass es nicht sauber vorn und hinten gleichzeitig wechselt. Das ist ganz normal. Mit zunehmender Wiederholung über einen längeren Zeitraum wird es immer sicherer werden und auf die Hilfen des Reiters warten.

**B.** Nun wird es geschehen, dass es hin und wieder in den Handgalopp wechselt, ohne dass ich die Hilfen gegeben habe. **Es nimmt den Wechsel vorweg.** Ich bleibe mit meinen Hilfen dann aber in der alten Position (Konterstellung) und wirke speziell mit dem Schenkel **energisch** ein. Möglicherweise springt es wieder in den Kontergalopp zurück. Wenn nicht, halte ich es in der Konterbiegung, lasse es zum Schritt übergehen und galoppiere erneut im Kontergalopp an. Ich nutze die Situation, um ihm deutlich zu machen, dass es in jedem Fall für den Wechsel auf meine Hilfen **warten muss.**

Klappen die Übungen auf dem Zirkel schon recht zuverlässig, reite ich Galopptraversalen durch die Diagonale der Reitbahn, lasse es bis in die Ecke im Kontergalopp gehen und erst in der Ecke erlaube

ich ihm durch Umstellen meiner Hilfen, in den Handgalopp zu wechseln.

Um es weiter zu festigen, lasse ich es dann auf gerader Linie wechseln und arbeite daran, exakt an einem vorgegebenen Punkt einen Galoppwechsel auszuführen. Stete, ruhige Übung festigt das Pferd in seinen Fähigkeiten, und bald wird es mit großer Gelassenheit an feinen Hilfen den fliegenden Galoppwechsel überall ausführen.

▸ *Ein Western-Pferd wird traditionell in beihändiger Zügelführung entweder in der Wassertrense (Snaffle-Bit) oder in der klassischen Hackamore (Bosal und Mecate) ausgebildet. Auf Turnieren wird es bis zum fünften Lebensjahr, bei der NRHA bis zum dritten Lebensjahr, in diesen Zäumungen vorgestellt. Erst nach abgeschlossener Ausbildung wird es graduell daran gewöhnt, die Aufgaben in der einhändigen Zügelführung und mit einer Western-Stange (Curb-Bit) auszuführen. Mit entsprechendem Alter muss es dann auch so auf Turnieren in den Senior-Klassen vorgestellt werden.*

Auf dem Trail-Platz

# Auf dem Trail-Platz

▶ **Trail-Aufgaben erfordern Teamwork**

Manche Pferde werden lustlos und träge, wenn man mit ihnen nur in einer Reithalle oder auf dem Reitplatz an »abstrakten« Bahnfiguren und Übungen arbeitet. Ich lege deshalb im Verlauf der Ausbildung Wert darauf, ihnen Abwechslung zu bieten. Der Wechsel vom Reitplatz zum Trailplatz bietet sich dazu an. Zum einen ist allein der Wechsel der Örtlichkeiten für ein Pferd schon eine »Abwechslung«, zum zweiten bietet der Rasenplatz mit den verschiedenen Hindernissen, Büschen usw. eine abwechslungsreiche Optik. Wenn kein solch optimal gestalteter Trailplatz zur Verfügung steht, kann es schon hilfreich sein, auf dem gewohnten Reitplatz einige Trail-Hindernisse zu platzieren, an denen man dann in wechselnder Reihenfolge arbeitet. Es hat sich auch bewährt, zwischen den Übungen auf Bahnfiguren sozusagen zur »mentalen Entspannung« mit dem Pferd in aller Ruhe eine Trail-Aufgabe zu durcharbeiten. Trail-Aufgaben haben den Charakter eines »Labyrinthes«. Sie fordern von Pferd und Reiter eine konzentrierte und bewusste Wahrnehmung der Situation.

Das Pferd erkennt einen Sinn darin, sich vom Reiter mittels Hilfen durch die Trail-Aufgabe leiten zu lassen.

Der Reiter wird angehalten, präzise und situationsabhängig, mit Gefühl also, seine Einwirkungen zu platzieren. Unter turnierorientierten Westernreitern hat die Trail-Prüfung den Ruf, »langweilig« und ohne »Action« zu sein. »Reining« heißt die Wunschdisziplin selbst jener Reiter, die noch mit

Im Verlauf der Ausbildung möchte ich jedem Pferd immer wieder Abwechslung zur etwas eintönigen Arbeit auf dem Reitplatz bieten. Der Trail-Platz ist dafür ideal geeignet. Er bietet dem Pferd neue Eindrücke und für viele Bewegungsabläufe hat es jetzt an den Hindernissen einen praktischen Grund.

Auch für einen Reiter bietet die Arbeit an Trailhindernissen eine willkommene Abwechslung. Nun kann er überprüfen, ob sein Pferd wirklich jeden Schritt kontrolliert aufführen kann.

An Trailhindernissen wächst das Verständnis und das Gefühl für Ursache und Wirkung von reiterlicher Haltung, Einwirkung und deren Auswirkungen.

Basisproblemen zu kämpfen haben. Ich bedauere es persönlich sehr, dass die Trailarbeit ein solches Image genießt.

> *Die Beschäftigung mit Trail-Aufgaben ist wie kein anderer Bereich im Spektrum der gesamten reiterlichen Tätigkeiten geeignet, das Verständnis und das Gefühl für Ursache und Wirkung von reiterlicher Haltung Einwirkung zu entwickeln. Die Auswirkungen reiterlichen Verhaltens auf das Bewegungsverhalten eines Pferdes wird in Trailaufgaben ganz konkret verdeutlicht.*

Wenn ich mit einem Pferd beginne, an Trail-Hindernissen zu arbeiten, so beachte ich die folgenden, wichtigen Grundsätze.

1. Ich achte darauf, meine Haltung, meine Einwirkungen und die Bedeutung der Hilfen nicht zu ändern, wenn ich mein Pferd durch Trail-Aufgaben leite.
2. Es kommt mir zu Anfang nicht darauf an, eine Aufgabe »fehlerfrei« auszuführen. Ich versuche nur, mein Pferd mittels meiner Einwirkungen auf der Ideallinie zu reiten, in optimaler Haltung oder Position an eine Aufgabe zu führen und ruhig, das heißt Schritt für Schritt, arbeiten zu lassen.
3. Will ein Pferd selbstständig Linienführung, Tempo, Position

oder Reihenfolge bestimmen, so lasse ich das nicht geschehen. Vielmehr variiere ich häufig die Abfolge der Hindernis-Bewältigung. Ich lasse es immer wieder pausieren. So lernt es, für jeden Schritt auf meine Signale zu warten.

4. Bei Objekten, vor denen ein Pferd Angst zeigt, wende ich keinen Zwang an. Wenn möglich, verändere ich die Bedingungen und reduziere die vom Objekt ausgehenden Reize, bis sich das Pferd mit moderater innerer Anspannung durch die Aufgabe leiten lässt.

5. Ich vermeide zu Beginn der Arbeit an Trail-Aufgaben solche Situationen, in denen ein Pferd Probleme bekommen kann und das Vertrauen verlieren könnte. Zu Anfang wähle ich einfache, unkomplizierte und stressreduzierte Aufgaben. Erst später, wenn die Teamarbeit grundsätzlich schon zu einer gestärkten Vertrauensbasis geführt hat, begebe ich mich an die »heikleren« Aufgaben.

6. Zu Beginn stehen Zäumung und Schenkelhilfen im Vordergrund der Verständigung, mit der Zeit strebe ich aber an, den Schwerpunkt der Kommunikation auf die fein abgestimmten Sitzeinwirkungen zu verlagern.

7. Ich kultiviere auch Linienführung und Gangarten zwischen den Hindernissen und das effektive »Heranreiten« an ein Hinderniss.

Als Resultat des allgemeinen bisherigen Trainings ist das Pferd gut gymnastiziert. Es ist fein an den Hilfen und hat keine Probleme mit Übungen wie Wendungen um Vorhand und Hinterhand, mit schenkelweichenden Übungen, mit den Seitengängen und ruhigem, taktmäßigem Gehen im Schritt, Jog und Lope.

Alle Voraussetzungen sind also vorhanden, um es kontrolliert mit den Trail-Aufgaben vertraut zu machen.

Aus der Vielfalt der Möglichkeiten, die eine schwierige Trail-Prüfung bieten kann, habe ich nur einige Standardhindernisse ausgewählt, um die Grundlagen der Trail-Arbeit zu legen. Diejenigen Reiterinnen und Reiter unter Ihnen, die Spaß an der Sache bekommen und sich umfassender damit befassen wollen, sollten sich dazu speziellere Informationen und Anleitung holen, um die eigenen Fähigkeiten und die ihrer Pferde zu perfektionieren.

▶ **Aufgabe 1:** ## Das Tor

▶ **Worauf kommt es bei diesem Hindernis an?** Eines der bekanntesten Hindernisse in einem Trail-Parcours ist das Tor. Es ist aus dem Alltag des Cowboys abgeleitet, der bei seiner Arbeit an den Herden stets Tore zu durchreiten hatte. Man soll ein Tor so durchreiten, dass der Eindruck entsteht, der Reiter kann das Pferd problemlos in die jeweilige Position dirigieren, die notwendig ist, um ein Tor ohne Schwierigkeiten zu öffnen, sich hindurch zu bewegen, ohne die Kontrolle über den Torflügel zu verlieren und es zu schließen. Dabei muss das Pferd immer so positioniert sein, dass ein Rind, welches durchs Tor entwischen möchte, sich am Pferd nicht vorbeiquetschen oder durchschlüpfen könnte. Das Pferd soll stets so positioniert sein, dass der Reiter den Verschlussmechanismus und den Torflügel bedienen kann, ohne sich aus dem Sattel lehnen zu müssen.

Auch darf es nicht in das Tor oder eventuell vorhandenes Grünzeug beißen. In Turnierprüfungen ist vorgeschrieben, von welcher Seite und mit welcher Hand – diese darf dann nicht gewechselt werden – ein Tor bedient werden

Man sollte so an das Tor heranreiten, dass der Verschluss-Mechanismus einfach zu bedienen ist, ohne das der Reiter sich weit aus dem Sattel lehnen muss.

Am Tor soll ein Pferd immer so positioniert sein, dass ein Rind, welches durchs Tor entwischen möchte, sich am Pferd nicht vorbei quetschen oder durchschlüpfen könnte.

> *Es darf keine Situation entstehen, bei der das Pferd mit Ausrüstung oder Zäumung am Tor hängen bleiben könnte.*

muss. Daraus ergibt sich, ob es rückwärts oder vorwärts durchritten wird und ob es zum Reiter hin oder von ihm fort bewegt wird.

▶ **Wie übt man das?** Da es verschiedene Möglichkeiten gibt, ein Tor zu durchreiten, sollte man nach und nach alle Varianten üben. Ich teile die Arbeit am Tor in verschiedene Phasen ein, die ich separat übe und erst später beliebig zusammenfüge. So wirke ich der Tendenz entgegen, dass das Pferd nach einigen Übungen selbstständig die

Initiative ergreift und den Ablauf eilig ausführen will oder die Art und Weise, wie es gemacht werden soll, bestimmen will.

**A.** Ich beginne damit, es an das Tor in eine gute Ausgangsposition heran zu reiten.

Dies hört sich einfacher an, als es häufig ist. Manche Pferde haben zunächst eine Scheu davor, so dicht an Zaun oder Tor heran zu treten und dort ruhig stehen zu bleiben. Mit ruhig und präzise gegebenen Einwirkungen lasse ich das Pferd zum Tor hin so dicht seitwärts treten, bis es die Konstruktion mit Kruppe oder Buggelenk berührt und die Berührung akzeptiert. Gelingt das nicht gleich

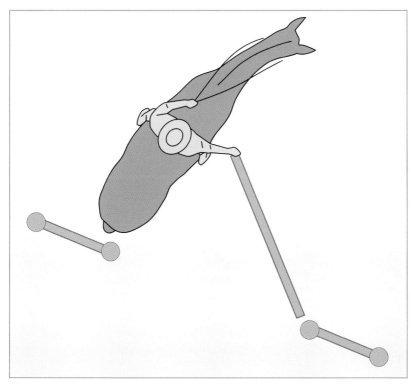

Das Pferd soll stets am Tor so positioniert sein, dass keine Lücke bleibt, durch die z. B. ein Rind schlüpfen könnte. Auch soll der Reiter nie die Kontrolle über den Torflügel verlieren oder sich deutlich aus dem Sattel lehnen müssen.

oben: In dieser Position ist es sehr schwierig, die Kontrolle über das Tor zu halten und dem Pferd dabei präzise Hilfen zu geben. Der Drehpunkt um den Torflügel ist etwa in der Position des Reiterbeines.

links: Der Torflügel sollte stets mit einer Hand bewegt werden. Im Training gebe ich den Kontakt nach Bedarf auf. In einer Turnierprüfung darf die Kontrolle über den Torflügel nicht unterbrochen sein.

zu Anfang, so übe ich keinen Zwang aus, sondern galoppiere einige Runden um das Tor, halte in seiner Nähe an und lasse das Pferd erneut seitwärts herantreten. Auch skeptische Pferde erkennen bald, dass sie am Tor eine Pause erwartet, dieser Bereich wird zur Komfortzone und über kurz oder lang wird sich die Akzeptanz auch für eine Berührung des Tores einstellen. Ich reite aus unterschiedlichen Richtungen heran, lege auch mal ein Stück Plastikfolie oder Ähnliches über das Tor und übe an unterschiedlichen Toren (in meinen Reitbahnen sind stets mehrere Tore). So lernt ein Pferd, sich jederzeit an jedes Tor reiten zu lassen.

**B.** Im zweiten Lernschritt betätige ich den Verschlussmechanismus und bewege den Torflügel.

Manche Tore haben Verschlüsse, deren Bedienung etwas Körpereinsatz erfordert. Es kann sein, dass der Reiter tief herab greifen muss oder dass der Verschluss schwergängig ist. Das bedeutet dann, dass sich Sitzposition oder Druckeinwirkung auf den Sattel etwas ändern. Das Pferd muss nun lernen, ruhig stehen zu bleiben, wenn der Reiter sich im Sattel bewegt. Jedes Mal, wenn es seinen Standort verlässt, dirigiere ich es wieder zurück. Bei sensiblen Pferden muss man diesem Teil der Aufgabe sicherlich etwas mehr Zeit widmen und zu Anfang die Bewegungen behutsamer gestalten. Im zweiten Teil dieser Übungssequenz schiebe ich den Torflügel mit einem Schwung von mir fort. Das wird die meisten Pferde kaum irritieren. Bewegt sich der Torflügel aber wieder in seine Ausgangsposition zurück, also zum Pferdekörper hin und

Anfänglich mögen Pferde nicht in Richtung Torflügel seitwärts gehen, hier kommt es auf eindeutige Hilfengebung an.

Ist das Tor geschlossen, so warte ich noch einen Augenblick, bevor ich das Pferd abwende.

schlägt gar dort ein wenig an, so möchten viele Pferde reflexiv ausweichen. Ich improvisiere mit einem Band das Zurückholen des Torflügels, wenn es nicht automatisch in seine Ausgangsposition zurückkommt. Mit etwas Geduld und nach einigen Wiederholungen sollten auch sensiblere Pferde diesen Vorgang gelassen hinnehmen. Ist das der Fall, so bewege ich den Torflügel zum Pferd hin. Das geht nur bis zu einem gewissen Punkt, dann ist das Pferd im Weg. Ich fordere es mittels meiner Hilfen auf, seitwärts vom Torflügel wegzutreten und nehme diesen in der Seitwärts-Bewegung mit. Manche Pferde fühlen sich »verfolgt« und hasten zur Seite. Ich lasse den Torflügel in einem solchen Fall los, fordere das Pferd auf, still zu stehen und zu verharren. Danach beginne ich den Vorgang aus der Ausgangssituation noch einmal. Auch hier wird sich durch ruhige Wiederholung beim Pferd Gelassenheit und Akzeptanz einstellen.

C. Im dritten Lernschritt durchreite ich das Tor und schließe den Torflügel, der ja mit seinem beweglichen Ende einen Halbkreis beschreibt. Dabei achte ich noch nicht darauf, ob eine Lücke zwischen Pferd und Torpfosten entsteht.

Jedoch ist es mir wichtig, das Pferd zwischen Zäumungs- und Schenkeleinwirkungen so zu leiten, dass sich das Ende des Torflügels stets auf der Höhe meines Beines befindet. Nur so kann sich das Pferd mit einer Drehung um die Mittelachse stets in der optimalen Position bewegen. Nach einiger Zeit des Übens gelingt es, diese Position zu halten, sowohl bei der vorwärts wie bei der rückwärts gerittenen Variante. Erst jetzt achte ich darauf, den Abstand zwischen Hinterhand und Torpfosten so gering wie möglich zu gestalten. Habe ich den Torflügel wieder in der Ausgangsposition, so schließe ich nicht jedes Mal das Tor und reite weg, sondern variiere auch hier die Abfolge, bis das Pferd keine Anstalten mehr macht, selbstständig den nächsten Schritt zu tun.

► **Aufgabe 2:**  ## Die Brücke

► **Worauf kommt es bei diesem Hindernis an?** Ein weiteres »Bauwerk«, das als Hindernis in einer Trail-Prüfung oft vorkommt, ist die Brücke. Sie gehört aber nicht zu den Pflichthindernissen. Die Brücke kann in unterschiedlicher Ausführung vorkommen. Mit und ohne Geländer, flach zu ebener Erde oder leicht erhöht und auch horizontal erhöht mit Schrägen an beiden Enden. Hin und wieder sieht man auch zu Wippen umgebaute Brükken, die aber sind im Turnierreglement nicht erlaubt.

Das Pferd soll ohne Zögern auf die Brücke zugehen, es soll den Kopf rechtzeitig absenken, die Brücke in Augenschein nehmen, sie ruhig und ohne Spannung oder Zögern betreten, über die Mitte gehen und mit tiefem Kopf auf der anderen Seite wieder herunter gehen.

► **Wie übt man das?** Auch die Arbeit an diesem Hindernis unterteile ich in einzelne Lernschritte.

A. Im ersten Lernschritt konzentriere ich mich auf den wichtigsten Part, dem Pferd die natürliche Furcht oder Skepsis zu nehmen, auf solch fremdartige und »unsicher« erscheinende »Bodenverhältnisse« zu treten. Ist die Grundlagenarbeit des vorgeschalteten Trainings korrekt gewesen, so hat das Pferd das Vertrauen in den Reiter und die Erfahrung, solch ein Hindernis vom Reiter angeleitet zu be-

Möchte ein Pferd nicht der Länge nach über diese Plattform gehen, so leite ich es von der Querseite darüber.

treten. Es hat dann auch schon gelernt, den Kopf zu senken, um sich
eine Bodensituation aus der Nähe
zu betrachten. Sollte es dieses Verhalten nicht genügend kultiviert haben, so kann man sein Interesse
für die »Nahbetrachtung« wecken,
indem man zeitweilig ein Stück
Mohrrübe oder Ähnliches auf dem
Rand einer Brücke, einer Folie oder
ähnlichen Hindernissen platziert.
Das Pferd sollte kein Gebiss im
Maul tragen und dieser kleine Trick
sollte an der Hand geübt werden
und nicht vom Sattel aus. Zeigt das
Pferd die Tendenz, »hinzuschau-
en«, so ist es Zeit, fortzufahren. Ich
beginne, wenn möglich, mit einer
einfachen, flach und ohne Erhö-
hung am Boden liegenden Holz-
plattform. Möchte ein Pferd nicht
der Länge nach über diese Plattform gehen, so reite ich es von der
Querseite darüber. Wird es hastig
oder springt es gar, so halte ich
nach einigen Pferdelängen an, wende es und reite auf der gleichen Linie wieder zurück. Diese Prozedur
wiederhole ich solange, bis es sich
auf der Plattform anhalten lässt
und mindestens mit einem oder
zwei Hufen darauf stehen bleibt.
Danach überqueren wir die Brücke
der Länge nach. Dabei kann es vorkommen, dass ein Pferd seitlich daneben tritt. Damit das gar nicht erst
passiert, habe ich daran gearbeitet,
das Pferd rechtzeitig darauf »einzustellen«, auf einer geraden Ideallinie zu bleiben, die über die Mitte
der Brücke führt. Ich folge dabei
einer gedachten Linie, die ca. fünf
Meter vor der Brücke beginnt und
etwa fünf Meter dahinter endet.
Es ist zu Anfang hilfreich, sich

Ich folge einer ge-
dachten Linie, die ca.
fünf Meter vor der
Brücke beginnt und
etwa fünf Meter da-
hinter endet. Zwei
Marker dienen als
Orientierungshilfe.

zwei Marker aufzustellen, zwischen
denen die gedachte Ideallinie ver-
läuft. Sobald das Pferd begreift,
dass es dieser Ideallinie zu folgen
hat, wird es leicht über die Mitte
der Brücke zu leiten sein. Sollte es

Aus ersten Haltepau-
sen auf der Brücke
entwickle ich einzel-
ne Schritte rückwärts
und dann wieder
vorwärts.

dabei zu Anfang mal daneben treten, so ist das nicht von Bedeutung.
Ich wiederhole das flüssige Überqueren der Brücke mit Hilfen, die
das Pferd immer wieder animieren,
die Ideallinie – die Mitte also – zu
suchen und zu halten. Erst wenn
das gelingt, wende ich mich dem
nächsten Schritt zu.

**B.** Im zweiten Lernschritt lehre
ich das Pferd, nicht nur die Brücke
zu überqueren, sondern jederzeit
anzuhalten und eventuell auch
wieder Schritte rückwärts zu tun.
Stets leite ich es dabei an, auf der
Mittellinie zu bleiben und diese
nicht zu verlassen.

Aus ersten Haltepausen auf
der Brücke entwickle ich einzelne
Schritte rückwärts und dann wieder vorwärts, bis ich das Pferd jederzeit auf dem Weg zur Brücke,
auf der Brücke und von der Brücke
herunter anhalten und rückwärts
richten kann, stets exakt auf der
Ideallinie bleibend.

**C.** Gelingt das reibungslos, so
ist es an der Zeit für den dritten
Lernschritt. In dieser Phase ver-
mittle ich dem Pferd, mit gleicher
Routine Brücken mit »erhöhtem
Stressfaktor« zu überqueren. Ich
beginne damit, auf die Übungsbrücke etwas Plastikfolie zu legen
oder davor, darauf oder dahinter
eine Stange zu platzieren. Erhöhte
Brücken, tiefer gelegte, solche mit
Geländer und möglicherweise einem Dach können folgen.

Stets achte ich darauf, den wichtigen Prinzipien genügend Bedeutung beizumessen: »Gerade auf
der Ideallinie, mit tiefem Kopf,
Schritt für Schritt, jederzeit kontrollierbar und bereit, anzuhalten
oder rückwärts zu treten.«

Ich lege auch Plastik
oder Ähnliches auf
die Übungsbrücke.

Das Pferd soll ohne Zögern die Brücke betreten, über die Mitte gehen und mit tiefem Kopf das Hindernis verlassen.

▶ **Aufgabe 3:**    **Walk-Over**

▶ **Worauf kommt es bei diesen Hindernissen an?** Auch diese Hindernisvariante gehört zum Komplex der in Trail-Prüfungen vorgeschriebenen Aufgaben. Man kann sie in Walk-Over, Trot-Over und Lope-Over unterteilen. Bezüglich Abmessungen, Distanzen, Materialbeschaffenheit und Höhen der Hindernisstangen geben die Regelbücher der jeweiligen Verbände präzise Auskunft. Im Training kommt es vor allem darauf an, zunächst für die jeweilige Gangart die Abmessungen zu wählen, die der Schrittlänge Ihres Pferdes entsprechen. In der Prüfung legt der Richter im Rahmen der Regelbuchbestimmungen die Anordnung, Höhe und Abmessungen der Stangen fest. Ein Pferd soll ohne Hast oder Verzögerung mit tiefer Nase aufmerksam die Stangen durchschreiten und dabei weder einen Zwischenraum auslassen noch eine Stange berühren oder gar darauf treten oder sie wegstossen. Es soll dabei einer Ideallinie folgen. Das Taxiervermögen des Pferdes und die Bereitschaft, sich willig an leichten Hilfen durch die Hindernisse leiten zu lassen, müssen gut entwickelt sein, damit diese Aufgabenstellung erfüllt werden kann.

▶ **Wie übt man das?** Wiederum unterteile ich mein Training in verschiedene Phasen.

A. Ich beginne das Training stets nur mit Walk-Overs, also mit Stangen, die im Schritt durcharbeitet werden. Zunächst möchte ich das Interesse des Pferdes wecken, wirklich hinzuschauen und die am Boden liegenden Stangen zu taxieren.

Sensible und empfindsame Pferde haben die Tendenz, möglichst nicht anzustoßen oder auf die Stangen zu treten. Es fehlt ihnen aber oft an der inneren Ruhe und Gelassenheit, und so versuchen sie, über den Bereich zu springen, in dem die Stangen liegen. Auch neigen sie dazu, hektisch zu werden, wenn sie anstoßen, während sie die am Boden liegenden Stangen überschreiten. Etwas weniger empfindsame, phlegmatische Pferde neigen mehr dazu, die Stangen zu ignorieren, ihnen keine Aufmerksamkeit entgegen zu bringen und darauf zu treten oder anzustoßen, ohne dem weitere Bedeutung beizumessen. In der ersten Phase habe ich für diese beiden Pferdetypen unterschiedliche Methoden, sie an die Aufgabe zu führen. Die sensiblen Pferde sollen die Furcht verlieren. Deshalb arbeite ich mit runden, etwas schwereren Stangen. Stößt ein Pferd an, so verändern diese ihre Lage nicht. Sie sind deshalb leichter zu taxieren. Auch können sie dem Pferd nicht gegen die Beine stoßen und es gibt keine Kanten, die punktuellen Druck auf die Pferdebeine ausüben können. Zu Beginn lege ich nur zwei oder drei Stangen aus, damit das Pferd mit wenigen Tritten das Hindernis durchschreiten kann und so sein »Erfolgserlebnis« hat. Auch lasse ich es immer wieder kurz anhalten und verharren. So lernt es, dass es seine Hufe zwischen den als be-

Ich übe an den Bodenstangen zunächst im Schritt, also an den Walk-Over-Hindernissen. Zunächst muss das Pferd lernen, die Stangen mit tiefem Kopf genau zu taxieren.

Es soll die Vorderhufe möglichst deutlich beim Überschreiten der Stange heben.

Ebenso soll es die Hinterhufe hoch genug nehmen.

drohlich empfundenen Stangen stehen lassen kann, ohne dass ihm etwas Unangenehmes geschieht. Ist dieses erste **Grundvertrauen** zu Stande gekommen, so lege ich mehr Stangen dazu, achte dabei besonders sorgfältig darauf, die Abmessungen so zu wählen, dass sie der natürlichen Schrittlänge des Pferdes entsprechen. So wächst mit der Zeit das Selbstvertrauen, die Koordinationsfähigkeit und das **Taxiervermögen** des Pferdes.

Habe ich ein ignorantes Pferd mit der Aufgabe vertraut zu machen, so gehe ich etwas anders vor. Ich wähle eine Hindernisvariante aus Bahnschwellen. Die Abstände bemesse ich etwas kürzer als es der natürlichen Schrittlänge entsprechen würde. Dadurch wird das Pferd das eine oder andere Mal mit der Zehe anstoßen. Auch lege ich gleich eine Serie von vier, fünf oder mehr Schwellen aus. Als Variante dazu habe ich dann eine Anordnung von Schwellen mit etwas unterschiedlichen Abständen und Rundhölzer, die abwechselnd links oder rechts etwas höher gelegt sind. Diese verschiedenen Anordnungen, die Massivität der Hindernisstangen und die viereckige Form der Schwellen macht es selbst für das robuste und ignorante Pferd sehr unangenehm, immer wieder anzustoßen. Ich reite dann durch diese Kombinationen drei-, viermal oder sogar häufiger hin und her, bis ich das Interesse und Bemühen des Pferdes erkennen kann, hinzuschauen, zu taxieren und die Beine zu heben. Es soll nicht gleich fehlerfrei hindurch gehen, aber es soll sich bemühen, nicht mehr so oft anzustoßen.

Als Alternative zur Arbeit unter dem Reiter speziell auch an den Trot-Overs (den Trab-Stangen) und den Lope-Overs (den Galopp-Stangen) bietet sich die Arbeit an der Longe an. Auf dem Longierrund lege ich in entsprechenden Abständen Stangen und später erhöhte Cavaletti-Stangen aus. Diese Arbeit, zunächst nur am Halfter, später mit der dem Pferd vertrauten Zäumung ausgestattet (die Longe aber am Halfter oder Cavesson am Nasenteil befestigt), ist eine optimale Ergänzung zur Förderung der Koordinationsfähigkeit und des Taxiervermögens. Sie hat den Vorteil, dass das Pferd sich voll konzentrieren kann.

Bei der Longenarbeit kann es nicht durch vom Reiter ausgehende Irritationen in der Balance oder im Bewegungsfluss gestört werden und gewinnt das nötige Selbstvertrauen sehr viel leichter.

Bald werden die Arbeit an den Walk-Over-Kombinationen unter dem Reiter und die Trot- und Lope-Over-Übungen auf dem großen Zirkel an der Longe gute Fortschritte erkennen lassen. Es tritt schon relativ sicher in die Zwischenräume zwischen den Stangen und streift sie kaum noch mit den Hufen.

**B.** Nun ist es an der Zeit, den Schwierigkeitsgrad zu steigern. Dazu lege ich schwere Rundstangen fächerförmig in einem Halbkreis aus. Dort, wo sich die Stangen im Zentrum des Halbkreises treffen, verkürzen sich die Abstände zwischen den Stangen, außen werden sie entsprechend sehr viel größer. Ich lege die Kombination so aus, dass die Abstände auf der gebogenen Ideallinie in der Mitte der Stangen den optimalen Schritt-Abstand haben. Nun leite ich das Pferd zwischen Zäumungs- und Schenkelhilfen auf der gebogenen Linie durch die Stangen. Zwar haben wir im allgemeinen Training zuvor auf kleinen Volten das Reiten in Biegung auf gebogenen Linien schon intensiv geübt, doch diese Situation ist für Pferd und Reiter etwas ganz anderes. Die Schwierigkeit für das Pferd besteht darin, sich sowohl auf den Reiter und seine Kontaktimpulse zu konzentrieren und sich zwischen den Hilfen formen und leiten zu lassen.

Gleichzeitig soll es darauf achten, die Ideallinie und die Abstände zwischen den Stange zu finden, ohne die mit den Hufen zu berühren. Sollte es an einer Stange anstoßen oder die Linie verlassen oder gar beides, so bleibe ich ruhig, lasse es weitergehen und reite die Stangenformation noch einmal an. Nur durch ruhige Wiederholung kann das Pferd seine Fähigkeiten entwickeln, diese schwierige Aufgabe immer besser zu bewältigen.

Sollte Ihr Pferd nervös werden, hektisch reagieren oder sich an den Hilfen steif machen, so lassen Sie es kurz Pause machen und beginnen von neuem. Haben Sie das Gefühl, es klappt gar nichts mehr, so verlassen Sie das Trail-Hindernis, lassen Ihr Pferd einige Runden auf dem Zirkel im ruhigen Lope am losen Zügel gehen und versuchen es dann noch einmal.

C. Hat das Pferd nach etlichen Lektionen in diesem Teil des Trainings Fortschritte gemacht, so kann man einmal mehr den Schwierigkeitsgrad steigern. Dazu lege ich Stangen abwechselnd etwas höher, andere wieder auf den Boden und später abwechselnd eine Seite höher und die andere auf den Boden. Je nach Talent, Sensibilität und Geschick werden Pferde ganz unterschiedliche Fortschritte machen und Sie werden bald ein Gefühl dafür entwickeln, ob Ihr Pferd ein echtes Trail-Pferd mit Talent für den Turniereinsatz ist oder ob es »nur durchschnittlich« begabt ist.

Um die Aufmerksamkeit eines Pferdes zu steigern, wähle ich Stangen mit unterschiedlichen Konturen und in unterschiedlicher Höhe. Die Abstände müssen aber stets sorgfältig abgestimmt sein.

> Erhalten Sie sich das Gefühl für die kleinen Fortschritte Ihres Pferdes, den guten Willen und die Bereitschaft, sich willig an den Hilfen führen zu lassen. Zeigen Sie ihm, dass Sie zufrieden mit ihm sind und vermeiden Sie in jedem Falle grundsätzliche Auseinandersetzungen im Bereich von Trail-Hindernissen. Das gilt ganz besonders bei den Walk-Overs.

► **Aufgabe 4:** **Side-Pass**

► **Worauf kommt es bei diesen Hindernissen an?** Eine weitere Gruppe von Hindernis-Formationen aus der Kategorie der Pflichthindernisse in Trail-Prüfungen fasst alle die zusammen, bei denen ein Pferd seitwärts zwischen oder über Stangen gehen muss. Auch hierbei soll das Pferd die Stangen nicht berühren, gleichmäßig, flüssig und willig im Schrittrhythmus gehen und die Beine koordiniert setzen bzw. überkreuzen.

Die Schwierigkeit für das Pferd besteht besonders darin, dass es nicht sehen kann, wo genau die Stange unter seinem Bauch liegt. Manche Pferde haben zunächst generell Angst davor und dulden keinen Fremdkörper unter ihrem Bauch. In einem solchen Fall ist zunächst die Wiederholung der entsprechenden Grundlagenübungen sinnvoll. Da sie in der Regel rechtwinklig zu den am Boden liegenden Stangen seitwärts treten sollen, ohne dabei vorwärts gehen zu dürfen, ist das eine sehr schwierig zu koordinierende Bewegungsfolge. Die Gefahr, dass ein Pferd sich dabei auf die Kronränder tritt oder mit den eigenen Hufen anschlägt, ist anfänglich gegeben und verunsichert das Pferd möglicherweise.

Siehe
Seite 297 ff. Zwar hat es das Zusammenspiel dieser Hilfen im allgemeinen Trainingsverlauf schon kennen gelernt, doch die Umsetzung auf so engem Raum mit einer unter dem Bauch liegenden Stange ist eine deutliche Erschwernis.

Beim Side-Pass soll das Pferd die Stangen nicht berühren. Dabei soll es gleichmäßig, flüssig und willig im Schrittrhythmus gehen und die Beine koordiniert setzen bzw. überkreuzen.

> *Die Abstimmung der seitwärts leitenden Schenkel- und Zügelhilfen mit den Zäumungseinwirkungen, welche die Vorwärtsbewegung begrenzen, muss besonders präzise erfolgen, soll das Pferd nicht verunsichert und irritiert werden.*

► **Wie übt man das?** Eine wichtige Vorübung ist der Side-Pass oder die Schenkelweichen-Übung an der Bande, die Übung also, bei der das Pferd lernt, dem Schenkeldruck kontrolliert seitwärts-vorwärts zu weichen. Damit ist das grundsätzliche Verständnis für die Einwirkungen und die Bewegungsabfolge in dieser Aufgabe schon vorhanden.

**A.** Um das Pferd mit dem Umstand vertraut zu machen, dass es unter seinem Bauch eine Stange dulden muss, die es nicht mit den Hufen berühren darf, praktiziere ich zwei Varianten. In der ersten reite ich rechtwinklig auf eine Stange zu und lasse das Pferd mit den Vorderbeinen darüber treten wie bei einer Walk-Over Stange. Sobald die Stange unter seinem Bauch liegt und die Vorderbeine auf der einen, die Hinterbeine auf der anderen Seite stehen, platziere ich meine Hilfen so, dass es einen Schritt seitwärts machen muss. Es

ist daran gewöhnt, über die Walk-Overs vorwärts zu gehen und will das jetzt auch, ich achte also besonders durch die vorwärts begrenzenden Zäumungseinwirkungen darauf, das es nicht einfach weiter vorwärts geht. Ist der erste Seitwärts-Schritt vollzogen, so lobe ich es und fordere dann einen weiteren. Sobald die Stange nicht mehr unter dem Buch liegt, sondern das Pferd sich seitlich davon befindet, lasse ich es rückwärts treten, bevor ich abwende und die Übung zur anderen Seite wiederhole. Das Rückwärtstreten baue ich deshalb ein, weil fast alle Pferde naturgemäß die Tendenz ha-

Das Seitwärtstreten wird ebenso wie die Side-Pass Übung (Schenkelweichen) ausgeführt. Anfänglich lasse ich das Pferd nach jedem Schritt kurz verharren.

Ich reite rechtwinklig auf eine Stange zu und lasse das Pferd mit den Vorderbeinen darüber treten wie bei einer Walk-Over Stange.

ben, vorwärts zu denken. Die Gefahr, die Stange mit den Hinterhufen zu berühren, ist deshalb viel größer, als sie mit den Vorderhufen zu erwischen. Dieser Tendenz möchte ich durch das Rückwärtstreten gleich etwas entgegenwirken.

**B.** Für die zweite Variante der Übung lege ich eine Stange parallel zur Bande mit so viel Abstand, dass das Pferd sie zwischen Vorderbeinen und Hinterbeinen hat, wenn es mit der Nase an der Bande steht. Ich achte darauf, dass es rechts hohl ist, wenn wir nach links über die Stange seitwärts treten möchten. Der Winkel zur Bande ist anfänglich irgendwo zwischen 45 und 90 Grad, später dann immer mehr fast rechtwinkelig zur Stange oder Bande. Ich arbeite abwechselnd nach beiden Seiten und lege auch schon mal zwei Stangen in Reihe, um die Distanz für das Seitwärtstreten zu verlängern.

Mit der Zeit wird sich das Pferd willig an den Hilfen seitwärts bewegen und sogar ein wenig ein Gefühl dafür entwickeln, wo die Stange unter seinem Bauch liegt.

Das Pferd muss nur wenige seitliche Schritte ausführen, um zum Ende der Stange zu gelangen.

Ist es neben der Stange angelangt, lasse ich es kurz verharren und reite es dann vorwärts weiter. Es hat so ein Motiv, beim nächsten Mal willig seitwärts zu treten, um baldmöglichst wieder vorwärts gehen zu dürfen.

## ▶ Aufgabe 5:  Back-up

**▶ Worauf kommt es bei diesen Hindernissen an?** Die letzte Hindernisgruppe aus dem Bereich der Pflichthindernisse beinhaltet verschiedene Formen des Rückwärtsrichtens. So kann eine Rückwärts-Passage zwischen Parallelstangen, die in Form eines L platziert sind, gefordert werden. Eine andere Aufgabe besteht darin, auf gebogenen Linien rückwärts zwischen Pylonen hindurch zu gehen, aber auch andere Variationen oder Kombinationen sind möglich. Diese Forderung ist besonders schwierig umzusetzen, da das Pferd zwar generell fast über ein »Rundum«-Gesichtsfeld verfügt, aber Gegenstände am Boden dann wohl doch nicht so präzise oder scharf taxieren kann, wie das bei dieser Übung wünschenswert wäre. Es muss sich deshalb auf die Führung durch die reiterlichen Einwirkungen verlassen. Für den Reiter besteht die Schwierigkeit, dass er

nicht nach hinten schauen kann, ohne seine Sitzhaltung und Schenkellage auf dem Pferd etwas zu verändern. Es bedarf also einiger Übung, bis ein fehlerfreies Rückwärtsrichten zwischen Hindernissen möglich wird.

**▶ Wie übt man das?** Dieser Aufgabenbereich bedarf keiner besonderen Technik, außer dass man immer wieder in abwechselnden Hindernis-Situationen das Gefühl für die kontrollierte Rückwärtsbewegung verbessert. Ich achte dabei besonders darauf, dass ich jederzeit in der Lage bin, das Pferd anzuhalten und vorwärts zu reiten.

Im Trailtraining soll ein Pferd keinen Schritt mehr rückwärts tun, als ich gefordert habe. Beginnt es selbstständig rückwärts zu gehen, ohne die reiterlichen Einwirkungen zu beachten, so reite ich es sofort energisch vorwärts.

Beim Back-Up soll das Pferd willig, flüssig und kontrolliert auf vorgegebenen Linien rückwärts gehen, ohne an ein Hütchen oder eine Stange anzustoßen.

▶ Aufgabe 6:   ## Beliebige Trailaufgaben

▶ **Worauf kommt es bei diesen Hindernissen an?** Neben den genannten Trail-Hindernissen können Turnierveranstalter je nach Verband oder Veranstaltung weitere Aufgaben stellen. Der Fantasie und dem Erfindungsreichtum sind da manchmal keine Grenzen gesetzt. Allerdings schränken einige Regelwerke die Möglichkeiten ein und schließen gefährliche Hindernisse aus. Aus- und Anziehen von Regenmänteln, Nachschleppen von Gegenständen an einem Seil, Mitnehmen von Gegenständen über eine Strecke, das so genannte Ground-Tying, bei dem ein Pferd unangebunden stehen bleiben muss, oder das Hobbeln eines Pferdes sowie das Verladen auf einen Hänger, all diese Aufgaben können gefordert werden. Wer sich also mit seinem Pferd optimal präparieren möchte, der kann sicherlich noch sehr viele Varianten von Trail-Hindernissen und -aufgaben üben. Wichtig dabei ist stets, keine Risiken einzugehen und das Vertrauen eines Pferdes nicht zu missbrauchen und zu erschüttern. Wer das berücksichtigt, für den kann die Beschäftigung mit der Trail-Thematik sehr hilfreich sein, um mit seinem Pferd echtes Teamwork zu entwickeln.

Ein gut ausgebildetes Trailpferd hat gelernt, ruhig stehen zu bleiben, wenn sein Reiter einen Regenmantel anzieht. Solch eine Aufgabe kann während einer Turnierprüfung gefordert werden.

In dieser Skizze ist ein Übungs-Trail-platz aufgezeichnet, wie man ihn auf einem üblichen Reitplatz anlegen kann. Die Hindernisse sind so angeordnet, dass der Platz auf den Grundlinien wie Zirkel, ganze Bahn usw. beritten werden kann. Die Hindernisse können beliebig in der Reihenfolge genutzt werden oder in kontinuierlicher Abfolge.

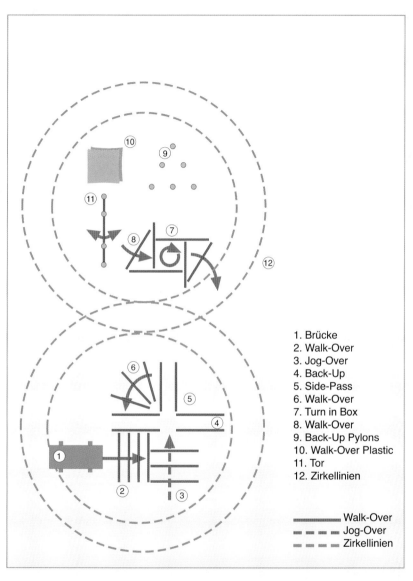

1. Brücke
2. Walk-Over
3. Jog-Over
4. Back-Up
5. Side-Pass
6. Walk-Over
7. Turn in Box
8. Walk-Over
9. Back-Up Pylons
10. Walk-Over Plastic
11. Tor
12. Zirkellinien

────── Walk-Over
‒ ‒ ‒ Jog-Over
‒ ‒ ‒ Zirkellinien

Kontrolliertes Verhalten im Gelände

# Kontrolliertes Verhalten im Gelände

▶ **Ein Geländepferd wird erzogen**
So mancher Reiter hat es schon erlebt: Pferde, die auf dem heimischen Gelände oder auch auf einem Turnierplatz kontrolliert und aufmerksam zu reiten sind, erkennt man kaum wieder, wenn man mit ihnen einen Ausritt im Gelände unternimmt. Die Besitzer und Reiter solcher Pferde zeigen sich dann stets verständnislos und enttäuscht. Sie haben nicht beachtet, dass ein Pferd mit dieser Aufgabenstellung, dem Reiten im Gelände, ebenso vertraut gemacht werden sollte, wie das mit allen anderen Bereichen im Rahmen seiner Ausbildung geschah. Versäumt man eine systematische Erziehung für diesen Zweck, so darf man sich nicht wundern, wenn auf Grund der neuen Einflüsse und Wahrnehmungen eine Reizüberflutung stattfindet. Die veranlasst ein Pferd, mit seinen ererbten Instinktverhaltensweisen zu reagieren, und nicht mehr mit dem auf dem Reitplatz erlernten Verhalten.

Für das Reiten im Gelände muss ein Pferd durch sinnvolle Übungen vorbereitet werden.

▶ *Wer in einer solchen entsprechend »angeheizten« Ausnahmesituation dann noch im Schnellverfahren das Versäumte nachholen will, wird mit Sicherheit wenig Erfolg damit haben, dafür aber eine Reihe riskanter Situationen heraufbeschwören.*

Dies gilt besonders, da sich die meisten Reiter niemals systematisch auf die Bewältigung von problematischen Situationen im Gelände vorbereitet haben und ebenso instinktiv (und damit falsch) reagieren. Ich bereite Pferde deshalb durch eine systematische Vorarbeit und entsprechende Übungen auf die Herausforderungen vor, denen sie bei zukünftigen Geländeritten möglicherweise begegnen werden. Ebenso empfehle ich jedem Reiter, sich mit einer solchen Thematik

Zunächst reagiert ein Pferd auf unbekannte Geländeeindrücke mit seinen ererbten Instinktverhaltensweisen und nicht mehr mit dem auf dem Reitplatz erlernten Verhalten. Damit es seine Schreckhaftigkeit verliert und ruhig, gelassen und kontrollierbar wird, arbeite ich mit ihm ein entsprechendes Trainingsprogramm durch.

rechtzeitig vertraut zu machen. Für die ersten Gelände-Übungsritte wähle ich Wegstrecken so aus, dass sie von Länge, Beschaffenheit und Umwelteinflüssen dem jeweiligen Ausbildungsstand eines Pferdes entsprechen.

Wer solche Möglichkeiten in seinem Umfeld nicht zur Verfügung hat, muss sicherlich Einschränkungen in Bezug auf die Geländeausbildung von Pferd und Reiter in Kauf nehmen. Solchen Reiterinnen und Reitern empfehle ich, in jeder Gefahrensituation im Gelände rechtzeitig abzusteigen und das Pferd zu führen. Erst

wenn man die nötigen Vorübungen gemacht hat, sollte man versuchen, vom Sattel aus schwierige Situationen im Gelände zu bewältigen. Die wichtigsten Punkte des Programmes, das Pferd und Reiter im Gelände sicherer macht, möchte ich Ihnen in den folgenden Kapiteln aufzeigen.

> ▶ *Bei Geländeritten neigen Pferde besonders dazu, mit den angeborenen, instinktiven Verhaltensmustern wie Schreck- und Fluchtverhalten oder Herdentrieb zu reagieren, wenn sie entsprechenden Umweltreizen ausgesetzt sind.*

# Schreckobjekte und ihre Bewältigung

▶ **Worauf kommt es bei dieser Übung an?** Bevor ich vom Trailplatz ins freie Gelände gehe, erarbeite ich mit dem Pferd die bisher noch unberührte Thematik: »Verhalten an Schreck-Objekten am Wegesrand.« Bei jedem Ausritt sind wir in der Regel darauf angewiesen, auf Wegen zu reiten. Diese Wege sind maximal drei bis vier Meter breit. Oft sind sie durch Drahtzäune, Gräben oder Ähnliches begrenzt. Irgendwann muss man sogar neben einer befahrenen Straße auf einem schmalen Seitenstreifen oder gar auf dem rechten Fahrbahnrand reiten. Stets muss man damit rechnen, dass sich am

Wegesrand eine Situation ergibt, die für das Pferd Furcht einflößend ist. Sei es, dass ein Traktor oder eine Landmaschine zu passie-

»Lass dein Pferd hinschauen, sprich beruhigend mit ihm, es wird sich an die Situation mit der Zeit gewöhnen!« führt nicht wirklich zum erwünschten, zuverlässigen Verhalten an Schreckhindernissen.

Das Pferd will diesen Bereich instinktiv meiden. Es wird möglicherweise unkontrollierbar.

Rechtzeitig vor dem Hindernis stelle ich Kontakt mit Zäumung und Schenkeln her und positioniere das Pferd in »schenkelweichender Position« wie schon früher geübt. Ich rechne damit, dass es sich versteift und gegen die Einwirkungen unnachgiebig wird.

Ich wirke mit den Hilfen, denen das Pferd weichen soll, in diesem Fall auf der rechten Seite, deutlich bis energisch aber nicht grob oder gar verkrampft ein. Ich bleibe statisch korrekt, d. h. ich lehne weder in die eine noch die andere Richtung. Mein linkes Bein gibt genügend Raum, während mein rechter Schenkel es mit Impulsen weichen lässt.

ren ist, oder es liegt eine Plastikfolie am Wegesrand und flattert im Wind, Mülltonnen stehen herum, Fußgänger mit Regenschirmen, Kinderwagen oder Hunden, Fahrradfahrer begegnen einem usw. Die Palette der für Pferde ungewohnten Situationen ist beliebig zu erweitern. Diese Situationen führen bei vielen Reiterinnen und Reitern häufig zum Verlust der momentanen Kontrolle über ihr Pferd und vertiefen ein Gefühl der latenten Unsicherheit. Das wiederum lässt die meisten Pferde noch schreckhafter reagieren. Die überlieferte Empfehlung: »Lasse dein Pferd hinschauen, sprich beruhigend mit ihm, es wird sich an die Situation mit der Zeit gewöhnen!«

führt nicht wirklich zum erwünschten, zuverlässigen Verhalten.

Das alles ist auf einem Reitplatz schon unangenehm, im Gelände jedoch, am falschen Ort zur falschen Zeit, kann ein solches Verhalten verheerende Folgen haben.

Mein Bestreben ist deshalb, das Pferd zu lehren, unter meiner Leitung solche Situationen mit einem

> *Das Pferd will diesen Gefahrenbereich instinktiv meiden, einen Bogen darum machen und das »Schreckobjekt« anschauen. Lassen wir es gewähren, so wird es möglicherweise seitlich ausbrechen, eine unkontrollierte Kehrtwendung machen oder sich weigern, weiter zu gehen.*

Ich zeige dem Pferd deutlich, dass ich stets nur einen diagonalen Seitwärtsschritt erwarte und dann ein Verharren anbiete, bevor ich den nächsten Schritt fordere.

Haben wir das »Schreckobjekt« passiert, so lasse ich das Pferd noch einmal komplett verharren, bevor wir weiterreiten und die Übung zur anderen Seite hin wiederholen.

anderen Verhaltensmuster **kontrolliert** zu bewältigen, als es das instinktiv tun würde. Es soll **lernen**, dass jede seiner Bewegungen von meinen Einwirkungen begrenzt und ausgelöst wird. Der Reiter als »Leittier« vermittelt vom Rücken aus das »Wann, Wo und Wie« der Bewegungen.

Deshalb praktiziere ich eine andere Methode, die ich auch jedem Reiter nur empfehlen kann!

Diese Routine stärkt durch wiederholtes Üben solcher Stress-Situationen das Selbstbewusstsein des Pferdes und das Vertrauen in die »Führungsqualitäten« seiner

> ▶ *Ich lehre ein Pferd systematisch, vom Reiter geleitet und kontrolliert, solche Situationen zu bewältigen.*

Reiterin oder seines Reiters. Das führt zu mehr Gelassenheit in der Bewältigung heikler Situationen und die Kontrolle über Tempo und Linienführung geht dem Reiter niemals verloren.

▶ **Wie übt man das? A.** Zunächst erarbeite ich auf dem Reitplatz oder dem Trailplatz diese Routine. Das Pferd befindet sich hier noch in vertrauter Umgebung, und so fällt es ihm leichter, neue Wahrnehmungen und Reize zu akzeptieren.

Zunächst wiederhole ich mit ihm die Übung »Side-Pass«. Die ist ihm aus dem Grundlagentraining bekannt. Ich wähle die Variante, bei der es mit der Hinterhand an der Bande bleibt und mit der Vorhand auf einem inneren Hufschlag geht.

Siehe Seite 297

**B.** Nach einigen Wiederholungen platziere ich ein großes Stück Plastikfolie am Zaun. Ich nähere mich im Schritt diesem Bereich auf dem Hufschlag reitend. Natürlich wird ein Pferd auf eine solche Veränderung seiner gewohnten Umgebung instinktiv wie zuvor beschrieben reagieren wollen. Ich habe deshalb rechtzeitig Kontakt mit Zäumung und Schenkeln aufgenommen und positioniere es wiederum in »schenkelweichender Position« mit der Kruppe zum Zaun. In dieser Situation rechne ich damit, dass es sich versteift und gegen die Einwirkungen unnachgiebig wird. Ich lege deshalb sehr großen Wert darauf, die Hilfen richtig zu platzieren, bin aber präpariert, sie mit deutlich gesteigerter Impulsintensität einzusetzen, wenn es nötig wird. Anders als bei der Übung Schenkelweichen erwarte ich aber jetzt in der direkten Nähe des Plastikobjekts kein flüssiges, dynamisches Seitwärts-Vorwärtsgehen. Im Gegenteil, ich zeige dem Pferd deutlich, dass ich stets nur einen diagonalen Seitwärtsschritt erwarte und dann ein Verharren anbiete, bevor ich den nächsten Schritt fordere. Je näher das Pferd dem Objekt kommt, umso mehr Spannung werde ich fühlen. Es ist wichtig, in dieser Situation sorgfältig darauf zu achten, dass man sich selbst nicht »festzieht«, versteift oder mit den Schenkeln und dem Sitz zu »drücken« beginnt und sich dabei möglicherweise noch seitlich lehnt. Das

Ich persönlich ziehe es vor, für die ersten Ausritte allein ins Gelände zu gehen. Mein Pferd ist gut vorgearbeitet, wir haben an Trail-Hindernissen die kontrollierte Bewältigung neuer Situationen geübt und wir sind an Schreckhindernissen kontrolliert vorbei geritten. Wir verlegen und üben das bisher Erlernte jetzt nur in ein anderes, neues Territorium. Und so sind meine ersten Ausritte keine Ausritte, sondern Schulungsritte.

alles würde es dem Pferd in dieser Situation sehr erschweren, in der gewünschten Form zu reagieren.

Die Devise lautet: »Zentriert und locker sitzen, mit Händen und Beinen gefühlvoll und dosiert Impulse in der nötigen Intensität am richtigen Fleck geben und Schritt für Schritt arbeiten!«

Anfänglich nehme ich mir vor, das Pferd in einem »Korridor« von etwa 2,5 m bis 3 m am Zaun zu halten, während es sich seitwärtsvorwärts am Objekt vorbei bewegt. Mit zunehmender Übung und Routine möchte ich ein Pferd fast auf »Tuchfühlung« an solch einem Objekt vorbei leiten. Ich übe stets in beide Richtungen und platziere verschiedene Objekte an unterschiedlichen Orten auf der Reitanlage. Ich suche dafür zunächst Bereiche aus, die kein Gefährdungspotenzial beinhalten, wenn das Pferd einmal die reiterlichen Einwirkungen ignoriert und sich mit einem Satz aus dem gewünschten »Korridor« entfernt.

C. Hat das Pferd dieses System erst einmal verstanden, so ist es schon ausreichend, es in die »Ausgangsposition 45 Grad, Schenkelweichen« zu stellen, und es lässt sich willig und kontrolliert in dieser Routine durch entsprechende Situationen leiten. Nun ist es an der Zeit, ins Gelände zu gehen und dort ähnliche Übungen zu machen. Sehr schnell ist man dann auch für überraschend auftretende »Schrecksituationen« präpariert, die dann allerdings Pferd und Reiter gar keinen Schrecken mehr verursachen.

# Die ersten Ritte allein

▶ **Worauf kommt es bei dieser Übung an?** In vielen Anleitungen zur Ausbildung von Pferden wird traditionell empfohlen, ein junges Pferd einem oder mehreren älteren nachlaufen zu lassen, damit es sich an die Situation im Gelände gewöhnen kann. Diese Methode, die ich nicht weiter erläutern möchte, mag zwar aus verschiedenen Gründen für viele Reiter sehr sinnvoll erscheinen. Ich selbst halte jedoch nicht viel von ihr und habe sie nie praktiziert. Ich bevorzuge es, mit einem jungen Pferd allein ins Gelände zu gehen und es zu schulen. Natürlich ist dies, wie jedes Arbeiten mit Pferden und speziell mit

▶ *Im Gruppenverfahren wird bewusst der Herdentrieb genutzt, dem das junge Pferd folgt. Auf diese Weise lernt es niemals, unabhängig von einer Gruppe den individuellen Wünschen eines Reiters zu entsprechen. Im Gegenteil, es wird dazu erzogen, sich nur in der Gruppe geborgen zu fühlen.*

jungen Pferden, nicht ohne Risiken. Und natürlich sollte man stets individuell Rahmenbedingungen, Geländeverhältnisse, Reiterfahrung und Ähnliches berücksichtigen, bevor man auf diese Weise an das Thema herangeht. Die Nachteile der »Gruppentherapie« sind nach meiner Erfahrung sehr viel gravieren-

Ich mache hin und wieder ein bis zwei Minuten eine Pause, steige eventuell ab und wieder auf.

der als es die Schwachpunkte der »Individual-Schulung« sind.

Die daraus resultierenden Nachteile konnten Sie, liebe Leserinnen und Leser, sicherlich schon einmal bei einem eigenen Pferd oder bei Pferden anderer Reiter beobachten.

Damit ein Pferd lernt, individuell und ohne Tendenz zum »Kleben« an anderen Pferden zu gehen, schule ich es in einem eigens dafür zusammengestellten Programm.

▶ **Wie übt man das? A.** Ich gehe deshalb für den ersten Ausritt allein ins Gelände. Mein Pferd ist in den Gangarten kontrollierbar, es versteht und akzeptiert die Zäumungs- und Schenkelhilfen, mit denen ich es leiten kann, es lässt sich von ihnen begrenzen und es weicht ihnen je nach Anwendung. Wir haben an Trail-Hindernissen die kontrollierte Bewältigung neuer Situationen geübt und wir sind an Schreckhindernissen kontrolliert vorbeigeritten.

**B.** Wir verlegen und üben das bisher Erlernte jetzt nur in ein anderes, neues und ungewohntes Territorium. Als Reiter beanspruche ich die **»Leittierfunktion«.** Ich gebe die Route vor, auf der wir uns bewegen und bestimme, wann wir gehen und wann wir stehen und warten. Ich reite auf der linken oder rechten Seite eines Feldweges und nicht »irgendwo«, ich halte an, richte rückwärts, wende und reite ein Stück des Weges zurück, um die Übungen nun zu wiederholen.

**C.** An Wegkreuzungen reite ich einige kleine Volten und auf Feldwegen, die breit genug sind, führe

ich die Übungen aus. Ich mache irgendwo ein bis zwei Minuten eine Pause. Ich steige eventuell ab und wieder auf und zwar sowohl auf der rechten wie auf der linken Pferdeseite. Ich nutze Regentage, um durch Pfützen exakt in der Mitte auf der Ideallinie hindurch zu reiten, ich habe eine Stelle, in der wir in den Fluss reiten, eine Holzbrücke gilt es zu überwinden usw.

▶ *Kurz gesagt: meine ersten Geländeritte sind nichts anderes, als auf einem »erweiterten Trailplatz« zu reiten und zu üben.*

Für das junge Pferd wird es so zur Selbstverständlichkeit, mir die gleiche Aufmerksamkeit »draußen« zu schenken wie auf dem Reitplatz, Trailplatz oder in einer Halle. Erst wenn ich mir sicher bin, diese Akzeptanz voraussetzen zu können, werden unsere Ausritte zu »Spazierritten am losen Zügel mit gelegentlichen Aufmerksamkeits-Kontrollen«. Nun dienen sie der Entspannung des Pferdes und sollen bewusst eine Abwechslung zum Alltag auf dem Reitplatz sein.

**D.** Zur Vermeidung von Risiken empfehle ich folgende Einschränkungen zu dieser Methode: Reiten Sie zu zweit aus. Ihre Begleitperson sollte ein routiniertes und kontrollierbares Pferd reiten, von dem keine Unruhe oder Irritation ausgeht. Sie sollten diese Begleitperson mit Ihrer Absicht vertraut gemacht haben und Sie beide sollten ein »eingespieltes Team« sein, damit Sie sich voll auf Ihr junges

Pferd konzentrieren können. Diese Reiterin oder dieser Reiter sollte stets ein bis drei Pferdelängen hinter Ihnen bleiben, sodass Ihr junges Pferd sich auf Sie konzentriert und nicht mit seinen Gedanken und Wahrnehmungen bei seinem Artgenossen verweilt. In einer Notsituation kann Ihre Mitreiterin oder Ihr Mitreiter Hilfestellung leisten. Dieses Prinzip, im Gelände zu zweit zu reiten, empfehle ich jedem nicht so routinierten Reiter generell.

Das junge Pferd muss die »guten Manieren« erst erlernen. Ich nehme mir deshalb ausreichend Zeit für die nötigen Trainingsschritte.

# Reiten vor und hinter der Gruppe

▶ **Worauf kommt es bei dieser Übung an?** Der Herdentrieb ist eine instinktive Anlage, die in jedem Pferd vorhanden ist. Wie stark aber das tatsächliche Verhalten von diesem Trieb beeinflusst wird, das hängt von den Umwelteinflüssen ab, denen ein Pferd in seiner Entwicklungszeit bis zur Nutzung als Reitpferd ausgesetzt war. Durch sinnvolle Erziehungs- und Haltungsmaßnahmen kann darauf Einfluss genommen werden, das entsprechende Triebverhalten stark zu reduzieren.

▶ **Wie übt man das?** Ich widme diesem Bereich mit einem eigens dafür entwickelten Übungsprogramm zusätzlich meine Aufmerksamkeit. Um ein Pferd mit gezielten Übungen zu schulen, bitte ich zwei oder drei Reiterinnen und Reiter, mich zu begleiten. Das gemeinsame Verhalten ist im Vorfeld abgesprochen, Zeichen und Signale auch auf Distanz sind vereinbart.

**A.** Mit der kleinen Gruppe geht es hinaus ins Gelände. Auf einem langen, geraden Weg, der guten Boden hat und breit genug ist, trabe ich ein Stück von der Gruppe weg voraus, während die anderen im Schritt weiterreiten. Ich halte ungefähr dreißig oder vierzig Meter vor der Gruppe an, wende und trabe oder galoppiere zu ihr zurück und an ihr vorbei. Etwa zehn Meter hinter der Gruppe halte ich an, wende erneut und trabe hinterdrein. Auf Höhe der Gruppe halte ich seitlich genügend Abstand überhole und trabe oder galoppiere

wieder voraus. Zu Anfang wird das junge Pferd nicht vorwärts gehen wollen und zum Zick-Zack-Lauf neigen. Ich lasse mich davon ebenso wenig beirren wie von der Tatsache, dass es mit zügigem Tempo zur Gruppe aufschließen will, sobald wir hinter ihr gewendet haben. Zwischenzeitlich reite ich auch vor oder hinter der Gruppe ein oder zwei kleine Volten auf dem Weg, bevor ich es wieder auf die lange Gerade lenke.

**B.** Nach einigen dieser Übungen warte ich vor der Gruppe, bis sie zu mir aufgeschlossen hat. Dann lasse ich mein Pferd mal in vorderer Position, mal in der Mitte oder hinten gehen. Sollte es »zackeln« oder drängeln, so beginne ich wieder mit meinen »Patrouillienritten«. Beachten Sie bitte, dass eine tatsächliche Strecke von zwei bis drei Kilometern durch diese Übungen das Lauf-Pensum für das junge Pferd schon um ein Mehrfaches steigert. Bei einem der Folgeritte übe ich an Wegkreuzungen oder Gabelungen zunächst für kurze Zeit, dann für länger, außer Sichtweite der anderen Pferde zu reiten, um dann aber wieder in ihre Nähe zurückzukehren.

**C.** Es kommt auch vor, dass ich mich zum Abschluss ganz von der Gruppe löse und einen separaten Weg reite. Sollte das junge Pferd dann wiehern oder etwas aufgeregt sein, lasse ich mich davon nicht beeindrucken, sondern füge die eine oder andere Voltenübung, Traversalverschiebung oder ähnliche Übungen ein, um dann weiter

Mein Pferd soll ler-
nen, ruhig in einer
Gruppe zu gehen,
ohne zu drängeln.

Ich reite es aber
auch von der Gruppe
nach vorn ein Stück
weg, halte an und
kehre wieder um.

meiner Wege zu reiten. Als Resultat dieser Methode erkennen Pferde sehr schnell, dass sie in die Geborgenheit des heimischen Bereiches und der Herdengenossen nach jedem Ausritt zurückkehren. Außerdem festigt sich das Band zwischen Reiter und Pferd, und die Tendenz, an anderen Pferden zu »kleben«, schwächt sich deutlich ab oder verliert sich ganz.

Wenn es auf diese Weise gelingt, das Selbstvertrauen eines Pferdes auch in unbekannten und ungewohnten Situationen zu stärken und das Vertrauen und die Bindung an den Reiter in seiner tatsächlich praktizierten »Leitfunktion« zu festigen, so wird es dadurch immer unabhängiger von seinen Artgenossen werden und diese nicht mehr vermissen.

# Übungen bei Stalldrang

▶ **Worauf kommt es bei diesen Übungen an?** Ein Verhalten, das weniger bei jungen dafür aber öfter bei älteren Pferden vorkommt, ist der Stalldrang. Besonders, wenn man darauf angewiesen ist, häufig dieselben Wege zu reiten. Bald kennen die Pferde jeden Meter des Weges und ihr innerer Kompass sagt ihnen, wann es in Richtung Heimat geht. Der Reiter merkt es daran, wenn das Pferd plötzlich eilig wird, zackelt oder gegen Gebiss oder Zäumung hart wird. Die Korrektur solcher Pferde ist schwierig. Ich möchte mich hier nur darauf beschränken, die Maßnahmen mit vorbeugendem Charakter zu erläutern.

▶ **Wie übt man das?** Ein Pferd mit Stalldrang strebt den heimischen Gefilden zu, weil es damit all die angenehmen Dinge des Pferdelebens verbindet, der »Ausritt« ist für ein Pferd negativ behaftet. Er bedeutet Trennung von den Herdengenossen, Verlust der Geborgenheit des gewohnten Territoriums, Abstand zum Ort, mit dem Futter und Ruhemöglichkeit verbunden sind. Der Ritt ist mit Aufregung und Anstrengung verbunden und vom Reiter hat es unter solchen Bedingungen auch nichts Angenehmes zu erwarten. Der Reiter sollte sich bemühen, die Wertigkeiten »umzupolen«.

Pferde mit Stalldrang neigen dazu, an jeder Wegbiegung schneller zu werden oder gar hektisch zu drängeln.

An Wegkreuzungen und auch auf Feldwegen, die breit genug sind, reite ich einige kleine Volten.

Ich übe so lange, bis das Pferd korrekt gebogen ist und nachgiebig an den Hilfen bleibt und sich entspannt im Schritt bewegt.

**A.** Nach einem deutlich verkürzten Ausritt begebe ich mich mit einem solchen Pferd geradewegs in die Halle oder auf den Reitplatz und galoppiere eine Viertelstunde links und rechts herum auf Zirkeln. Anschließend gehe ich wieder zu einem Schrittausritt hinaus. Ich habe unter der regulären Zäumung ein Halfter mit Führseil angelegt und lasse das Pferd an einer dafür geeigneten Stelle fünf Minuten grasen, nachdem ich abgesessen bin, es abgezäumt habe und den Gurt etwas gelockert habe.

**B.** Danach führe ich es noch ein Stück, sitze dann aber wieder auf und reite eine Strecke. Führen und reiten wechsele ich immer wieder ab. Wenn man in diesem Sinne für eine Weile verfährt, so ändert sich bei den meisten Pferden das Verhalten, sie werden gelassener und gehen auch wieder ruhigen Schrittes heim.

▶ *Wie stets bei der Ausbildung von Pferden sollte der Ausbilder bemüht sein, die Rahmenbedingungen so zu gestalten, dass das erwünschte Verhalten für das Pferd mit angenehmen Erfahrungen verknüpft ist, das unerwünschte Verhalten dagegen mit Diskomfort.*

Durch solche Übungen ändern auch Pferde mit Stalldrang ihr Verhalten, sie werden gelassener und gehen wieder ruhigen Schrittes heim.

# Sonne und Schatten

Es ist eine schöne Aufgabe, einem jungen Pferd durch ein systematisches Basis-Training zu einem guten Start in ein Reitpferdeleben zu verhelfen. Das gilt vor allem, wenn man sich bewusst macht, dass doch gerade die ersten Erfahrungen, die »Schlüsselerfahrungen«, für ein Pferd stets prägend sind. Seitdem ich vor 30 Jahren damit begann, junge Pferde anzureiten, hat mir das stets sehr viel Freude bereitet und das ist bis heute so geblieben. Nicht ein Pferd ist wie das andere! Bei jedem Einzelnen muss man erneut nachdenken und sich einfühlen, um den jeweils besten Weg zu finden, das Tier mit seinen neuen Aufgaben vertraut zu machen. Macht man seinen »Job« als Ausbilder oder »Tierlehrer« gut, so sieht man in sehr kurzer Zeit, manchmal innerhalb einer Trainingssequenz, deutliche Fortschritte. Bereits während der ersten 100 Tage kann man bei der Arbeit mit einem jungen Pferd schon sehr viel über dessen Talente in Erfahrung bringen. Die Erkenntnisse aus dieser Zeit können helfen, die Zielsetzung für seine weitere Ausbildung zu definieren. Dieser relativ kurzen ersten Phase der Ausbildung folgt die längere zweite! Sie ist nicht mehr durch besonders deutliche Verhaltensänderungen gekennzeichnet. Es ist ein Weg der ganz kleinen Schritte, der systematischen, ruhigen und kontinuierlichen Arbeit. Er fordert vom Ausbilder ein hohes Maß an Arbeitsmoral, Präzision und »handwerklichem« Können. Es

gilt nicht nur die Psyche des Pferdes zu »modellieren«, sondern auch seinen Körper. Es ist die Arbeit eines »Physio-Therapeuten« und eines »Motivations-Trainers«, die geleistet werden muss. Manchmal lassen erkennbare Fortschritte Tage und Wochen auf sich warten. Diese Arbeit trägt erst Früchte über den »Langzeit-Effekt«. Auch sie hat ihren Reiz und kann für den Ausbilder sehr befriedigend sein, bietet sie doch die Möglichkeit, von jedem Pferd aufs Neue dazuzulernen.

Häufig kommt es vor, dass ich gefragt werde, warum mir die Arbeit mit Pferden nach so langer Zeit immer noch Freude bereitet.

Die Antwort fällt mir leicht: Es ist immer wieder ein schönes Gefühl, wenn ich durch meine Ausbildungsarbeit dazu beitragen kann, dass Pferde ihre »Sonnenseite« zeigen. Jedes Pferd kann uns seine »Sonnen-« oder »Schattenseite« zeigen. Es wird dabei von Empfindungen gesteuert. Je nachdem, welche Erfahrungen es macht und welche Schlüsse es daraus zieht, zeigt es mehr die positive oder die negative Seite seines Wesens. Reize lösen entsprechend »konditionierte« Reflexe aus. Das gilt ebenso für den zufälligen Umgang des Menschen mit dem Pferd wie für den bewusst gesteuerten. Es neigt einerseits mehr zu Furcht, Ignoranz, Missmut, Widerstand, Steifheit und Trägheit, das bezeichne ich als seine »Schattenseite«. Es kann sich aber auch überwiegend vertrauensvoll, selbstsicher,

freundlich, kooperativ, willig, geschmeidig und agil zeigen. Das ist für mich dann die »Sonnenseite«. Ein verständiger Ausbilder wird durch seine Arbeit danach trachten, dass ein Pferd hauptsächlich seine »Sonnenseite« zeigt. Das fällt dem Tier vor allem dann leichter, wenn es lernt, die Welt des Menschen und die damit verbundenen Anforderungen besser zu verstehen. Wird es ihm leicht gemacht, das »Richtige« zu tun und erschwert man ihm das »falsche Handeln«, so begreift es seine Aufgaben schneller und strebt selbstständig ein richtigeres oder auch angepassteres Verhalten an. Alle Menschen, die mit einem solchen Tier in Kontakt kommen, haben es einfacher im Umgang mit ihm. Daraus erwächst nach und nach mehr Harmonie zwischen Tier und Mensch.

Liebe Leserinnen und Leser, sicher trachten auch Sie nach einem harmonischen Umgang mit einem zufriedenen Pferd, einem Pferd also, das seine »Sonnenseite« zeigt!

Bedenken Sie dann stets: »Wir können ihm nichts beibringen, was es nicht schon könnte! Wir können es nur durch einfühlsame und sinnvolle Arbeit in seinen athletischen Fähigkeiten fördern. Und wir können es motivieren, uns seine von uns erwünschten Fähigkeiten zur Verfügung zu stellen!«

> »Es dauerte lange, bis ich zu schätzen lernte, was Pferde mich lehren konnten. Ich sage stets, jemand sollte über 40 Jahre alt sein, um Pferde zu trainieren, weil man dann die Fähigkeit verliert, zu kämpfen. Man muss beginnen, nachzudenken und das eigene Ego darf einem nicht mehr im Wege sein. Zu lernen, wie man mit den Besonderheiten eines jeden Pferdes umzugehen hat, das macht einen zu einem Trainer.«
> Ted Robinson,
> mehrfacher World Champion Reined – Cowhorse Trainer und »Greatest Horseman Award« Gewinner

**Danksagung**
In diesem Buch habe ich die Erkenntnisse meiner 30-jährigen Ausbilder-Tätigkeit zusammengefasst. Meine Arbeit war und ist den Pferden und den Menschen mit ihren Pferden gewidmet. Einfach ausgedrückt: Ich möchte helfen, dass die Beziehung von Mensch und Pferd möglichst harmonisch gestaltet wird. Dazu stelle ich meine Erfahrung, mein Wissen und meine Empfehlungen all denen zur Verfügung, die hinzulernen möchten.

Ohne die Mithilfe vieler Menschen, die mir geholfen, mir ihr Vertrauen geschenkt und mich unterstützt haben, wäre das nicht möglich.

Ich sehe meine Arbeit deswegen auch als eine Gelegenheit, etwas von dem zurückzugeben, was mir gegeben wurde.

Doch all das wäre nicht möglich gewesen ohne die Pferde, von denen und mit denen ich lernen durfte, die mein Leben bereichert haben und die mir viele intensive und schöne Stunden bescherten.

# Service

## *Nützliche Adressen*

**Peter Kreinberg**
Hauptstr. 27 a
D-21649 Regesbostel
Tel. (04 16 5) 21 76 17
e-mail: kontakt@peter-kreinberg.de
www.peter-kreinberg.de
www.thegentletouch.de

**Goting Cliff**
Svea Kreinberg
Birkenweg 37a
D-38559 Wagenhoff
Tel. (05 37 6) 76 33
Fax: (05 37 6) 80 32
e-Mail: info@goting-cliff.de
www.goting-cliff.de

**Erste Westernreiter Union
Deutschland e.V. (EWU)**
Freiherr von Langen Str. 8a
D-48231 Warendorf
Tel. (02 58 1) 92 84 60
Fax (02 58 1) 92 84 62 5
e-Mail: info@ewu-bund.de
www.westernreiter.com

**Austrian Western Association
(AWA)**
Raitlstraße 154
A-2392 Sulz
Tel. (02 23 8) 84 84
Fax (02 23 8) 85 45
e-Mail: awa@awa.at
www.awa.at

**Austrian Reining Horse Association
(ARHA)**
e-Mail: office@nrha.at
www.nrha.at

**Swiss Western Association (SWRA)**
CH-3000 Bern
www.swra.ch

**National Reining Horse Association
(NRHA)**
E-Mail: info@nrha.de
www.nrha.de

**National Cutting Horse Association
(NCHA)**
www.ncha.de

**Deutsche Quarter Horse Association
(DQHA)**
e-Mail: info@dqha.de
www.dqha.de

**Appaloosa Horse Club Germany
(APHCG)**
e-Mail: office@aphcg.com
www.aphcg.com

**Paint Horse Club Germany (PHCG)**
e-Mail: servicebuero@phcg.info
www.phcg.de

## Zum Weiterlesen

Aguilar, Alfonso / Roth-Lecke-busch, Petra: **Wie Pferde lernen wollen;** Bodenarbeit, Erziehung und Reiten, KOSMOS 2004
Der Mexikaner Alfonso Aguilar ist bekannt für seine einfühlsame Art, Pferde zu trainieren. Er zeigt anhand vieler praktischer Übungen, wie Pferde in ihrem Wesen begriffen und gefördert werden können.

Brannaman, Buck: **Pferde, mein Leben;** vom Lassokünstler zum Pferdeflüsterer, KOSMOS 2009
Buck Brannaman, einer der gefragtesten Pferdeflüsterer der USA, erzählt seine bewegende Lebensgeschichte. Erfahren Sie, wie er durch die Hilfe der Pferde lernte, seine durch Gewalt und Angst geprägte Kindheit zu verarbeiten und eine neue Sicht auf das Leben zu gewinnen.

Brannaman, Buck / Reynolds, William: **Vertraue dem Pferd;** KOSMOS 2011
Buck Brannaman nimmt den Leser in seine persönlichen Erlebnisse mit Menschen und Pferden hinein. Mit einfühlsamen Worten leitet er jedes seiner Erlebnisse mit zwölf Pferd-Reiter-Paaren ein und lässt danach die Reiter zu Wort kommen.

Hinrichs, Richard: **Reiten mit feinen Hilfen;** Kosmos 2011
Richard Hinrichs erklärt das umfassende Wissen zum richtigen Reitersitz und zur feinen Hilfengebung bis in schwierige Lektionen hinein.

Holtappel, Antje: **Go west – Westernreiten;** mit Westernreitabzeichen, KOSMOS 1996, 2002
Der Klassiker unter den Western-Reitlehren für Ein- und Umsteiger.

Hubert, Marie-Luce; Klein, Jean-Louis: **Mustangs, Pferde in Freiheit;** KOSMOS 2009
Wunderschöne Aufnahmen preisgekrönter Fotografen nehmen Sie mit zu den letzten Wildpferden Amerikas. Die Autoren begleiteten die stolzen Pferde über fünf Jahre. Ihre Reportage ist spannend und unglaublich berührend. Ein außergewöhnlicher Bildband.

Kreinberg, Peter: **Der Freizeitreiterkurs;** Grundausbildung für entspanntes Reiten, KOSMOS 2011
Wem Spaß am Reiten und der Umgang mit dem Pferd wichtiger sind als Turniererfolge, der bekommt mit diesem Buch die Grundlagen für ein entspanntes und sicheres Reiten.

Kreinberg, Peter: **The Gentle Touch;** Die Methode für anspruchsvolles Freizeitreiten, KOSMOS 2007
Dieses Buch gibt Aufschluss über Hintergründe und Grundlagen seiner erfolgreichen Gentle-Touch®-Methode und beschreibt Schritt für Schritt den Weg zur Harmonie beim Reiten.

Kreinberg, Peter: **Peter Kreinbergs Bodenschule;** The Gentle Touch®-Übungen für mehr Gelassenheit, KOSMOS 2009

Die wichtigsten Bodenarbeitsübungen nach der The Gentle Touch®-Methode mit Schritt-für-Schritt-Rezepten. Eine Fundgrube für alle, die ihr Pferd einfach, effektiv und pferdefreundlich ausbilden wollen.

Lyons, John: **Grunderziehung für Fohlen**; Die 20 wichtigsten Übungen Schritt für Schritt, KOSMOS 2004
Fohlen brauchen von klein auf eine sichere und konsequente Führung, um zu gelassenen und zuverlässigen Reitpferden heranzuwachsen.

Rashid, Mark: **Denn Pferde lügen nicht**; Neue Wege zu einer vertrauten Mensch-Pferd-Beziehung, KOSMOS 2012
Als einer der bekanntesten und erfahrensten Pferdeausbilder Nordamerikas, setzt Mark Rashid in seiner Arbeit mit Pferden auf Respekt und Vertrauen anstelle von absoluter Dominanz.

Rashid, Mark: **Der auf die Pferde hört**; Erfahrungen eines Horseman aus Colorado, KOSMOS 2006
Sensibel, humorvoll und mit überraschenden Einsichten schildert Mark Rashid in vielen Erlebnissen und Fallbeispielen seinen ganz persönlichen Weg mit seinen Lehrmeistern, den Pferden.

Rashid, Mark: **Der von den Pferden lernt**; Ein Horseman, der zum Schüler seines Pferdes wird, KOSMOS 2007
Humorvoll und einfühlsam erzählt der Pferdetrainer, wie er durch sein Ranchpferd Buck einen anderen Blickwinkel für den Umgang mit Mensch und Tier und dem eigenen Leben bekam.

Rashid, Mark: **Ein Leben für die Pferde**; KOSMOS 2009
Pferden und Menschen zu einer besseren Partnerschaft zu verhelfen ist das Anliegen Rashids. Dieses Buch verbindet ausdrucksstarke Bilder mit fachkundigen und doch sehr persönlichen Texten von Mark Rashid und der Fotografin Kathleen Lindley.

Rashid, Mark: **Pferde suchen einen Freund**; ... denn Pferde suchen Sicherheit, KOSMOS 2010
Mark Rashid erzählt, wie er nach einem Sturz vom Pferd mit Hilfe der Lehren seines alten Pferdemannes lernt, die Energie des Pferdes aufzunehmen, sie mit der eigenen zu verschmelzen und so zum inneren Gleichgewicht zurückzufinden.

# Empfehlendswerte DVDs von Peter Kreinberg

**Grundausbildung für Western- und Freizeitpferde**, KOSMOS

**Grundkurs Westernreiten**, KOSMOS

**Aufbaukurs Westernreiten**, KOSMOS

**Entspanntes Reiten auf zuverlässigen Pferden Teil 1 + 2**, pferdia tv

**Pferde mit guten Manieren**, pferdia tv

**Verladetraining – entspannt & zuverlässig Teil 1 + 2**, pferdia tv

# Register

## Bildnachweis

Mit 404 Farbfotos von Edith Schreiber, 31 Farbfotos von Rika Schneider (Seite 5, 91, 266–281) und ein Farbfoto von Kosmos / Christiane Slawik (Seite 171).

Mit 19 Farbillustrationen von Cornelia Koller.

## Impressum

Umschlaggestaltung von eStudio Calamar unter Verwendung von zwei Farbfotos von Edith Schreiber.
Das Foto der Vorderseite zeigt Peter Kreinberg auf Quarter-Horse-Wallach Skips Smoky Leo im Außengalopp.

Mit 436 Farbfotos und 19 Farbillustrationen.

Unser gesamtes lieferbares Programm und viele weitere Informationen zu unseren Büchern, Spielen, Experimentierkästen, DVDs, Autoren und Aktivitäten finden Sie unter **kosmos.de**

MIX
Papier aus verantwor-
tungsvollen Quellen
FSC
www.fsc.org    FSC® C005833

Gedruckt auf chlorfrei gebleichtem Papier

© 2012, Franckh-Kosmos Verlags-GmbH & Co. KG, Stuttgart
Alle Rechte vorbehalten
ISBN 978-3-440-12704-9
Redaktion: Gudrun Braun, Hamburg
Produktion: Nina Renz
Printed in the Czech Republic / Imprimé en République tchèque

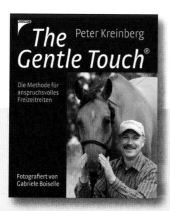
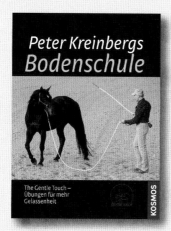